高等职业教育财经类规划教材（物流管理专业）

# 第三方物流运营实务（第2版）

钱芝网　孙海涛　主　编

任稚苑　周立军　副主编

电子工业出版社
Publishing House of Electronics Industry
北京·BEIJING

## 内 容 简 介

本书以第三方物流运营管理的工作过程为主线，按照第三方物流企业的实际工作任务、工作过程和工作情境来组织学习内容，全书分为：第三方物流企业的设立、第三方物流企业组织设计、第三方物流服务产品设计、第三方物流企业的运作模式与经营战略、第三方物流信息系统设计、第三方物流企业市场开发、第三方物流服务项目方案设计、第三方物流企业服务管理、第三方物流企业成本核算与绩效评价、第三方物流企业发展战略和第三方物流发展的新模式共 11 个学习情境。这些内容广泛吸收了学术界的最新研究成果，将从第三方物流生产实践中总结出来的新技术、新方法和新经验融入其中，紧跟物流行业的发展趋势，有较强的针对性、实用性和超前性。

为了便于教师的"教"和学生的"学"，每一个学习情境都设计了一个操作型的引导任务，安排了由技能训练题、案例分析题和知识巩固题构成的"实践与思考"栏目，让学生在学知识的同时，同步反复进行技能训练，极大地提高了学生的学习兴趣和学习效果。

本书既可以作为高等院校物流管理专业和各类学历教育、物流培训教材，也可以作为第三方物流企业员工学习、提高用书，还可供有志于从事物流管理工作的人士自学参考使用。

**图书在版编目（CIP）数据**

第三方物流运营实务/钱芝网，孙海涛主编．—2 版．—北京：电子工业出版社，2011.1
高等职业教育财经类规划教材（物流管理专业）
ISBN 978-7-121-12281-1

Ⅰ．①第…　Ⅱ．①钱…　②孙…　Ⅲ．①物流—物资管理—高等学校：技术学校—教材　Ⅳ．①F252

中国版本图书馆 CIP 数据核字 (2010) 第 222457 号

责任编辑：张云怡　　特约编辑：尹杰康
印　　刷：北京七彩京通数码快印有限公司
装　　订：北京七彩京通数码快印有限公司
出版发行：电子工业出版社
　　　　　北京市海淀区万寿路 173 信箱　邮编　100036
开　　本：787×1 092　1/16　印张：18.25　字数：462 千字
版　　次：2011 年 1 月第 1 版
印　　次：2021 年 7 月第 11 次印刷
定　　价：32.00 元

# 序

物流（Logistics）是一个控制原材料、制成品、产成品和信息的系统。物质资料从供给者到需求者的物理运动，是创造时间价值、场所价值和一定的加工价值的活动。物流是指物质实体从供应者向需求者的物理移动，它由一系列创造时间价值和空间价值的经济活动组成，包括运输、保管、配送、包装、装卸、流通加工及物流信息处理等多项基本活动，是这些活动的统一。

1990 年以来，全球互联网络以不可思议的速度迅猛发展，与之相生相伴的是贸易、物流、信息全球化的步伐开始加快。尤其是 WTO 取代 GATT 后，全球化的趋势更是不可遏止，由此，更带来了现代物流业的飞速发展。

互联网促进了全球化，同样，物流系统也可像互联网般，促进全球化。贸易上，若要与世界联系，必须倚赖良好的物流管理系统。市场上的商品很多是"游历"各国后才来到消费者面前的。产品的"游历"路线正是由物流师计划、组织、指挥、协调、控制和监督的，使各项物流活动实现最佳的协调与配合，以降低物流成本，提高物流效率和经济效益。

进入 21 世纪后，以新型流通方式为代表的连锁经营、物流配送、电子商务等产业在中国发展迅速，服务业对整个国民经济的发展越来越重要。物流服务业被誉为是"21 世纪最具发展潜力"的行业之一，并且已经成为中国经济新的增长点。

随着社会主义市场经济体制的建立，我国逐步建立了一个比较完整的物流教育体系。然而，随着社会对物流人才需求数量的急剧上升，人才供需矛盾日益显现。总体上看，我国高校大多仍处在自行设计课程与实践的阶段，与境外物流产业人才相比，差距主要体现在人员素质以及物流知识和技能与实践脱节等方面。

物流学科是一门综合学科，物流产业是一个跨行业、跨部门的复合产业，同时又具有劳动密集型和技术密集型相结合的特征。发展物流专业高等职业教育是完善物流教育多层次体系的需要，也是满足对物流人才需求多样化的需要。

2004 年 1 月，电子工业出版社组织全国各地 30 余所高职院校的优秀教师编写了"高等职业教育物流管理专业"系列规划教材，时隔 6 年，如今该系列教材大部分已经修订到第 3 版，在此期间，全国有百余所院校使用过这个系列的教材，获得了任课教师和学生的普遍好评。其中多种教材被评为"普通高等教育'十一五'国家级规划教材"，这更是对教材质量的肯定。

近年来，高等职业院校教学改革和课程改革稳步推进，不断深化。为使教材更好地适应市场，方便教师教和学生学，编者不断收集和征求一线教师的意见和建议，紧随物流行业发展趋势，认真调研并分析物流企业各个岗位的实际需求，不断修正和完善书中的内容，使教材内容最大限度的贴近实际岗位要求。

新版教材保留了上一版教材的精髓，同时弥补了上一版教材的不足。在内容方面体现了物流领域的新知识、新技术、新思想、新方法；在编写方法上坚持"岗位"引领、"工作过程"导向，突出"实用性、技能性"，提高学生动手能力，注重现实社会发展和就业的需求。

相信新版教材更加贴合学校教学，更为适应企业对技能型人才的需要，希望修订教材的出版和使用能为培养优秀的物流专业人才起到积极地推动作用。

黄有方

教育部物流专业教学指导委员会　副组长
中国物流学会　副会长
上海海事大学　副校长
2010 年 10 月

# 前　言

　　第三方物流（Third Party Logistics）是物流专业化的一种重要形式，是由供方与需方之外的第三方提供物流服务，第三方不参与商品供需方之间的直接买卖交易，而是只承担从生产到销售过程中的物流业务，包括商品的包装、储存、运输、配送等一系列服务活动。这一新的物流形态，因其能为企业注入新的资源，提高企业竞争力，帮助企业分担风险、降低成本、提高服务水平而备受人们的广泛关注。越来越多的企业纷纷将其一部分或全部物流委托给第三方物流企业来完成，以便集中资源用于核心活动，第三方物流已成为企业提升竞争力的重要利器。

　　为了培养我国高等院校物流管理专业学生及第三方物流企业从业人员的现代物流管理理念，提高其实践操作技能，我们组织全国部分高职院校的物流专业教师和第三方物流企业的专家共同编写了《第三方物流运营实务》一书，并于 2007 年 8 月由电子工业出版社出版发行。本书面世以来，深受广大师生和物流业界人士的欢迎，不到 3 年的时间重印了 5 次。为了使本书更好地适应高职教育的人才培养目标和教学特点，更方便教师的"教"和学生的"学"，我们在广泛收集了各院校和读者对本书的反馈意见和建议的基础上，结合对第三方物流企业的深入调研，对本书从结构到内容进行了大幅度的调整和修订，修订后的教材有如下特点：

　　第一，有机地与前导课程——《物流基础》进行了衔接。修订后的教材删除了第 1 版中"第三方物流概述"的相关内容，第 2 版教材中不再讲授诸如什么叫第三方物流、第三方物流是怎么兴起的、第三方物流有哪些类型和作用、第三方物流的利益来源等内容，因为这些内容在《物流基础》里都有讲述，本书就不再赘述了，避免了内容的重叠。

　　第二，以第三方物流运营管理的工作过程为主线，调整了第 1 版教材的结构，重新设计了教材内容。修订后的教材按照第三方物流企业的实际工作任务、工作过程和工作情境来组织学习内容，并借鉴德国职业教育的先进经验和好的做法，将其归纳为 11 个学习情境，每一个学习情境根据学习内容的需要又设计了若干个学习项目，有效解决了业界一直"采用学科体系编写高职教材"这一长期以来一直得不到解决的问题，从形式上彰显了高职教材的特点。

　　第三，每一个学习情境开篇之前都设计了一个操作型的引导任务，开篇后的内容紧紧围绕如何完成引导任务开展，让学生带着任务去学习，增强了学习的针对性、实用性和趣味性，学生在学知识的同时学技能操作，学以致用，极大地提高了学习效果。同时，为了及时巩固学习效果，提升技能的熟练程度，每一个学习情境还安排了"实践与思考"栏目，该栏目由技能训练题、案例分析题和知识巩固题构成，让学生通过这三组任务的交替训练，进一步理解和掌握所学知识，从而提升实践操作技能。

　　第四，教材内容新颖，与企业实践联系密切，知识、技能与时俱进。修订后的教材不仅广泛吸收了学术界的最新研究成果，而且还将从第三方物流生产实践中总结出来的新技术、新方法和新经验融入到教材中去，紧跟物流行业的发展趋势，有较强的实用性和超前性。

　　本书由上海理工大学、上海医疗器械高等专科学校钱芝网教授和孙海涛副教授担任主编，广东轻工业职业技术学院任稚苑副教授和南京工业职业技术学院周立军讲师担任副主编。全书写作分工如下：钱芝网编写了学习情境 1、4、7、8、9、10，孙海涛编写了学习情境 11，任稚苑编写了学习情境 3，周立军编写了学习情境 2，陕西工业职业技术学院张玉静编写了学习情境 5，上海佳英泰物流有限公司董事长、总经理李燕生编写了学习情境 6。全书由钱芝网策划、统稿。

本书在编写过程中参考了学术界同仁大量的著作、教材、研究论文和案例，编者已尽可能地在参考文献中详细列出，在此表示衷心的感谢！由于疏忽、遗漏，可能还有部分引证文献没能列出，对此表示深深的歉意。

本书既可以作为高等院校物流管理专业和各类学历教育、物流培训的教材，也可以作为第三方物流企业员工学习、提高用书，还可供有志于从事物流管理工作的人士自学参考使用。

由于编者水平有限，书中难免存在不足之处，敬请广大读者和同行专家批评指正。

编　者
2010 年 11 月于上海

学习情境 1  第三方物流企业的设立

学习目标 .................................................................................................................... 1
引导任务 .................................................................................................................... 1
**学习项目 1  物流企业设立的一般规程** .......................................................... 2
　　一、物流企业设立的含义与设立方式 ........................................................ 2
　　二、物流企业的市场准入 ............................................................................ 3
　　三、物流企业的设立登记 ............................................................................ 3
**学习项目 2  第三方物流企业的组建** .............................................................. 7
　　一、道路运输型物流公司的设立 ................................................................ 7
　　二、水路运输型物流公司的设立 .............................................................. 11
　　三、航空运输型物流公司的设立 .............................................................. 13
　　四、国际货运代理公司的设立 .................................................................. 16
　　五、仓储配送公司的设立 .......................................................................... 17
**实践与思考** ........................................................................................................ 18
　　技能训练题 .................................................................................................. 18
　　案例分析题 .................................................................................................. 19
　　知识巩固题 .................................................................................................. 20

学习情境 2  第三方物流企业组织设计

学习目标 .................................................................................................................. 21
引导任务 .................................................................................................................. 21
**学习项目 1  第三方物流企业组织结构的基本类型** ...................................... 22
　　一、直线型组织结构 .................................................................................. 22
　　二、职能型组织结构 .................................................................................. 22
　　三、事业部型组织结构 .............................................................................. 23
　　四、矩阵型组织结构 .................................................................................. 23
　　五、动态网络型组织结构 .......................................................................... 24
**学习项目 2  第三方物流企业组织的划分** ...................................................... 25
　　一、第三方物流企业组织机构部门划分 .................................................. 25
　　二、第三方物流企业组织机构的层次划分 .............................................. 25
　　三、最优物流组织的构成因素 .................................................................. 26
**学习项目 3  第三方物流企业的组织设计** ...................................................... 27
　　一、第三方物流企业组织设计的内容 ...................................................... 27
　　二、第三方物流企业组织设计的原则 ...................................................... 28
　　三、第三方物流企业组织设计的流程 ...................................................... 28
　　四、第三方物流企业组织设计的目标实现 .............................................. 29
　　五、第三方物流企业组织设计的专业化程度 .......................................... 29

　　六、第三方物流企业组织设计的稳定和发展 ........................................ 29
　**学习项目 4　第三方物流企业组织创新** ............................................ 30
　　一、组织结构创新 ........................................................................ 31
　　二、组织机构重组 ........................................................................ 32
　　三、组织理念更新 ........................................................................ 32
　**实践与思考** ...................................................................................... 33
　　技能训练题 .................................................................................. 33
　　案例分析题 .................................................................................. 34
　　知识巩固题 .................................................................................. 35

**学习情境 3　第三方物流服务产品设计**

　学习目标 .......................................................................................... 36
　引导任务 .......................................................................................... 36
　**学习项目 1　物流服务需求分析** ...................................................... 36
　　一、物流服务购买者分析 .............................................................. 37
　　二、物流服务需求结构分析 .......................................................... 37
　**学习项目 2　第三方物流服务市场** .................................................. 38
　　一、第三方物流市场的分类 .......................................................... 38
　　二、第三方物流市场状况 .............................................................. 39
　　三、第三方物流市场发展的动力 .................................................. 42
　**学习项目 3　第三方物流服务产品开发设计** .................................. 43
　　一、运输和配送服务 .................................................................... 43
　　二、仓储服务 .............................................................................. 44
　　三、增值服务 .............................................................................. 45
　　四、信息服务 .............................................................................. 46
　　五、总体策划 .............................................................................. 47
　**学习项目 4　第三方物流企业服务创新** .......................................... 47
　　一、第三方物流企业服务创新的必要性 ........................................ 47
　　二、第三方物流企业服务创新的主要目标 .................................... 48
　　三、第三方物流企业服务创新的突破点 ........................................ 49
　**实践与思考** ...................................................................................... 51
　　技能训练题 .................................................................................. 51
　　案例分析题 .................................................................................. 51
　　知识巩固题 .................................................................................. 52

**学习情境 4　第三方物流企业的运作模式与经营战略**

　学习目标 .......................................................................................... 53
　引导任务 .......................................................................................... 53
　**学习项目 1　第三方物流企业的运作模式** ...................................... 54
　　一、第三方物流企业运作模式的定义 ............................................ 54
　　二、第三方物流企业运作模式的构成要素 .................................... 54
　　三、第三方物流企业运作模式构建及分析 .................................... 55

四、第三方物流企业运作模式构建的着力点 ........................................ 57

**学习项目2　第三方物流企业的经营策略** ..................................... 58

一、第三方物流企业经营战略的含义 ........................................ 59

二、第三方物流企业经营战略的类型 ........................................ 59

三、第三方物流企业经营战略的要素 ........................................ 59

四、制定第三方物流企业经营战略的一般步骤 ................................ 61

五、第三方物流企业的基本经营战略分析 .................................... 66

**实践与思考** ...................................................... 74

技能训练题 .............................................................. 74

案例分析题 .............................................................. 74

知识巩固题 .............................................................. 76

**学习情境5** 第三方物流信息系统设计

学习目标 ............................................................. 77

引导任务 ............................................................. 77

**学习项目1　第三方物流信息系统的功能及要求** ............................... 77

一、第三方物流信息系统的含义与分类 ...................................... 78

二、第三方物流信息系统的基本功能 ........................................ 78

三、第三方物流信息系统的要求 ............................................ 79

**学习项目2　第三方物流信息系统的设计方法与流程** ........................... 81

一、第三方物流信息系统的设计目标 ........................................ 81

二、第三方物流信息系统设计思路 .......................................... 82

三、第三方物流信息系统的开发设计方法 .................................... 83

四、第三方物流信息系统设计流程 .......................................... 86

**学习项目3　第三方物流信息系统设计内容** ................................... 89

一、货物动态跟踪系统 .................................................... 89

二、配送中心的管理系统 .................................................. 90

三、物流管理综合信息系统 ................................................ 91

四、电子自动订货系统 .................................................... 91

五、销售时点信息系统 .................................................... 92

六、事务处理系统 ........................................................ 93

七、决策支持系统 ........................................................ 93

八、资源计划系统 ........................................................ 94

九、智能运输系统 ........................................................ 95

**实践与思考** ...................................................... 95

技能训练题 .............................................................. 95

案例分析题 .............................................................. 96

知识巩固题 .............................................................. 97

**学习情境6** 第三方物流企业市场开发

学习目标 ............................................................. 98

引导任务 ............................................................. 98

学习项目 1　第三方物流企业目标市场的选择 ............................................ 99
　　一、第三方物流企业市场细分 ............................................................. 99
　　二、第三方物流企业目标市场的选择 .................................................... 102
　　三、第三方物流企业市场定位 ............................................................ 105
学习项目 2　第三方物流企业的市场开发策略 ........................................... 108
　　一、第三方物流企业市场开发的一般方法 ............................................. 108
　　二、第三方物流企业市场开发的新策略 ................................................ 109
学习项目 3　第三方物流项目营销 ......................................................... 110
　　一、第三方物流项目营销的必要性 ...................................................... 110
　　二、第三方物流项目营销阶段与程序 .................................................... 112
　　三、第三方物流企业项目营销策略 ...................................................... 112
　　四、第三方物流项目招投标 .............................................................. 114
实践与思考 .................................................................................... 115
　　技能训练题 ............................................................................... 115
　　案例分析题 ............................................................................... 115
　　知识巩固题 ............................................................................... 116

## 学习情境 7　第三方物流服务项目方案设计

学习目标 ...................................................................................... 117
引导任务 ...................................................................................... 117
学习项目 1　第三方物流服务项目方案的基本内容与设计程序 ....................... 120
　　一、第三方物流服务项目方案的含义与形式 .......................................... 120
　　二、第三方物流服务项目方案的基本内容与基本格式 ............................... 121
　　三、第三方物流服务项目方案设计的内容 .............................................. 123
　　四、第三方物流服务项目方案设计的程序 .............................................. 124
学习项目 2　第三方物流服务项目方案设计要点 ......................................... 126
　　一、运输方案设计要点 ................................................................... 126
　　二、仓储方案设计要点 ................................................................... 127
　　三、配送方案设计要点 ................................................................... 128
　　四、第三方物流服务项目设计样例 ...................................................... 130
学习项目 3　第三方物流服务项目招投标 ................................................. 139
　　一、第三方物流服务项目招标的含义与程序 ........................................... 139
　　二、第三方物流服务项目投标文件 ...................................................... 140
　　三、第三方物流服务项目招标评标标准 ................................................. 141
　　四、第三方物流服务项目投标书样例 ................................................... 143
实践与思考 .................................................................................... 152
　　技能训练题 ............................................................................... 152
　　案例分析题 ............................................................................... 154
　　知识巩固题 ............................................................................... 156

## 学习情境 8　第三方物流企业服务管理

学习目标 ...................................................................................... 157

引导任务 .................................................................................................. 157

**学习项目1　第三方物流企业服务质量管理** ...................................... 158
　　一、物流服务质量及特征 ...................................................................... 158
　　二、我国第三方物流企业服务质量存在的问题 .................................. 159
　　三、第三方物流企业提高物流服务质量的方法 .................................. 160
　　四、第三方物流企业提高物流服务质量的策略 .................................. 166

**学习项目2　第三方物流企业客户关系管理** ...................................... 171
　　一、第三方物流企业客户的特征 .......................................................... 171
　　二、第三方物流企业加强客户关系管理的必要性 .............................. 172
　　三、第三方物流企业客户关系管理流程 .............................................. 173
　　四、第三方物流企业应用 CRM 的策略 .............................................. 174
　　五、第三方物流企业客户关系管理系统的构建 .................................. 176

**实践与思考** .......................................................................................... 179
　　技能训练题 .............................................................................................. 179
　　案例分析题 .............................................................................................. 179
　　知识巩固题 .............................................................................................. 180

## 学习情境9　第三方物流企业成本核算与绩效评价

学习目标 .................................................................................................. 181
引导任务 .................................................................................................. 181

**学习项目1　第三方物流企业成本核算** .............................................. 182
　　一、第三方物流企业的成本构成 .......................................................... 182
　　二、第三方物流企业的物流成本内容 .................................................. 183
　　三、第三方物流企业成本核算方法及存在的问题 .............................. 187
　　四、作业成本法在第三方物流成本核算中的应用 .............................. 188
　　五、时间驱动作业成本法在第三方物流企业成本核算中的应用 ...... 197

**学习项目2　第三方物流企业绩效评价** .............................................. 201
　　一、第三方物流企业绩效评价指标体系的建立 .................................. 201
　　二、第三方物流企业绩效评价方法 ...................................................... 207

**实践与思考** .......................................................................................... 212
　　技能训练题 .............................................................................................. 212
　　案例分析题 .............................................................................................. 213
　　知识巩固题 .............................................................................................. 215

## 学习情境10　第三方物流企业发展战略

学习目标 .................................................................................................. 216
引导任务 .................................................................................................. 216

**学习项目1　第三方物流企业发展战略分析** ...................................... 216
　　一、第三方物流企业发展战略的划分 .................................................. 217
　　二、第三方物流企业发展战略簇分析 .................................................. 218

**学习项目2　第三方物流企业的战略发展方向** .................................. 226
　　一、第三方物流企业的整合战略 .......................................................... 226

二、第三方物流企业的集成策略 ............................................................. 230
三、第三方物流企业的个性化服务战略 ................................................. 233
四、第三方物流企业的品牌形象战略 ..................................................... 236
五、第三方物流企业的人才战略 ............................................................. 236
六、第三方物流企业的联盟战略 ............................................................. 237
七、第三方物流企业的创新战略 ............................................................. 237
八、第三方物流企业的风险防范战略 ..................................................... 237

**实践与思考** .................................................................................................. 241
技能训练题 ................................................................................................. 241
案例分析题 ................................................................................................. 241
知识巩固题 ................................................................................................. 243

**学习情境 11** 第三方物流发展的新模式

学习目标 .......................................................................................................... 244
引导任务 .......................................................................................................... 244
**学习项目 1 供应链环境下的第三方物流** ............................................. 244
一、第三方物流供应链管理的含义 ......................................................... 245
二、第三方物流与供应链的关系 ............................................................. 247
三、第三方物流供应链管理的特点 ......................................................... 248
四、第三方物流供应链管理的原则与主要领域 ..................................... 250
五、第三方物流供应链管理系统设计 ..................................................... 253
六、第三方物流供应链管理的实现途径 ................................................. 254
**学习项目 2 电子商务下的第三方物流** ................................................. 257
一、电子商务环境特点分析 ..................................................................... 258
二、电子商务与第三方物流的管理 ......................................................... 259
三、电子商务下第三方物流的业务类型 ................................................. 262
四、电子商务下第三方物流企业的发展模式 ......................................... 263
五、电子商务下第三方物流企业的发展对策 ......................................... 264
**学习项目 3 第四方物流的兴起** ............................................................. 269
一、第四方物流起缘 ................................................................................. 269
二、第四方物流的特点与运作模式 ......................................................... 269
三、第四方物流与第三方物流的异同 ..................................................... 271
四、第四方物流产生及发展的理论基础 ................................................. 271
五、第四方物流的主体 ............................................................................. 272
六、发展第四方物流的对策 ..................................................................... 274
**实践与思考** .................................................................................................. 275
技能训练题 ................................................................................................. 275
案例分析题 ................................................................................................. 276
知识巩固题 ................................................................................................. 276
**参考文献** ...................................................................................................... 277

# 学习情境 **1** 第三方物流企业的设立

## 学习目标

    通过本情境的学习，学生能够了解道路运输型物流公司、水路运输型物流公司、航空运输型物流公司、国际货运代理公司、仓储配送公司的设立条件，知晓其设立程序，掌握并会制作、准备设立公司时应提交的各种材料，能够独立自主地进行不同类型物流公司的设立。

    张甲是广州人，在广州新怡物流有限公司工作，这几年他看到自己的老板做物流赚了不少钱，短短的 4 年时间，公司由原来只有 15 名员工、7 辆运输集卡发展到今天的 36 名员工、18 辆集卡。特别是去年他在媒体上看到国家已将物流列为十大重点扶持产业之一，这几年来电子商务的蓬勃发展对物流末端配送产生了巨大需求，于是张甲萌生了自己创业开办物流公司的想法，并得到了好朋友李乙的支持，两人决定共同出资 1 000 万元成立物流运输配送公司，从事公路运输配送。假设张甲和李乙共同委托你为他们办理公司的成立事宜，请你完成下列工作：

1. 成立物流运输配送公司，需要提交哪些审批、注册材料？请列出清单。
2. 请为公司的成立制作并准备相关的审批、注册材料。
3. 填写成立公司需要填写的相关表格。
4. 请绘制成立该公司的审批、注册流程图。

# 物流企业设立的一般规程

企业设立是指企业设立人依照法定的条件和程序，为组建企业并取得法人资格而必须采取和完成的法律行为。物流企业的设立除了要具备一般企业的设立条件外，因其所经营的业务的特殊性，有关的法律法规对其设立的条件和程序还有一些特别的规定。

## 一、物流企业设立的含义与设立方式

### （一）物流企业设立的含义

物流企业的设立是指物流企业的创立人为使企业具备从事物流活动的能力，取得合法的主体资格，依照法律规定的条件和程序所实施的一系列的行为。

按照法律规定和程序设立的物流企业，即依法取得中国的法人资格，具有法人权利能力和法人行为能力，可以法人的身份从事物流经营活动。

### （二）物流企业的设立方式

物流企业的设立方式，也称设立的原则，是指企业根据何种法定原则，通过何种具体途径获得企业设立的目的。一般来说，企业设立的方式主要有以下几种。

#### 1．特许设立

企业必须经过国家的特别许可才能设立的一种方式，它通常适用于特定企业的设立，如涉及国计民生的企业及承担特殊公共职能、承担公共服务的公用企业等。

#### 2．核准设立

核准设立又称"许可设立"、"审批设立"，即设立企业除需要具备法律规定的设立企业的各项条件外，还需要主管行政机关审核批准后，才能申请登记注册的一种设立方式。

#### 3．准则设立

准则设立又称"登记设立"，即设立企业不需要经有关主管行政机关批准，只要企业在设立时符合法律规定的有关成立条件，即可到主管机关申请登记，经登记机关审查合格后予以登记注册，企业即告成立的一种设立方式。

#### 4．自由设立

法律对企业的设立不予强制规范，企业的创立人可以自由设立企业的一种设立方式。

目前，我国物流企业的设立主要是核准设立和准则设立。

## 二、物流企业的市场准入

在我国设立物流企业需要符合相应的市场准入条件，市场准入条件内外资是不一样的，本书仅讲述内资设立物流企业的市场准入条件。内资物流企业市场准入是指我国内资在什么条件下可以进入物流市场、参与市场活动的条件。在一般情况下，我国内资进入物流市场的基本准入条件是具备法人的条件，即内资应当在成为企业法人后才能从事物流经营活动。

### 1．一般物流企业类型的市场准入

我国内资投资从事一般的物流行业，如批发业、道路运输、货物仓储等行业的市场准入是没有特殊限制的，只要在设立相应企业时有与拟经营的物流范围相适应的固定的生产经营场所、必要的生产经营条件，以及与所提供的物流服务相适应的人员、技术等，就可以到工商登记机关申请设立登记。若依《公司法》设立公司形式的物流企业，则除了满足《公司法》规定的设立条件外，还要满足最低注册资本的要求，依据《公司法》的规定，成立科技开发、咨询、服务性的物流企业的注册资本金最低为 10 万元人民币（一人有限公司为 3 万元）；从事商品批发的物流企业，则最低注册资本金为 50 万元人民币。

当然，在公司设立登记时，根据经营业务情况，有些需要提供相应的行政许可，如《道路运输经营许可证》、《危险物品运输许可证》、《危险品储存资质许可证》等。

### 2．特殊物流企业类型的市场准入

特殊物流企业类型是指成立此类企业时，需要相应主管机关审批后，才能到工商登记管理机关进行设立登记的物流企业类型。这类物流企业必须经过主管机关的审批才能进入市场，从事物流经营活动。目前，我国大多数物流企业都必须经相应的行业主管部门审批核准。如根据《海运条例》及其实施细则规定，在我国境内投资设立国际海上运输业务的物流企业，其经营国际船舶运输业务必须经交通部审批；根据《民用航空运输销售代理业管理规定》、《中国民用航空快递业管理规定》等，设立从事空运销售代理业务、经营航空快递业务的物流企业必须经民航行政主管部门、民航总局审查批准，才能办理工商注册登记。

另外，设立国有物流企业，需按我国《全民所有制工业企业法》第十六条规定，报请政府或者政府主管部门审核批准，经工商行政管理部门登记，取得法人资格；设立物流股份有限公司和国有独资物流公司需由国务院授权的部门或省级人民政府审批。同样，依照我国《公司法》的规定，设立股份公司必须经国家证券管理部门批准。

### 3．对于关系国计民生的物流企业的市场准入

对于一些涉及我国经济命脉的一些特殊物流企业，如铁路运输，航空运输等企业，必须经国务院特许才能设立。此类物流企业由于对国家经济、军事、政治等各个方面影响很大，甚至涉及国家领土、领空主权的完整等，因此，其市场准入必然十分严格。

## 三、物流企业的设立登记

### （一）物流企业设立登记的定义

物流企业设立登记是物流企业的创立人提出企业登记的申请，经登记主管机关核准，确认其法律上的主体资格，并颁发有关法律文件的行为。设立登记是物流企业取得法律上主体资格

的必要程序，物流企业申请企业法人登记，经登记主管机关审核，准予登记并领取《企业法人营业执照》后，取得法人资格，方可从事经营活动，其合法权益受国家法律保护。未经企业法人登记主管机关核准登记注册的，不得从事物流经营活动。

### （二）物流企业设立的登记机关和登记管辖

根据我国的法律规定，我国物流企业的登记主管机关是国家工商行政管理局和地方各级工商行政管理局。物流企业设立登记的管辖包括级别管辖和地域管辖，其级别管辖分为三级，即国家工商行政管理局，省、自治区、直辖市工商行政管理局和市、县、区工商行政管理局。我国对企业的设立登记管辖实行分级登记管理的原则。根据我国《企业法人登记管理条例》、《企业法人登记管理条例实施细则》的规定，我国物流企业设立的登记管辖分为：

#### 1．国家工商行政管理局登记管辖范围

（1）国务院批准设立的或者行业归口管理部门审查同意由国务院各部门及科技性社会团体设立的全国性物流公司和大型物流企业；

（2）国务院批准设立的或者国务院授权部门审查同意设立的大型物流企业集团；

（3）国务院授权部门审查同意由国务院各部门设立的经营进出口业务的物流公司。

#### 2．省、自治区、直辖市工商行政管理局设立登记管辖

（1）由省、自治区、直辖市人民政府批准设立的或者行业归口管理部门审查同意由政府各部门及科技性社会团体设立的物流公司和企业；

（2）由省、自治区、直辖市人民政府设立的或者政府授权部门审查同意设立的物流企业集团；

（3）由省、自治区、直辖市人民政府授权部门审查同意设立的物流企业集团；

（4）由省、自治区、直辖市人民政府授权部门审查同意由政府部门设立的经营进出口业务的物流公司；

（5）由国家工商行政管理局根据有关规定核转的物流企业或者分支机构。

此外，由省、自治区、直辖市人民政府或者政府授权机关批准的及其呈报上级审批机关批准的外商投资企业，由国家工商行政管理局授权省、自治区、直辖市工商行政管理局负责登记。

#### 3．市、县、区工商行政管理局设立登记管辖

除了上述两项所列物流企业外的其他物流企业的设立登记管辖外，均由市、县、区（指县级以上的市辖区）工商行政管理局负责。

### （三）物流企业的设立程序

物流企业设立程序即物流企业的创立人向登记主管机关提出登记申请，登记主管机关对申请进行审查、核准及准予设立登记和发布设立公告等程序。

#### 1．发起人发起并签订设立协议

发起人协议，也称为设立协议、投资协议或股东协议书，目的是明确发起人在公司设立中的权利、义务，其主要内容包括：公司经营的宗旨、项目、范围和生产规模；注册资金、投资总额及各方出资额、出资方式；公司的组织机构和经营管理；盈余的分配和风险分担的原则等。

按照《公司法》和《公司登记管理条例》的规定，有限责任公司的设立人（股东）应达到

法定人数，即应由两个以上五十个以下的股东出资设立，但国家授权投资的机构或者国家授权的部门可以单独投资设立国有独资的有限责任公司。设立股份有限公司，应当有五人以上为发起人，其中过半数的发起人在中国境内有住所，国有企业改建为股份公司的，发起人可以少于五人，但应当采取募集设立方式。

### 2．名称预先核准的申请

根据《公司登记管理条例》规定，设立有限责任公司和股份有限公司应当首先申请名称预先核准，具体规定为，设立有限责任公司，应当由全体股东指定的代表或者共同委托的代理人向公司登记机关申请名称预先核准；设立股份有限公司，应由全体发起人指定的代表或者共同委托的代理人向公司登记机关申请名称预先核准。

申请名称预先核准，应当提交下列文件：

（1）有限责任公司的全体股东或者股份有限公司的全体发起人签署的公司名称预先核准申请书；

（2）股东或者发起人的法人资格证明或者自然人的身份证明；

（3）公司登记机关要求提交的其他文件。

公司登记机关决定核准的，会发给《企业名称预先核准通知书》。

### 公司取名时应注意的事项

公司名称不得含有下列内容和文字：

1．有损国家或社会利益的；

2．可能给公众造成欺骗或者误解的；

3．外国国家（地区）名称、国际组织名称不能作为公司名称；

4．政党名称、党政机关名称、群众组织名称、社会团体名称及部队番号不能作为公司名称；

5．汉语拼音字母（外文名称中使用的除外）、数字不能作为公司名称；

6．其他法律法规禁止使用的内容。

此外，只有全国性公司大型进出口公司、大型企业集团才可以使用"中国"、"中华"、"全国"、"国际"等文字；只有私营企业、外商投资企业才可以使用投资者姓名作为商号；只有具有三个分支机构的公司才可以使用"总"字；分支机构的名称应冠以所属总公司的名称，并缀以分公司字样，同时标明分公司的行业名称和行政区划地名。

### 3．验资

由依法设立的验资机构对股东出资的价值和真实性进行检验并出具检验证明。验资机构通常包括会计师事务所、资产评估事务所等。

### 4．向登记主管机关提出设立登记申请

设立登记的申请由企业的创立人提出。依照我国《公司登记管理条例》的规定，有限责任公司的设立，应由全体股东指定的代表或者共同委托的代理人向公司登记机关提出设立申请；

股份有限公司的设立，应由全体发起人指定的代表或者共同委托的代理人向公司登记机关提出设立申请。

企业设立登记必须向工商行政管理部门提交公司设立登记申请书，登记申请书应当载明法律要求说明设立登记的全部事项，包括：物流公司的名称、住所、经营场所、法定代表人、经营性质、经营范围、注册资金、从业人数、经营期限、分支机构等。设立物流公司除了提交公司设立登记申请书外，还必须提交其他文件。

（1）拟成立有限责任公司的物流企业，应向公司登记主管机关提交下列文件：

① 公司董事长或执行董事签署的《公司设立登记申请书》；② 全体股东指定代表或者共同委托代理人的证明；③ 公司章程；提交的公司章程应内容齐备，符合《公司法》规定的各项要求；④ 具有法定资格的验资机构出具的验资证明；验资报告应明确载明股东人数、出资方式、出资额及该公司在银行开设的临时账户。其中以实物、工业产权、非专利技术或者土地使用权出资的，应同时提交经注册的资产评估事务所出具的资产评估报告；⑤ 股东的法人资格证明或者自然人身份证明；⑥ 公司董事、监事、经理姓名、住所的文件及有关委派、选举或者聘用的证明；⑦ 公司法定代表人的任职文件和身份证明；有限责任公司的法定代表人的任职文件应是委任书、股东会决议或者载明国家投资部门或授权部门指定任职的文件；公司法定代表人的身份证明应提交其《居民身份证》复印件或其他合法的身份证明；⑧ 《企业名称预先核准通知书》；⑨ 公司住所证明；公司住所是租赁用房的，需提交《房屋产权登记证》的复印件或有关房屋产权的证明文件及租赁协议；公司的住所是股东作为出资投入使用的，则提交股东的《房屋产权登记证明》或有关房屋产权证明的文件及该股东出具的证明文件。

除上述九种文件外，法律、行政法规规定设立有限责任公司必须报经审批的，还应当提交有关部门的批准文件，如设立国有独资公司的，需提交国家授权投资的机构或者国家授权的部门的证明文件及对设立公司的批准文件。

（2）拟设立股份有限公司的物流企业，董事会应当于创立大会结束后30日内向登记机关申请设立登记，向登记主管机关提交下列文件：

① 公司董事长签署的《公司设立登记申请书》；② 国务院授权部门或者省、自治区、直辖市人民政府的批准文件，募集设立的股份有限公司还应当提交国务院证券管理部门的批准文件；③ 创立大会的会议记录；④ 公司章程；⑤ 筹办公司的财务审计报告；⑥ 具有法定资格的验资机构出具的验资证明；验资报告中应当载明股东名称或姓名、股东的出资方式、出资额、公司实收资本额、公司在银行开设的临时账户等内容，其中以实物、工业产权、非专利技术或者土地使用权出资的，应同时提交有关的财产评估报告和依法办理财产转移手续的有关文件；⑦ 发起人的法人资格证明或者自然人身份证明；发起人是企业法人的，应提交加盖其登记主管机关印章的执照复印件；发起人是其他法人的，应提交能够证明其法人资格的有关文件；如社团法人需提交社团法人登记证；发起人是自然人的，应提交其《居民身份证》复印件或者其他合法身份证明；⑧ 载明公司董事、监事、经理姓名、住所的文件及有关委派、选举或者聘用的证明；⑨ 公司法定代表人的任职文件和身份证明；公司法定代表人的任职文件应提交董事会决议；公司法定代表人的身份证明应提交其《居民身份证》复印件或其他合法身份证明；⑩《企业名称预先核准通知书》；⑪ 公司住所证明；股份有限公司的住所是租赁的，应提交房主的房产证明文件和租赁协议；住所是发起人作为股份投入使用的，应提交发起人的《房屋产权登记证》复印件及其他有关房产证明文件，并应提交发起人出具的出资说明；⑫ 股份有限公司的经营范围有法律、行政法规规定必须报经审批项目的，应提交国家有关部门的批准文件。

### 5．登记机关对提交的申请进行核准、登记

登记机关对申请登记时提供的材料进行审查后，认为符合条件的，将予以登记并发给企业法人营业执照，公司即告成立。公司可凭企业法人营业执照刻制印章、开立银行账户、申请纳税登记，并以公司名义对外从事经营活动。公司成立后，应当向股东发放出资证明书，并制备股东名册。出资证明书应载明：公司名称；公司成立日期；公司注册资本；股东姓名或名称；交纳的出资额和出资日期；出资证明书的编号和核发日期，并加盖公章。股东名册应记载：股东姓名或名称及住所；股东的出资额；出资证明书编号。股东可以依股东名册主张行使股东权利。

# 第三方物流企业的组建

第三方物流企业是指在特定的时间里按照特定的价格向客户提供从系统设计、计划、管理到实施全面个性化的系列物流服务的企业。第三方物流企业提供的基本物流服务主要是运输服务和仓储/配送服务等，因此，第三方物流企业的基本类型相应就有运输型物流公司和仓储/配送型物流公司。不同类型的物流企业虽然设立条件各不相同，但绝大部分企业的设立都需要预先取得行政许可，而且设立流程基本相同。

## 一、道路运输型物流公司的设立

### （一）设立条件

#### 1．有与其经营业务相适应并经检测合格的运输车辆

车辆技术性能应当符合国家标准《营运车辆综合性能要求和检验方法》（GB 18565）的要求；车辆外廓尺寸、轴荷和载重量应当符合国家标准《道路车辆外廓尺寸、轴荷及质量限值》（GB 1589）的要求；车辆技术等级达到行业标准《营运车辆技术等级划分和评定要求》（JT/T 198）规定的一级技术等级。

如果运输剧毒、爆炸、易燃、放射性危险货物的，还应当具备罐式车辆或厢式车辆、专用容器，车辆应当安装行驶记录仪或定位系统，罐式专用车辆的罐体应当经质量检验部门检验合格。运输爆炸、强腐蚀性危险货物的罐式专用车辆的罐体容积不得超过 20 立方米，运输剧毒危险货物的罐式专用车辆的罐体容积不得超过 10 立方米（罐式集装箱除外），运输剧毒、爆炸、强腐蚀性危险货物的非罐式专用车辆，核定载重量不得超过 10 吨。

此外，从事大型物件运输经营的，应当具有与所运输大型物件相适应的超重型车组；从事冷藏保鲜、罐式容器等专用运输的，应当具有与运输货物相适应的专用容器、设备、设施，并固定在专用车辆上；从事集装箱运输的，车辆还应当有固定集装箱的转锁装置。

#### 2．有符合规定条件的驾驶人员

（1）取得与驾驶车辆相应的机动车驾驶证；

（2）年龄不超过 60 周岁；

（3）经设区的市级道路运输管理机构对有关货运法律法规、机动车维修和货物及装载保管基本知识考试合格并取得相应从业资格证；

（4）从事危险品运输的驾驶员，必须取得经营性道路货物运输驾驶员从业资格2年以上，接受相关法规、安全知识、专业技术、职业卫生防护和应急救援知识的培训，了解危险货物性质、危害特征，包装容器的使用特性和发生意外时的应急措施，经考试合格，取得运输危险品车的操作资格证。

### 3．有健全的安全生产管理制度

健全的安全生产管理制度包括安全生产操作规程、安全生产责任制、安全生产监督检查制度及从业人员、车辆、设备安全管理制度。

### 4．有符合安全规定并与经营范围、规模相适应的停车场地和相应的设施设备

具有运输剧毒、爆炸和Ⅰ类包装危险货物专用车辆的，还应当配备与其他设备、车辆、人员隔离的专用停车区域，并设立明显的警示标志；配备有与运输的危险货物性质相适应的安全防护、环境保护和消防设施设备。

### 5．取得相关的行政许可证

从事普通货物道路运输的，应从交通运管部门取得《道路运输经营许可证》，从事危险品运输的，应从消防部门取得《危险物品运输许可证》和《化学危险物品准运证》。

### 6．《公司法》规定的其他设立公司的条件

例如，有符合规定的名称和注册资本，有固定的经营场所，有相应的管理机构和负责人，等等。

此外，申请从事国际道路运输经营的，还需要具备在国内从事道路运输经营满3年且未发生重大以上道路交通责任事故这一条件。

### （二）应提交的审批材料

（1）《道路货物运输经营申请表》（从事危险品运输的，提交《道路危险货物运输经营申请表》）。

（2）投资人、负责人身份证明及其复印件，经办人的身份证明及其复印件和委托书。

（3）拟投入车辆承诺书，内容包括专用车辆数量、类型、技术等级、通信工具配备、总质量、核定载重量、车轴数及车辆外廓长、宽、高等情况（若从事危险品运输，还要提交罐式专用车辆的罐体容积、罐体容积与车辆载质量匹配情况，运输剧毒、爆炸、易燃、放射性危险货物的专用车辆配备行驶记录仪或者定位系统情况）。若拟投入专用车辆为已购置或者现有的，应提供行驶证、车辆技术等级证书或者车辆技术检测合格证、罐式专用车辆的罐体检测合格证或者检测报告及其复印件。

（4）企业章程文本。

（5）拟聘用驾驶人员、装卸管理人员、押运人员的从业资格证及其复印件，驾驶人员的驾驶证及其复印件。

（6）具备停车场地、专用停车区域和安全防护、环境保护、消防设施设备的证明材料。

（7）有关安全生产管理制度文本。

（8）其他相关证明材料。

（三）设立流程

**1．取得行政许可**

从运输管理部门、消防部门等取得《道路运输经营许可证》或《道路危险货物运输经营许可证》。

**2．核准企业名称**

到工商局领取"企业（字号）名称预先核准申请表"，填入拟取的公司名称（一共可填5个），工商局经检索，如无重名，即可使用并核发"企业（字号）名称预先核准通知书"。

**3．租房**

若无经营场所，则需要租房，签订租房合同，并让产权人提供房产证复印件，再到税务局买印花税，税率一般是年租金的千分之一，将印花税票贴在合同的首页。

**4．编制公司章程**

如拟设立的公司为有限责任公司，则要编制公司章程。可以找人代写，也可以从工商局的网站上下载公司章程样本，修改后由所有股东签名。

**5．刻法人名章**

到刻章社刻法人名章，一般是方形的。

**6．到银行开立验资账户**

携带"公司章程"、"企业名称预先核准通知书"、"法人名章"、"身份证"到银行开立公司验资账户，将各股东的资金存入账户，银行出具"询征函"、"股东缴款单"。

**7．办理验资报告**

拿着"询征函"、"股东缴款单"、"公司章程"、"企业名称预先核准通知书"、"租房合同"、"房产证复印件"到会计师事务所办理验资报告，验资费一般为500元。

**8．注册公司**

到工商局领取公司设立登记的各种表格，填好后将"公司章程"、"企业名称预先核准通知书"、"租房合同"、"房产证复印件"、"验资报告"一起交给工商局，一般3个工作日后即可领到营业执照（各地实际略有差别）。

**9．刻制公章**

凭营业执照到公安局指定的刻章社刻公司公章、财务专用章，费用大约为120～180元。

**10．办理企业组织机构代码证**

凭营业执照到当地技术监督局办理组织机构代码证，费用一般为30元。

**11．开基本户**

凭营业执照、组织机构代码证到银行开立基本账号，同时注销验资账号。

**12．办理税务登记**

领取营业执照后的30日内，到当地税务局申领税务登记证。

**13. 领购发票**

道路运输公司属于服务性质的企业，按照规定，使用地税发票。

至此，公司正式成立，可以营业了。

## 小知识

### 设立道路货运分公司应提交的材料

1. 申请书（原件1份）。内容包括申请理由、投资经营规模、资金来源、管理人员、经营场所、市场调查分析、运作模式等（由具有货运经营资格的法人单位提交）。

2. 公司（法人）章程文本（1份，加盖公章）。

3. 公司（法人）经营许可证正本、副本及营业执照（原件、复印件各1份，验原件）。

4. 公司（法人）颁发给分公司负责人的任命书，分公司负责人身份证明，经办人身份证明和委托书，原件、复印件各1份，验原件。

5. 公司（法人）经营授权书，授予分公司运营车辆的行驶证、车辆技术等级证书或车辆技术检测合格证，道路运输证，原件、复印件各1份，验原件。

6. 分公司拟迁入机动车辆行驶证、车辆技术等级证书或车辆技术检测合格证、道路运输证，或者拟投入运输车辆承诺书，原件、复印件各1份，验原件，承诺书需加盖公章。

7. 分公司拟聘用驾驶员的身份证和机动车驾驶证、从业资格证（原件、复印件各1份，验原件）。

8. 分公司安全生产管理制度文本（包括安全生产责任制度、安全生产业务操作规程、安全生产监督检查制度、驾驶员和车辆安全生产管理制度等）原件1份，加盖公章。

9. 分公司道路货物运输应急预案文本（包括报告程序、应急指挥、应急车辆和设备的储备及处置措施等）原件1份，加盖公章。

10. 分公司办公、经营场所及停车场地（提供租赁合同或产权证明并附照片）原件、复印件各1份，验原件。

11. 申请人的法人代表身份证（本市户籍）或计划生育证明书（非本市户籍）原件、复印件各1份，验原件。

若是设立危险品运输分公司，除了上述材料外，还应提交下列材料：

1. 公司（法人）经营授权书，拟运输的危险货物类别、项别及运营方案，原件、复印件各1份，验原件。

2. 分公司拟投入车辆承诺书（内容包括专用车辆数量、类型、技术等级、通信工具配备、总质量、核定载重量、车轴数、车辆外廓长、宽、高及承诺购置车辆在6个月内投入营运情况，罐式专用车辆的罐体容积，罐体容积与车辆载质量匹配情况，运输剧毒、爆炸、易燃、放射性危险货物的专用车辆配备GPS或行驶记录仪情况）；若拟投入专用车辆属于已购置或者现有的，应提供行驶证、车辆技术等级证书或者车辆技术检测合格证、罐式专用车辆的罐体检测合格证或者检测报告，原件、复印件各1份，验原件，承诺书需加盖公章。

3. 分公司拟聘用驾驶人员、装卸管理人员、押运人员的从业资格证和驾驶人员驾驶证（原件、复印件各 1 份，验原件）。

4. 分公司专用停车场地和安全防护、环境保护、消防设施设备的证明材料，专用停车场地产权或租赁证明，原件、复印件各 1 份，验原件。

5. 分公司专用停车场地相片（原件、复印件各 1 份）。

6. 分公司道路危险货物运输应急预案文本（原件、复印件各 1 份）。

## 二、水路运输型物流公司的设立

### 1．设立条件

（1）取得《水路运输经营许可证》。

（2）有稳定的货源和船舶业务来源。

（3）有满足经营需要的安全管理要求的组织机构、固定办公场所。

（4）有符合规定的专业从业人员。

专业从业人员要求如下：

① 企业船舶运输管理人员中半数以上的人员应取得交通部认可机构颁发的从业资格证书或取得航运、航海、船舶、船机等专业中等专业（内河运输的，职高）以上学历；

② 个体经营者应取得省级交通主管部门认可机构颁发的培训证书；

③ 企业海务、机务管理人员持有与所经营船舶种类的海船、河船相对应的不低于大副、大管轮的适任证书；

④ 企业应有 4 名以上专职管理人员，且管理人员与企业签订劳动合同在 2 年以上；

⑤ 经营液货危险品船运输的，最高管理层中至少有 1 人取得相应危险品船船长或轮机长适任证书；海务、机务主管还应持有与所经营船舶种类的海船、河船相对应的船长、轮机长适任证书。

海务、机务专职管理人员配备数量如下：

① 经营沿海普通货船 1～10 艘的，至少分别配备 1 人；11～20 艘的，至少分别配备 2 人；21～30 艘的，至少分别配备 3 人；30 艘以上的，至少分别配备 4 人；

② 经营内河普通货船 1～10 艘的，至少分别配备 1 人；11～50 艘的，至少分别配备 2 人；51～100 艘的，至少分别配备 3 人；100 艘以上的，至少分别配备 4 人；

③ 经营沿海散装液体危险品船 1～5 艘的，至少分别配备 1 人；6～10 艘的，至少分别配备 2 人；11～20 艘的，至少分别配备 3 人；20 艘以上的，至少分别配备 4 人；

④ 经营内河散装液体危险品船 1～10 艘的，至少分别配备 1 人；11～20 艘的，至少分别配备 2 人；21～30 艘的，至少分别配备 3 人；30 艘以上的，至少分别配备 4 人。

（5）申请经营液货危险品船运输的企业，应具有 3 年以上普通货船运输经历。

（6）新设立液货危险品运输企业，至少 1 名持股 25% 以上的股东（以下简称"以该方式出资的"股东）具有 3 年以上相应船舶种类的河船运输经历且过去 3 年无重大安全责任事故和无违法违章的不良经营记录，以该方式出资投资新公司的数量不得超过 3 家，在新公司取得经营资质后 3 年内持股不低于 25%。新设立公司所经营的船舶中，按国家有关规定要求建立安全管理体系的，该股东还应取得海事部门签发的、覆盖其经营船舶种类的客船、液货危险品安全管理体系符合证明（DOC 证书）。

（7）经营船舶运输的企业和个人应拥有与经营区域范围、船舶种类相适应的船舶。

① 经营沿海普通货船运输的，普通货船 2 000 载重吨；

② 经营沿海液货危险品船运输的，危险品船 2 000 载重吨，其中经营液化气船运输的，舱容 2 000 立方米；

③ 经营内河液货危险品船的，危险品船 300 载重吨，其中经营内河液化气船运输的，舱容 300 立方米。

（8）经营运输的船舶应按规定取得《船舶检验证书》、《船舶所有权登记证书》、《船舶最低安全配员证书》、《船舶营运证》、《船舶国籍证书》或《光船租赁登记证明书》、《临时船舶国籍证书》、《船舶入级证书》。《中华人民共和国航运公司安全与防污染管理规定》适用范围内的船舶还应当持有有效的"安全管理证书"或者"临时安全管理证书"。

（9）有符合规定的最低限额的注册资金。

① 经营船舶代理业务的，注册资金为人民币 20 万元；

② 经营货物代理业务的，注册资金为人民币 30 万元；

③ 同时经营船代和货代的，注册资金为人民币 50 万元。

注：经营国际船舶运输业务，应当具备下列条件：①有与经营国际海上运输业务相适应的船舶，其中必须有中国籍船舶；②投入运营的船舶符合国家规定的海上交通安全技术标准；③有提单或者多式联运单证；④有具备国务院交通主管部门规定的从业资格的高级业务管理人员。

**2. 报送文件**

（1）申请设立水路运输服务企业报告（原件、复印件各 1 份）。

（2）水路运输服务企业开业申请书（原件 1 份）。

（3）公司章程、组织机构设置图、企业基本管理制度（必须包括海务管理制度、机务管理制度、安全管理制度、财务管理制度、经营管理制度等）原件、复印件各 1 份。

（4）企业名称预先核准通知书（原件、复印件各 1 份）。

（5）资信证明（验资报告书）原件、复印件各 1 份。

（6）经营场所证明（或租赁证明、协议等；复印件 1 份，验原件）。

（7）企业上级主管单位同意设立企业的证明或董事会决议，联营协议，原件、复印件各 1 份。

（8）货物、船舶来源意向书（原件、复印件各 1 份）。

（9）申请设立水路运输服务企业的，提交拟设企业的法人和股东履历表及主要业务人员名单（姓名和职务等），随表附上身份证明和学历、资历证明。身份证明包括：委托书（原件 1 份）、经办人的身份证明（复印件 1 份，验原件）、任命书、离退休证、待业证、会计证、居民身份证（复印件各 1 份，验原件）等。

（10）已成立企业申请从事水路运输服务业务的，提交《营业执照》正本及副本（复印件各 1 份，验原件），法定代表人身份证明书（原件 1 份），法定代表人身份证（复印件 1 份），经办人的身份证明（复印件 1 份，验原件），授权委托书（原件 1 份）。

（11）筹建企业应提供持股 25% 以上股东（按规定具有 3 年以上相应船舶种类的河船运输经历的股东）所在地交通主管部门出具的该公司 3 年内无重大安全责任事故和违法违章经营记录及其出资企业不超过 3 家的证明文件。

（12）企业人员劳动合同（1 年以上）。

（13）可行性研究报告（原件 1 份）。可行性研究报告应包括货客源分析与预测、经营范围与运力规模、资金来源、组织机构构成（包括筹建负责人和经营、财务、安全、机务、海务等管理人员及船员的来源和技术能力的分析）、效益分析等。

（14）企业安全评估报告。

（15）交通主管部门规定的其他文件。

### （三）设立流程

设立流程与道路运输型物流企业的登记办理程序相同。

## 三、航空运输型物流公司的设立

### （一）公共航空运输公司的设立

#### 1．设立条件

（1）不少于 3 架购买或者租赁并且符合相关要求的民用航空器。

（2）负责企业全面经营管理的主要负责人应当具备公共航空运输企业管理能力，主管飞行、航空器维修和其他专业技术工作的负责人应当符合民用航空规章的相应要求，企业法定代表人为中国籍公民。

（3）具有符合民用航空规章要求的专业技术人员。

（4）不少于国务院规定的注册资本的最低限额。

（5）具有运营所需要的基地机场和其他固定经营场所及设备。

（6）民航总局规定的其他必要条件。

#### 2．经营许可程序

（1）申请人申请筹建公共航空运输企业，应当提交下列文件、资料（一式三份）：

① 筹建申请报告。筹建申请报告的内容应包括拟经营航线的市场分析，拟选用的民用航空器型号、来源和拟使用的基地机场条件，专业技术人员的来源和培训渠道，拟申请的经营范围。

② 投资人的资信能力证明。

③ 投资各方签订的协议（合同）及企业法人营业执照（或者注册登记证明）复印件或者自然人身份证明复印件。

④ 筹建负责人的任职批件、履历表。

⑤ 企业名称预先核准通知书。

⑥ 民航总局规定的其他文件、资料。

（2）筹建中外合资公共航空运输企业的，申请人应当按照国家有关规定报送拟设立企业的项目申请报告及其核准文件。

（3）申请人申请筹建公共航空运输企业，应当将申请材料提交所在地民航地区管理局初审。民航地区管理局收到申请人的申请材料后，将其置于民航总局网站（www.caac.gov.cn），供申请人、利害关系人及社会公众查阅和提出意见。利害关系人和社会公众如有意见，应当自上网公布之日起 10 个工作日内提出意见。民航地区管理局应当自收到申请人的申请材料之日起 20 个工作日内提出初审意见并连同申报材料一起报民航总局。

（4）对申请人申请筹建公共航空运输企业没有重大异议的，民航总局应当自受理其申请之日起 10 个工作日内做出准予筹建的初步决定，并将其置于民航总局网站，供申请人、利害关系人及社会公众查阅和提出意见。民航总局应自受理申请之日起 20 个工作日内做出是否准予筹建的决定。对申请人的筹建申请有重大异议的，申请人、利害关系人如果要求听证，民航总局按规定组织听证。民航总局根据听证的结果做出是否准予筹建的初步决定并置于民航总局网站予以公布，供申请人、利害关系人及社会公众查阅和提出意见。申请人、利害关系人及社会公众如有意见，应当自上网公布之日起 10 个工作日内提出意见。民航总局根据征求意见的情况做出是否准予筹建的决定。

（5）民航总局对准予筹建的公共航空运输企业，应当自做出决定之日起 10 个工作日内送达筹建认可决定，予以公告。对不予筹建的，应当自做出决定之日起 10 个工作日内书面通知申请人，说明理由，并告知申请人享有依法申请行政复议或者提起行政诉讼。

（6）申请人自民航总局准予其筹建之日起 2 年内未能按规定条件取得经营许可证的，确有充足的事由，经申请人申请、所在地民航地区管理局初审，民航总局可准予其延长 1 年筹建期。在延长筹建期内仍未取得经营许可证的，丧失筹建资格。丧失筹建资格的申请人，民航总局 2 年内不再受理其筹建申请。经准予筹建的公共航空运输企业，应当按照国家有关法律、行政法规及民用航空规章的规定和认可条件，在筹建有效期内开展筹建工作。

（7）申请人完成筹建工作后，应当经所在地民航地区管理局初审，向民航总局申请公共航空运输企业经营许可。

（8）申请人申请公共航空运输企业经营许可，应当提交下列文件、资料（一式三份）：

① 公共航空运输企业经营许可申请书；

② 企业名称预先核准通知书复印件；

③ 企业章程；

④ 具有法定资格的验资机构出具的验资证明；

⑤ 企业住所证明复印件；

⑥ 企业标志及其批准文件；

⑦ 购买或者租赁民用航空器的证明文件；

⑧ 客票、货运单格式样本及批准文件；

⑨ 与拟使用的基地机场签订的机坪租赁协议和机场场道保障协议；

⑩ 法定代表人、负责企业全面经营管理的主要负责人的任职文件、履历表、身份证复印件；

⑪ 投保地面第三人责任险的证明文件；

⑫ 企业董事、监事的姓名、住所及委派、选举或者聘任的证明；

⑬ 民航总局规定的其他文件、资料。

（9）拟设立的中外合资公共航空运输企业，还应当提交合同、章程的批准文件和外商投资企业批准证书。

（10）筹建公共航空运输企业的组织形式为股份有限公司的，除上述文件、资料外，还应提交以下文件、资料（一式三份）：

① 股东签订的投资协议（合同）；

② 股东或者发起人的法人资格证明或者自然人身份证明；

③ 国务院授权部门或者省、自治区、直辖市人民政府的批准文件。

（11）若是募集设立的股份有限公司，还应当提交国务院证券管理部门的批准文件。

（12）申请人申请经营许可，应当将申请材料提交所在地民航地区管理局初审。民航地区管理局收到申请人的申请材料后，将其置于民航总局网站，供申请人、利害关系人及社会公众查阅和提出意见。利害关系人和社会公众如有意见，应当自上网公布之日起 10 个工作日内提出意见。民航地区管理局应当自收到申请人的申请材料之日起 20 个工作日内提出初审意见并连同申报材料报民航总局。

（13）对申请人的经营许可申请没有重大异议的，民航总局应当自受理其申请之日起 10 个工作日内做出准予经营许可的初步决定，并将其置于民航总局网站，供申请人、利害关系人及社会公众查阅和提出意见。民航总局应自受理申请之日起 20 个工作日内做出是否准予经营许可的决定。

对申请人的经营许可申请有重大异议的，申请人、利害关系人如果要求听证，由民航总局按规定组织听证。民航总局根据听证的结果做出是否准予经营许可的初步决定并置于民航总局网站予以公布，供申请人、利害关系人及社会公众查阅和提出意见。申请人、利害关系人及社会公众如有意见，应当自上网公布之日起 10 个工作日内提出意见。民航总局根据征求意见的情况做出是否准予经营许可的决定。

（14）民航总局对准予经营许可的，应当自做出决定之日起 10 个工作日内，向申请人颁发公共航空运输企业经营许可证。

对不予其经营许可的，应当自做出决定之日起 10 个工作日内书面通知申请人，说明理由，并告知申请人享有依法申请行政复议或者提起行政诉讼的权利。

### （二）航空运输销售代理企业的设立

#### 1．设立条件

（1）销售代理人应当依法取得中华人民共和国企业法人资格。

（2）销售代理人的注册资本数额应当符合下列要求：

① 经营一类空运销售代理业务的（一类空运销售代理业，经营国际航线或者香港、澳门、台湾地区航线的民用航空运输销售代理业务），注册资本不得少于人民币 150 万元；

② 经营二类空运销售代理业务的（一类空运销售代理业，经营国际航线或者香港、澳门、台湾地区航线的民用航空运输销售代理业务），注册资本不得少于人民币 50 万元。

销售代理人每增设一个分支机构或者一个营业分点，应当增加注册资本人民币 50 万元。

兼营空运销售代理业务的销售代理人，其专门用于销售代理业务的资本数额应当符合上述要求。

（3）销售代理人应当具备下列营业条件：

① 有固定的独立营业场所；

② 有电信设备和其他必要的营业设施；

③ 有民用航空运输规章和与经营销售代理业务相适应的资料；

④ 有至少三名取得航空运输销售人员相应业务合格证书的从业人员。

外国法人或者外国人依照中华人民共和国有关法律设立中外合资经营企业、中外合作经营企业，并具备上述设立条件的，经民航行政主管部门批准，可以在我国境内经营一类空运销售代理业务；经民航地区行政管理机构批准，可以在我国境内经营二类空运销售代理业务。

#### 2．审批登记程序

（1）经营空运销售代理业务，应当按照下列程序申请：

① 经营一类空运销售代理业务，应当向民航行政主管部门提交书面申请；

② 经营二类空运销售代理业务，应当向营业机构所在地的民航地区行政管理机构提交书面申请。

（2）申请经营空运销售代理业务，应当提交下列文件、资料：

① 申请书；

② 企业章程；

③ 主要负责人的姓名、职务、简历及销售业务人员名册；

④ 营业设施和电信设备情况；

⑤ 验资证明；

⑥ 经济担保证明；

⑦ 航空运输销售人员相应业务合格证书的影印件；

⑧ 民用航空运输企业出具的委托代理意向书；

⑨ 其他需要提交的文件、资料。

申请经营一类空运销售代理业务的，并应当提交《中华人民共和国国际货物运输代理企业认可证书》影印件。

（3）民航行政主管部门或者民航地区行政管理机构自受理申请之日起 30 日内，应当依照本规定做出批准或者不批准的决定。申请人符合从事空运销售代理业条件的，民航行政主管部门或者民航地区行政管理机构应当向申请人核发相应的空运销售代理业务经营批准证书。空运销售代理业务经营批准证书的有效期限为三年。

（4）销售代理人凭民航行政主管部门或者民航地区行政管理机构核发的空运销售代理业务经营批准证书，向营业机构所在地的工商行政管理机关申请办理企业登记手续。

### （三）设立流程

设立流程与道路运输型物流企业的登记办理程序相同。

## 四、国际货运代理公司的设立

### 1．设立条件

（1）申请设立国际货代企业可由企业法人、自然人或其他经济组织组成。与进出口贸易或国际货物运输有关、并拥有稳定货源的企业法人应当为大股东，且应在国际货代企业中控股。企业法人以外的股东不得在国际货代企业中控股。

（2）国际货运代理企业应当依据取得中华人民共和国企业法人资格。企业组织形式为有限责任公司或股份有限公司。

（3）申请设立国际货代企业应具备下列营业条件。

① 至少具有 5 名从事国际货运代理业务 3 年以上的业务人员，其资格由业务人员原所在企业证明，或者取得国际货物运输代理资格证书；

② 有固定的营业场所，自有房屋、场地须提供产权证明；租赁房屋、场地，须提供租赁契约；

③ 有必要的营业设施，包括一定数量的电话、传真、计算机、短途运输工具、装卸设备、包装设备等；

④ 有稳定的进出口货源市场（指在本地区进出口货物运量较大，货运代理行业具备进一步发展的条件和潜力，并且申报企业可以揽收到足够的货源）。

（4）企业申请的国际货运代理业务经营范围中如包括国际多式联运业务，除应当具备上述的条件外，还应当具备下列条件：

① 从事有关揽货、订舱（含租船、包机、包舱）、托运、仓储、包装，货物的监装、监卸，集装箱装拆箱、分拨、中转及相关的短途运输服务，报关、报检、报验、保险，缮制签发有关单证、交付运费、结算及交付杂费，国际展品、私人物品及过境货物运输代理，国际多式联运、集运（含集装箱拼箱），国际快递（不含私人信函），咨询及其他国际货运代理业务等相关业务3年以上；

② 具有相应的国内、外代理网络；

③ 拥有在商务部登记备案的国际货运代理提单。

（5）申请设立国际货物运输代理企业的注册资本最低限额应当符合下列要求：

① 经营海上国际货物运输代理业务的，注册资本最低限额为 500 万元人民币；

② 经营航空国际货物运输代理业务的，注册资本最低限额为 300 万元人民币；

③ 经营陆路国际货物运输代理业务或者国际快递业务的，注册资本最低限额为 200 万元人民币。

经营前款两项以上业务的，注册资本最低限额为其中最高一项的限额。

国际货物运输代理企业每设立一个从事国际货物运输代理业务的分支机构，应当增加注册资本 50 万元。如果企业注册资本已超过最低限额，则超过部分，可作为设立分支机构的增加资本。

### 2．设立流程

与道路运输型物流企业的登记办理程序相同，只是国际货运代理企业登记前置审批已取消，改为备案登记，国际货运代理企业登记注册后才填写《国际货运代理企业备案表》（以下简称《备案表》），《备案表》可以通过商务部政府网站（http://www.mofcom.gov.cn）下载，或到所在地备案机关领取。《备案表》要由法定代表人签字、盖章。备案登记时应提交《国际货运代理企业备案表》、营业执照复印件、组织机构代码证书复印件三份材料，商务部委托的备案机关应自收到国际货代企业提交的上述材料之日起 5 日内办理备案手续，在《备案表》上加盖备案印章。国际货代企业应凭加盖备案印章的《备案表》在 30 日内到有关部门办理开展国际货代业务所需的有关手续。

## 五、仓储配送公司的设立

### 1．设立条件

（1）股东符合法定人数。

（2）股东出资达到法定资本最低限额。

（3）有符合仓储配送经营要求的场所和必备的储存、装卸搬运设施设备及其他专业工具。

（4）有与其经营业务相适应并经检测合格的运输配送车辆，并有一定数量的、年龄不超过60 周岁、取得与驾驶车辆相应的机动车驾驶证的驾驶员，这些驾驶员应经设区的市级道路运输管理机构对有关货运法律法规、机动车维修和货物及装载保管基本知识考试合格并取得相应从业资格证；如果是从事危险品配送的，其驾驶员还必须取得经营性道路旅客运输或者货物运输驾驶员从业资格 2 年以上，接受相关法规、安全知识、专业技术、职业卫生防护和应急救援知识的培训，了解危险货物性质、危害特征、包装容器的使用特性和发生意外时的应急措施，经考试合格，取得运输配送危险品车的操作资格证。

（5）有公司名称，建立符合有限责任公司要求的组织机构。

（6）有股东共同制定的章程。

（7）有健全的安全生产管理制度。

（8）从事危险品仓储配送业务，还必须有与储存危险品相适应的库房场地，有与储存危险品相适应的检测、化验、养护设备设施，安全环保设施符合国家标准，主要负责人和保管、化验、安全生产管理人员经主管部门验收合格，企业要取得消防部门核发的危险品储存资质许可证。

（9）从事医药仓储配送业务，必须有符合 GSP 标准的储存场所和管理规范。GSP 标准在硬件方面要求"企业应按经营规模设置相应的仓库，其面积（为建筑面积）大型企业不应低于 1 500m$^2$，中型企业不应低于 1 000m$^2$，小型企业不应低于 500m$^2$；企业有适宜药品分类保管和符合药品存储要求的库房，其中常温库为 0～30℃；阴凉库温度不高于 20℃；冷库温度为 0～10℃；各库房相对湿度应保持在 45%～75% 之间。特殊商品如贵重、毒品、危险品、麻醉药品等有相应的保管制度和储存条件，并按要求具备用于易燃、易爆、有毒等环境下操作的安全设施和温度、湿度调控的设备，以及有效期商品有报催制度，等等。

（10）从事冷藏仓储配送业务，需要建有相应的冷库，配备相应的冷藏物流作业设施设备，等等。

（11）如果是保税仓储企业，除了要取得行政许可，并应具有专门储存、堆放进口货物的安全设施，建立健全的仓储管理制度和详细的仓库账册外，还要配备经海关培训认可的专职管理人员，仓储企业与海关实行计算机联网并配有专职计算机操作员。保税仓储企业经理人应具备向海关交纳税款的能力。

2．设立流程

设立流程与道路运输型物流企业的登记办理程序相同。

Exercise 1　实践与思考

技能训练题

随着我国经济的持续快速发展，全球一体化进程的不断加快，我国经济的外向依存度越来越高，我国企业的进出口量越来越大，金融危机期间虽有所下滑，但由于我国经济发展基础雄厚，发展势头强健，外贸出口仍然处于顺差，在这样的背景下，上海佳都液压机械制造有限公司 2009 年 9 月决定联合其他 5 名自然人共同投资 1 500 万元成立国际货运代理有限公司，拟成立的公司除了为佳都公司提供进出口货运代理外，还可以为佳都的上下游合作伙伴及其他客户提供货代服务。

请完成下述任务：

1．成立国际货运代理公司需要提交哪些注册登记材料？请列出清单。

2．请为该公司的注册登记制作和准备相关材料。

3．请填写公司注册登记应填写的表格（表格可从工商行政管理局网站上下载）。

4．请绘制国际货代公司注册登记的流程图。

案例分析题

上海洁洛机床有限公司是一家坐落在浦东新区，由上海市工业局控股的专业生产各种机床的大型制造集团，公司年销售额达 56 亿元人民币，80%的产品是出口到海外的，公司设有专门的物流部，负责原材料采购、产品销售及出口的各项物流业务。经过几年来的运作，公司发现物流成本较高，而且物流部有自己的车队、仓库和相关作业设备，维修保养成本也较高，且每年还要报废、添置一些作业设备，车队在业务繁忙的时候车辆不够使用，业务较为清淡时，车辆又大部分闲置，于是公司决定，将物流部剥离出来，成立一个专门的物流股份有限公司，物流公司在为本集团公司服务的同时，还可利用剩余运力及其他物流设施设备及人员，为社会上其他企业提供物流服务。物流公司有股东 9 名，分别是：上海洁洛机床有限公司，上海洁洛机床有限公司原物流部经理黄某、副经理郝某、员工高某，浦东新区物流协会，上海江海船务有限公司，上海中九国际物流有限公司，上海佳英泰物流配送有限公司，上海育才培训中心。公司注册资金为 2 000 万元，打算经营下列业务：

1．国内公路运输业务；

2．国内配送业务；

3．国内及沿海水上运输业务；

4．船舶代理业务和货运代理业务；

5．海员培训业务；

6．物流咨询及项目方案设计业务。

拟成立的物流公司决定将公司名称定为"中国上海浦东国际物流股份有限公司"，并决定向浦东新区工商局申请设立登记，申请设立登记的材料准备如下：

1．由公司全体股东签字的公司章程；

2．公司住所证明；

3．验资证明；

4．《道路运输经营许可证》；

5．拟投入车辆承诺书；

6．车船驾驶员名录及驾驶证复印件；

7．《水路运输经营许可证》；

8．发起人的法人资格证明和自然人身份证明。

请分析：

1．该公司的设立存在哪些问题？

2．该公司准备的设立登记材料全不全？如不全，材料还缺哪几项（列出材料的具体名称）？

3．假设该公司委托你来进行公司的设立登记，你将如何进行？请画出你为该公司的设立登记应走的流程图。

知识巩固题

1．申请设立有限责任公司应当具备哪些条件？

2．申请设立股份有限责任公司应当具备哪些条件？

3．申请设立道路运输型物流公司应当具备哪些条件？

4．申请设立道路运输型物流公司应当提交哪些审批材料？

5．设立道路运输型物流公司的流程有哪些？

6．申请设立水路运输型物流公司应当具备哪些条件？

7．申请设立水路运输型物流公司应当提交哪些审批材料？

8．申请设立航空运输型物流公司应当具备哪些条件？

9．申请设立航空运输型物流公司应当提交哪些审批材料？

10．申请设立国际货运公司应当具备哪些条件？

11．申请设立国际货运公司应当提交哪些材料？

12．申请设立仓储配送公司应当具备哪些条件？

13．申请设立仓储配送公司应当提交哪些材料？

# 学习情境 2 第三方物流企业组织设计

## 学习目标

通过本情境的学习，使学生了解第三方物流直线型组织结构、职能型组织结构、事业部型组织结构、矩阵型组织结构、动态网络型组织结构等基本组织结构的优缺点，知晓第三方物流企业组织机构的部门设置与管理层次的划分，明确第三方物流企业组织管理创新的方向，掌握第三方物流企业组织设计的内容和设计流程，能够在充分考虑企业组织规模、企业发展战略等因素的基础上，运用所学知识为第三方物流企业设计合适、有效的组织结构，设定相应的组织机构，进行科学、合理的权责分工。

引导任务     请按照"分工明确、责权对等、有效性、成本最低、以客户为中心、扁平化、组织机构的设置与作业流程相结合、组织机构设置与信息技术相结合的原则及协调性原则"，在充分考虑到影响第三方物流企业组织设计因素的基础上，为学习情境 1 中张甲和李乙投资的物流运输配送公司设计组织机构。

要求：

1. 要有对该物流运输配送公司目标任务的描述；
2. 在目标任务描述的基础上，列出该物流运输配送公司应设立的部门；
3. 为每一个部门制定权力范围和工作职责；
4. 为每一个部门设计相应的职务及职数；
5. 为每位职务人设计应具备的资格条件、应享有的权力范围和应负的职责；
6. 在上述工作的基础上绘制组织结构图（组织结构图要反映层级关系），制作职务说明书。

第三方物流企业组织结构的基本类型

组织，是指企业内部组织按分工协作关系和领导隶属关系有序结合的总体。它的基本内容包括明确组织机构的部门划分和层次划分及各个机构的职责、权限和相互关系，由此形成一个有机整体。合理的组织结构是实现组织目标、提高组织效率的保证。

## 一、直线型组织结构

直线型组织结构是一种最为简单的第三方物流企业的组织结构类型。这种组织结构的一个显著特征是：第三方物流企业中的各种职务直线排列，各个组织层次的负责人都对被管理者拥有直接的一切职权，对所管理的部门有绝对控制权，如图 2-1 所示。这种组织的优点在于其结构简洁，管理权集中，权责清楚，指令统一。它的缺点也很明显：在第三方物流企业发展到一定规模的时候，所有的管理职能都归集于一个人承担，使企业的管理幅度和纵深度很小，增大了管理失误的可能性；另外，由于每个直线管理部门大多只将注意力集中在各自的部门，各部门之间的联系不密切，部门间的协调性较差。因为这些局限，决定了直线型物流企业组织结构形式只能适用于那些没有必要按照职能实行专业化第三方物流管理的小型组织，或是在现场的作业管理。这种组织结构在现在的第三方物流企业中已经很少采用。

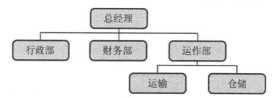

图 2-1　第三方物流企业直线型组织结构图

## 二、职能型组织结构

职能型组织是第三方物流企业在组织中设置若干职能专门化的机构，这些机构如财务部、管理部、运作部等在自己的职权范围内，都有权向下发布命令。企业的单个职能或部门，以及各职能部门的调整全部由最高经营层决策。这种组织的特点是，组织内除直线主管外还相应地设立一些组织机构，分担某些物流职能管理的业务，如图 2-2 所示。

职能型组织的优点是能够充分发挥各职能机构的专业管理作用，提高专业化的管理水平，同时减轻高层管理者的责任压力，使其能专心致力于最主要的决策工作。其缺点是：各职能部门往往片面追求本部门的利益，部门之间缺乏交流合作，矛盾冲突会增多，这会增加最高主管协调、统领全局的难度，加大完成任务的压力。

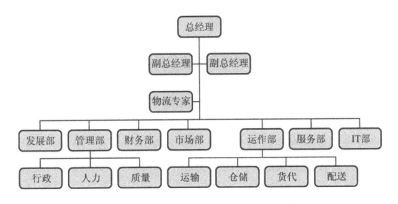

图 2-2　第三方物流企业职能型组织结构图

## 三、事业部型组织结构

　　第三方物流企业规模不断壮大，面对不确定的环境，必须进行组织结构的调整以适应环境的变化。企业按照物流活动的流程、市场对象等不同的业务单位分别成立若干事业部，并由这些事业部进行独立业务经营和分权管理。这种类型的优点是企业适应性和灵活性强，对市场有敏捷适应性，有利于调动各事业部的积极性，有利于总公司对各事业部的绩效进行考评，有利于组织的最高管理者摆脱日常事务而专心致力于组织的战略决策和长期规划。这种组织结构的主要缺陷是，由于每个事业部均有完备的职能部门，资源重复配置，管理费用较高。另外，各事业部之间的相互支持与协调比较困难，限制了组织资源的共享，容易出现各自为政的部门主义倾向，这势必导致组织总体利益受损，从而影响组织长期目标的实现，如图 2-3 所示。

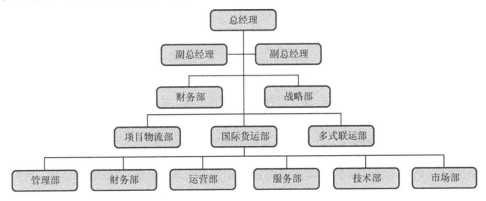

图 2-3　第三方物流企业事业部型组织结构图

## 四、矩阵型组织结构

　　矩阵型组织结构将项目管理的思想引入到第三方物流企业组织设计中。它是由纵横两套管理系统组成的矩形组织结构，一套是纵向的职能管理系统，另一套是为完成某项任务而组成的横向项目系统，横向和纵向的职权具有平衡对等性。矩阵型结构打破了统一指挥的传统原则，它有多重指挥线。当组织面临较高的环境不确定性，组织目标需要同时反映技术和产品的双重要求时，矩阵型结构应该是一种理想的组织形式。

　　矩阵型组织结构的优点是：由不同背景、不同技能、不同专业知识所组成的项目人员为某个特定项目共同工作，一方面可以取得专业化分工的好处，另一方面可以跨越各职能部门获取他们所需要的各种支持活动；通过加强不同部门之间的配合和信息交流，可以有效地克服职能部门之间相互脱节的弱点，同时易于发挥事业单位机构灵活的特点，增强职能人员直接参与项目管理的积极性，增强矩阵主管和项目人员共同组织项目实施的责任感和工作热情。

矩阵型结构的缺点是组织中的信息和权力等资源一旦不能共享，项目经理与职能经理之间势必会为争取有限的资源或由于权力不平衡而发生矛盾，这会产生适得其反的后果，协调处理这些矛盾必然要牵扯管理者更多的精力，并付出更多的组织成本；另外，一些项目成员需要接受双重领导，他们要具备较好的人际、沟通能力和平衡协调矛盾的技能，成员之间还可能会存在任务分配不明确，权责不统一等问题，这同样会影响到组织效率的发挥。如何客观公正地评价其绩效，并在成本、时间、质量方面进行有效的控制将是此类组织机构正常运行的关键。

从实践中看，理想的双重平衡式矩阵型结构的应用局限性还是比较明显的，实践中衍生出了以职能主管职权为主要权力的职能式矩阵结构和以项目主管职权为主要权力的项目式矩阵结构。这两种矩阵结构方式都取得了明显的成效，如图 2-4 所示。

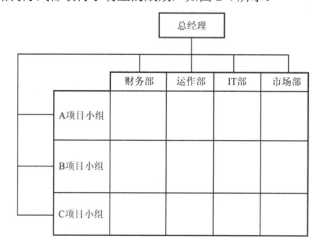

图 2-4    第三方物流企业矩阵型组织结构图

## 五、动态网络型组织结构

网络型组织是利用现代信息技术手段而建立和发展起来的一种新型组织结构。现代信息技术使企业与外界的联系加强了，利用这一有利条件，第三方物流企业可以重新考虑自身机构的边界，不断缩小内部经营活动的范围，相应地扩大与外部单位之间的分工协作，以供应链的思想与其他组织建立战略联盟，这就产生了一种基于契约关系的新型组织结构形式，即网络型组织，也称虚拟组织。网络型结构是一种只有精干的中心机构，以契约关系的建立和维持为基础，依靠外部机构进行重要业务经营活动的组织形式。被联结在这一结构中的两个或两个以上的单位之间并没有正式的资本所有关系或行政隶属关系，但却通过相对松散的契约纽带，通过一种互惠互利、相互协作、相互信任和支持的机制进行密切合作。网络型结构使第三方物流企业可以利用社会上现有的资源使自己快速发展壮大起来，是第三方物流企业可行的选择。

# 第三方物流企业组织的划分

第三方物流企业组织部门的设置是否合理，组织机构的层次划分是否科学，不仅影响到各个部门和企业员工的主动性、积极性的发挥，而且关系到企业能否保证集中统一指挥，能否增强物流企业经营管理中的向心力和创造力，达到既有经营的高效益，又有管理的高效益的目标。

## 一、第三方物流企业组织机构部门划分

物流活动存在于许多不同类型的组织中，具体有三大类：其一，专门进行物流活动与提供物流服务的专业物流组织，即第三方物流；其二，生产型或服务型的企业内部的物流组织与管理活动，这些企业目前大多数的情况是物流管理活动分布在各个管理活动中；其三，物流项目管理。一个企业的组织体现的是一种管理思想，特定的行业有特定的管理思想与管理模式。

### 1. 业务经营部门

业务经营部门是指直接参加和负责组织商品流通经营业务活动的机构，如市场营销部、运营部、客户服务部等。它们的主要任务、职责、权限是直接从事物流市场开发、物流业务活动的经营，对外建立经济联系，并负责处理经营业务纠纷等。

### 2. 职能管理部门

职能管理部门是指专为经营业务活动服务的管理工作机构。它直接担负计划、指导、监督和调节职能，包括计划与统计、劳动工资、价格、信息等管理，以及在专业技术上给予帮助，如企业发展部、财务部、人力资源部、IT 部等。物流企业的职能管理机构是依据管理工作的复杂性及其分工的需要而设置的。

### 3. 行政事务部门

行政事务部门是指间接地服务于经营业务和职能管理机构活动的行政事务机构，包括秘书、总务、教育、保卫等机构。其主要任务和职责权限是为经营和管理工作提供事务性服务、人事管理、安全保卫和法律咨询等。

## 二、第三方物流企业组织机构的层次划分

第三方物流企业内部的组织机构，从纵向看又划分若干层次，即管理层次。管理层次就是指从企业经理到基层工作人员之间体现领导隶属关系的管理环节，即经营管理工作分为几级管理。组织管理的管理层次，受到管理幅度的制约。管理幅度是指一个领导者或管理者能够有效管理下属人员的可能数量，它同管理层次成反比例的关系，即管理幅度增加，意味着领导的下

属人员的增加，那么管理层次就减少；反之，管理幅度减少，管理层次便会增加。一名领导者，因其受到精力、经验、学识、能力等条件的限制，能够有效管理领导的下级人数是有限的，超过一定的限度就不能实现有效的领导。有效的管理幅度并非一个固定的数值，它受多种条件和因素的制约，如领导者素质的高低，被领导人的素质，管理内容的繁简程度等。对以上因素进行综合分析，才能确定出有效的管理幅度。一般地，总是尽可能在扩大有效管理幅度的基础上，减少管理层次，降低管理费用，加强管理指令的传递速度，提高管理工作的效率。

第三方物流企业组织机构的管理层次一般划分为三个层次，组成三角形的层次机构。一般的，大中型的物流企业为三级管理，即三个层次；小型物流企业适宜两级管理，即两个层次。决策层，即最高管理层，其主要职能是制定经营目标、方针、战略，制定利润的使用、分配方案，制定、修改和废止重大规章等。执行监督层，主要是经营业务、职能管理和行政办事的机构，其主要任务和职责权限是依照最高层次下达的指令和任务，制定本部门的执行目标，直接从事物流业务的经营活动或管理活动，保证实现企业的经营和目标等。物流作业层，是直接领导基层工作人员的管理层次，是企业中的最低管理层，其主要任务和职责权限是依据上一层机构下达的任务，优化组织实施的具体方案，采取多种经营方式，实施优质服务，保证完成各自的经营目标等。

物流企业不论是三级管理还是两级管理，只要设置两个以上的层次，就有个授权问题。应根据集权和分权、统一领导和分级管理相结合的组织原则，保证集中统一指挥，充分调动和发挥中层与基层的主动性和积极性，增强物流企业经营管理中的向心力和创造力，达到既有经营的高效益，又有管理的高效益的目标。

### 三、最优物流组织的构成因素

有许多因素可以影响组织的效果。通常，影响组织效果的因素有如下几种。

#### 1. 组织特征

结构和技术是企业组织特征的主要构成因素。结构指不同职能领域之间存在的关系（营销、财务、制造、物流）或职能内部（仓储、运输、采购、客户服务）。技术定义为："组织用来将原材料转换为产品的机制。技术可以有几种形式，包括使用原材料的变更、对具有目标性活动产生影响的技术知识的变更等。"

#### 2. 环境特征

企业内部和外部因素影响组织的效果。内部因素称为组织气氛，基本上可以由物流经理控制，组织气氛与组织效果有关。从个人的角度衡量效果时（工作态度、绩效、满意度、投入程度）尤为明显。外部因素，有时称为不可控因素，包括政治和法律环境、经济环境、文化和社会环境及竞争环境。

#### 3. 员工特征

有效组织的关键是那些在组织结构图上"填充框格"的员工。员工完成各自工作责任的个人能力最终决定了组织的整体效果。

### 4. 管理政策和惯例

宏观层上的政策决定了组织的整体目标结构，微观层上的政策影响企业不同职能各自的目标，如仓储、运输、订单处理、客户服务等。宏观和微观政策同样也影响组织程序和实践，计划、协调和促进目的导向的活动，这些活动决定组织的有效性，依赖于企业宏观和微观层次上采取的政策和惯例。

## 第三方物流企业的组织设计

组织承担着企业管理和经营的重要职能。对从事第三方物流的公司来说，企业的组织设计，既反映了企业对现代物流的理解，又是企业从事现代物流业务的保障。

## 一、第三方物流企业组织设计的内容

第三方物流企业组织设计的任务是设计清晰的组织结构，规划和设计组织中各部门的职能和职权，确定组织中职能职权、参谋职权、直线职权的活动范围并编制职务说明书。从内容上来看，第三方物流企业组织设计包括部门设计、层级设计、职权划分这三个方面。为了达到组织设计的理想效果，组织设计者需要完成以下几项工作。

### 1. 第三方物流组织职能与职务的分析与设计

第三方物流组织首先需要将总的任务目标层层分解，分析并确定为完成组织任务究竟需要哪些基本的职能与职务，然后设计和确定组织内从事具体管理工作所需的各类职能部门，以及各项管理职务的类别和数量，分析每位职务人应具备的资格条件、应享有的权力范围和应负的职责。组织设计的结果可以通过组织结构图及职务说明书来描述。

### 2. 第三方物流组织部门设计

第三方物流组织部门设计是对组织活动进行横向分解。根据每位职务人员所从事的工作性质的不同及职务间的区别和联系，可以根据组织职能相似、活动相似或关系紧密的原则，将各个职务人员聚集在"部门"这一基本管理单位内，并确定每一部门的基本职能，每一位主管的控制幅度、职责与职权，以及各部门之间的工作关系。组织活动的特点、环境和条件不同，划分部门所依据的标准也是不一样的。

### 3. 第三方物流组织层级设计

第三方物流组织层级设计是对组织活动进行纵向分解，所涉及的内容主要包括组织的管理幅度、管理纵深、组织层级的分工及其相互的关系，还包括各个组织层级的职权划分、责任划分及影响管理层级划分的因素。层级设计确定了由上到下的指挥链，以及链上每一级的权责关系，这种关系具有明确的方向性和连续性。

## 二、第三方物流企业组织设计的原则

### 1．组织目标一致性原则

第三方物流企业组织是为了实现第三方物流企业的物流经营目标而创立的协作系统，所以建立组织是达到目标的手段。共同的目标是组织建立和存在的客观基础，没有一致的目标，就不可能建立起组织，更不可能长久生存下去，只有确定明确一致的目标，第三方物流企业各个部门和全体员工才有合作的基础。共同的目标还是完善和发展组织的客观依据。对组织的完善和发展，必须以有利于共同目标的实现为依据，否则就是对组织的破坏。

### 2．组织的有效性原则

建立组织的目的是为了实现整体的高效率，因此，有效性及其有效程度是衡量第三方物流企业组织的重要指标。

### 3．组织分工明确的原则

对每个员工的业务范围进行明确的分工是第三方物流企业组织组织设计的重要内容，分工的不明确将严重损害组织的效率。因此，在进行第三方物流企业组织结构的设计时，必须将企业的全部业务活动加以合理分配，严格明确每个人的职责范围。

### 4．责权对等原则

第三方物流组织中的每个部门和部门中的每个人员都有责任按照工作目标的要求保质保量地完成工作任务，同时，组织也必须委之以自主完成任务所必需的权力。职责与职权应对等。如果有责无权，或者权力范围过于狭小，责任方就有可能缺乏主动性、积极性而导致无法履行职责，甚至无法完成任务；如果有权无责，或者权力不明确，权力人就有可能不负责任地滥用权力，甚至于助长官僚主义的习气，这势必会影响到整个组织系统的健康运行。高层管理者担负决策责任，因此必须拥有较大的物流决策权；中层管理者承担执行任务的监督责任，就要有监督和执行的权力。要贯彻责权对等的原则，就应在分配任务的同时授予相应的职权，以便有效率、有效益地实现目标。

### 5．协调性原则

协调性原则，是指对第三方物流组织中一定职位的职责与具体任务要协调，不同职位的任务要协调。具体地讲，就是物流管理中各层次之间的纵向协调、物流系统各职能要素之间的横向协调和各部门之间的横向协调。在这里，横向协调比纵向协调更为重要。改善物流管理组织的横向协调关系可以采取下述措施：

（1）建立职能管理横向工作流程，使业务管理工作标准化。

（2）将职能相近的部门组织成系统，如供、运、需一体化。

（3）建立横向综合管理机构。

## 三、第三方物流企业组织设计的流程

第三方物流企业组织的设计，就是把为实现第三方物流企业组织目标而需完成的工作，不断划分为若干性质不同的业务工作，然后再把这些工作进行一定程度的整合，组成一定部门，并确定各个物流部门的物流企业职责。其组织设计流程如下：

（1）确定企业的组织目标；

（2）对未来目标进行细化，拟定细化的物流组织目标；

（3）明确为了实现目标所必须开展的各项业务工作或活动，并加以分类；

（4）根据可利用的人力、物力及利用它们的最佳途径来划分第三方物流的业务工作和活动；

（5）向执行各项第三方物流业务工作或各类人员授予职权和职责；

（6）通过职权关系和信息系统，把第三方物流企业各层次、各部门连接成为一个有机的整体。

## 四、第三方物流企业组织设计的目标实现

组织设计的目标统一性告诉我们，组织结构的设计和组织形式的选择必须有利于组织目标的实现。第三方物流企业的组织是由它的特定的物流目标决定的，第三方物流组织中的每一部分都应该与既定的第三方物流组织目标有关系。第三方物流企业要设立自己的物流分目标，以支持物流总目标的实现，而这些分目标的实现又将成为第三方物流企业组织目标进一步细分的依据。为了更有效地实现组织目标，设计和建立合理的组织结构，需要根据外部要素的变化适时地调整组织结构，这是第三方物流企业组织设计工作的核心。

## 五、第三方物流企业组织设计的专业化程度

组织设计的目的就是要做到协调分工，一种良好而协调的分工有利于第三方物流企业管理专业化程度和物流效率的提高。良好的组织设计使组织的各个层次、各个部门、每个人都了解自己在实现组织目标中应该承担的工作职责和职权。有分工就必须有协调，协调包括部门之间的协调和部门内部的协调。分工协调原理可以这样来表述：组织结构的设计和组织形式的选择越是能反映目标所必须的各种任务和工作的分工，以及彼此间的协调，委派的职务越是能适合于担任这一职务的人员的能力，委派的职务就越是有效。第三方物流企业组织设计能否体现出组织结构中合理的管理层次的分工，部门的分工及企业员工职权的分工，以使第三方物流企业的专业化程度和物流效率得到进一步的提高，是很关键的。

## 六、第三方物流企业组织设计的稳定和发展

第三方物流企业组织设计的目的是使企业的运行更加稳定，以顺利实现企业预定发展目标。第三方物流企业组织是一个开放的社会子系统，在其活动过程中，都与外部环境发生一定的相互联系和相互影响，并连续不断地接受外来的投入并转换为产出。第三方物流企业要进行实现目标的有效活动，就要求必须维持一种相对平衡的状态，组织越稳定，效率也越高。组织结构的大小调整和各部门职权范围的每一次重新划分，都会给第三方物流企业组织的正常运行带来不利的影响。因此，对一个组织设计进行评估，就必须关注这个组织设计是否有足够的前瞻性和预见性，使第三方物流企业组织结构不至于频繁调整，保持相对的组织稳定。

# 小知识

## 影响第三方物流企业组织设计的因素

### 1. 组织规模

规模是物流组织结构的一个非常重要的决定性因素。大规模会提高组织复杂性程度，并连带提高专业化和规范化的程度。当第三方物流组织业务呈现扩张趋势，组织员工增加，管理层次增多，组织专业化程度不断提高时，组织的复杂化程度也会不断提高，这必然给组织的协调管理带来更大的困难。这时物流组织应明白要在公司发展的同时，进行相应的物流组织变革。

### 2. 企业组织结构

物流职能结构必须与所支持的组织结构相一致。如果公司管理人员高度阶层化、官僚作风严重，物流组织构成也很可能如此；相反，一个分权化的、部门高度自治的公司，其物流活动也会反映出同样的特点。例如，当公司通过组织机构改革和缩小编制改变其组织构成时，物流职能也必须适应这一变化。

### 3. 企业发展战略

战略是指决定和影响组织活动性质及根本方向的总目标，以及实现这一总目标的路径和方法。不管公司战略的精确定义是什么，它对解释第三方物流企业的组织结构和业绩间的关系都是非常重要的。组织结构如果不因战略而异，就将毫无效果。例如，如果公司的战略主要是成本导向型，一个围绕形式化和集权化的物流系统就会很有用；相反，如果公司采用"差异化战略"（也许通过提供优质服务来实现），形式化和集权化就使客户或员工被从上级传下来的独裁的、指令性的政策所疏远，这种损失会破坏其成本优势。此时，一个分权化的、非正式的组织形式可能更有效。

### 4. 环境因素

环境包括组织边界之外的所有因素，主要包括产业、政府、客户、供应商和金融机构。一个组织外部的其他组织往往是其环境中对该组织有最大影响力的因素。环境具有不确定性和差异性，因而使得环境变得复杂而难以控制。这就需要第三方物流组织设计一个应变能力强的组织结构，以便更加灵活地应对多变的环境做出决策。

Project 4 学习项目 第三方物流企业组织创新

第三方物流企业组织创新的途径主要是业务流程再造。业务流程再造是一个非常重要的组织学概念。采纳了流程观念的组织发现在业务处理的过程中，有许多步骤与所需要的输出根本无关。取消这些不必要的步骤可以大大节约成本，同时还能为顾客提供更快的服务，这样做无疑很好，但必须打破职能部门的界限。传统组织结构建立在职能和等级的基础上，虽然这种模式在过去曾很好地服务于企业，但已不适应现代竞争的环境。业务流程再造对许多传统的组织结构原则提出了挑战，促使企业重新设计流程，以在绩效上取得迅速的提高。

## 一、组织结构创新

业务流程再造区别于传统职能分工的地方，就是不仅要求在企业组织结构中减少甚至消除那些降低工作效率、不产生附加值的中间环节，以使一个经营流程完整化、一体化，还要求以经营流程为企业组织的核心，彻底改造企业组织结构模式。基于业务流程再造的第三方物流企业组织结构包括：流程组织的整合作用，物流业务主管的统领作用，相应职能部门的激励作用，人力资源部门的控制作用，信息技术的支持作用等。在对组织设置改革创新时应遵循以下原则。

### 1. 有效性原则

组织机构设立必须有效果、有效率、有效益。

### 2. 成本最低原则

组织机构的设置，应对成本进行预算后决定。

### 3. 以客户为中心原则

物流企业的核心是物流服务。物流企业提供什么样的服务，如何提供服务必须按照客户的要求，而不是以自己的意愿去履行，因此，第三方物流企业要以客户为中心，视"客户为上帝"。要实现以客户为中心，就必须设计和调整组织结构，以合理的组织形态加以保证，即要有相应的组织机构和流程来保证客户真正成为上帝。比如，目前流行的客户关系管理（CRM）及呼叫中心技术（Call Center）都是实现以客户为中心的有效方法。

### 4. 扁平化原则

扁平化原则是指企业组织结构由垂直形式的组织结构，向平行链条形式转化，这样可以减少管理层次，增加管理幅度，从而提高管理效率。扁平化是针对大型物流企业或跨国物流公司提出来的。由于它们的组织机构复杂，严重影响了企业的效率和企业的竞争力，为了简化其组织机构而提出了扁平化原则。

### 5. 组织机构的设置与作业流程相结合原则

物流作业包括运输、仓储、配送、装卸搬运、库存与补充、包装、流通加工、信息处理等，单纯以一个客户为中心的作业流程设计并不复杂，而对多家用户的物流作业流程设计和改造，是一个比较复杂的问题，作业流程将改变原有企业组织机构中的许多理念，影响物流企业的部门设置和职能的划分。

### 6. 组织机构设置与信息技术相结合原则

信息技术革命给物流系统带来了很大变化：一是通过信息技术的运用，可以实现物流的效率化、最优化；二是随着电子商务的发展，增加了物流业务的新需求。由于电子商务的实施，将影响或改变物流企业组织机构及其物流业务部门的地位和权力，因此，物流企业组织机构的设置必须考虑与实施信息技术或电子商务结合起来。

## 二、组织机构重组

### 1．评估组织的人力资源

用好第三方物流企业中人员的关键在于对其的了解。新的组织机构需要的角色可能会与现在的员工所承担的角色完全不同，因此，关键的问题就是人才的选聘及调动他们的积极性。可以对全体员工或部分员工进行培训，使其掌握所需的新技能和行为方式。

### 2．评估技术结构与技术实力

评估新流程设计对技术的要求是极为重要的，对组织现有的技术结构必须进行深入的考察，包括通信网络、计算机技术、设备与机器等，以便确定它们支持新流程设计的能力。

### 3．设计新的组织形式

在充分考察了组织的人力资源与技术要素之后，就可以设计新的组织形式了。管理层次、规章制度、组织角色和责任等都可能需要调整，对新方案必须取得一致意见，从而使得新的流程设计能够实施。

### 4．定义新的组织角色

作为新的组织形式的一部分，角色的确切定义必须明确。对员工应该进行执行这些工作职权的指导和培训，同时也要强调执行绩效提高的工作职权。

### 5．必要的外部或内部岗位转移服务

如果需要有人下岗，应该确定是哪些人，并做好相应的安排，这样做不仅是为了抚慰下岗者，也是为了在岗者有良好的工作情绪。这些年来，我国外部转岗服务发展很快，许多组织部门不仅对高级管理人员，而且对各个层次的下岗人员都提供培训、咨询和招聘信息。内部转岗服务也有很大发展，在为在岗员工提供咨询、帮助其适应新的工作制度和树立良好的工作心态方面发挥了巨大作用。

### 6．建立新的技术基础结构和技术应用

同人员基础结构一样，新流程对技术的要求也必须在这一阶段给予考虑，特别是在所要求的技术同现有技术的差别较大的情况下。要努力克服传统体制带来的一系列问题，建立以计算机信息系统为架构的新的技术平台，并从企业整体角度而不是正在改造的单个第三方物流流程的角度来考虑新技术的需求。

## 三、组织理念更新

在我国现代物流发展起步较晚，在企业组织创新中物流组织创新更加落后，多数企业仍然采取直线职能制甚至分散式的物流组织结构，保持着计划经济体制下的物流管理方式，物流成本高，反应灵敏度差，物流效益低下，严重削弱了企业市场竞争能力，物流组织创新势在必行。第三方物流企业要进行组织管理，必须要树立现代物流意识，实现组织理念的更新。一方面，从实物分配（PD）、后勤保障（Logistics）到强调客户服务和供应链一体化，物流理念在不断升华，企业对物流的认识应跟上经济的发展，彻底抛弃"物流就是传统的分离的仓储和运输"

的观念，将物流上升到供应链管理的高度。另一方面，要从强调正式组织、非正式组织向注重二者的有机结合转变，与现代物流观念融合，树立从物流角度对组织创新的理念。

组织管理创新应注意的以下问题。

### 1. 物流组织创新要与企业制度、技术、管理、市场等创新相结合

企业制度如企业产权、人事和分配等制度直接影响物流组织的变革，而没有 MIS、MRP、JIT、ERP 等生产、物流、信息技术的应用，企业就很难建立一体化、扁平化、柔性化、网络化的物流组织，客户是第三方物流企业的衣食父母，第三方物流企业的组织创新必须紧紧围绕着市场和客户，不可能脱离企业服务、营销方式等方面。

### 2. 不能简单地模仿或照搬

由于物流工作在地理位置上分散的性质，以及通常跨越一个行业运作的事实，可以说没有彻底的对或错的物流组织结构，物流组织创新因时、因地、因企业而异，雷同的组织结构，在不同企业中的运行效率可能相差很大，企业在借鉴先进的物流组织模式时，要考虑其适用性。

### 3. 正确处理好创新与稳定发展的关系

企业依据自身情况和所处的外部环境，物流组织的创新可以是增量式的较小变化，也可以是组织结构的彻底变革。物流活动的跨度大，组织的变更往往涉及采购、生产、销售等众多环节，波及企业的内外，必须充分考虑创新的条件和对企业正常生产经营活动的影响，渐进式和彻底式的创新各有利弊，关键要看创新的成本大小。

### 4. 重视物流组织创新的科学论证与系统设计

企业在进行物流组织创新时，要善于利用企业"外部人"的作用，聘请经济、管理、物流等有关专家调查研究和论证设计是必要的。

应正确认识分工、职权、统一指挥、管理跨度、部门化等经典组织设计原则的优点和局限性，对贯穿整个生产经营过程甚至跨地区、跨企业的物流活动，其组织设计更多地要强调以人为本和以物流过程为中心的思想，注重实物流和信息流的融合，并分析组织存在的问题，设计物流及信息流流程，进行组织结构设计、试运转、反馈、改进等按照一定的程序进行。

Exercise 2 实践与思考

技能训练题

请按照"分工明确、责权对等、有效性、成本最低、以客户为中心、扁平化、组织机构的设置与作业流程相结合、组织机构设置与信息技术相结合的原则及协调性原则"，在充分考虑

到影响第三方物流企业组织设计因素的基础上，为学习情境 1 中上海佳都液压制造有限公司和 5 名自然人共同投资成立的国际货运代理有限公司设计组织机构。

要求：

1．要有对国际货代公司目标任务的描述；

2．在目标任务描述的基础上，列出国际货代公司应设立的部门；

3．为每一个部门制定权力范围和工作职责；

4．为每一个部门设计相应的职务及职数；

5．为每位职务人设计应具备的资格条件、应享有的权力范围和应负的职责；

6．在上述工作的基础上绘制组织结构图（组织结构图要反映层级关系），制作职务说明书。

案例分析题

### 昆明中远物流有限公司的组织机构

昆明中远物流有限公司是中国远洋集团（COSCO）旗下的一家大型专业物流企业，其前身为成立于 1966 年的中国汽车运输昆明公司，经过 2000 年的改制，组织形式由国有独资企业整合为有限责任公司，经营方向由传统的汽车运输转变为现代的综合物流。公司注册资本 1 200 万元，总部位于云南省昆明市北京路 155-1 号红塔大厦。

公司下设人事行政部、商务部、财务部、生产技术部、项目物流部、国际货运部、多式联运部、城际快运部等部门，拥有大石坝、贵阳、南宁、深圳 4 个分公司，业务范围涵盖项目物流（大型工程物流）、产品物流、国际货运、城际快运、多式联运及物流综合配套服务等，业务网点遍及西南、华南、中南等多个城市和地区，是云南省最大的物流企业，也是中远集团在西南地区较大的物流机构之一。公司的组织结构图如图 2-5 所示。

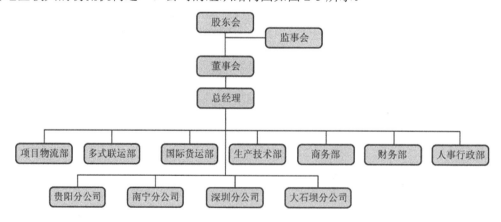

图 2-5　昆明中远物流有限公司的组织结构图

公司坚持向管理要效益，以创新求发展。在成立不到两年的时间里，公司实现了 50%以上的资本高速扩张，先后为"西电东送"项目云南大朝山电站、宝峰变电站、贵州黔北电厂、乌江渡水电站、纳雍火电厂和广西天生桥换流站、南宁变电站、玉林换流站提供了物流服务，赢得了客户的广泛赞誉。公司完成了福建漳州后石电厂单件 439 吨发电机定子和单件 382 吨的变压器的运输任务，创造了西南、华南公路单件运输重量的新纪录，受到业内专业人士的认可和媒体的普遍关注。

项目物流（大型工程物流）是昆明中远物流有限公司根据市场和企业的特点创建的一项重点物流业务。公司通过将近百名经验丰富的营销和管理专家、专业配套的工程技术人员、技术全面的操作工人组成的优秀的员工队伍，同三十多年大件公路运输的经验、20 世纪 90 年代国际先进水平的大件运输设备、先进的物流管理系统、遍布各领域各行业的公共关系资源等要素进行整合，形成了大规模的项目物流，能为电力、冶金、化工、航天等行业大型项目建设工程的各类物资、设备提供包括运输装卸、报关、审验、运输装卸的方案设计及咨询、运输过程的排障护送、多式联运、理货、催运、仓储管理、配送等全程、综合的物流服务。昆明中远物流有限公司已成为中国南方最大的项目物流企业。

目前，公司正在积极申报 ISO 9002 国际质量体系认证，构建现代化的物流信息平台，引入先进的管理理念，创建独具特色的企业文化，不断创新与时俱进的组织结构，以完成向现代化物流企业的最终转变。公司将秉承"为客户需求提供服务，为员工发展搭建阶梯，为股东投资创造回报，为中远物流打造品牌"的历史使命，运用先进的经营管理方法、优良的技术手段和高效的服务水平竭诚为国内外客户提供优质、超值的物流服务，创造良好的经济、社会效益。

试分析：

1．昆明中远物流有限公司的组织结构属于何种形式？

2．这种组织形式有何特点？适合哪类企业采用？

1．直线型组织结构、职能型组织结构、事业部型组织结构、矩阵型组织结构、动态网络型组织结构分别有哪些优缺点？

2．影响组织效果的因素有哪些？

3．第三方物流企业组织设计的内容是什么？

4．第三方物流企业组织设计应遵循哪些原则？

5．如何进行第三方物流企业组织的设计？

6．影响第三方物流组织设计的因素有哪些？

7．在第三方物流组织设计中如何才能做到稳定与发展的平衡？

8．第三方物流组织创新的努力方向是什么？

9．在进行第三方物流组织创新时应注意哪些问题？

# 学习情境 **3** 第三方物流服务产品设计

## 学习目标

通过本情境的学习，使学生了解第三方物流市场需求状况及其发展动力，掌握运输和配送服务、仓储服务、信息服务、增值服务和总体策划等第三方物流企业所提供的这些服务产品的具体内容，理解第三方物流企业服务创新的必要性，知晓第三方物流企业服务创新的主要目标及其突破点，会进行第三方物流市场需求分析，并能针对一个具体的第三方物流企业的实际状况，为其开发设计相应的服务产品。

请为学习情境 1 中张甲和李乙投资的物流运输配送公司设计服务产品。
要求：

1. 要有对客户（制造商、销售商等）运输配送消费需求的具体内容及对拟购买的运输配送服务的具体要求的分析；

2. 设计的运输配送服务要有基本服务项目、增值服务项目、特色服务项目，并要说明设计这些项目的理由或依据及这些服务项目应达到的质量标准。

## Project 学习项目 **1** 物流服务需求分析

每一个第三方物流服务内容就是一种产品，这个产品最大的特性就是个性化。几乎没有两个完全相同的物流服务项目。物流服务的个性化源于物流需求的个性化，因此，开发第三方物流产品，最关键的是对客户的物流需求进行分析。

## 一、物流服务购买者分析

有物流活动的地方，就有物流服务购买者，从而就会形成物流市场，在这个市场中物流服务购买者一般有以下几类。

### 1. 制造商

几乎所有制造商都有物流存在，其物流服务需求主要有：采购物流服务、生产物流服务和销售物流服务。早期制造商自己组织这些物流活动，构成所谓第一方物流或制造商自营物流。随着社会分工的专业化及物流服务市场的完善，为了更好地专心自己的核心业务，越来越多的制造商，特别是跨国制造商，都会把从原材料的采购、配送、库存控制，到向分销商、零售商的送货，再到维修等售后服务委托或外包给了第三方物流企业进行运作。所以，制造商是一个非常庞大而有潜力的物流服务购买群体。

### 2. 中间商

中间商主要是指各类流通企业，如分销商和零售商，其核心业务是采购并销售商品。同样，中间商早期也自营物流，构成所谓第二方物流。由于中间商物流运作的好坏是其销售成败的关键，所以，中间商是最先把物流服务需求社会化的企业。中间商对物流服务的需求主要是商品的集中储运、配送等方面，跨国分销商还会涉及通关。这就需要第三方物流企业能够整合或建立物流中心或配送中心，并进行供应链集成运作。所以，中间商也是非常庞大而关键的物流服务购买群体。

### 3. 其他购买者

除制造商和中间商外，其他行业也有各种物流服务的需求，特别是随着信息化社会的到来，大量最终消费者也成为物流服务的购买者。

## 二、物流服务需求结构分析

按照霍德盖茨和怀特里的需求结构理论，物流服务也有功能需求、形式需求、外延需求和价格需求。

### 1. 物流服务功能需求

物流服务功能需求是指物流服务购买者对物流服务的最基本的要求，可分为物流服务主导功能需求，如运输、配送和储存；物流服务辅助功能需求，如包装、装卸搬运和信息处理；物流服务兼容性功能，如流通加工。

### 2. 物流服务形式需求

物流服务形式需求是指物流服务购买者对物流服务实现功能的技术支持、物质载体及表现形式的要求。它可分为物流服务质量层面需求，如物流服务的快速反应、货损货差小、安全、"门到门"；物流服务品牌层面需求，即在物流服务日趋接近、功能差异越来越小时，物流服务购买者在选择过程中品牌的认知就逐渐成为其追求的一个重要层面；物流服务的载体层面需求，如物流服务设施、设备、技术的先进性。

### 3．物流服务外延需求

物流服务外延需求是指物流服务购买者对物流服务增值性利益的要求。它可分为客户服务要求，如在技术咨询、培训、指导等方面要及时、可靠、方便和信息沟通；心理需求，这是较高层次的一种需求，并在诸多需求中越来越表现突出，通常表现在物流服务过程中对物流服务购买者的尊重、负责、诚信，能彰显其职业、修养、地位和能力；文化需求，这是物流服务购买者对物流服务文化进而对第三方物流企业的企业文化的要求，随着社会发展，许多物流服务已经开始形成自己独特的文化内涵，如广告词、宣传口号，越来越多的物流服务购买者也开始关注物流服务的文化特色。

### 4．物流服务价格需求

物流服务价格需求是指物流服务购买者把物流服务的质量与价值进行比较后对价格的要求。这种要求有两个含义：①质量价格比，即在给定价格时物流服务购买者对质量水平的要求；②价格质量比，即在给定质量时对价格水平的要求。但应注意决定物流服务购买者对价格的需求不单纯是物流服务售价本身，同时还取决于物流服务的功能需求、形式需求和外延需求，取决于物流服务购买者对物流服务的价值的感知。

# 第三方物流服务市场

由于供应链全球化，物流活动变得越来越复杂，物流成本也越来越高，资金密集程度也越来越高。利用第三方物流活动，公司可以节省物流成本、提高客户服务水平。这种趋势首先在制造业出现，公司将资源集中用于最主要的业务，而将其他活动交给第三方物流公司，这样也促使了第三方物流的发展。随着客户期望的提高、技术的快速发展及经济与环境不确定性的增强，对物流管理的需求越来越大，物流以合同方式外包给第三方进行，也成为一种必然的趋势，这就形成了庞大的物流市场。

## 一、第三方物流市场的分类

（1）按物流的范围分为社会物流市场和企业物流市场，前者属于宏观物流范畴，主要提供运输、仓储、配送信息服务等，后者则属于微观物流范畴，主要提供生产物流、供应物流、销售物流服务等。

（2）根据作用领域的不同，物流市场分为工业物流和商业物流市场，前者贯穿整个生产领域物流的始终，而后者则贯穿整个流通领域物流的始终。

（3）根据发展的历史进程，将物流市场分为传统物流、综合物流和现代物流市场。传统物流主要精力集中在仓储和库存的管理和派生出来的运输物流和仓储物流，以弥补时间和空间上的差异。综合物流主要通过运输和采购协调物流管理工作。现代物流主要通过网络建立商务关系直接从客户获得订单。

（4）根据提供服务的主体不同，将物流市场分为服务物流市场和生产企业内部物流市场。服务物流是指物流劳务的供方、需方之外的第三方去完成物流服务的运作模式。生产企业内部物流则指一个生产企业从原材料进厂后，经过多道工序加工成零件，然后组装成部件、成品出厂。

（5）根据物流流向物流市场可分为内向物流和外向物流市场。前者是指企业从生产资料供应商进货所引发的产品流动，即企业从市场采购的过程。后者则指从企业到消费者之间的产品流动，即企业将产品送达市场并完成与消费者交换的过程。

## 二、第三方物流市场状况

### （一）发达国家第三方物流市场状况

#### 1. 发达国家第三方物流市场的需求现状（如表 3-1 所示）

自 20 世纪 80 年代以来，欧美发达国家物流外包做法与趋势，反映了欧美企业对第三方物流各项服务的需求情况。

表 3-1　发达国家使用第三方物流服务情况

| 物流功能 | 欧洲（%） | 美国（%） |
| --- | --- | --- |
| 仓库管理 | 74 | 54 |
| 共同运输 | 56 | 49 |
| 车队管理 | 51 | 30 |
| 订单履行 | 51 | 24 |
| 出品回收 | 39 | 3 |
| 搬运选择 | 26 | 19 |
| 物流信息系统 | 26 | 30 |
| 运价谈判 | 13 | 16 |
| 产品安装装配 | 10 | 8 |
| 订单处理 | 10 | 5 |
| 库存补充 | 8 | 3 |
| 客户零配件 | 3 | 3 |

从表 2-1 来看，欧美企业对第三方物流服务的需求不仅仅停留在基础物流功能上，已发展到对增值性的延伸服务。两个地区企业的需求大致相同。欧洲的企业排在前五位的需求分别是仓储管理、共同运输、车队管理、订单履行和出品回收，美国企业前五位的物流服务需求则是仓储管理、共同运输、车队管理、物流信息系统及订单履行。差别较大是对出品回收服务的需求，欧洲的需求比例高达 39%，而美国仅为 3%。总的来看，发达国家对第三方物流服务需求水平较高，但绝大数物流服务功能均从传统的仓储业和运输业基础上延伸出来的增值服务。根据美国田纳西州大学的一份研究报告，（在美国）大多数企业在使用第三方物流服务后可以获得的好处包括：作业成本可降低 62%，服务水平可提高 62%，核心业务可集中 56%，雇员可减少 50%。因而，第三方物流受到了企业的广泛关注。在欧美国家，第三方物流已经形成了相当的规模。

**2．发达国家第三方物流的供给现状**

随着对第三方物流服务需求的增加，第三方物流的供给无论从数量上还是从内容上都实现了相应的增长。在数量上，有学者指出，第三方物流供给年增长率率在20%～50%之间。在欧洲的物流服务市场，2002年约有28%由第三方物流完成。据有关资料显示，欧洲1 290亿欧元的物流服务市场，约1/4（310亿欧元）是第三方物流。其中，德国99%的运输业务和50%以上的仓储业务交给了第三方物流，通过第三方物流，德国物流成本可以下降到商品总成本的10%。美国从20世纪80年代后期出现第三方物流后，2000年的市场规模约为600亿美元，前20名第三方物流服务企业净收入达到93.4亿美元，被称为玫瑰色的新产业。

从内容形式来看，最常见的第三方物流服务内容是：开发物流策略/系统、电子数据交换能力、管理表现汇报、货物集运、选择承运人、货代、海关代理、信息管理、仓储、咨询、运费支付、运费谈判。美国采用第三方物流服务的领域很宽，它所涉及的企业职能部门越来越多，且已被企业作为一项重要的战略决策来对付。从调查结果来看，第三方物流服务除了提供传统的仓储管理、集运、物流信息系统等服务外，已发展到提供产品安装、出品回收和客户会用零部件等附加工服务。同时，第三方物流设施现代化程度和物流作业效率不断提高，第三方物流提供的增值服务不断增多，第三方物流服务对社会存量资源整合的能力不断增强。

**（二）我国第三方物流市场状况**

**1．当前我国物流企业的现状**

我国的物流企业整体水平还不高，很多是由传统的仓储、运输企业转型而来的，在管理水平、技术力量及服务范围上还没有质的提高，真正实力超群、竞争力强的物流企业为数不多，"多、小、少、弱、散、慢"是目前我国绝大多数物流企业存在的主要问题。"多"，是指功能单一的运输企业、仓储企业多，从表面上看，中国的运力、仓储能力都过剩，供大于求，但这种供给能力是相对过剩，真正能满足企业较高水平需求的供给还较少；"小"指企业大多孤军作战，经营规模小，综合化程度较低，营业额上亿的企业很少；"少"是指市场份额少、服务功能少、运作经验少、高素质人才少，大多数企业还只是被动地按照用户的指令和要求，从事单一功能的运输和仓储，很少能提供物流策划、组织及深入到企业生产领域进行供应链的全过程管理，增值性的物流服务很少，更重要的是，企业缺乏通晓现代物流运作和物流管理的复合型专业人才，员工素质不高，服务意识、经营意识与市场要求相距甚远，缺少市场开拓的主动性；"弱"是指管理能力弱、信息能力弱、融资能力弱、竞争能力弱，很多企业没有建立起较为完善的现代企业制度，大多数物流企业技术装备和管理手段仍比较落后，服务网络和信息系统不健全，大大影响了物流服务的准确性与及时性；"散"是指货源不稳定且结构单一、网络分散、经营秩序不规范，虽然国内企业占有土地、仓库、车辆等物流资源，网点布局较广且基本合理，但这些资源实际上都处于分散的结点状态，没有得到有效整合利用，形不成网络，不能构成企业的核心竞争力；"慢"是指响应速度慢，传统储运是静态运作，不适应现代物流追求动态运作、快速响应的要求。这些问题造成我国物流企业服务成本居高不下，难以通过自身成本的降低来优化客户的物流成本，运作管理低水平重复，难以形成特色，打出品牌。总的来看，我国大部分物流企业处于起步或转型阶段，还不具备应对跨国竞争的能力。

#### 2. 我国第三方物流市场需求状况

我国第三方物流需求状况及对第三方物流供应方的要求大致如下：

一方面，第三方物流市场潜力巨大，今后需求量将大大增加，即时性的服务需求也将增多，我国第三方物流企业将大有可为；另一方面，目前第三方物流的有效需求还不足，企业由于拥有物流设施，自营物流的比例还很大，有待我们的第三方物流企业去主动开发，挖掘潜在的客户需求。

目前第三方物流需求存在着明显的地域和行业分布特点。需求主要来自东部沿海经济发达地区，来自市场发育较成熟的几大行业，而且不同行业有着不同的个性化需求，因此，第三方物流企业要做好市场定位，合理确定业务重点、配置资源，同时兼顾今后第三方物流需求地域扩大的趋势，做好进入新市场的准备。

企业目前对第三方物流服务需求的层次还不高，外包的主要是销售物流业务，服务需求仍集中在传统仓储、运输等基本服务上。物流企业应做好顾客目前及潜在需求的调查，从最基本的服务入手，贴近顾客需求，塑造自身的核心能力，避免盲目追求时髦理念与高层次服务。

企业正逐渐向按需生产和零库存过渡，对成本和服务越来越重视，加上加入世贸组织后跨国经营的增多，需要快速响应的物流系统和全球化的物流系统来支持，而物流企业要做到这两点，实现信息化运作是关键。要求物流企业一方面要加快自身的信息化建设步伐，另一方面要能够为客户开发出合适的物流信息系统，以实现系统的无缝链接，达到物流运作的高效率。

然而，与世界上发达国家相比，我国的第三方物流无论在发展水平上还是在服务质量上仍有很大的差距，其主要表现为：

（1）服务比例偏低。由美国 Tennessee 大学物流研究中心进行的年度调查表明，在 1996 年，有 58% 的美国被调查者采用了第三方物流的服务，而到 2000 年这个比例上升到 73%。在欧洲，使用第三方物流的比例更高，仅在 1996 年，欧洲使用第三方物流服务的比例已经达到了 76%。同时，研究表明，欧洲 24% 和美国 33% 的非第三方物流服务用户正积极考虑使用第三方物流服务；欧洲 62% 和美国 72% 的第三方物流服务用户认为他们有可能在三年内增加对第三方物流服务的运用。

据中国仓储协会对物流供求状况调查结果显示，我国的生产企业原材料物流只有 18% 被分包给第三方物流，成品销售物流中只有 16.1% 被完全分包给第三方。尽管与中国仓储协会 1999 年第一次调查数据相比，全由第三方代理的比例上升 7 个百分点，但这个比例远远低于欧洲和美国，这个水平甚至远远低于欧美国家 20 世纪 90 年代中期的水平。

（2）服务范围狭窄。在欧美，第三方物流服务的品种已经由最初的简单仓储运输发展到了具有一定宽度的阶段。第三方物流提供 EDI、信息管理等全新的服务项目，在很大程度上满足了客户的多样需求。而在我国，第三方物流的服务范围仍局限在传统的运输、简单仓储等方面。生产企业的外包物流主要集中在干线运输，其次是市内配送；商业企业的外包物流主要集中在市内配送，其次是仓储，再次是干线运输。与前两次的调查结果相比较，尽管各项服务的组成比例有了变化，但物流系统设计、物流总代理等高增值、综合性服务仍然未能成为中国第三方服务的主流服务项目。可以说，中国第三方物流仍然处于由传统运输、仓储企业向真正意义上的第三方物流转变的过程中。

（3）服务规模偏小。我国的第三方物流普遍存在规模偏小的现象。全国从事公路货物运输的经营业户有 274 万户，平均每个经营业户拥有运营车辆仅 1.43 辆；拥有运营车辆超过 100 辆的企业只有中远、中外运等少数企业。

（4）服务满意度偏低。在美国，约有 80% 的客户对第三方物流提供的服务表示满意，而在我国，只有 54% 的生产企业和 53% 的商业企业对第三方物流的服务表示满意，由此可见，中国第三方物流服务的满意程度是相对偏低的。

## 三、第三方物流市场发展的动力

第三方物流是以物流服务或者物流交易为参照来定义的，是指物流实际需求方和实际供给方之外的第三方部分或全部利用自己的资源通过合约向第一方或第二方提供的物流服务。第三方物流企业是一个为外部客户管理、控制的提供物流服务作业的公司，他们并不在供应链中占一席之地，仅是第三方，但通过提供一整套物流活动来服务于供应链。第三方物流的优势是能够向用户提供增值服务，表现在物流总成本的下降，企业通过购买第三方物流服务，有助于减少库存、降低成本。因此，第三方物流备受企业的青睐，呈现出蓬勃的生命力。

一般来说，推动第三方物流的发展的动力来自供需双方。

### 1. 对物流服务的需求方而言

成本节约、服务改进和灵活性已被认为与外部决策同等重要。以成本节约和获得高水平的服务，是导致企业把资本集中在主要的、能产生高效益并获得竞争力的业务上的主要原因。对物流服务的需求方来说，外包既可使需求者得到以物流管理为主业的专业公司所掌握的专业技术，在以合同方式将物流活动外包的情况下，也可帮助需求公司克服内部劳动力效率不高的问题。

近几年，某些国家，如英国，零售供应系统的结构调整促进了合同的采用，零售商已极大地增加了采购物流的控制。零售供应链的"快速反应"压力，导致了运送的频率增加和订单规模减小，这也迫使供应商必须加大利用外部物流供应商的力度，以分享服务的形式减少成本。某些行业，如汽车和电子行业，对第三方集运服务的需求相似，这些行业原材料"零库存"供应已得到广泛使用。

在国际物流方面也有类似的物流服务外部化趋势。制造商的国际运输与产品配送对合同物流供应商的依赖性很大，荷兰国际配送协会（HIDC）的调查表明，三分之二的美国、日本、韩国等企业的欧洲配送中心是由第三方物流公司管理的。

减少作业成本和改进服务水平是第三方物流服务使用者认为的最大利益所在，其中，减少供应链成本、集中主业的能力、减少雇用人员、减少资本成本则是这种利益的具体表现。

有关使用第三方物流服务可获取的利益，其他的一些研究也得出了类似结论。一些研究还发展了驱动物流服务需求者采用第三方物流服务的主要因素。有的认为物流功能日趋全球化、复杂化、库存单位的增加、流通渠道的脆弱性和产品生命周期缩短等，都是驱动物流服务需求者采用第三方物流服务的重要因素。除此之外，还有些研究认为有利于点的整合和有利于简单与统一的供应链的确立，也是取得需求者采用第三方物流服务的主要因素。

### 2. 对物流服务供给方而言

近几年来，欧美国家的第三方物流服务已经有了很大的改进，随着第三方物流服务业的壮大成长，其提供服务的标准已大大提高，为客户定制的各类新型服务日益发展成熟，物流服务公司的营销能力也更加强大和熟练，作业效率也有了较大改进，为客户需求定制的各类新型服务得到了充分发展。由于公路运输等传统行业竞争越来越激烈，使得很多企业资金回报下滑，利润率降低，通过改造成综合物流公司，第三方物流能对服务增加价值，建立与客户的长期合同关系，这也是促成第三方物流服务业快速成长的因素。与此同时，第三方物流服务企业的营销能力也变得更加重要而有效，许多传统的运输和仓储企业都演变成了开展广泛物流服务的第三方物流企业。第三方物流企业多数由简单的经营活动开始，然后随着客户需求和技术发展，而相应地外延了许多服务，渐渐开展综合性的第三方物流。

# 第三方物流服务产品开发设计

常见的第三方物流活动分为运输和配送服务、仓储服务、信息服务、增值服务和总体策划五大类，实际上，第三方物流企业提供的服务并不局限于这些，很多服务都是在具体操作过程中开发出来的。

## 一、运输和配送服务

### 1. 运输类业务

在第三方提供运输类业务中，从服务的复杂性和技术含量看，应该首推运输和配送网络的设计。对于一个大型的制造企业来说，它的采购、生产、销售和售后服务网络都非常复杂，因此设计一个高效并在某种程度上协同的运输物流是非常困难的，尤其是一些具有世界工厂的跨国公司，涉及国际运输、运输网络的设计，这就更需要专业人员来完成。在技术水平比较领先的第三方物流公司中，一般都有专门的专家小组来负责运输网络的设计工作，以帮助制造企业解决这类问题。

我国的第三方物流企业，目前基本上都还不具备运输网络的设计能力，就是有这方面的业务，一般也是通过经验完成，而很少用计算模型进行定量分析和设计。就我国第三方物流现在所处的发展阶段而言，第三方物流服务商完全依靠自身的力量来进行网络规划是很困难的，最好是同高校或研究机构合作来开发一些符合中国特点的运输模型。

### 2. "一站式"全方位运输服务

"一站式"运输服务是由物流服务商提供多种运输方式和多个运输环节的整合，为客户提供门到门的服务，如国外非常流行的多式联运业务。在世界范围内，已出现了海运公司上岸的热潮，这些海运公司可以提供国际海运、进出口代理、陆上配送等业务，将原来的港到港的服务延伸为门到门服务。

### 3. 外包运输能力

在这类服务中，客户在运输需求上，不是完全的外包，而是采用第三方物流企业的运输能力，由第三方物流企业为客户企业自身提供运输车队和人员，客户企业自己对运输过程进行控制和管理。

### 4. 帮助客户管理运输力量

这也是一类比较新型的物流业务，客户企业自身拥有运输能力，如运输工具和人员，但在物流业务外包时，将这些运输能力转给物流公司，由物流公司负责运输工具的使用和维护及运输人员的工作调配。这类服务在国外比较常见，尤其是很多企业在采用第三方物流服务前，一般都拥有自己的运输部门，在采用第三方物流服务后，原来的运输部门一般没有必要设置，将这一部分能力交给第三方物流企业是一种比较好的做法。在我国，企业小而全、大而全现象十分严重，大多数生产制造类企业都有自己的运输部门，这些部门的存在往往成为企业采用第三方物流的障碍，采用由第三方物流管理客户企业运输工具和人员的做法，在我国值得推广。

### 5. 动态运输计划

根据企业采购、生产和销售情况，合理安排车辆和人员，保证运输的效率和低成本。如上海虹鑫物流有限公司，就通过动态运输调度，为 10 家客户提供动态运输计划。在国外动态运输计划一般是由计算机自动完成。我国仍然采用人工调度的模式。

### 6. 配送

配送是将客户需要的产品在适当的时间，按照客户的要求，以良好的状态，用最低的成本送到客户手中或指定地点。配送管理的目标是以最低的成本，设计和运作能满足要求的服务水平的配送系统，对配送中心的商品进行库存管理和仓储管理，按照要求的速度和频率配送货物等。因而，严格地说，配送是仓储作业和运输的综合。

### 7. 报关等其他配套服务

在国际物流业务中，还会涉及报关等业务。目前，在国内，提供报关业务的一般有专业报关公司、国际货代公司、进出口公司，第三方物流公司本身拥有报关权的并不多，一般都通过和报关公司的合作来为客户提供报关服务。

## 二、仓储服务

### 1. 仓储管理

仓储管理是最常见的传统物流服务项目之一，对整个物流系统起着十分重要的作用。第三方物流仓储管理的目标是提高仓库的运作效率和生产率，充分有效利用现有仓储空间，并在一定服务水平下为客户降低成本。仓储管理一般包括仓库选址、仓储布局设计、货架设计、货物搬运、装卸、存储等活动。

### 2. 库存管理

库存管理是物流管理中最核心和最专业的领域之一。完整的库存管理包含市场、销售、生产、采购和物流等诸多环节，一般企业不会将库存管理全部外包给第三方物流企业，而是由客户企业自身完成库存管理中最复杂的预测和计划部分，但在库存管理执行环节，第三方物流却大有作为，如与仓储相关的库存管理主要涉及存货量的统计、补货策略等。

关于库存管理还有一种特殊的服务模式，在涉及商流的贸易类物流服务中，物流企业根据同客户企业制订的库存策略，可自行完成特定产品的库存管理。

### 3．订单处理

订单处理是仓储类业务中最常见的第三方物流服务项目。客户企业负责取得订单，之后通过第三方物流企业完成拣货、配货和送货的工作。

### 4．代管仓库

代管仓库是一种比较常见的合作形式。这种情况一般发生在客户企业自己拥有仓库设施，在寻求物流服务商时，将自己仓库的管理权一并交给物流企业管理。

### 5．包装

包装也是仓储类业务中的重要内容之一。随着物流模式的创新，包装服务内容也更加丰富，如运输保护性包装、单元化包装、促销包装、配货包装等。

## 三、增值服务

### 1．延后处理

延后处理是一种先进的物流模式，企业在生产过程中，在生产线上完成标准化生产，但对其中个性化的部分，根据客户需求再进行生产或加工。我国许多第三方物流提供的贴标签服务或在包装箱上注明发货区域等服务，都属于简单的延后处理。

### 2．零件成套

零件成套就是将不同的零配件在进入生产线前完成预装配的环节，如汽车制造厂一般委托第三方物流企业提供管理零配件仓库，在零配件上装配线之前，在仓库内完成部分零件的装配。

### 3．供应商管理

第三方物流提供的供应商管理包括两类，一类是对运输、仓储等提供物流服务的供应商管理，第三方物流中的"第三"，本身就体现了对作为第二方物流的供应商的管理职能的补充。另一类供应商管理就是近几年才出现的，由第三方物流对客户企业的原材料和零配件供应商进行管理。供应商管理一般包括供应商的选择、供应商的供货、供应商产品质量的检验、供应商的结算等内容。

### 4．金融服务

物流金融服务是第三方物流企业联合银行为客户提供的一种新型服务。在第三方物流服务过程中，第三方物流企业可开展仓单质押业务，帮助客户从银行获得银行根据货物的价值向其提供的一定比例的贷款；可开展保兑仓业务，通过行使银行委托的对客户存储货物的实际控制和监管，使客户从银行获得一定比例的贷款；可开展垫付货款业务，通过承担供应商和购买商之间的货物运输，在向供应商提货时，代购买商向其支付部分或全部的货款，帮助客户暂时缓解资金紧张问题；第三方物流企业在送货时，可代替发货商向客户收取货款，为其提供代收货款业务。此外，有实力的第三方物流企业可全资成立金融机构，或控股、参股金融机构，直接或间接向客户融资。

物流金融业务的开展不仅有利于客户的融资，更主要的是使第三方物流企业实现了客户的个性化、差别化服务，这一增值服务能使其更好地融入到客户的商品产销供应链中，加强了与客户的联盟关系，使其赢得了稳定的客户市场，也给第三方物流企业带来了新的利润增长点。

### 5. 支持 JIT 制造

JIT 是指在恰当的时间、恰当的地点、以恰当的数量、恰当的质量提供恰当的物品，也就是说，生产、配送制成品要直接送到货架甚至消费者手中，零部件、半成品要直接送到生产线上，其核心目标是实现零库存。

### 6. 咨询服务

第三方物流企业提供的咨询服务有物流相关政策调查分析、流程设计、设施选址和设计、运输方式选择、信息系统选择等。

### 7. 售后服务

售后服务是第三方物流企业一个新的服务领域，一般包括退货管理、维修、保养、调查等项目。

## 四、信息服务

在发达国家，信息服务是第三方物流非常重要的服务内容，在我国，由于第三方物流的信息化基础比较薄弱，这一类服务内容还没有得到应有的重视。第三方物流的信息服务一般包括以下内容。

### 1. 信息平台服务

客户通过使用第三方物流的信息平台，实现同海关、银行、合作伙伴等的连接，完成物流过程的电子化。我国有些城市已经实行了电子通关服务，将来大量的第三方物流企业都要实现同海关系统的连接，客户可以借助第三方物流企业的信息系统，实现电子通关。

### 2. 物流业务处理系统

客户使用第三方物流企业的物流业务处理系统，如仓库管理系统和订单处理系统等完成物流过程的管理。随着物流复杂性的增加和物流业务管理系统的完善，这方面的信息服务还会加强。

### 3. 运输过程跟踪

信息跟踪是另一类信息服务。就目前的市场看，信息跟踪服务主要集中在运输过程跟踪。在发达国家，通过 GPS、GIS 系统等跟踪手段，已经做到了运输过程和订单的实时跟踪，如 FedEx、UPS 等快递公司，都为客户提供全程跟踪服务。在我国，对运输过程的信息跟踪也有大量的需求，而且国内已经具备了先进的跟踪技术和手段，但真正能够为客户提供实时信息服务的物流公司并不多，原因在于大多数企业没有达到经济规模，一般客户也不愿意为信息服务提供额外费用。但不使用现代化跟踪手段并不意味着不可以提供运输过程的跟踪服务，目前我国第三方物流企业普遍采用电话跟踪模式，选择关键点和例行跟踪相结合的办法。

## 五、总体策划

总体策划是指第三方物流企业以不同程度地为客户提供物流系统总体发布与设计能力作为服务范围。

# 第三方物流企业服务创新

在传统的价值链定位中，第三方物流企业往往将其服务内容局限于运输、配送、仓管等领域，并将自己的生存空间囿于物流供需双方的夹缝之中，这一点在我国第三方物流企业中尤为明显。网络经济大潮为第三方物流企业敲响了加快服务创新的警钟，否则就会有被激烈的市场竞争淘汰的可能。西方许多第三方物流企业已经开始在服务内容上进行大胆创新，拓展出延伸服务、一体化服务、增值服务和特色服务，并寻求向超常规服务方向发展，其成功的做法为我国第三方物流企业的健康发展提供了有益的启示。

## 一、第三方物流企业服务创新的必要性

进入 21 世纪以后，随着全球物流产业的竞争状况日益激烈，越来越多的第三方物流企业开始发现仅仅提供传统服务是不够的，并逐渐意识到在服务内容方面进行创新的重要性和紧迫性。特别是身处网络经济的大潮之中，创新意识薄弱的第三方物流企业随时都有被抛弃的危险；相反，那些善于创新、敢于实践的第三方物流企业则会获得意想不到的成果。

联邦快递公司（FedEx）曾经以其优质的运输服务而享誉第三方物流行业，它每天运输 450 万件包裹（其中 70%的包裹运输业务都是通过航空运输来完成的），占到全世界包裹运输业务总量的 25%，年运营额高达 170 亿美元。在过去的 25 年中，联邦快递服务公司之所以能够赢得客户之心，除了其服务的快速和可靠之外，在追踪包裹运输动向方面具有技术上的先进性也是一大亮点。Internet 的出现改变了运输业务的处理方式，现在，许多业务的处理都运用了基于网络的复杂系统，这些系统可以直接与客户和供应商进行交流，从而减少了运营中的不可预测性。在竞争对手方面，成本较低的卡车运输、可以获得折扣的航空运输、甚至是海洋运输如今也都可以通过 Internet 来完成运输服务的跟踪任务，从而使得许多原有的客户开始削减对联邦快递公司所提供的传统服务业务的需求。

进入 2003 年以后，联邦快递公司终于认识到了服务创新对于其生存和发展的紧迫性。经过缜密的调查分析，公司将其经营业务的潜在增长点定位于地面运输。这是因为大量的网络公司的出现刺激了地面运输业务，如亚马逊公司（Amazon.com）非常依赖于第三方物流企业的

地面运输力量来将产品直接运送到客户的家门口；另外，企业在网上的购买也给大量的 B2B 供应业务注入了活力，促进了地面运输业务。为了迅速实现其服务创新，联邦快递公司一方面强化技术方面的核心能力，投资了 1 亿美元用于其流程改造，试图进一步加强公司业务之间的协调工作；另一方面进行组织结构调整，组建了两个新的部门：地面业务部和家庭运输部。地面业务部的业务集中在 B2B 的运输上，为此公司并购了一家卡车运输公司；家庭运输部则专门从事向居民运货的业务。这两个部门都致力于在提供第三方物流时以"低成本"和"可靠性"为运营目标——这与公司一贯所强调的"快速运输"的运营目标是不同的。在经历一段时期的阵痛以后，联邦快递公司正力图依靠服务创新在这个由 Internet 所改造的动态环境中谋求新的辉煌。

如果说联邦快递公司还在摸索服务创新之路的话，另外一家默默无闻的第三方物流公司 Circle 公司则已经在品尝服务创新的丰硕果实了。Circle 公司的总部位于旧金山，它为另外一家主要生产"易损物品的包装材料"的 R.S.V.P 公司创造性地提供了一种物流增值服务，从而赚取了意想不到的利润。R.S.V.P 公司的一项主要业务是将其包装产品出口到亚洲的计算机配件及其他高附加值产品的生家厂家，但 R.S.V.P 公司在亚洲没有销售网点和分销设施，也无力组建这样的海外分销机构，最后 R.S.V.P 公司的解决办法是与 Circle 进行合作。根据双方的协议，Circle 公司在美国本土从 R.S.V.P 公司买来产品，负责将产品从美国运到泰国，在泰国，由 Circle 的分支机构进行报关，将货物送至 Circle 在泰国建立的仓库中。如果产品的最终买主需要包装服务，那么他可以向 Circle 的仓库签发"包装订单"，由仓库对需要包装的分项货物进行按需包装，并在 4 小时以内将货物送到最终买主的手中。除了提供这些货物海运和存储物流服务之外，Circle 公司还提供产品销售支持和销售地的管理服务。当 R.S.V.P 公司的最终买主从 Circle 手中收到含有出厂价、运费、物流费用、海关费用及服务费用的统一产品发票后，直接向 Circle（第三方物流商），而不是 R.S.V.P 公司（卖方）支付货款。这种富有创新性的第三方物流服务不仅给 R.S.V.P 公司，而且还给 Circle 公司带来了资金运作和流程管理方面的便利。R.S.V.P 公司总裁戴维·罗伯茨说："通过将货物在美国国内卖给 Circle 公司，R.S.V.P 公司大幅提高了资金流动效率。R.S.V.P 公司也不需要在亚洲设立自己的生产厂家甚至直接销售网点。我们迅速收回了货款，而且我们的最终买主在自己家门口就得到了直接销售的好处。"Circle 公司物流业务执行副总裁金·维尔斯默也认为，正是由于公司致力于服务创新，从而能够向客户提供传统物流概念以外的服务，既给客户带来便利和好处，也使公司的业务发展进入全新的领域。

由此可见，在当今快速变化的物流市场上，墨守成规、缺乏创新的第三方物流企业将会发现自己的生存空间越来越狭窄。只是着眼于提供有限的运输、配送、仓管等传统服务的第三方物流企业，很快就会发现自己陷入了"同质竞争"的泥沼之中，降价招揽顾客似乎是企业得以生存的唯一手段。国外许多第三方物流企业的成功经验告诉我们，只有依靠不断地对自己所提供的服务内容进行创新，第三方物流企业才会赢得持续发展。

## 二、第三方物流企业服务创新的主要目标

第三物流服务创新的主要目标主要有两个方面：一是推动第三方物流业的发展，服务创新是提升第三方物流产业结构、促进产业升级的重要手段，服务创新可以通过增强第三方物流商和物流产业的竞争力创造更多产出，同时也可以创造更多的就业机会，从而为社会提供更多的就业岗位；二是更好地满足客户的实际需求，要更好地满足客户的实际需求，就要求第三方物流商帮助企业实现"客户成功"，更好地满足企业的真正需求及其潜在需求。第三方物流商为

企业提供达到"客户成功"的物流服务，是满足企业需求的最高层次的服务，也是第三方物流服务在以往基础上的服务创新和最新的发展趋势。它要求第三方物流商从两个层次来提供自己的物流服务：一是透过企业的外在期望，分析企业的真正需求；二是对企业全面深入的分析，帮助企业了解自身的潜在需求。

## 三、第三方物流企业服务创新的突破点

### 1. 重新解读与合作伙伴的战略关系，开展延伸服务

长期以来，许多第三方物流企业都将自己定位于为制造型企业提供仓储保管和运输配送等服务，很少去认真解读与合作伙伴的战略关系。事实上，对于大型制造型企业而言，它们还希望第三方物流企业能够进一步提供延伸服务，如管理库存、资金融通、共担风险等。

例如，位于佛罗里达州的 CTI 物流公司通过重构与通用汽车公司的战略关系而兴旺发达。在与通用公司最初合作的几年中，CTI 公司仅仅为其提供汽车内饰和车门板模具的运输服务，后来，CTI 公司管理层意识到通用公司对其依赖程度日益增加，而且也希望 CTI 公司能提供更多的延伸服务。为此，CTI 公司与通用公司签订了新的合作协议，它不仅为通用汽车公司提供传统的物流管理服务，还承担起原材料供应商的角色，并提供资金融通、分担货物的受损风险及承担部分安装业务。根据新的协议，一旦通用公司位于堪萨斯州的工厂生产线需要汽车内饰和车门板模具，CTI 公司就必须即时供货。虽然这些货品的供给厂家是由通用选择的，但由 CTI 签发采购单，直接从卖方厂家购买货品并进行包装，然后送到通用汽车生产线，并进行初步的安装调试。虽然 CTI 在这个流程中的作用包括运输和配送，但远远超出了传统的第三方物流企业所提供的服务。正是由于及时重新解读了与通用公司的战略合作关系并提供了合适的延伸服务，CTI 公司得到了长足的发展。CTI 总裁戴维·库里克说："我们满足了通用公司的需求，即减少库存和加快资金运转。而 CTI 公司则成为了真正的现代物流公司。"

### 2. 增强外包物流中的创新意识，拓展一体化服务

第三方物流的兴起和发展是与"外包（Outsourcing）"紧密联系在一起的。正是由于物流供需双方为了专注于其核心竞争力而将物流业务外包出来，第三方物流企业才有了立足之地，但这并不意味着第三方物流企业就是处于物流供需双方之间的"可怜虫"，需要靠别人的施舍才有活路。事实上，现代第三方物流企业必须把自己理解成供应链中不可或缺的一环，并增强在外包物流中的创新意识，拓展综合性的一体化服务，这就要求第三方物流企业必须重新审视外包的新趋势，不能只是紧盯着生产型企业所外包出来的运输和配送业务，而是需要拓展更多的一体化业务。

据统计，欧美国家第三方物流公司近 30 项第三方物流服务项目中，仅有 15% 的公司的服务项目低于 10 种，而 66% 以上的公司服务项目高于 20 种。另据美国科尔尼管理咨询公司的一份分析报告显示，单独提供运输服务的第三方物流企业的利润率为 5%，单独提供仓储服务的利润率为 3.9%，而提供综合性一体化服务的利润率可达 10.5%。从以上关于 FedEx 公司、Circle 公司、CTI 公司的服务创新中可以看出，它们除了提供传统的运输、仓储、装卸、搬运、包装、流通加工、配送、信息服务之外，还涉足了货品的采购、销售、结算、订单处理、数据传输、产品安装、分担风险等诸多服务内容，其服务一体化的趋势已经十分明显。

### 3．充分发挥自身资源优势，提供增值服务

任何一个企业都具有一定的资源和能力，有些资源和能力还能够转化成竞争对手难以模仿和复制的核心竞争力。对于第三方物流企业而言，也是如此，倘若能开发和利用好自身的资源优势，进而为客户提供增值服务，将会使第三方物流企业迎来广阔的发展空间。例如，位于美国马里兰州的 Carven 公司原来曾经经营过融资担保业务，与商业银行、保险公司、租赁公司关系密切，20 世纪 90 年代中期进入第三方物流行业以后，Carven 公司并没有完全抛弃其原有客户，而是迅速开展起了以中小企业为主要服务对象的"融通仓服务"，并取得了巨大成功。Carven 公司提供质押物品的仓储保管、价值评估、去向监管、信用担保、运输配送等服务，它不仅为客户提供传统的物流服务，并且还通过其质押担保和信用担保为中小型企业提供融资服务，从而架起银企间资金融通的桥梁。

其实，这一点对于我国诸多第三方物流企业尤其具有借鉴意义。由于我国绝大多数第三方物流企业都是由原来的运输公司、物资供销公司、海外销售公司改组建立的，与原有的行业都存在着千丝万缕的联系，这为其开展增值服务提供了天然的优势。另外，我国第三方物流企业还可以利用区域间劳动力成本的差异来提供劳动密集型的增值服务。例如，开展延迟处理（Postponement）服务，将大规模标准化生产与快速反应结合起来；提供零件成套服务，雇佣劳动力将承运的产品零部件在进入生产线前进行预装配；利用熟悉海关业务的优势，开展报关和代付运费业务；利用熟悉产业政策的优势，开展咨询服务，为客户制定物流策略、选择运输方式、改善流程设计出谋划策；还可以利用熟悉营销的优势，协助客户开展售后服务，进行退货管理、产品维修、保养、售后调查等工作。这种超常规服务不仅可以加强第三方物流企业与客户的密切联系，而且也是其持续成长的有力武器。

### 4．强化信息技术的应用，实现特色服务

在网络经济时代，信息技术已经开始渗透到各行各业之中。一般来说，第三方物流企业可以为客户提供两个层次的信息服务：信息收集服务和信息传递服务。前者是指第三方物流企业为客户收集市场供需信息、产品销售与库存信息、用户反馈信息等，为生产经营企业的决策提供服务；后者是指第三方物流企业可利用其计算机网络系统和现代信息技术，在供应商、生产企业、销售商间架起信息传递的桥梁，同时也为客户实现电子报送、货物跟踪、货款结算、电子商务等提供服务，从而实现商流、物流、资金流和信息流的高度统一。

值得注意的是，许多原来应用于别的行业或领域内的信息技术也开始向物流领域扩散，抓住这种技术应用先机的第三方物流企业就有可能获得成功。例如，RFID（无线射频识别）技术早在第二次世界大战时期就被美军用于识别自家和盟军的飞机，后来这种技术主要应用于野生动物的跟踪、公路和停车收费等有限的领域，鲜为人知，但是 2003 年沃尔玛公司要求其前100 家供应商于 2005 年 1 月之前在它们发送货盘和包装箱中使用 RFID 技术以替代传统的条形码。作为一种非接触式的自动识别技术，RFID 通过射频信号自动识别目标对象并获取相关数据，再加上它具有条形码所不具备的防水、防磁、耐高温、使用寿命长、读取距离大、标签数据可以加密、存储数据容量大的优点，专家认为其应用将给零售、物流等产业带来革命性的变化。显然，对于那些已经在物流信息收集代码化、信息存储数据化、信息处理自动化、信息传递标准化、信息识别数字化和信息交换实时化方面起步的第三方物流企业来说，倘若能够抓住 RFID 技术获得广泛应用的机遇，将会获得无限商机。

## Exercise 3　实践与思考

技能训练题

请为学习情境 1 "实践与思考"中上海佳都液压制造有限公司和 5 名自然人共同投资成立的国际货运代理有限公司设计服务产品。

要求：

1. 要有对客户国际货运代理需求的具体内容及对拟购买的国际货运代理服务的具体要求的分析；

2. 设计的国际货运代理服务要有基本服务项目、增值服务项目、特色服务项目，并要说明设计这些项目的理由或依据及这些服务项目应达到的质量标准。

案例分析题

### 中国集装箱总公司为某家电企业提供的物流服务

某家电企业在国外有着比较长的历史，品牌也有相当的知名度，20 世纪 90 年代初进入中国，并投资建立生产厂。其产品种类齐全，质量比较好，但其品牌对中国比较陌生，并且中国国内的同类产品竞争非常激烈。为了打开中国市场，该公司制定了一个长期战略，不依靠那种广告轰炸的方式，而是采取"精耕细作、加强服务"的策略来赢得市场，在全国各地设有多个分公司或办事处，负责销售和售后服务。

该企业原来是自己负责物流业务，总部根据分公司或办事处的申请发货，各分公司（办事处）负责销售和仓储管理，总部只有依靠分公司的报表了解销售和库存情况。这样运行了近两年时间，总部失控：①各分公司物流成本大幅增加（因为既要有人负责仓库，又要有车辆和司机）；②库存大量增长，坏机现象严重（仅石家庄一地就有坏机 3 000 台，损失约百万元）；③销售回款逐步下降，呆坏账太多；④总部难以掌握和及时了解各地情况。因此，国外总部及国内总部都下决心运用第三方物流模式，并委托中国集装箱总公司为其完成物流服务。

中集接受该公司委托后，首先根据其情况制订物流方案，针对该公司在国内市场"精耕细作，加强服务"的长期经营策略，制定了"配合销售，加强服务，总部控制，透明及时"的物流战略。物流战略确定之后，就要在具体方案操作中贯彻和体现这一战略。该公司产品需要在全国各地销售，涉及区域范围广，各地市场特点不同。根据该公司要求，中集总公司利用本系统网点多、功能齐全的优势，组织有关公司参与该项目，中集总部及各所属公司成立项目组，中集总部负责管理和协调，提供一体化管理。

试分析：

1. 某家电企业下决心采用第三方物流的原因是什么？

2. 中国集装箱总公司为该家电企业提供了哪些物流服务？

1. 第三方物流市场上的购买者主要有哪些？

2. 第三方物流市场的需求结构如何？

3. 第三方物流市场分为哪几种类型？

4. 我国第三方物流市场的需求状况如何？

5. 第三方物流企业通常可提供哪些物流服务？

6. 第三方物流企业为什么要进行服务创新？其目标是什么？

7. 第三方物流企业的服务创新可从哪几个方面着手？

# 学习情境 **4** 第三方物流企业的运作模式与经营战略

## 学习目标

通过本情境的学习，使学生了解第三方物流企业运作模式的特征与构成要素，理解第三方物流企业经营战略的类型与基本模式，明确第三方物流企业运作模式构建的着力点，掌握第三方物流企业运作模式与经营战略的构建方法与一般步骤，熟知第三方物流经营观念与经营战略的具体内涵，会运用所学知识为具体的第三方物流企业构建运作模式，设计经营战略。

请为学习情境1中张甲和李乙投资设立的物流运输配送公司设计运作模式和经营策略。

要求运作模式设计至少包含下列内容：

1. 有资源整合的方法和途径；
2. 明确公司当前的物流服务定位；
3. 明确公司当前的服务区域、服务对象、服务内容和服务产品；
4. 选择公司的服务手段；

5. 推进物流网络化建设、实现物流作业规范化、保证物流服务水平均质化的措施。

经营战略设计至少包含下列内容：

1. 有内外部环境分析；
2. 确定采用的战略思想；
3. 设定公司的战略目标；
4. 制定各部门的具体策略；
5. 确定服务与市场范围；
6. 有增长向量；
7. 有获得竞争优势的措施和协同作用的办法。

# 第三方物流企业的运作模式

Project 学习项目 1

运作模式是第三方物流企业为实现物流服务定位而建立的一整套运作体系，适当的运作模式对于第三方物流企业获得稳定的客户群体，在激烈的市场竞争中生存和发展有着重要的意义。

## 一、第三方物流企业运作模式的定义

第三方物流服务是指专业物流企业根据客户的要求，将货物安全、高效、完整、及时地从提供者手中运送到需求者手中，服务内容包括运输、仓储、包装、搬运装卸、流通加工、配送等基础性服务，也包括信息系统管理、物流系统方案设计等增值性服务；服务对象可能是工业企业、商贸企业或者是社会公众；服务范围可以局限在某个区域，也可以拓展到全国甚至是全球；还有服务手段、服务产品的选择等，足见物流服务的复杂性。正因如此，对于任何一家物流企业来说，要想在物流市场长期生存，首要的就是根据自己的优势选择合适的目标市场，也就是明确服务定位，然后再据此逐渐建立相应的运作体系，这套体系的内容就是运作模式。

虽然近年来对第三方物流运作模式的研究日渐增多，但目前尚没有一个统一、权威的定义。基于上述分析，本书著者认为，运作模式就是第三方物流企业为实现物流服务定位而建立的一整套运作体系，具体地说，就是实现物流服务的全过程中所涉及的软、硬件等一系列环节和手段的集合。

## 二、第三方物流企业运作模式的构成要素

第三方物流企业在建设运作模式的时候，主要应考虑两个方面的问题：一个是如何提供服务，另一个是如何整合资源；因此，运作模式的构成要素主要有两个方面，即资源整合和服务提供。

### 1．资源整合

从资源整合的方式看，第三方物流企业主要有两种：一种是不拥有固定资产，依靠企业协调外部资源进行运作的"非资产型"；另一种是投资购买各种设备并建立自己物流网点的"资产型"。究竟采用哪种类型主要取决于企业的成长背景、投入能力、战略规划，以及宏观环境。

"非资产型"物流企业仅拥有少数必要的设施设备，基本上不进行大规模的固定资产投资，它们主要通过整合社会资源提供物流服务，由于不需要大量的资金投入，运行风险较小。采用这种方式需要有一个成熟的底层物流市场，同时企业自身也要有先进的技术手段做支撑。

"资产型"物流企业采取的方式是自行投资建设网点和购买设备，除此之外，还可以通过兼并重组或者建立战略联盟的方式来获得或利用资源。虽然需要较大的投入，但拥有自己的网络与设备有利于更好地控制物流服务过程，使物流服务质量更有保证，同时雄厚的资产也能展

示企业的实力，有利于同客户建立信任关系，对品牌推广和市场拓展有重要作用。

### 2．服务提供

如何提供服务、提供怎样的服务是第三方物流企业重点关注的问题，这需要确定以下五个方面的内容：

（1）服务区域。服务区域是指第三方物流企业提供物流服务的覆盖范围。企业对于自身服务的范围是国际物流、全国物流、区域物流还是市域物流要有明确的划分。服务区域的确定要与本企业的资金、设备、条件相匹配，要符合企业的实际情况。

（2）服务对象。服务对象的确定是解决企业为谁服务的问题，只有明确服务对象，才能在提供物流服务时有的放矢，以企业有限的资源为客户提供更完善、周到的物流服务。第三方物流企业的服务对象主要有社会公众、生产制造企业、商贸企业等。

（3）服务内容。第三方物流服务的内容主要包括运输、仓储、包装、搬运装卸、流通加工、配送等基础性服务，以及信息系统管理、物流系统方案设计等增值性服务。企业选择哪些作为自身物流服务的内容，要依据企业的战略定位、整体实力，以及市场需求等综合确定。

（4）服务产品。物流服务产品是第三方物流企业根据市场定位、服务对象推出的相应的物流服务项目。服务产品的类型可以按照物品的重量、体积划分，也可以按照物品的性质如服装、家电、生物制品等划分。由于不同的物品对物流服务的要求不同，因此确定服务产品的类型对于运作模式的建立有着很重要的作用。

（5）服务手段。第三方物流企业的服务手段主要包括运输、仓储、网络、信息等软硬件设施、设备的选择和使用。对于运输来说，它是指运输方式的选择，是一种运输方式还是多种运输方式；对于仓储来说，它是指仓储的类型，其物流中心是中转型、分拨型还是综合型；对于网络来说，它是指网络覆盖的范围及密度的大小；对于信息系统来说，它是指信息系统的功能和实现方式。

## 三、第三方物流企业运作模式构建及分析

### 1．整合现有物流资源，建立"非资产型"的第三方物流企业模式

一方面，从我国目前的第三方物流企业的状况看，由于部分投资者缺乏足够的资金用于全新的基于资产的第三方物流企业的构建，迫使他们必须采用"非资产型"的第三方物流形式；另一方面，我国传统的运输部门、企业和商储公司作为物流行业的主力占据着我国物流的主要社会资源，他们有优越的仓库、站场设施，有自己的运输搬运设施、铁路专用线和自己的客户网，但从全国范围来看，这些物流资源利用率不高，浪费严重。因此从实际情况入手，整合现有物流资源，建立"非资产型"的第三方物流企业，一方面可以充分利用社会既有物流资源优势实现资源共享，另一方面可避免组织机构的臃肿庞大。

### 2．以提高物流环节的服务附加值为目标的基础物流服务模式

目前我国企业对第三方物流服务的需求层次还比较低，主要仍集中在对基本常规项目的需求上。生产企业外包的服务第一是干线运输，第二是市内配送，第三是储存保管。商业企业需求的服务第一是市内配送，第二是储存保管，第三是干线运输。这表明生产企业和商业企业对物流服务内容的侧重点有所不同。企业对增值性高、综合的物流服务如库存管理、物流系统设计、物流总代理等的需求还很少，因此，我国的物流企业在推进第三方物流服务时，要充分考

虑到企业的现实需求，从基本的服务功能入手，从简单的服务开始，在不断巩固自身提供常规服务的能力的前提下扩展延伸服务。一开始就定位在高级形态的第三方物流运作上并不现实，不应一味追求时髦的理念与模式，舍本逐末，放弃对常规服务质量的重视。第三方物流供应商应该从区域客户的需求出发，根据企业的实际情况，首先从提供基础物流服务开始，展示他们有能力把这些服务做得最好，随后才开始提供高附加值的服务，从而逐步实现物流环节的系统化和标准化，为客户提供全方位的物流服务。

### 3．电子商务与第三方物流的有机整合模式

电子商务作为 21 世纪主要商业运作模式，为第三方物流提供了广阔的发展空间，同时，第三方物流的发展又为电子商务的实现提供了现实保障，与电子商务整合，将成为第三方物流主要运作模式之一。从实际运作状况来看，第三方物流与电子商务的整合主要有以下两种方式：一是第三方物流作为电子商务组成要素，承担物流作业，完成 B2B 或 B2C 中的物流环节；二是第三方物流通过建设自己的电子商务，为商家与客户之间提供交换信息、进行交易、全程追踪的信息平台，从而实现电子商务与物流的紧密配合。在我国，表现较为突出的莫过于宝供物流企业集团。宝供早在 1997 年就开始建立基于 Internet/Intranet 的全国物流信息管理系统，又陆续完成了运输业务报表自动生成系统，与重点客户信息资源共享系统，运作成本、经营核算、结算信息系统，实现了"客户电子订单一体化运作"的电子商务初步目标，极大地简化了商务流程，提高了业务运作效率。可以说，在电子商务时代，实现业务电子化和网络化是第三方物流企业发展的必然选择。

### 4．综合物流代理模式

我国目前物流企业在数量上，供给数量大于实际能力；在质量上有所欠缺，满足不了需求的质量；物流网络资源丰富，但利用和管理水平低，缺乏有效的物流管理者。国际著名的专门从事第三方物流的企业如美国的联邦速递、日本的佐川急便，国内专业化的第三方物流企业如中国储运公司、中外运公司、EMS 等，这些公司都已经在不同程度地进行了综合物流代理运作模式的探索实践。发展综合物流代理业务具体是指：不进行大的固定资产投资，低成本经营，将部分或全部物流作业委托他人处理，注重自己的销售队伍与管理网络，实行特许代理，将协作单位纳入自己的经营轨道，公司经营的核心能力是综合物流代理业务的销售、采购、协调管理和组织的设计与经营，并且注重业务流程的创新和组织机构的创新，使公司经营不断产生新的增长点。简单地说，综合物流代理企业实际上就是有效的物流管理者。采用这种模式的第三方物流企业应该具有很强的实力，陆空俱全，同时拥有发达的网络体系，这样的企业在向物流转型时能做到综合物流代理，从而为客户提供全方位的服务。

### 5．集中物流模式

集中物流模式的特点是第三方物流企业拥有一定的资产和范围较广的物流网络，在某个领域提供集成度较低的物流服务。由于不同领域客户的物流需求千差万别，当一个物流企业能力有限时，他们就可以采取这种集中战略，力求在一个细分市场上做精做强。例如，同样是以铁路为基础的物流公司，某铁路快运公司是在全国范围内提供小件货物的快递服务，而另一物流公司则是提供大宗货物的长距离运输。由于在特定领域有自己的特色，这种第三方物流企业运作模式也是需要重点培育和发展的。

## 四、第三方物流企业运作模式构建的着力点

### 1．明确物流服务定位

服务定位是第三方物流企业构建运作模式的前提，它主要解决的是企业在物流市场上提供的服务种类的问题，也就是企业的发展方向问题。若市场定位不明确，则运作模式的构建就是无源之水、无本之木。

第三方物流企业在确定服务定位时，先要根据自身拥有的资源，然后认真分析行业的发展状况，分析本地区、全国甚至世界经济及物流的现状和发展趋势，再对物流市场进行细分，找到企业自身的目标市场。这个目标市场既要有当前需求，又要符合物流经济的长远发展趋势，这样企业才能既有赢利基础，又有足够的发展空间。根据物流的特点对物流市场进行细分，可将物流市场划分为四个层次：第一个层次是提供运输、仓储、配送等基础性物流服务的单项服务或组合服务；第二个层次提供的是一体化物流服务，它包括四种类型，即专项物流、供应链物流、准时物流和电子商务物流；第三个层次是以一体化物流为基础的物流服务，它包括两种类型，即第四方物流和快速物流；第四个层次是物流发展的最高端即电子物流。第三方物流企业应在上述分析的基础上合理选择。

### 2．推进物流网络化建设

健全完善的网络是第三方物流企业运作模式建设的关键。无论企业选择的是哪一个层次的物流服务，网络建设都是至关重要的问题，这是由物流作业本身的流动性、分散性等特点决定的。

物流网络主要包括两个方面：一个是物流硬件网络，另一个是物流信息网络。物流硬件网络是指由企业的物流中心、配送中心等节点，以及联系这些节点的运输线路所组成的网络，这个网络越大，企业所能提供的服务范围就越大，规模效应就明显。但是，网络的建设要受到很多因素的制约，企业应根据自身的战略规划、市场需求、资金实力等实际情况，通过详细的分析、选择与优化，逐渐建立起本企业的物流网络，以最大限度地获得规模经济效益。物流信息网络是指物流企业依靠现代信息、网络技术，建立的有关用户需求信息、市场动态、企业内部业务处理情况等信息共享的网络。物流信息网络化是提高管理水平的重要手段，它的实现，有利于物流企业提高运作效率，减少运作差错，降低物流成本，达到对市场需求的快速反应，从而真正为客户提供质高价优的物流服务。因此，企业应根据自身实力和需求状况，有步骤、有计划地推行信息网络的建设。

### 3．实现物流作业规范化

物流服务的提供过程是物流企业调动各项资源，将各项物流活动如订单处理、干线运输、流通加工、配送等进行组织和协调的过程，它涉及多个部门、多项具体操作过程，需要众多人员的协调和配合，是一个紧密衔接、环环相扣的过程。因此，为了保证物流服务的准确、快速、安全、及时，保证物流服务过程的无缝链接和转换顺畅，一个重要的方面就是实现物流作业的规范化。物流企业应在对各项物流作业详尽分析的基础上，制定相应的标准，使物流作业实现作业流程、作业动作的标准化与程式化，使复杂的作业变成简单的、易于操作与考核的作业，这样在整个物流运作的过程中就能减少随意性，既便于衔接又能降低风险，从而切实保证物流服务的质量。

### 4. 保证物流服务水平均质化

物流服务水平的均质化是指针对同一类客户而言，物流企业在自己的任何一个网点所提供的服务都是一样的，即服务水平的一致性，这对于物流企业树立自身形象，在不同地区开拓市场，都有着十分重要的作用。因此，物流企业在建立运作模式的过程中，在对各个地区网络的建设、设备的购置等方面都要实行统一的标准，以实现物流服务水平的一致性。

## 小知识

### 第三方物流企业运作模式的特征

#### 1. 目标的系统性

运作模式的建立，必须要以企业的市场服务定位为依据，也就是说，运作模式是市场定位的具体体现，市场定位是运作模式建立的根源和准则。因此，企业在建立运作模式的过程中，要依据服务定位的要求，从系统的角度统筹规划所要提供的各项物流活动，统筹安排所需的各种设施设备，并对其进行协调和优化，力求使企业的整体运作达到最优。

#### 2. 培育的长期性

运作模式的建立不是一朝一夕的事情，而是一个复杂和长期的过程。它是在企业战略定位的指引下，有计划有步骤地对各项物流要素进行选择，逐渐地增加硬件设备、拓展经营网络、提升管理水平等，并最终形成一个独特的具有本企业特色的运作模式。而运作模式一旦成熟，将会使企业的各项物流作业更加规范，运作流程更加合理，企业对市场的反应更加快速和敏捷，从而使企业获得稳定的客户群体，使其在市场上的生存和发展具备坚实的基础。

#### 3. 发展的相对性

运作模式的发展具有一定的相对性，这主要有两层含义。一方面，对于一个第三方物流企业来说，其在起步期、发展期，以及成熟期等不同的发展阶段的运作模式是不同的，因为尽管企业有一个明确的市场定位，但在不同的发展阶段其发展目标是不完全相同的，与之相对应，运作模式必然有所不同；另一方面，在一个特定的发展时期里相对稳定的运作模式，也是处于不断的进化和提升的状态中。随着物流企业规模的扩张和实力的增强，运作模式会越来越完善，企业所提供的物流服务质量也必然越来越高。

## Project 2 第三方物流企业的经营策略
学习项目

制定切实可行的物流经营策略，是第三方物流企业有效开展物流服务业务，突出核心竞争力的重要一环。

## 一、第三方物流企业经营战略的含义

战略是企业在市场经济条件下，根据企业外部环境、内部条件及可以取得资源的情况，为求得企业生存与长期稳定的发展，对企业发展目标、达成目标的途径和手段的全局性谋划。战略一般具有全局性、长远性、关键性、权变性等特征。

企业战略一般分三个层次：第一层次是事业战略，就是确定企业的发展方向；第二层次是竞争战略，就是确定企业的竞争手段和策略；第三层次是功能战略，就是企业各职能部门实施的战略，如财务、人力资源、产品服务开发等战略。物流企业经营战略属于第二、第三层次的战略。

## 二、第三方物流企业经营战略的类型

第三方物流企业经营战略是为了实现利润和物流服务市场占有率的最大化目标而实施的基本策略，主要有如下类型。

### 1．根据战略实施时间的长短划分

（1）短期战略：一般是指时间跨度在一年以内的战略。有时也称为战略计划。

（2）中期战略：一般是指时间跨度在一年以上五年以内的战略。有时也称为战略规划。

（3）长期战略：一般是指时间跨度在五年以上十年以内的战略。有时也称为远景规划。

与其他类型的企业一样，第三方物流企业一般应谋求中长期战略目标的最大化。

### 2．根据企业经营战略的功能划分

（1）增长型战略：即进行经营规模扩张的战略。

（2）稳定型战略：即保持企业经营规模稳定发展的战略。

（3）防御型战略：即以退为进，实施积极防御的战略。如主动放弃一些经营效益差的业务领域。

（4）混合型战略：是上述各种战略的综合运用。

第三方物流企业应根据其所处的不同发展阶段和经营环境，选择实施不同的经营战略。

## 三、第三方物流企业经营战略的要素

第三方物流企业经营战略一般由四要素构成，即服务（产品）与市场范围、增长向量、竞争优势和协同作用。

### 1．服务（产品）与市场范围

服务（产品）与市场范围说明第三方物流企业属于什么特定的领域，因为对于第三方物流企业而言，其产品就是物流服务。按照第三方物流企业服务的功能领域可以划分为：国际物流服务、区域物流服务和市域物流服务；按照其核心业务能力大致可以分为：综合物流管理服务、商品配送服务、区域性时效性运输服务、快递服务、现代仓储服务、传统物流服务及其他物流服务。

## 2．增长向量

增长向量又称为成长方向，它说明第三方物流企业从现有服务与市场相结合向未来服务与市场组合移动的方向，即企业经营运行的方向，而不涉及企业目前产品与市场的态势。具体有四种选择：

（1）市场渗透，即通过目前的物流服务与市场份额增长达到企业成长的目的。

（2）市场开发，即为企业物流服务寻找新的消费群，使物流服务承担新的使命，以此作为企业成长的方向。

（3）服务创新，即创造新的物流服务项目，包括一些物流增值服务等，以逐步提升或替代现有的物流服务，从而保持企业成长的态势。

（4）多种经营，即在第三方物流企业现有的服务领域之外拓展新的经营领域。

在前三种选择中，其共同经营主线是明晰的和清楚的，或是开发新的市场营销技能，或是开发新产品和新技术，或者两者同时进行。但是在多种经营中，共同经营主线就显得不够清楚了。应当看到，增长向量不仅指出了第三方物流企业在一个行业里的方向，而且指出企业计划跨越行业界线的方向，以这种方式描述共同的经营主线是对以服务与市场范围来描述主线的一种补充。

## 3．竞争优势

竞争优势说明了企业所寻求的、表明企业某一服务类型与市场组合的特殊属性，凭借这一特殊属性可以给第三方物流企业带来强有力的竞争地位。一个企业要获得竞争优势，或者寻求兼并，谋求在新的服务领域或原服务领域中获得重要地位；或者企业设置并防止竞争对手进入的障碍与壁垒；或者进行新技术开发，产生具有突破性的增值服务，以替代旧服务。

## 4．协同作用

协同作用指明了一种联合作用的效果。对于第三方物流企业而言，协同作用意味着物流链各环节的协同一致和整体性，也就是追求整体的最优性。这种协同作用通常又被描述为1+1>2的效果，也就是说企业内各经营单位联合起来所产生的效益要大于各个经营单位各自努力所创造的效益总和，这也是现代物流业发展的共同化趋势的根本原因。第三方物流企业使得物流服务的各个功能环节能够协同工作，从而提高企业的总体获利能力。

协同作用是衡量第三方物流企业新服务与市场项目的一种变量。如果企业的共同经营主线是进攻型的，该项目则应运用企业最重要的要素，如物流服务网络、物流技术等；如果经营主线是防御型的，该新项目则要提供企业所缺少的关键要素。同时，协同作用在选择多种经营战略上也是一个关键的变量，它可以使各种经营形成一种内在的凝聚力。

以上四个要素相辅相成、互不排斥，共同构成了物流企业战略的内核。服务与市场范围指出寻求获利能力的范围；增长向量指出这种范围扩展的方向；竞争优势指出企业最佳机会的特征；而协同作用则挖掘企业总体获利能力的潜力，提高了企业获得成功的能力。

## 第三方物流企业经营观念

**1. 客户至上观念**

客户的多寡，直接决定着物流企业的命运。面对同一个市场，经营得当，客户会不断增加，经营失策，客户会日渐减少。一个没有客户的企业，也就失去了生存的空间。客户至上观念要求企业学会首先站在客户的立场考虑问题，按照客户的需求标准处理问题，想客户之所想，急客户之所急，把客户的需求和利益放在第一位。客户至上观念还要求物流企业树立先客户后利润的思想。只有能赢得客户，个别服务项目即使暂时亏损也应承接。

**2. 以质制胜观念**

质量是企业的生命。第三方物流企业提供的物流服务不仅要保证服务质量的稳定性、标准化，还应提高物流服务的增值功能和附加价值来增强核心竞争力，从而在竞争中取胜。

**3. 服务到家观念**

第三方物流服务的对象不管是大客户还是普通消费者，都应提供门到门的服务，即服务到家。因为一些物品的搬运、装卸，对于专业物流企业来讲只是举手之劳，而对于缺乏专业工具和人员的客户来讲，可能就是一件很困难的事。服务到家，既便利了客户，也提高了物流服务的效率。

**4. 价值最大化观念**

物流客户总是期望所享受的物流服务价值最大化，其通过提供增值服务和超值服务可望实现。

**5. 竞争观念**

市场经济就是竞争经济，物流服务市场因其进入壁垒较低而竞争比较充分。第三方物流企业要想在激烈的竞争中取胜，必须培育竞争优势，树立竞争观念。

**6. 创新观念**

创新是企业发展的不竭动力。第三方物流企业要想长久在竞争和服务中取胜，就必须创新物流服务，做到人无我有，人有我新。

**7. 时间观念**

时间就是金钱，这一结论在物流服务领域体现得更加突出。第三方物流服务企业必须根据客户对交货期等时间要求，按时完成所负责装卸或搬运的产品。否则，不仅造成违约损失，更有可能给客户企业带来不可估量的损失。

**8. 发展观念**

第三方物流企业要有战略发展的眼光，领先使用物流新设备、物流新方法、新技术，洞察物流市场的发展态势，从而取得物流企业自身发展的主动性和前瞻性。

## 四、制定第三方物流企业经营战略的一般步骤

第三方物流企业经营战略是物流经营者在构建物流系统过程中，通过物流战略设计、战略实施、战略评价与控制等环节，调节物流资源、组织结构等，最终实现物流系统宗旨和战略目标等一系列动态过程的总和。制定物流企业经营战略一般包括三大步骤：战略分析，战略方案设计，战略的实施、评价与控制。

### （一）战略分析

#### 1．外部环境分析

这是制定经营战略的第一步，它包括企业微观、中观、宏观环境的分析，其目的是要找出外部环境对企业发展所能提供的机遇及外部环境对企业可能造成的威胁，从而为确定企业经营方向和思想、提出经营目标、制定经营战略打下基础。

#### 2．内部资源分析

内部资源分析的目的是要明确企业的优势及劣势，即一方面评价本企业在经营中已经具备的优势，另一方面也要找到企业进一步发展的制约因素。明确了企业的优势和劣势，就为企业在长远发展中如何扬长避短指出了战略方向。

### （二）战略方案设计

本步骤包括确定企业的经营方向和范围、战略思想、战略目标、经营战略的设计与选择、职能部门策略等内容。

#### 1．经营方向和范围

经营方向和范围是指企业将在哪些产品、市场和技术领域内经营，它是对外部环境与内部资源进行分析的结果。

#### 2．战略思想

战略思想是企业正确认识了外部环境与内部资源后，为实现战略目标而在整个生产经营活动中确立的指导思想。它是企业的经营哲学，是企业制定经营战略所依据的信念、价值观和行为准则，也是企业制定经营战略的灵魂。

#### 3．战略目标

战略目标是企业在一定时期内，按照战略思想，考虑内外条件和可能，沿着经营方向所预期达到的理想成果。它是经营战略的基本内容之一。物流战略包括三个目标：成本最小、投资最少和服务改善。

（1）成本最小是指降低可变成本，主要包括运输和仓储成本，如物流网络系统的仓库选址、运输方式的选择等。

（2）投资最少是指对物流系统的直接硬件投资最小化，从而获得最大的投资回报率。

（3）服务改善是提高竞争力的有效措施。

#### 4．经营战略的设计与选择

它是根据企业外部环境及内部资源分析的评价结果，按经营方向提出几个可能实现战略目标的战略方案，并对这些方案逐一进行分析评价，选出最好的。

#### 5．职能部门策略

根据企业总体战略，企业应制定各部门的具体策略，根据这些策略，职能部门管理人员可以更清楚地认识到本职能部门在实施总体战略中的责任，从而也丰富、完善、发展了企业总体战略。

下面以英国航空公司为例，说明战略方案设计中涉及的几个重要相关概念。

（1）战略思想："努力成为航空业的最佳、最成功的企业"。

（2）战略目标：全球领导者——"保证在全球航空运输市场占有最大的份额，同时，保证在所有重要的地区市场内占有重要的份额"，"在我们所在的每一个细分市场内提供价廉物美的服务"。

（3）战略方案："我们的具体目标是保持英国航运的增长率，同时在向全球扩张过程中保持优势"；"在预测顾客需求与竞争者的行为并快速做出反应等方面，我们力求做得最好"；"扣除各种费用后每条航线必须每年要获得超过 20 亿英镑的利润，只有这样才能更好地满足顾客的需求"；"在我们的许多市场中竞争都会加剧，我们要获得成功，主要依靠我们严格地控制成本的能力"；"我们的战略是在全球范围内通过在有利可图的地方，建立营销联盟，或在有足够资本收益率的地方，投资其他航线来扩张我们的核心业务"；"保持使我们在竞争中领先的质量、革新和服务"等。

### （三）经营战略的实施、评价与控制

完成了上述步骤后，企业的经营战略设计即已完成，可以付诸实施了。

### 1．经营战略的实施

在企业确立经营战略之后，战略管理过程并没有结束，必须将战略思想转变为战略行动。如果企业管理人员和员工了解企业，将自己作为企业的一部分，并通过参与战略制定活动而自觉地为企业的成功而努力工作，这一转变就会更容易地被实现。没有员工的理解与投入，战略的实施就会遇到严重的困难。

战略的实施将从上到下地影响企业，它会影响到企业所有的部门和功能领域。成功的战略制定并不能保证成功的战略实施。

从战略制定到战略实施的转变，需要有从战略制定者到事业主管和职能部门主管的责任的转移，这种责任的转移会给战略实施带来困难。当战略决策出乎中层和低层管理人员意外时尤其如此。管理人员和员工更多地是为可预期的个人收益而不是为企业利益所激励，除非这两者正好巧合，因此，使分部或功能部门管理者尽可能多地参与战略制定活动非常重要。同样重要的是，战略家也应尽可能地多参与战略实施活动。

对于战略实施来说，最重要的管理问题是：制定年度目标，制定政策，配置资源，调整现行组织结构，企业改组和流程重组，调整奖励和激励计划，减少变革阻力，使管理者适应新的战略，培育支持新战略的企业文化，调整生产作业过程，发展有效的人力资源机制。当所实施的战略使企业向新的方向发展时，企业管理必将发生更大的变化。

（1）制定年度目标

制定年度目标是企业中所有管理人员直接参与的一项分散化的活动。积极参与年度目标的制定可以加强管理者的认同感和责任感。年度目标对战略实施非常重要，原因在于：

① 它是配置资源的基础；

② 它是评价管理者的主要尺度；

③ 它是监测运作过程，使其向实现长期目标方面前进的工具；

④ 它突出了企业、分部和各功能部门的工作重点。

年度目标可以作为指引企业成员的行动、方向和努力的准则。它通过向利益相关者论证企

业活动的合理性而为企业的经营提供依据，它还为企业的运作提供了标准。年度目标是激励企业员工并使他们加强自我认知的重要动力，它促使管理人员和员工努力工作并为企业组织的设计提供了基础。

（2）制定政策

企业战略方向的改变不是自动发生的，实施企业战略，需要有具体政策来指导日常工作。广义的政策指具体的准则、方法、程序、规则、形式及支持和鼓励为实现既定目标而努力工作的管理活动。政策是战略实施的工具，政策为奖励和惩罚员工行为的各种管理活动设立了边界、约束与极限，政策还明确了在追求企业目标时可以做什么和不可以做什么。

政策使员工和管理人员知晓企业期望他们做什么，进而提高了战略被成功实施的可能性；政策为管理控制活动提供了基础，并可协调各组织间的关系，还可减少管理者用于决策的时间；政策明确了谁应该做什么工作；政策将决策权力适当地委派给各个有着自己不同问题的层级。

（3）资源配置

资源配置是战略管理中的一项中心活动，在不进行战略管理的企业中，资源的配置往往取决于政治的或个人的因素。战略管理使资源能够按照年度目标所确定的优先顺序进行配置，对于战略管理和成功经营来说，不按年度目标确定的轻重缓急顺序来配置资源是十分有害的。

所有企业至少要拥有四种可以用于实现预期目标的资源：财力资源、物力资源、人力资源及技术资源。将资源分配到特定分部或部门并不意味着战略可以被成功地实施，一些普遍妨碍资源有效配置的因素包括：过度保护资源、过于强调短期财务指标、战略目标不明确、不需承担风险和缺乏足够知识。

（4）处理冲突

目标间的相互依赖和为得到有限资源而进行的竞争往往导致冲突。冲突可以被定义为双方或更多方在一个或多个问题上的分歧。年度目标的制定可以导致冲突，其原因包括人们各不相同的期望和观念、计划带来的压力，人们个性的不合，部门及人员间的误解等。

在企业整体计划的建立过程中也会发生冲突，其原因在于管理者和战略家必须在如下矛盾因素间做出权衡：短期赢利与长期增长、赢利率与市场份额、市场渗透与市场开发、增长与稳定、高风险与低风险、社会责任与赢利最大化，等等。在企业中，冲突是不可避免的，因此，在功能失调影响到企业业绩之前便处理和解决好冲突十分重要。冲突并不总是坏事，冲突的消失往往是缺乏热情和漠不关心的象征。冲突可以激发对立群体采取行动进而使管理者发现问题，处理与解决冲突的方法可以被分为三类：回避、缓解和正视。

回避方法包括：无视问题而寄希望于冲突的自行解决，将相互矛盾着的个人或群体进行分离。

缓解方法包括：减弱矛盾双方的冲突，强调双方的共同点和共同利益，通过妥协使双方不分胜负，少数服从多数，请求更高级权威裁决，或改变目前立场。

正视方法包括：对立双方交换人员以便促进相互理解，专注于诸如企业生存这样的更高层次的目标，或召开会议使对立双方各抒己见、解决分歧。

（5）将组织结构与战略相匹配

战略的变化往往要求组织结构发生相应的变化，其主要因素有两个：第一，组织结构在很大程度上决定了目标和政策是如何制定的；第二是企业的组织结构决定了资源的配置。

战略的变化将导致组织结构的变化，组织结构的重新设计应能够促进企业战略的实施，离开了战略或企业存在的理由（任务），组织结构没有意义。

对特定战略或特定类型的企业来说，不存在一种最理想的组织结构设计。对某一企业适用的组织结构不一定适用于另一家类似的企业。

企业组织要受到多种外部和内部因素的影响，没有一家企业可以对所有影响因素的变化做出组织结构上的调整，因为这样做将导致混乱。然而，当企业改变战略时，其现行结构有可能变得无效。

无效组织结构的症状包括：过多的管理层次，过多的人参加过多的会议，过多的精力被用于解决部门间冲突，控制范围过于宽广，有过多的目标未能实现。

结构的变化有助于战略的实施，但不能期望结构的变化可以将坏的战略变成好的战略，或将不好的管理者变为好的管理者。

企业组织结构无可否认地可以并且的确影响企业战略。企业制定的战略必须是可行的，据此，如果一项新战略要求进行大规模的组织结构调整，那它便不是一个理想的选择。可见，组织结构可以影响战略的选择。

（6）战略实施中的人力资源问题

人力资源管理者的战略责任包括在战略制定时评估各备选战略对人员的使用需求与成本，并为战略的有效实施而制订人员计划。人力资源管理部门必须制定将战略实施业绩与收入明确挂钩的激励制度。对管理人员和员工的激励过程，通过参加战略管理活动使他们了解企业业绩对他们个人的好处并给企业带来极大的益处。将企业业绩与个人利益挂钩是人力资源管理者的一项新的、重要的战略责任。

如果对人力资源问题不能足够重视，设计得再好的战略管理系统也会失败。企业战略实施过程中产生的人力资源问题通常来自如下三方面原因：

① 社会和政治结构的破坏；

② 没能做到将个人的能力与战略实施任务相匹配；

③ 最高管理层对战略实施活动的支持不足。

在企业中，战略的实施会对很多管理人员和员工构成威胁，新的权力地位关系可以被事先预料和意识到，新的正式与非正式集团会形成，这些集团的价值观、信仰及侧重点在很大程度上是未知的。

当管理人员和员工在企业中的作用、特权和权力发生变化时，他们可能会做出抵抗性的行动。在战略制定与实施过程中，必须预测、考虑和管理由新战略所导致的社会和政治结构的破坏。

战略制定者对于战略管理重要性的强调必须落实在实际的支持行动和对完成任务和实现目标的员工的奖励上，否则，言行不一致会使所有层次的管理者和员工产生不确定感。

防止和克服战略管理中出现人力资源问题的最好方法之一是使尽可能多的管理人员和员工积极参与战略管理。这样做尽管花费时间，但它可以增进参与者的理解、信任、投入和拥有感，并减少怨恨甚至敌视。

**2．战略实施的评价与控制**

战略实施的评价与控制是指要检查战略实施过程中在其达成战略目标上取得了多大的成效。战略实施的评价是对外部环境、内部条件分析及战略方案设计两个步骤科学性、正确性的检验。通过对战略实施的评价，就能发现战略设计与战略实施之间的差距，分析产生偏差的原因，提出纠正偏差的具体措施并加以实施，这就是战略实施的控制，其目的在于使企业的战略行动更好地与企业所处环境及企业要达到的目标相协调，使战略目标最终得以实现。

## 五、第三方物流企业的基本经营战略分析

### （一）低成本战略

在 20 世纪 70 年代中期，低成本领先战略已成为一种日益普及的战略。该战略是通过一系列针对这一基本目标的实用政策，来取得在某个行业的全面成本领先。成本领先要求大胆地建设起有规模的设施，根据经验追求成本的降低，严格控制成本和管理费用。为了达到这一目的，必须把大量管理方面的注意力放在成本控制上。尽管不能忽视质量、服务及其他一些领域，但与竞争对手有关的低成本却成为整个战略的主题。低成本领先战略在第三方物流的具体应用主要有以下三个方面。

#### 1．合理化战略

第三方物流的合理化是指根据第三方物流的客观规律和特征，组织各个物流部门和物流环节根据不同情况采取措施，以最低的物流成本达到最佳的物流效果。第三方物流的合理化主要表现在功能的合理化和作业规范化上。

第三方物流合理化战略就是从客户的角度出发，按整个价值流确定供应、配送产品中所有必需的步骤和活动，创造无绕道、无等待、无回流的增值活动流，及时创造由客户需求拉动的价值，不断消除浪费、追求完善。也可以按照职能对物流系统中个别物流部门或环节的功能进行合理化、科学化的界定，引导并确定适合的服务对象和目标范围，在适合的场合和时间充分实现其功能，避免物流资源的闲置和浪费。比如，根据物流主体或服务对象的不同，应将各类配送中心的主要功能适当细化，将专业性配送中心与综合性配送中心、区域性配送中心与集成性配送中心等及时有效地实行组合，形成开放型、互通型的商业物流网络格局。

企业的合理化就是要降低成本、提高效率，而作业的标准化正是第三方物流实现高效运行的主要途径。第一，要建立规范的物流市场竞争机制；第二，要实现物流各环节标准化，对物流的各个环节实行统一技术标准和管理标准，如实现商品包装的规格化、系列化及物流信息的条码化等。第三方物流合理化战略的总目标就是提供优质服务，在完成物流目标的同时把物流资源的耗费降到最低程度。

#### 2．虚拟一体化战略

第三方物流虚拟一体化战略是相对于生产性经营的一体化战略而言的。生产性经营的一体化战略主要采用直接投资或控股的方式，进行前向或后向一体化战略，这对企业资金规模的要求很大，同时也增大了企业管理的难度。第三方物流虚拟一体化战略并不采用资金的注入，而是采用协议的形式，加强同行业和不同行业之间的合作，包括横向一体化、纵向一体化和综合一体化。

（1）横向一体化。横向一体化物流是通过第三方物流中各企业之间的配合，获得整体上的规模经济，从而提高物流效益。从第三方物流企业的经济效益来看，它降低了物流成本；从社会效益来看，它减少了社会物流过程的重复劳动。比如，不同的第三方物流企业可以用同样的装运方式，进行不同类型商品的共同运输，但是，不同商品的物流过程不仅在空间上是矛盾的，而且在时间上也是有差异的。很显然，要调和这些矛盾和差异，需要大量企业的参与，并且需要大量商品的存在。

（2）纵向一体化。纵向一体化物流以战略为管理导向，要求第三方物流企业的管理人员从

面向企业内部,发展到面向企业同供应商及用户的业务关系上。第三方物流企业超越了现有的组织结构界限,将提供产品和运输等服务的供应商及用户纳入管理范围,作为管理的一项中心内容。纵向一体化物流的关键是力图从原材料到用户的每个过程来实现对物流的管理,利用第三方物流企业的自身条件,建立和发展与供应商和用户的合作关系,形成一种联合力量,赢得竞争优势。纵向一体化物流的设想为解决复杂的物流问题提供了方便,而雄厚的物质技术基础、先进的管理方法和通信技术又使这一设想成为现实,并在此基础上继续发展。

(3)综合一体化。综合一体化物流是横向一体化和纵向一体化的结合体。现代企业多方位的合作、纵横交错的关系、相互之间的渗透使得物流综合一体化成为一种要求,而现代信息技术的应用则使综合一体化的规模效益体现出来。

总的来说,虚拟一体化战略利用企业的虚拟联合,能充分发挥企业的经济实力,从而降低成本,实现低成本领先战略,并最终取得竞争优势。

### 3. 物流基础设施化

物流产业对基础设施的依赖性很高,没有完善的基础设施,现代物流产业的发展和物流效率的提高都是不可能的。现代物流与传统物流的重要区别之一就是对物流基础设施的要求发生了变化,加快基础设施建设对发展现代物流具有举足轻重的作用。

(1)物流基础设施的作用

物流基础设施主要包括仓储、运载设施,以及计算及信息通信设备等。

自人类社会有生产剩余开始,就有了储存,仓库是物资储存的设施。按照不同的角度、特征和标志,仓库有自家仓库、营业仓库、公共仓库、保税仓库及保税堆货物等。仓储设施在整个物流中有着以下重要作用。

① 物资保管的功能。任何仓库都具备一定的空间,用以容纳物资。现代仓库不仅是放物场所,还要对各种设施具有适度的保管和保值功能。

② 调节物资供需的功能。供应与需求存在广泛的联系,同时相互之间的矛盾也相当复杂。供需不平衡时,仓库的储存可起到"蓄水池"式的调节作用。

③ 调节物资运输的功能。由于运输工具的不同,运输能力千差万别。这种由于运输能力的差异而造成的运输矛盾,可用物资的储存来解决,这便是物资储存调节运输的功能。

④ 物资配送的功能。现代物流事业较发达国家的仓库,已由原来的仅储存货物场所变为流通配送中心,也就是说仓库要完成物资的分拣、配套、捆装、流通加工等新的作业要求,使得仓库具有了物资配送的功能。

⑤ 节约物资的功能。节约物资的作用是间接表现出来的,它可以使人们的生产剩余在一定时间内储存而不至于造成浪费。

装卸和运输活动渗透在物流业领域的各个环节,决定着物流业的顺利进行。运载设施从大的方面分成两部分:一是装卸搬运机械,二是运输机械。装卸搬运机械包括起重机、叉车、集装箱装卸搬运和托盘化装运。运输机械包括公路运输的各式载重汽车、铁路运输的火车、水路运输的船舶、航空运输的飞机、管道运输的管道等。

随着物流信息化、网络化和系统化的发展,计算机在物流管理中发挥着越来越重要的作用。通信设备一般包括电话、电报、电子商务、无线发射塔等。计算机及通信设备把整个世界的生活、文化、政治、经济联系为一体,缩短了时间和空间的距离,使大家能够及时准确地了解外界环境和信息的变化。

从上面的讲述中可以看出，在整个创造经济价值的活动中物流基础设施起到了举足轻重的作用，主要有以下几个方面。

① 提高物流效率。物流通过不断输送各种物质产品，使生产者不断获得原材料、燃料以保证生产过程的进行。物流能够如此有效地提供给生产者物资是由于物流基础设施提高了物流效率。以运载设施来说，在运输过程中，装卸机械在货物的搬运转移中节省了人力和时间，大大提高了劳动效率。

② 降低物流成本。仓库拥有保管物资，调节物资供需、运输和配送，以及节约物资的功能。这些功能减少了物资的浪费，能够对物资的分拣、加工等作业及时发现问题，减少检查的重复，大大降低物流的成本。交通运输的建设和发展，大大节约了时间成本。计算机及通信设备的发展则节约了空间成本。上述的仓储、运载设施、计算机及通信是构成物流基础设施的三大块。总的来说也就是物流基础设施降低了物流成本。

③ 改善物流条件。在早期没有汽车、火车这些交通工具时，生产条件低下，能够交换的物资本身也不多，因此没有工具可凭借时的货物流通就十分有限。现在，发达的交通设施使得物资可以到处运送。在信息时代，计算机可以让你方便、简捷地获得所需。物流基础设施的完善，无疑是物流业发展的重要物质条件。特别是交通枢纽、工业基地、商贸中心、物资集散和口岸地区，从长远发展来看，均需要综合配套的物流基础设施。因此说物流基础设施改善了物流条件。

④ 保证物流质量。物流基础设施中的运输机械保证了物资的顺利流动；通信设备保证了物资及时准确到达定点处；仓储的保护设施使物资质量得到保证。整个物流过程顺利，货物质量保证，及时准确到达目的地，这些充分表明物流基础设施保证了物流质量。

（2）物流基础设施化的步骤

要实现物流的基础设施化，首先要进行信息系统的革新，降低通信费用。在物流业务中，频繁地进行大量的信息交换是必不可少的，信息系统化对物流自动化是非常必要的。信息网络要像使用电话一样便利、简单，为此，有必要对信息网络实行标准化。其次，要在各个方面放松政策规定，在通信方面，要使我国达到与美国同样的费用水平，必须放松政策规定，实行自由竞争；在运输方面，也需要放松限制，实行港湾运营的自由化，撤销和废除陆地运输的规定。

（3）加快物流基础设施建设的意义

许多物流业发达的国家其物流成本占本国 GDP 的 10%，而我国物流业的成本则占我国 GDP 的 20%左右，物流业成本高而对国民经济的贡献率不足 9%。

我国物流产业的总体状况是：一小（经营规模小），二少（市场份额能力弱），三散（货源不稳定且结构单一，缺乏网络或网络分散，经营秩序不规范）。产生这些问题的根源虽然是多方面的，但是严重滞后的基础设施和装备条件是关键原因之一。只有通过完善基础设施和物流硬件条件才能为现代物流业的发展提供基础。

我国物流业对国民经济和其他产业的贡献不高，主要原因也是受制于基础设施条件。以交通运输条件为例，交通基础建设是物流基础设施的一大核心，近年来，我国把交通投资先行作为国民经济发展的重要战略之一，各地纷纷致力于交通设施建设，交通投资保持着较快的发展速度，国民经济的"可动性"大大提高，对降低运输成本发挥了积极作用。据估计，交通基础改善能够使运输费用降低 10%左右。由此可见，物流基础设施建设将使我国物流业获得新的发展契机。

近几年来，国民经济的飞速增长使现有的物流基础设施得到了充分的利用，同时不少设施处于超负荷状态，远远满足不了需求。可以预计，今后经济发展过程中的主要问题还是物流基础设施落后、规模小、反应速度慢、效率低等。因此，要大力发展我国的物流业就需要更进一步发展和完善物流基础设施。

### （二）产品差异战略

产品差异战略就是使厂商提供的产品或服务专业化，形成某种被全行业范围视为独特事物的战略。第三方物流企业所提供的产品就是服务，所以，它的产品差异战略就是服务差异战略，其具体有以下两点。

#### 1．品牌战略

第三方物流企业提供的服务同其他企业一样，消费者总是在对各企业商品、服务及信息的掌握做出一番评价、比较后再做出决定，选择对其印象最深刻、最适合自身的产品或服务。而"品牌"识别和认同正是消费者选择的关键所在，品牌战略在第三方物流企业中的具体实施办法如下。

（1）第三方物流企业首先要增强品牌意识，树立品牌的战略观。第三方物流企业想要在未来的竞争中获胜，一要靠科技，二要靠品牌，两者缺一不可。现在很多第三方物流企业认识到了科技的重要性，但对品牌的价值却认识不够。企业有名称却无注册，或借用外商的品牌，给别人打工，使企业受制于人。毫无疑问，未来的第三方物流竞争就是品牌的竞争，而品牌的竞争又是服务、营销、技术等方面的综合竞争，对我国第三方物流企业来说，这无疑是一种新的挑战。第三方物流企业树立品牌战略观，就是要求企业领导者能高瞻远瞩、统筹兼顾，用战略的眼光和战略目标，使企业形成一种完整的品牌意识。

（2）第三方物流企业在技术、管理上创新，争创品牌。没有一流的技术和管理，就绝不会有一流的品牌企业，而一流的技术与管理来源于一流的人才。受传统体制的影响，我国第三方物流企业人员的待遇比不上国外的第三方物流企业，从而造成人员的大量流失。人才的缺乏给第三方物流企业在技术和管理上的创新带来了困难。现在很多第三方物流企业认识到了人才、技术的重要性，纷纷采取"以人为本，科技领先"的策略，对企业的服务、营销、技术进行开发，实现企业在技术、管理上的创新，争创品牌。

（3）注意品牌的加强和提升。品牌是一种名字、标志、符号、设计的组合，品牌形成后要注意品牌的加强和提升。品牌如果不加强和提升，就会被消费者淡忘，同时，品牌自身也会老化和过时。第三方物流企业要想使自己的品牌能在消费者心中长久地占有一席之地，被人们铭记在心，就必须不断地向消费者宣传品牌形象。发展品牌不但包括加强和维护品牌，还应该提升品牌。品牌的提升即改善品牌在大众心中的形象，从而在更深层次上发掘品牌的意义。提升品牌可以通过给品牌重新定位，重新赋予品牌生命来实现。

#### 2．服务战略

服务是第三方物流企业的产品，所以服务战略应是其根本战略。第三方物流企业的服务战略要做好以下几点。

（1）应在研究物流需求的基础上，结合企业本身的能力状况，明确物流服务的基本目标和发展战略。在分析物流服务成本与效益的基础上，确定满意的物流服务水平，实现服务优势与服务成本的平衡，实现第三方物流企业的可持续发展。

（2）实现服务的延伸。服务的延伸本质上就是物流功能的整合。第三方物流企业服务的延

第三方物流运营实务（第2版）

伸包括：沿着企业市场营销供应链，为企业产品销售提供物流服务；沿着企业生产经营供应链，为企业物料供应提供物流服务；同时向供应链的两个方向延伸，为企业物料管理和实物分配等所有物流需求提供全面服务。服务的延伸使企业增加了"在线服务"和"信息共享"的功能，从而使企业的物流功能从业务整合转向信息整合，用网络优势整合现有的物流资源，不断提升第三方物流的服务水平。

（3）规范服务。第三方物流服务必须建立相适应的标准体系，设计服务程序，在服务要求、过程、方式等方面实现规范化，以提高物流服务质量，同时，还要运用现代先进的技术，从服务设备、服务工具和人员方面实现现代化，提高物流服务效率。

### （三）目标集中战略

目标集点战略主要是指第三方物流企业对业务、服务对象、服务市场有针对性地进行选择。这主要是针对当前我国第三方物流企业资金不足，管理手段落后，技术、设备跟不上发展要求而提出的。

#### 1．第三方物流服务范围与服务对象的确定

（1）依据企业自己的历史。每一个第三方物流企业都有在一定的服务范围、服务对象上实现自己目标、方针和取得成就的历史，第三方物流企业在选择自己的服务范围、服务对象时必须考虑企业历史形成的特征。

（2）依据企业的内外环境。第三方物流企业的内外环境形成了第三方物流企业的主要机会和威胁，这在确定第三方物流企业的服务范围、服务对象时不能不加以考虑。

（3）依据企业的资源。第三方物流企业的资源是第三方物流企业实现自己经营目标的必需条件，同时它限制了企业其他经营目标的实现。

（4）依据企业的管理能力。第三方物流企业服务范围、服务对象的选择和确定应当建立在第三方物流企业的管理能力的基础上。企业管理基础好，管理能力强，第三方物流企业就能在较广的范围内进行选择；企业管理基础差，管理能力弱，第三方物流企业的选择范围也就比较狭窄。

#### 2．确定服务范围、服务对象时应当注意的问题

（1）要用市场导向观念来确定。第三方物流的经营应该被看成是一个满足物流需要的过程，而不仅是一个运输、包装、仓储的过程。运输、包装、仓储是短暂的，而基本的物流服务则是永恒的。马车公司在汽车问世以后不久就被淘汰了，但是同样一个公司，如果它明确规定公司的经营范围是提供交通工具，而不仅仅是马车，该公司的生产就会从马车转向汽车。第三方物流企业确定自己的服务范围时，应能激发员工的工作热情，使他们觉得自己是在为社会、为国家的物流需要做贡献。

（2）从客户和市场的角度出发确定。从客户和市场的角度出发确定第三方物流的服务范围和服务对象时应主要考虑两个问题：一个是我们企业正在干什么，另一个就是我们企业应该干什么。

分析我们企业正在干什么，其目的是明确企业从事的业务。在市场经济条件下要清楚自己的企业正在干什么其实并不容易。以前面的马车公司为例，如果它明确自己所生产的交通工具并不仅限于马车，那整个企业正确的发展是很可能的。由此可见，弄清楚企业正在干什么是非常重要的。

分析我们企业应该干什么，其目的是对市场、客户进行准确的划分，清楚市场的前途所在，进行正确的服务范围、服务对象的选择。

（3）寻找最能发挥企业优势的服务范围、服务对象。正确地分析企业本身的优势，然后确定最能发挥企业本身优势的服务范围、服务对象，这一点是最主要的。

### （四）国际化战略

国际化战略是根据当前经济发展形势所提出的。在经济全球化的推动下，中国的物流市场正迅速成长，中国的物流企业参与国际市场竞争与合作的步伐也日益加快。那么，如何培养中国物流企业的核心服务能力，并应对激烈的国际化竞争，是第三方物流企业需要面对的问题。

#### 1．经济全球化对物流市场的影响

（1）经济全球化为第三方物流企业提供的机会。经济全球化必然会使第三方物流的需求量大幅增加，随着跨国生产、零售企业在中国建立生产基地或销售网点，以及跨国公司对中国的投资进一步增加。跨国企业一般在规划建设之时会专注于自己的核心能力，准备将物流业务外包给第三方物流企业，这必然会带来更多的第三方物流服务需求。我国原材料采购、成品销售会快速增长，随着我国进出口贸易的增长及我国企业实施走出去战略的力度不断加大，物流需求量将大大增加，需要强大的第三方物流服务作为支撑。

（2）经济全球化对第三方物流企业面临的威胁。随着跨国生产企业的进入，会有并且已有一批国际物流企业进入我国市场，它们会分割部分物流服务需求量。无论是在我国的跨国制造企业、零售企业，还是走出去的我国生产企业都需要现代化物流服务，这将进一步加剧我国物流市场的国际化竞争局面，企业对第三方物流服务需求层次将提高，需求内容更趋复杂化、多样化。大量国外物流企业拥有先进的管理理念和生产方式，可以为制造领域提供准时化物流和精益物流，支持并配合企业的先进生产方式。我国的物流企业将在技术、资金、人才等方面面临着国外物流企业的严峻挑战。

从总体上说，物流业面临更为严峻的挑战。要想在短短的几年过渡期内迅速壮大，国际化将成为我国大型物流企业的必然选择。

#### 2．第三方物流企业走出去战略

跨国第三方物流企业在资本、管理和市场等方面都有强大优势，随着他们逐步进入我国市场，我国本土第三方物流企业面临着极大的竞争压力。如果我国的物流企业不能走到国际市场上去，最终将被市场无情淘汰。因此，国际化背景下我国物流企业的发展目标应为：

（1）结合我国企业的国际化战略，延伸我国物流企业的国际化服务。我国的物流企业应通过全面提升企业的核心服务能力，实现提供供应链管理和控制功能的综合物流服务。

（2）立足本国，满足本土企业基本常规物流项目的物流需求。利用本土物流业务，搭建完善的全国物流服务网络，为有效支撑物流企业的国际化经营奠定坚实的基础。

#### 3．第三方物流企业国际化战略的途径

第三方物流企业国际化战略的实现，首先是信息化的实现，其次是网络化的实现。

（1）现代消费者的需求日益趋向个性化和多样化。第三方物流企业为了实现小批量、多品种、快速反应的服务，必须建立集成化的管理系统，以压缩流程时间，提高需求预测程度，并协调个体企业之间的关系，促进信息共享。

（2）信息化是网络化的基础。第三方物流的网络化主要包括物流配送系统的计算机网络化和组织的网络化，加强与供应商和消费者之间的联系，进一步降低成本，以获得更大的整体竞争优势。

（3）信息化和网络化的实现为第三方物流的国际化战略奠定了基础，从而使供应链的全球化和第三方物流组织全球物流成为可能。

## 小知识

### 第三方物流企业经营的基本模式

1. 物流服务延伸模式

物流服务延伸模式是指在现有物流服务的基础上，通过向两端延伸，向客户提供更加完善和全面的物流服务，从而提高物流服务的附加价值，满足客户高层次物流需求的经营模式。如仓储企业利用掌握的货源，通过购买部分车辆或者整合社会车辆从事配送服务；运输企业在完成货物的线路运输之后，根据客户的要求从事货物的临时保管和配送。这种模式对于从事单一功能物流服务的传统物流企业来说，不仅可以拓展物流服务的范围，而且达到提高物流服务层次的目的。

2. 行业物流服务模式

行业物流服务模式是指通过运用现代技术手段和专业化的经营管理方式，在拥有丰富目标行业经验和对客户需求深度理解的基础上，在某一行业领域内，提供全程或部分专业化物流服务的模式。这种经营模式主要特点是将物流服务的对象分为几个特定的行业领域，然后对这个行业进行深入细致的研究，掌握该行业的物流运作特性，提供具有特色的专业服务。行业物流服务模式集企业的经营理念、业务、管理、人才、资金等各方面优势于一体，是企业核心竞争力和竞争优势的集中体现。

行业物流服务是近几年来我国物流市场发展的一个趋势，服装、家电、医药、书籍、日用品、汽车、电子产品等行业或领域纷纷释放物流需求，极大地丰富了物流市场。

3. 项目物流服务模式

项目物流服务模式是指为具体的项目提供全程物流服务的模式。这类需求主要集中在我国一些重大的基础设施建设项目和综合性的展会、运动会中，如三峡水电站、秦山核电站、国家体育馆等基建项目及奥运会、展览会等大宗商品的运输物流服务，实施这种模式的物流企业必须具备丰富的物流运作经验和强大的企业实力。

4. 定制式物流服务模式

定制式物流服务模式是指将物流服务具体到某个客户，为该客户提供从原材料采购到产成品销售过程中各个环节的全程物流服务模式，涉及储存、运输、加工、包装、配送、咨询等全部业务，甚至还包括订单管理、库存管理、供应商协调等在内的其他服务。现代物流服务强调与客户建立战略协作伙伴关系，采用定制式服务模式不仅能保证物流企业有稳定的业务，而且能节省企业的运作成本。物流企业可以根据客户的实际情况，为其确定最合适的物流运作方案，以最低的成本提供高效的服务。

5. 物流咨询服务模式

物流咨询服务模式是指利用专业人才优势，深入到企业内部，为其提供市场调查分析、物流系统规划、成本控制、企业流程再造等相关服务的经营模式。企业在为客户提供物流咨询服务的同时，帮助企业整合业务流程与供应链上下游关系，进而提供全套的物流解决方案。企业通过物流咨询带动其他物流服务的销售，区别于一般仓储、运输企业的简单化服务，有助于增强企业的竞争力。

在具体的业务运作中，可以采用大客户经理负责制来实施物流咨询服务。大客户经理要针对每个客户的不同特点，成立独立的项目组，组织行业专家、大客户代表、作业管理部门、项目经理等人员，从始至终负责整个项目的销售、方案设计与服务实施，保证项目的实施效果，提高客户满意度。实践证明，这种站在客户角度考虑问题，与客户结成长期的战略合作伙伴关系，相互合作、共同发展的业务运作模式具有良好的发展前景。

6. 物流管理输出模式

物流管理输出模式是指物流企业在拓展国内企业市场时，强调自己为客户企业提供物流管理与运作的技术指导，由物流企业接管客户企业的物流设施或者成立合资公司承担物流具体运作任务的服务模式。采用物流管理输出方式时，可有效减少客户企业内部物流运作与管理人员的抵制，使双方更好地开展合作。采用物流管理输出模式时，可以利用客户企业原有设备、网络和人员，大幅减少投资，并迅速获取运作能力，加快相应市场需求的速度。在运作时，可以有两种方式：一是系统接管客户物流资产，如果客户在某地区已有车辆、设施、员工等物流资产，而物流企业在该地区又需要建立物流系统，则可以全盘买进客户的物流资产，接管并拥有客户的物流系统甚至接受客户的员工，接管后，物流系统可以在为该客户服务的同时为其他客户服务，通过资源共享以改进利用率并分担管理成本；二是与客户合资成立物流公司，物流企业与客户共建合资物流公司的方式，既使客户保留物流设施的部分产权，并在物流作业中保持参与，以加强对物流过程的有效控制，又注入了专业物流公司的资本和技能，使物流企业在物流服务市场竞争中处于有利地位。

7. 物流连锁经营模式

物流连锁经营模式是指特许者将自己所拥有的商标（包括服务商标）、商号、产品、专利和专有技术、经营方式等以特许经营合同的形式授予被特许者使用，被特许者按合同的规定，在特许者统一的业务模式下从事经营活动，并向特许者支付相应费用的物流经营形式。物流连锁经营借鉴了成功的商业模式，可以迅速地扩大企业规模，实现汇集资金、人才、客户资源的目标，同时在连锁企业内部，可以利用互联网技术建立信息化的管理系统，更大程度的整合物流资源，用以支持管理和业务操作，为客户提供全程的物流服务。

8. 物流战略联盟模式

物流战略联盟模式是指物流企业为了达到比单独从事物流服务更好的效果，相互之间形成互相信任、共担风险、共享收益的物流伙伴关系的经营模式。国内物流企业，尤其是中小型民营企业自身力量薄弱，难以与大型跨国物流企业竞争，因此，中小型物流企业的发展方向是相互之间的横向或纵向联盟。这种自发的资源整合方式，经过有效的重组联合，依靠各自的优势，可以在短时间内形成一种合力和核心竞争力，同时在企业规模和信息化建设两个方面进行提高，形成规模优势和信息网络化，实现供应链全过程的有机结合，从而使企业在物流服务领域实现质的突破，形成一个高层次、完善的物流网络体系。在战略联盟的实施过程中，可以将有限的资源集中在附加值高的功能上，而将附加价值低的功能虚拟化。虚拟经营能够在组织上突破有形的界限，实现企业的精简高效，从而提高企业的竞争能力和生存能力。

Exercise 4　实践与思考

请为学习情境1中上海佳都液压制造有限公司和5名自然人共同投资设立的国际货代公司设计运作模式和经营策略。

要求运作模式设计至少包含下列内容：

1．资源整合的方法和途径；

2．明确公司当前的物流服务定位；

3．明确公司当前的服务区域、服务对象、服务内容和服务产品；

4．选择公司的服务手段；

5．推进物流网络化建设、实现物流作业规范化、保证物流服务水平均质化的措施。

经营战略设计至少要包含下列内容：

1．内外部环境分析；

2．确定采用的战略思想；

3．设定公司的战略目标；

4．制定各部门的具体策略；

5．确定服务与市场范围；

6．增长向量；

7．获得竞争优势的措施和协同作用的办法。

佛山物流是佛山第一家物流企业，每年以50%的发展速度发展。目前，年营业收入达1.2

亿元人民币，管理的资产总额达 4.5 亿元人民币，成为佛山物流业的旗舰企业。

多年来，佛山物流锁定食品物流这一块来经营，为多家企业提供了一流的物流一体化服务，积累了丰富的经验。其中最为成功的一个案例，就是为海天调味品公司提供的仓储配送业务。从 2002 年开始，佛山物流承接了海天调味品公司的仓储配送业务，目前，佛山物流是唯一为海天提供物流一体化服务的合作伙伴。海天调味品公司的产成品从生产线下来，直接通过大型拖车进入佛山物流仓库。佛山物流拥有按国际标准建造的钢结构现代化物流仓库，配备完善的仓储配送设施和先进无污染的林德叉车。仓储管理通过光缆专线连接两个公司的信息系统，实现同步联网操作。佛山物流通过信息系统跟踪货物库存信息、出入库管理、业务过程管理、运输监控，并能自动生成各种数据报表，与海天调味品公司实行实时信息共享，满足了海天调味品公司"安全、及时、准确"的配送要求，确保产品最优流入、保管、流出仓库。通过佛山物流的仓储配送服务，海天可以集中发展主业，将精力集中于生产上，增强了企业在该行业中的核心竞争力。通过佛山物流先进的物流信息管理系统，海天调味品公司可以快速、正确、简便地下单，确保配送计划、库存计划等的顺利完成，同时，也可以为海天节约费用，减少在人力、技术、设备等方面的投入。通过这一案例，提升了佛山物流在食品物流领域的知名度。在产品逐渐趋向无差异化的情形下，企业的最佳做法就是凸显服务的差异。因此，物流服务对于物流公司来说至关重要，也正是佛山物流安身立命之所在。佛山物流一直倡导为客户提供专业的、最优质的一体化服务，而不是单纯的仓储、运输服务。

2001 年佛山物流通过 ISO 9001 质量管理体系认证，这是对佛山物流优质服务的一种肯定。优质的管理，优质的服务质量，优质的服务态度，这是佛山物流对客户的承诺。该公司有一套很完整的管理细则和操作规范，并根据每一个客户个性化的要求，制定服务方针。有时由于客户的责任造成误会，公司也会主动去解决问题，不会去推卸，不会去找理由。公司不但关注直接客户的服务，而且也关注客户的客户，这对直接客户的业务会起到很关键的作用。也因为这一点，客户都对佛山物流非常满意。

现代化的物流企业离不开先进的信息系统的支持，物流信息的自动化处理是物流企业发展到一定规模的必然选择。佛山物流从传统的货运公司转化为现代物流企业的过程，也就是公司信息化建设的过程。1999 年，佛山物流已经拥有自己的网站，并不断对其进行跟踪升级。2000年应用了 GPS 及 GIS 技术，提高对货物和司机的实时监控和管理调度能力，同时根据企业运作对系统的实际需求，开发了一套物流信息系统，实现在线交易、资源配置，以及物流业务的网上实时追踪、监控和查询，率先印证了信息化对物流业的价值。目前，佛山物流业务不断发展，管理水平不断提高，促使企业必须在物流运作规范的基础上，在更高层次、更高要求的基础上完善信息化建设，为介入供应链管理的全过程提供保证。2002 年 6 月，他们又利用基于互联网的新技术，致力于开发 B/S 结构的物流信息系统，实现仓储信息管理、业务流程管理、信息互换平台、客户关系管理等功能，为客户提供畅通、快捷的"一站式"服务的物流信息管理系统。

目前，佛山物流正在建设一个新的现代化仓库，以满足不同客户对于货物存放的不同要求。新仓库的面积将达到 11 000 平方米，共分两层，全部按照现代化仓库的标准来设计。根据现有货源的特点，新仓库的一部分将设计成立体仓库，进行现代化分类管理。针对食品、医药等特殊物品的要求，上层仓库将设计成恒温仓库。同时，这个仓库也是一个多功能的仓库，引进最先进的设施，配置有自动消防系统、无污染的装卸设备。除此之外，整个仓库利用电子监控器进行监控管理。这个新仓库投资很大，除去土地费用，其他的总投资超过 1 500 万元人民币，投入使用之后将是本地区最先进的仓库。现在很多物流公司都是租用外面的仓库，不自己投资建设仓库。而佛山物流却背道而驰，主要原因一是目前公司仓库远远无法满足现有业务的需求，二是因为仓库是一个物流企业的核心功能部分，搞物流没有仓库是不行的。虽然在外租用的仓库投资少、风险小，但是外面的这些仓库档次都很低，无法满足客户的要求。

佛山物流的最大优势是具备国际贸易与国际货代的资格。目前，国内具备这两种资格的物流公司很少。佛山物流注意到，整个"珠三角"大部分的业务都是做海外贸易的，向国外运输货物。于是，在 2001 年 9 月份公司开始筹办鸿运贸易公司和国际货代公司两个分公司，2002 年开始实际运作。现在，佛山物流国际国内物流都一起做，为公司带来了巨大的经济效益。

试分析：

1. 根据案例内容佛山物流采用了什么经营战略？

2. 从本案例中你得到了哪些启发？

 知识巩固题

1. 什么是第三方物流企业运作模式？

2. 第三方物流企业运作模式的构成要素有哪些？

3. 第三方物流企业运作模式的特征有哪些？

4. 如何构建第三方物流企业运作模式？

5. 构建第三方物流企业运作模式的着力点体现在哪几个方面？

6. 第三方物流企业经营观念有哪些？

7. 第三方物流企业经营战略的要素表现在哪些方面？

8. 第三方物流企业基本经营模式有哪些？

9. 制定第三方物流企业经营战略分为几个步骤？

10. 第三方物流企业的基本经营战略有哪些？

# 学习情境 **5** 第三方物流信息系统设计

## 学习目标

通过本情境的学习，学生能够了解物流信息系统的类型、应具备的功能和应符合的要求，明确物流信息系统的设计目标和设计思路，知晓物流信息系统设计应遵循的原则，掌握物流信息系统的设计方法和设计流程，能够运用所学知识为物流企业设计信息系统框架。

请为学习情境 1 中张甲和李乙投资设立的物流运输配送公司设计信息管理系统。

要求：

1. 要紧密结合该公司的组织结构、服务产品、运作模式和经营策略等情况进行设计；

2. 有系统设计目标描述；

3. 有系统功能模块设计及描述，并将系统功能用框图画出来；

4. 绘制系统拓扑图。

**Project 1**
学习项目

## 第三方物流信息系统的功能及要求

现代物流的核心是信息，第三方物流企业运用信息技术进行物流管理，不仅会提高企业的自动化程度，降低成本，提高工作效率，还会从根本上改变企业的发展战略。因此建立高效适用的物流信息系统是第三方物流企业应对市场挑战，提高核心竞争能力的有效手段。

## 一、第三方物流信息系统的含义与分类

### （一）第三方物流信息系统的含义

第三方物流信息系统是指第三方物流企业为实现其经营目标，对与其物流服务相关信息的收集、加工、处理、储存和传递过程进行有效控制和管理，并为企业提供服务信息分析和决策的人机系统。

### （二）第三方物流信息系统的分类

#### 1．按第三方物流企业的服务范围分类

按照第三方物流企业服务范围的不同，可将系统分为专项第三方物流信息系统和综合第三方物流信息系统。

专项第三方物流信息系统，就是指仅能提供单一或基本物流服务功能的第三方物流企业的物流信息系统。例如，运输企业的物流信息系统（只提供运输服务），仓储企业的物流信息系统（只提供仓储服务）等。

综合第三方物流信息系统，是指能够提供综合一体化的物流服务功能的第三方物流企业的物流信息系统。这种类型的物流信息系统主要建立在多功能的综合物流服务基础上，如宝供物流的综合物流信息系统，捷利物流的综合物流信息管理系统。

#### 2．按物流环节分类

按物流环节分类，可以分为仓储管理系统、配送管理系统、运输管理系统等。

#### 3．按物流管理要求分类

按物流管理要求分类，可以分为货物追踪系统、车辆运行管理系统、求车求货系统等。

## 二、第三方物流信息系统的基本功能

#### 1．物流信息的收集功能

市场活动不断地更新物流的内容，同时物流环境也随时变化，环境信息的变化对物流将会产生新的影响。物流信息系统首先要做的是记录与物流有关的数据，并转化为物流信息系统能够接收的形式。

#### 2．物流信息的存储功能

数据进入物流系统后，成为支持物流系统运行的重要信息，这些信息可能暂时或永久保存。物流信息的存储，有利于将有关信息进一步处理和加工成数据库、大容量光盘等，成为信息资源。

#### 3．物流信息的加工功能

加工功能是信息系统最基本的功能。对原始信息进行分类整理，变成二次信息，再进行分析、整理、加工，形成更具有价值的信息，真正反映物流和市场活动的全过程，满足多元化的信息需求。

#### 4．物流信息的传输功能

物流信息系统的不同层次是通过信息流紧密结合起来的，运输途中的票据、凭证、通知书、

报表、文件的传递和交换及不同地区物流企业的信息共享，都需要物流信息系统具有快速的传输功能。

### 5．物流信息的检索查询功能

为解决因信息数量的迅速增大而给信息查询带来的困难，物流信息系统应具有较强的信息检索和查询功能，对检索结果应能以报表、文字、图形等多种形式提供给决策者或管理者。

## 三、第三方物流信息系统的要求

### 1．开放性

为实现物流管理的一体化和资源共享，物流信息系统应具备可与公司其他系统，如财务、人事等管理系统相连接的性能，且系统不仅要在企业内部实现数据的整合和顺畅流通，还应具备与企业外部供应链各个环节进行数据交换的能力，实现各方面的无缝链接。此外，系统还需考虑与国际通行的标准接轨，这就要求系统应具备与国际标准接入的开放性特征。

### 2．可扩展性和灵活性

物流信息系统应具备随着企业发展而发展的能力。在建设物流信息系统时，应充分考虑企业未来的管理及业务发展的需求，以便在原有的系统基础上建立更高层次的管理模块。现在整个社会经济发展非常快，企业的管理及业务的变化也很快，这就要求系统能跟着企业的变革而变革。如物流企业进行了流程再造，采用了新的流程，原先的系统不能适应新的流程了，企业还需要再进行投资，重新对新的流程进行管理信息系统的建设，从而造成资源的极大浪费。这就要求建设物流信息系统时应考虑系统的灵活性，必须有能力提供满足特定客户需要的数据。

### 3．安全性

企业内部网（Intranet）的建立、Internet 的接入使物流企业的触角延伸更远、数据更集中，但安全性的问题也随之而来。在系统开发的初期，这个问题往往被人们所忽视。随着系统开发的深入，特别是网上支付的实现、电子单证的使用，安全性成为物流管理信息系统的首要问题。

（1）内部安全性问题。资料的输入、修改、查询等功能应根据实际需要赋予不同部门的人适当的权限。如资料被超越权限的人看到或修改容易造成企业商业机密的泄露或数据的不稳定；公司的客户资料被内部非业务人员看到并泄露给企业的竞争对手；运费等费用被别有用心的员工篡改，都会对企业造成极大的损失。内部安全性问题可以通过对不同的用户授以不同的权限，设置操作人员进入系统的密码，对操作人员的操作进行记录等方法加以控制。

（2）外部安全性问题。系统在接入 Internet 后，将面临遭受病毒、黑客或未经授权的非法用户等攻击而导致系统瘫痪的威胁，也可能遭受外来非法用户的入侵并窃取公司的机密，甚至数据在打包通信时在通信链路上遭受截获等，因此系统应具备足够的安全性以防这些外来的入侵。外部安全性问题可以通过对数据通信链路进行加密、监听，设置 Internet 与 Intranet 之间的防火墙等措施解决。

### 4．协同性

（1）与客户的协同。系统应能与客户的 ERP 系统、库存管理系统实现连接。系统可定期给客户发送各种物流信息，如库存信息、货物到达信息、催款提示等。

（2）与企业内部各部门之间的协同，如业务人员可将客户、货物的数据输入系统，并实时供商务制作发票、报表，财务人员可根据业务人员输入的数据进行记账、控制等处理。

（3）与供应链上的其他环节的协同，如第三方物流应与船公司、仓储、铁路、公路等企业通过网络实现信息传输。

（4）与社会各部门的协同，即通过网络与银行、海关、税务机关等实现信息即时传输。与银行联网，可以实现网上支付和网上结算，还可查询企业的资金信息；与海关联网，可实现网上报关，报税。

### 5．动态性

系统反映的数据应是动态的，随着物流的变化而变化，能实时地反映物流的各种状况，支持客户、公司员工等用户的在线动态查询。这就需要公司内部与外部数据通信的及时、顺畅。

### 6．快速反应

系统应能对用户、客户的在线查询、修改、输入等操作做出快速和及时的反应。在市场瞬息万变的今天，企业需要跟上市场的变化才可在激烈的市场竞争中生存。物流管理信息系统是物流企业的数字神经系统，系统的每一神经元渗入到供应链的每一末梢，每一末梢受到的刺激都应能引起系统的快速、适当的反应。

### 7．信息的集成性

物流过程涉及的环节多、分布广，信息随着物流在供应链上的流动而流动，信息在地理上往往具有分散性、范围广、数据量大等特点，信息的管理应高度集成，同样的信息只需一次输入，以实现资源共享，减少重复操作，减少差错。目前大型的关系数据库通过建立数据之间的关联可帮助实现这一点。

### 8．支持远程处理

物流过程往往包括的范围广，涉及不同的部门并跨越不同的地区。在网络时代，企业间、企业同客户间的物理距离都将变成鼠标距离。物流信息系统应支持远程的业务查询、输入、人机对话等事务处理。

### 9．检测、预警、纠错能力

为保证数据的准确性和稳定性，系统应在各模块中设置一些检测小模块，对输入的数据进行检测，以便把一些无效的数据排斥在外。例如，集装箱箱号在编制时有一定的编码规则（如前四位是字母，最后一位是检测码等），在输入集装箱箱号时，系统可根据这些规则设置检测模块，提醒并避免操作人员输入错误信息。又如，许多公司提单号不允许重复，系统可在操作人员输入重复提单号时发出警示并锁定进一步的操作。

建立第三方物流信息系统的意义

第三方物流企业的高效率、高质量、低成本的运行，必须以完善的信息系统为支撑。具体地讲，一个完善、高效率的物流信息系统对第三方物流企业的重要意义主要表现在以下几个方面：

1. 增强现代企业的存储、运输等物流服务功能

现代物流的发展要求对物流作业对象的管理，即商品的管理实现信息化（编码和建立数据库），所用设备必须具有信息处理功能，包括信息的生成、加工及处理，利用快速、准确的信息流来指挥物流系统的各种活动，有效地增强物流企业的物流业务流程——存储、运输等服务功能。

2. 完善现代企业经营结算功能

现代企业随着经营发展，不仅为自身提供财务结算服务，还要为顾客提供货款结算服务，只有采用计算机信息处理系统才能有效地完善经营结算功能。

3. 促进"三流"的一体化发展

通过构建现代企业信息处理中心，提供准确和及时的物流信息服务，能有效地促进商流、物流和信息流在物流信息系统支持下的一体化发展。

# 第三方物流信息系统的设计方法与流程

信息系统是第三方物流的中枢神经，它的任务是实时掌握物流供应链的动态，从货物的网上订单托运，到第三方物流公司所控制的一系列环节的协调，再到将货物交到收货人手中，使得物流过程尽可能透明化。第三方物流企业要赢得货主及其客户的信任，完善和先进的信息管理系统是必不可少的。

## 一、第三方物流信息系统的设计目标

### 1. 实现对物流全过程的监控

第三方物流企业通过信息网络能方便地跟踪产品流动的各个环节，通过 Internet 能够快速查询即时的信息，以便确定进一步的生产计划、销售计划和市场策略。

### 2. 减少库存，提高企业经营效率

第三方物流企业借助精心策划的物流计划、适时的运送手段和先进的信息系统，能最大限度地减少库存，改善企业的资金流量，实现成本优势，提高经营效率。

### 3. 把物流看做系统来管理

传统上，物流只是作为企业一般性功能性活动，物流信息往往零散分布在不同的职能部门。当今，物流已被视为企业的第三利润源泉，企业追求的是从采购、生产到销售整个物流环节的一体化管理。在这种供应链一体化管理环境下，管理和物流、信息流协调，使信息自由、准确地流动显得更加重要。

### 4. 有效地支持高效的物流服务

不管经过多少运输方式、中转环节，是否进行拼装箱操作，都要确保对同一票货的正确认识，保证运输、仓储等各个环节之间的协调一致，准确、及时地完成各个环节的物流指令。

**5．有效地支持配送、包装、加工等物流增值服务**

第三方物流企业可以针对多个客户的不同要求设计多种增值业务模式，并将新的管理理念、先进的管理技术与信息系统相结合。

## 二、第三方物流信息系统设计思路

### （一）企业信息化应用水平阶段分析

**第一阶段：本地化应用**

信息技术相互独立地应用在一个企业的各个部门，如财务、客户记录、存货等，以实现单项业务管理效率化。

**第二阶段：集成化应用**

当一个企业应用信息技术进入成熟期时，企业管理者就会认识到需要将各个独立运行的系统连接到一起，如通过共享数据将财务与生产系统集成一体化。

**第三阶段：业务流程重新设计**

应用信息技术转变企业的工作方式或业务流程，而不是简单地实现已有工作的自动化。

**第四阶段：业务网络重新设计**

重新设计企业与企业间的业务处理过程，即对企业的整个供应链（Supply Chain）的工作流程进行重新设计。

**第五阶段：业务范围重新定义**

通过信息技术的应用，扩展企业业务范围。对新的或者已有的市场提供新产品或服务，或者为新的市场提供已有的产品或服务。

从第一阶段到第二阶段是一个自然发展的渐进过程，一般发生在开始应用信息技术的一段时间之后。但是，这一阶段的收益是一个缓慢过程，企业一般没有充分发挥信息技术手段的潜能。第三阶段、第四阶段和第五阶段则是革命性的变化，这几个阶段不是从现有的工作方式开始应用信息技术，而是注重工作任务与工作流程，然后发挥信息技术手段支持新的工作方式的能力。目前，我国的信息系统水平基本上可以定位在第三阶段末第四阶段初。处于这一阶段的信息系统，应从企业的总目标出发，进行战略规划的设计，在规划的指导下实现信息系统的集成化、网络化，极大程度地实现数据共享。

### （二）第三方物流信息系统设计的总体规划思路

第三方物流信息系统设计的总体规划包括以下几个阶段。

**1．业务流程分析**

业务流程分析主要是对信息系统所涉及的业务过程进行分析，对当前的信息处理形式、方法、流程、流量等进行描述，为系统建设打下基础。业务流程分析使用的方法主要是对有关人员进行调查，了解他们的业务流程、使用什么信息、从哪里得到信息及将信息传向何处等。业务流程分析不但要掌握现行的业务活动过程，而且应研究使用计算机进行业务处理时可能替代的现行业务或对其进行改进的方法。

### 2．功能需求分析

功能需求分析是根据系统的业务过程制定系统的目标或战略，分析其层次结构及特点等，这是整个系统进行开发的基本依据。

### 3．概要设计

概要设计阶段的主要工作是对需要开发的软件进行详细分析，决定系统的整体结构，制定出模块需求和网络结构，把已经确定了的需求转换为一个相应的体系结构，划分子系统，决定应用系统的模式及其控制结构图。

## 三、第三方物流信息系统的开发设计方法

物流信息系统的开发涉及计算机处理技术、系统理论、组织结构、管理功能、流程再造及工程化方法等多方面的问题，尽管系统开发的方法很多，但至今尚未形成一套完整的、能为所有系统开发人员普遍接受的理论及由这些理论所支持的工具和方法，目前开发人员常用的方法主要有下列几种。

### （一）结构化系统开发方法

#### 1．结构化系统开发方法的基本思想

结构化系统开发方法（Structured System Development Methodology）是 20 世纪 60 年代末在结构化程序设计的基础上发展起来的，遵循系统工程的思想，充分考虑用户的需求，突出功能特征，按照软件生命周期严格划分工作阶段，强调软件各部分之间的结构及关系的一类开发软件的全局方法，其基本思想是：用系统的思想和系统工程的方法，按照用户至上的原则结构化、模块化，自顶向下对系统进行分析与设计。先将整个信息系统开发过程划分为若干个相对独立的阶段（系统分析、系统设计、系统实施、系统评价等，如图 5-1 所示）；在前三个阶段坚持自顶向下地对系统进行结构化划分，在系统调查和理顺管理业务时，应从最顶层的管理业务入手，逐步深入至最基层；在系统分析、提出目标系统方案和系统设计时，应从宏观整体考虑入手，先考虑系统整体的优化，然后再考虑局部的优化问题；在系统实施阶段，则坚持自底向上地逐步实施，即组织人员从最基层的模块做起（编程），然后按照系统设计的结构，将模块一个个拼接到一起进行调试，自底向上、逐步地构成整个系统。

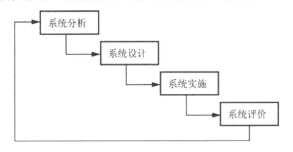

图 5-1　结构化系统开发方法模型

#### 2．结构化系统开发方法的优点

（1）自顶向下整体性的分析与设计和自底向上逐步实施的系统开发过程。即在系统分析与设计时要从整体全局考虑，要自顶向下地工作（从全局到局部，从领导到普通管理者）。而在系统

实现时，则要根据设计的要求先编制一个个具体的功能模块，然后自底向上逐步实现整个系统。

（2）用户至上。用户对系统开发的成败是至关重要的，故在系统开发过程中要面向用户，充分了解用户的需求和愿望。

（3）深入调查研究。即强调在设计系统之前，深入实际单位，详细地调查研究，努力弄清实际业务处理过程的每一个细节，然后分析研究，制订出科学合理的新系统设计方案。

（4）严格区分工作阶段。把整个系统开发过程划分为若干个工作阶段，每个阶段都有其明确的任务和目标。在实际开发过程中要求严格按照划分的工作阶段，一步步展开工作，如遇到较小、较简单的问题，可跳过某些步骤，但不可打乱或颠倒之。

（5）充分预料可能发生的变化。系统开发是一项耗费人力、财力、物力且周期很长的工作，一旦周围环境（组织的内、外部环境、信息处理模式、用户需求等）发生变化，都会直接影响到系统的开发工作，所以结构化开发方法强调在系统调查和分析时对将来可能发生的变化给予充分的重视，强调所设计的系统对环境的变化具有一定的适应能力。

（6）开发过程工程化。要求开发过程的每一步都按工程标准规范化，文档资料标准化。

### 3．结构化系统开发方法的缺点

（1）起点低、工具落后、开发周期长。

（2）难以修改和扩充。结构化分析与设计清楚定义了系统的接口（Interface），当系统对外界接口发生变动时，往往造成系统结构较大变动，实际中难以扩充新的功能接口。结构化系统开发方法主要适用于信息需求明确、规模较大、结构化程度较高的系统的开发。

### （二）原型法

### 1．原型法的开发思想

原型法（Prototyping）是在计算机软件技术发展的基础上产生的一种用户参与系统设计并修改直到满足用户需求的系统开发方法，其基本思想是：系统开发人员首先对用户提出的问题进行理解、研究、总结，然后快速建立原型系统并运行。在运行过程中，不断发现新情况、新问题，反复修改，增加新功能，直到用户满意为止，如图 5-2 所示。

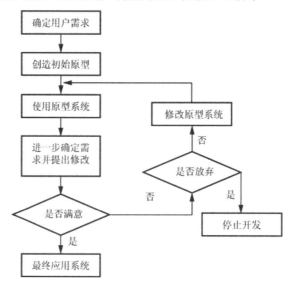

图 5-2　原型法模型

## 2．原型法的优点

（1）对系统需求的认识取得突破，确保用户的要求得到较好的满足。

（2）改进了用户和系统开发人员的交流方式。

（3）开发的系统更加贴近实际，提高了用户的满意程度。

（4）降低了系统开发风险，一定程度上减少了开发费用。

## 3．原型法的缺点

（1）对于大系统、复杂系统，很难快速建立起原型。

（2）整个开发过程要经过"修改—评价—再修改"多次反复，开发过程管理要求高。

（3）原型法缺乏规范化的文档资料，给系统的维护工作带来困难。

原型法适用于用户需求不清，且需求经常发生变化，管理及业务处理不稳定，系统规模较小且不太复杂的情况。

## （三）面向对象的开发方法

### 1．面向对象的开发方法的开发思想

面向对象的开发方法（Object Oriented，OO）是从20世纪80年代各种面向对象的程序设计方法逐渐发展而来的一种系统开发方法，其基本思想是：OO方法认为，客观世界是由各种各样的对象组成的，每种对象都有各自的内部状态和运动规律，不同的对象之间的相互作用和联系构成了各种不同的系统。当我们设计和实现一个客观系统时，如能在满足需求的条件下，把系统设计成由一些不可变的（相对固定）部分组成的最小集合，这个设计就是最好的，而这些不可变的部分就是所谓的对象。

### 2．面向对象的开发方法的优点

（1）把软件系统看成是各种对象的集合，这更接近于人类的自然思维方式。

（2）软件需求的变动往往是功能的变动，而功能的执行者——对象一般不会有大的变化，这使得按对象设计出来的系统结构比较稳定。

（3）对象包括属性（数据）和行为（方法），对象把数据以方法的具体实现方式一起封装起来，这使得方法和与之相关的数据不再分离，提高了每个系统的相对独立性，从而提高了软件的可维护性。

（4）支持封装、抽象、继承和多态，提高了软件的可重用性、可维护性和可扩展性。

（5）解决了传统结构化开发方法中客观世界描述工具与软件结构的不一致性问题，缩短了开发周期，解决了从分析和设计到软件模块结构之间多次转换映射的繁杂过程。

### 3．面向对象的开发方法的缺点

（1）需要一定的软件基础支持才可以应用。

（2）在大型的MIS开发中如果不经自顶向下的整体划分，而是一开始就自底向上的采用OO方法开发系统，会造成系统结构不合理、各部分关系失调等问题。所以面向对象的开发方法必须要结合结构化方法去应用，才能发挥其优势。

## （四）计算机辅助开发方法

### 1．计算机辅助开发方法的基本思想

20世纪80年代，计算机图形处理技术和程序生成技术的出现，缓和了系统开发过程中的

系统分析、系统设计和开发"瓶颈"，即主要靠图形处理技术、程序生成技术、关系数据库技术和各类开发工具为一身的 CASE（Computer Aided Software Engineering，计算机辅助软件工程法）工具代替人在信息处理领域中的重复性劳动。CASE 方法解决问题的基本思路是：在前面所介绍的任何一种系统开发方法中，如果自对象系统调查后，系统开发过程中的每一步都可以在一定程度上形成对应关系，那么就完全可以借助于专门研制的软件工具来实现上述一个个的系统开发过程。这些系统开发过程中的对应关系包括：结构化方法中的业务流程分析→数据流程分析→功能模块设计→程序实现；业务功能一览表→数据分析、指标体系→数据/过程分析→数据分布和数据库设计→数据库系统等；OO 方法中的问题抽象→属性、结构和方法定义→对象分类→确定范式→程序实现等。

### 2．计算机辅助开发方法的优点

（1）解决了从客观对象到软件系统的映射问题，支持系统开发的全过程。
（2）提高了软件质量和软件重用性。
（3）加快了软件开发速度。
（4）简化了软件开发的管理和维护。
（5）自动生成开发过程中的各种软件文档。

### 3．计算机辅助开发方法的缺点

计算机辅助开发方法不能做到系统设计的自动化，并且无法使业务中的需求自动地得到满足。

CASE 只是一种辅助的开发方法，在实际开发一个系统时，CASE 环境的应用必须依赖于一种具体的开发方法，如结构化方法、原型法、OO 方法等，它主要在于帮助开发者方便、快捷地产生出系统开发过程中各类图表、程序和说明性文档。

从以上的分析中我们可以看出，上述四种系统开发方法的分类并不是严格的，因为这些方法之间有不少交叉的内容，如用结构化系统开发方法时，可能部分采用原型法，用面向对象的开发方法时必须要结合结构化方法去应用，才能发挥其优势。

## 四、第三方物流信息系统设计流程

### （一）总体规划阶段

根据企业的需求业务过程、现实环境（包括技术、经济资源、基础条件等方面），分析系统开放的可行性，进行概念设计和最高层次的逻辑设计，制订系统总体规划的实施方案。

### （二）系统分析阶段

系统分析是系统设计开发的第一阶段，是系统开发的基础，理解企业的需求，详细了解原有系统的业务处理状况，进行功能、需求和限制的分析，综合各种因素，从而提出一个切实可行的系统建设方案。其目的是对选定对象进行调查和分析，明确系统目标，提出初步模型和完成系统分析报告。第三方物流信息系统分析的工作流程如图 5-3 所示。

### 1．第三方物流信息系统业务状况分析

（1）系统环境及实现新系统条件的分析。需要分析的内容包括：企业现行系统的物流管理水平，物流信息的准确程度，有关领导对实现新系统是否有比较清楚的认识，设备条件（应着

重分析外围设备的可靠性，外围设备的种类和水平是否适合大量数据处理的需要），内外存储器容量，以及所配置系统软件的质量等。

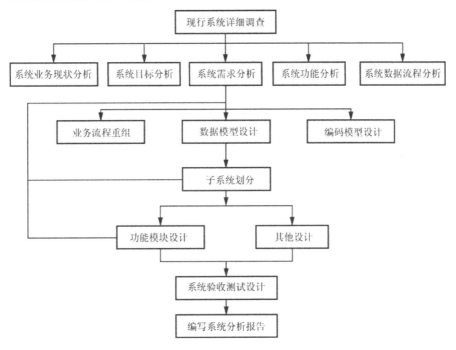

图 5-3　第三方物流信息系统分析的工作流程

（2）系统结构和企业结构调查分析。企业结构分析要求弄清与完成系统任务有关的部门、个人及相互层次关系，画出企业结构图。分析企业结构的依据是任务关系，分层的标准也是任务的关系，所以不应把企业结构图理解为组织机构图。

（3）物流信息流程的调查。主要分析物流信息载体的种类、格式、用途及流程，弄清各个环节需要的信息、信息来源、流向、处理方法、计算方法、提供信息的时间和信息形态。

### 2. 第三方物流信息系统目标分析

（1）根据系统分析结果，列出问题表。

（2）根据问题表，建造一个倒置的目标树。

（3）确定解决目标冲突的方法，指出各项具体措施的考核指标。

（4）确定各分目标在系统中的重要程度，重新排列问题表。

### 3. 第三方物流信息系统需求分析

（1）分析事务处理能力需求的合理性。

（2）分析决策功能需求的合理性。

（3）找出关键需求，拟出解决这些问题的初步计划，为功能分析打下基础。

### 4. 第三方物流信息系统功能分析

功能分析包括两个内容：功能层次分析和层次之间的信息关联分析。首先是把功能逐层次地分解为多个子功能，然后，根据各个子功能确定各个子系统，如物品管理子系统、配送管理子系统、客户服务子系统、财务管理子系统、质量管理子系统、人力资源管理子系统等。

**5. 第三方物流信息系统数据流程分析**

第三方物流企业信息系统应用电子计算机，还必须通过分析进一步舍去实物流，抽象出信息流，绘制出数据流程图，并对各种数据的属性和各项处理功能进行详细的数据分析。其目的是要弄清这些流动数据的属性、数据的存储情况和对数据查询的要求，并给出定量的描述和分析。

（1）绘制数据流程图。数据流程图是分析阶段所提供的重要技术文件之一，反映了系统内部的数据传递关系，是对系统的一种抽象和概念化，只表示数据、功能之间的关系，不涉及如何实现的问题。

（2）数据分析。数据分析的目的是彻底弄清数据流程图中出现的各种数据的属性，数据的存储情况和对数据查询的要求，对数据予以定量的描述和分析。数据分类指的是对数据项予以定义，并根据总的属性将数据项归纳到其应有的类目中。

（3）数据属性分析。根据数据的属性可以准确地确定数据与文件间的关系，通常把具有固定属性的数据存放在主文件中，把具有变动属性的数据存放在周转文件或处理文件中。

**（三）系统设计阶段**

系统设计可分为系统设计、系统编程、系统调试三个步骤。系统设计是依据分析阶段提供的资料，确定系统方案，根据该方案来设计系统的功能模块，设计出各模块之间的输入、输出及存储信息的方式，为系统编程提供详细的资料。系统编程是在系统设计的基础上编写程序。系统调试是用计算机网络进行物流信息处理，包括录入、分类、排序、计算、通信、存储和检索。

**1. 建立系统模型**

（1）确定系统目标。在调查分析的基础上进一步明确目标，把整个工作规定在合理的范围之内。

（2）进行功能分析。划分子系统和功能模块。功能分析以详细调查和业务流程为依据，根据系统内部各功能间的相互关系可以将系统划分为若干子系统，每个子系统又由若干个功能模块所组成，然后绘制出系统、模块的功能结构图。

（3）明确新系统的数据处理方式。数据处理的方式可分为成批处理方式和联机实时处理方式两种，可根据对数据源和系统功能的分析进行选择。

（4）选择软件和外部设备。根据数据处理的内容和规模、数据处理速度、内存容量和外围设备的要求来选择软件和外部设备。

**2. 系统编程**

系统编程是在系统设计的基础上编写程序，把软件设计转换成计算机可以接受的程序，即写成以某一程序设计语言表示的"源程序清单"，这步工作也称为编程。自然，写出来的程序应该是结构良好、清晰易读，且与设计相一致的。

**3. 系统测试**

根据系统分析阶段建立的测试设计，对新系统进行测试。测试是保证软件质量的重要手段，其任务是发现并排除错误。系统测试通常又可分为单元测试（或称模块测试）、组装测试、确认测试等步骤。经过测试修改就得到了可运行的软件系统，交付用户使用。

**4. 系统运行与维护**

已交付的软件投入正式使用便进入运行阶段。在运行阶段，需要对软件系统进行修改，其原因可能有：运行中发现了错误需要修正；在信息系统试运行一段时间后，根据市场的要求和变化，对系统做一些必要的修改；为了增强软件功能需要进一步完善系统。每一项维护活动都应该准确记录下来，作为正式的文档资料加以保存。

## 小知识

### 设计第三方物流信息系统应遵循的基本原则

**1．可靠性原则**

可靠性体现在两个方面：一是指系统的准确性与稳定性，准确性是指一个好的物流信息系统在正常运行情况下应能够达到系统设计的预期精度要求，不管输入的数据变化如何复杂，只要在系统设计的范围内，都能输出满意的结果，稳定性是指在系统的环境发生一定的变化时，系统仍能正常运行；二是指系统的灵活性，灵活性是指在硬件的个别电路或元器件发生不大的故障，软件的某一部分受到病毒的侵袭和运行环境发生超出正常允许的变化范围的情况下仍能正常运行的性能，一个灵活的信息系统在遇到上述所说的情况时，能按某种预先设计的方式做出应急性的处理。

**2．完整性原则**

完整性是指系统的功能要完整，也就是说根据企业的实际需要，制定的目标功能是完整的。为了保证系统的完整性，在开发时要制定出相应的规范，如数据格式规范、报表文件规范等，保证系统开发过程中的完整性。

**3．经济性原则**

经济性原则体现在两个方面：一方面是开发费用低，指在软件的开发过程中所用的费用要低，效果要好；另一方面是运行效益好，指系统运行维护费用低，能给用户带来经济效益，用户使用比较满意。

## 第三方物流信息系统设计内容

### 一、货物动态跟踪系统

货物动态跟踪系统是指企业利用物流条形码和 EDI 技术，及时获取有关货物运输状态的信息（如货物品种、数量、货物在途情况、交货期、发货地和到达地、货主、送货责任车辆和人员等），以提高物流运输服务的方法。

货物动态跟踪系统提高了物流运输企业的服务水平。当客户需要对货物的状态进行查询时，只要输入货物的发票号码，马上就可以知道有关货物状态的信息，查询作业简便迅速，信息及时准确。通过货物信息可以确认是否能将货物在规定的时间内送到客户手中，当不能在规定的时间内送到时，可以马上查明原因并及时改正，从而提高运送货物的准确性和及时性。它作为获得竞争优势的手段，能提高物流运输效率，提供差别化物流服务。通过货物动态跟踪系统所得到的有关货物运送状态的信息丰富了供应链的信息分享源，有关货物运送状态信息的分享有利于客户预先做好接货及后续工作的准备。

货物动态跟踪系统应用 MCA（Multi Channel Access）无线技术的车辆运行管理系统。MCA无线系统发射、接收无线信号控制部门，使运输企业的计划调度室与运输车辆能进行双向通话，无线信号管理部门通过科学的划分无线频率来实现无线频率的有效利用。现代企业可以在利用MCA 无线系统的基础上结合客户数据库和自动系统进行车辆运行管理。具体来说，在接到客户运送货物的请求后，将货物品种、数量、装运时间、地点、客户的联络电话等信息输入计算机，同时向通过运行车辆移动通信设备发回的有关车辆位置的车辆发出装货指令，通过 MCA系统由计算机确定自动地向最靠近客户的车辆发出装货指令，由车辆上装备的接收装置接收装货命令并打印出来。利用 MCA 技术的车辆运行管理系统不仅能提高物流运输效率，而且能提高客户服务的满足度。

在全国范围甚至跨国范围进行车辆运行管理时，货物动态跟踪系统需要采用通信卫星、全球定位系统（GPS）和地理信息系统（GIS）。在采用通信卫星、GPS 技术和 CIS 技术的车辆运行管理系统中，企业可以与物流运输企业联系运货业务和查询运送货物的信息。货物动态跟踪系统结构如图 5-4 所示。

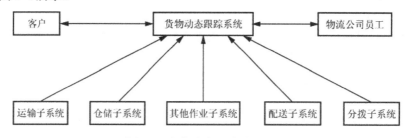

图 5-4  货物动态跟踪系统结构

## 二、配送中心的管理系统

配送中心管理系统解决订货、库存、采购、发货等一系列信息，即时准确传递任务，并收集各种表单，以及关于物流成本、仓库和车辆等物流设施、设备运转等资料，帮助物流管理部门有效地管理物流活动。

配送中心管理系统主要由销售管理系统、采购管理系统、仓库管理系统、财务管理系统及辅助决策系统组成。销售管理系统主要的职能是订单处理，如采取配销模式，还包括客户管理、销售分析与预测、销售价格管理、应收款及退货处理等系统。采购管理系统的主要职能是接受进货及验收指令，如果是授权模式或配销模式，其主要工作是面对供货商的作业，包括供货商管理、采购决策、存货控制、采购价格管理、应付账款管理等系统。仓库管理系统包括储存管理、进出货管理、机械设备管理、分拣处理、流通加工、出货配送管理、货物追踪管理、运输调度计划等内容。财务管理系统由财务会计部门对销售管理系统和采购管理系统所传送来的应付、应收账款进行会计操作，同时对配送中心的整个业务与资金进行平衡、测算和分析，编制各业务经营财务报表，并与银行金融系统联网记账。辅助决策系统除了获取内部各系统业务信息外，关键在于取得外部信息，并结合内部信息编制各种分析报告和建议报告，供配送中心的高层管理人员作为决策的依据。配送中心管理系统结构如图 5-5 所示。

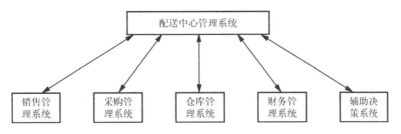

图 5-5 配送中心管理系统结构

## 三、物流管理综合信息系统

物流管理综合信息系统解决物流供应链各环节的作业问题，以及各环节之间有机地衔接问题。该系统覆盖物流业务的全过程，包括业务受理、仓库管理、调度分配、统计分析、财务结算、配送管理等。通过该系统，对车辆用户管理可以利用各种通信平台、全球卫星定位（GPS）技术、电子地图地理信息系统（GIS），实现对移动目标（车辆）的位置、状态进行监控管理、报警求助和信息咨询。对客户管理可以通过"Call Center 系统"采用自动语音应答、话务员热线服务、自动传真回复等功能为客户提供优质服务，最后将所有的相关信息通过"联网操作物流管理系统"进行相应的业务处理，得出企业所需的数据和报表，满足物流企业计划、监控、服务、核算、分析、预测和决策等多方面企业管理的需求。物流管理综合信息系统流程如图 5-6 所示。

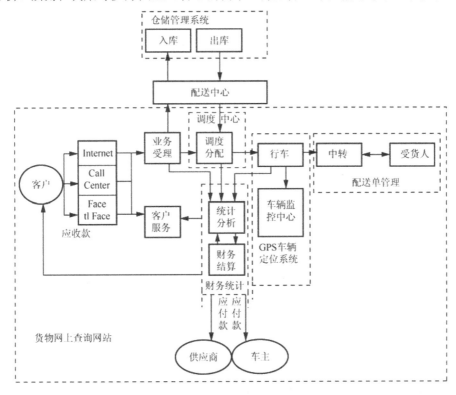

图 5-6 物流管理综合信息系统流程

## 四、电子自动订货系统

电子自动订货系统（Electronic Ordering System，EOS）是指企业间利用通信网络（如 Value

Added Network，VAN）或互联网和终端设备，以在线联结方式进行订货作业和订单信息交换的系统。电子自动订货系统按应用范围可分为企业内的 EOS（如连锁经营企业各连锁分店与总部之间建立的 EOS 系统），零售商与批发商之间的 EOS 系统，以及零售商、批发商和生产商之间的 EOS 系统。

与传统的订货方式，如上门订货、邮寄订货、电话、传真订货等相比，电子自动订货系统可以缩短从接到订单到发货的时间，缩短订货商品的交货期，减少商品订单的出错率，节省人工费；有利于减少企业的库存水平，提高企业的库存管理效率，防止商品缺货现象的出现。对于生产厂家和批发商来说，通过分析零售商的商品订货信息，能准确地判断畅销商品和滞销商品，有利于企业调整商品生产和销售计划，同时有利于提高企业物流信息系统的效率，使各个业务信息子系统之间的数据交换更加便利和迅速，丰富企业的经营信息，提高企业的经营效益。

应用电子自动订货系统，订货业务作业必须标准化，这是有效利用电子自动订货系统的前提条件；商品代码的设计是应用电子自动订货系统的基础条件；订货商品目录账册的设计运用是电子自动订货系统成功的重要保证；同时需要添置计算机及订货信息输入和输出终端设备，制定电子自动订货系统应用手册并协调部门间、企业间的经营活动。电子订货系统的结构如图 5-7 所示。

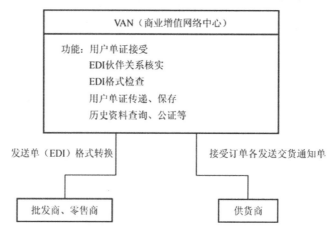

图 5-7　电子订货系统的结构图

## 五、销售时点信息系统

销售时点信息系统（Piont of Sale System，POS）是指通过自动读取设备在销售商品时直接读取商品销售信息，如商品名、单价、销售数量、销售时间、购买客户等，并通过通信网络和计算机系统传送至有关部门进行分析以提高经营效率的系统。POS 系统最早应用于零售业，以后逐渐扩展至其他如金融、旅馆等服务性行业，利用 POS 信息的范围也从企业内部扩展到整个供应链。

销售时点信息系统是对单人、单品进行管理，即具体每个员工和客户的管理、具体每个商品的管理。它自动读取销售时点的信息，将信息集中管理，是连接供应链的有力工具。

销售时点信息系统的运行是在门店销售商品都贴有表示该商品信息的条形码，在客户购买商品结算时，收银员使用扫描读数仪自动读取商品的条形码标签上的信息，通过店铺内的计算机确认商品的单价，计算客户购买总金额等，同时返回给收银机，打印出客户购买清单和付款总金额。

各点的销售时点信息通过增值网以在线连接方式即时传送给总部或物流中心。在总部、物流中心和店铺利用销售时点来进行库存调整、配送管理、商品订货等作业，通过对销售时点信息进行加工分析来掌握消费者购买动向，找出畅销商品和滞销商品。

在零售商与供应链的上游企业结成协作伙伴关系的条件下，零售商利用 VAN 以在线连接的方式把销售时点信息即时传送给上游企业。这样上游企业可以利用销售现场的最及时准确的销售信息制订经营计划，进行决策。销售时点信息系统的结构如图 5-8 所示。

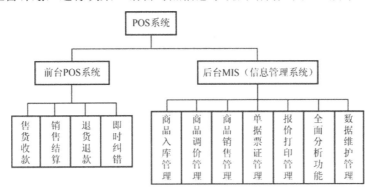

图 5-8　销售时点信息系统的结构

## 六、事务处理系统

事务处理系统（Transaction Processing System，TPS）是物流业务可以运用的基础系统，向管理信息系统、决策支持系统和其他信息系统及管理工作提供所需要的数据。事务处理系统的处理对象是订货单和票据，即将原始的单据录入计算机系统中，对订货单据、购货的订单和结算单据、收据、工资支付单据、账款付出、账款收入等基本业务活动进行记录并随时更新。这个系统可以全面反映日常的活动，为更高层次的信息系统提供基础数据并且有助于业务的改善。

事务处理系统的主要特点是能够迅速有效地处理大量数据，能够进行严格的数据编辑处理，确保正确性、时效性，可以进行数据的存储和积累，提高数据处理的速度进而加速业务的进程。以销售时点信息系统（POS）为例，其事务处理系统的业务关系如图 5-9 所示。

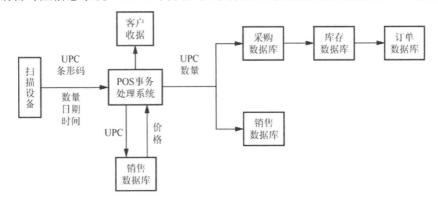

图 5-9　销售时点信息系统事务处理系统的业务关系

## 七、决策支持系统

决策支持系统（Decision Support System，DSS）是根据管理者对某个半结构化或非结构化问题决策的需要，收集和存储有关的数据和模型方法，通过定量的计算和定性的分析，采用人机对话方式，为管理决策人员提供一个分析问题、建立模型、模拟决策过程，以及提供决策方案的计算机信息系统。决策支持系统的特点是可以提供有效的方案，可以灵活地处理问题，可以做更深入的信息系统分析，其组成结构如图 5-10 所示。

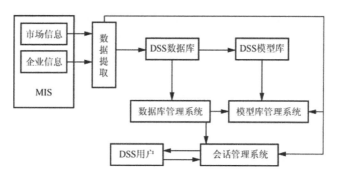

图 5-10　决策支持系统组成结构

## 八、资源计划系统

资源计划系统包括物料资源计划、分销资源计划及物流资源计划。

物料资源计划（Material Resource Planning，MRP）包括物料需求计划（Material Require Planning，MRP Ⅰ）和制造资源计划（Manufacturing Resource Planning，MRP Ⅱ）。MRP 的基本原理是根据企业生产计划，确定每一种或者主要物料的需求时间、需求数量、需求品种、需求节奏，形成一个精细的计划系统。物料资源计划可以规划全部资源或主要资源，按照最恰当的数量、最恰当的品种规格和最恰当的时间到达计划所指定的位置。

分销资源计划（Distribution Resource Planning，DRP）适用于流通企业，可以根据企业的需求计划，制订配送中心的进货计划和送货计划。

物流资源计划（Logistics Resource Planning，LRP）是将 MRP 和 DRP 进行有机结合，使之成为贯穿于整个企业生产经营系统的资源配置技术，成为支持供应链的技术手段。物流资源计划（LRP）的处理逻辑原理如图 5-11 所示。

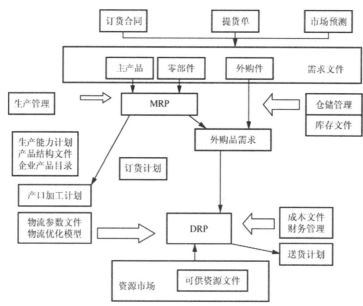

图 5-11　物流资源计划的处理逻辑原理

由图 5-11 可以看出，LRP 实际上是 MRP 和 DRP 的有机结合。在生产厂系统内部，实行MRP；在生产厂外部，实行 DRP。

## 九、智能运输系统

智能运输系统（Intelligent Transportation System，ITS）是针对地面运输管理的信息系统。智能运输系统将信息技术贯穿于交通运输全过程，形成了集成的地面运输管理体系。该系统可以自动询问和接受各种交通信息，进行合理调度，提供在物流过程中需要了解的特殊公路信息，对运送危险品之类的特种车辆进行跟踪，对车辆和驾驶员的状况进行全程监视并在事故情况下自动报警。其直接功能是提高道路利用率，实现安全舒适的交通运输；其间接功能在于改善道路环境，减少汽车的燃料消费和有毒气体的排放，有利于环境保护，并能避免因交通阻塞所带来的经济损失。智能运输系统功能构成如图 5-12 所示。

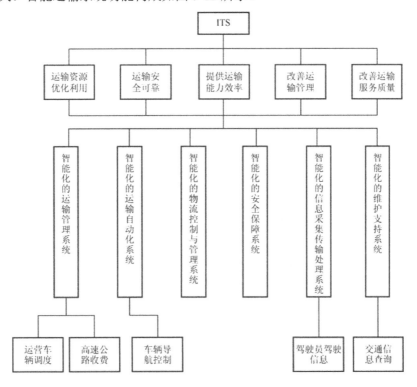

图 5-12　智能运输系统功能结构

请为学习情境 1 中上海佳都液压制造有限公司和 5 名自然人共同投资设立的国际货代公司

设计信息管理系统。

要求：

1．紧密结合该公司的组织结构、服务产品、运作模式和经营策略等情况进行设计；
2．有系统设计目标描述；
3．有系统功能模块设计及描述，并将系统功能用框图画出来；
4．绘制系统拓扑图。

案例分析题

### 宝供物流信息系统建设

宝供被麦肯锡评价为中国领先的物流公司，又被摩根斯坦利评估为中国最具价值的第三方物流企业。2002 年美智公司在中国物流行业的认知度调查中，宝供以 40%的认知度雄居中国物流企业之首。对于这家年运作货物总量超过 200 万吨的物流公司来说，信息化是制胜的最有力武器。

宝供物流企业集团有限公司创建于 1994 年，总部设于广州，1999 年经国家工商局批准，成为国内第一家以物流名称注册的企业集团。目前该企业已在全国 40 多个城市建立了 6 个分公司，形成了一个覆盖全国，并向美国、澳大利亚、泰国等国和地区延伸的物流运作网络，拥有先进的物流信息平台，为全球 500 强中的 40 多家大型跨国企业及国内一批大型制造企业提供物流服务。

作为第三方物流公司，宝供的信息化系统的建设紧紧围绕着自身业务的拓展，并通过系统的建设，推进了公司业务的发展。其信息化进程分为 3 个阶段：

● 1997～1998 年 建立基于互联网的物流信息系统；
● 1999～2001 年 建立基于电子数据交换（EDI），与客户实现数据对接系统；
● 2002～2003 年 建立基于电子商务（B2B），与客户结成供应链一体化合作伙伴。

宝供真正腾飞在 1997 年。这一年，宝供已经发展成为一个在全国主要经济区域设有 10 个分公司和办事处的网络化物流公司。该公司面临的一个主要问题就是如何全面、及时跟踪全国各地的最新物流业务状况。经过调研与策划，宝供选择了第一家合作伙伴——北京英泰奈特科技发展有限公司，它为宝供开发了一套基于 Internet 的物流信息管理系统。1998 年，在内部全面完成推广运输信息系统的基础上，宝供通过将运输查询功能授权开放给客户，实现了运作信息与客户共享。

1999 年，宝供再度和英泰奈特合作，开发了基于互联网的仓储信息管理系统，该系统同样能够向客户授权开放，使客户坐在办公室里上网就能查到全国各地仓库的最新进出存情况。2000 年，宝洁把华南分销仓库交由宝供管理，一方面宝洁授权在宝供仓库安装了宝洁 AS/400 客户端程序，由宝供仓管员经过培训后直接操作宝洁的系统；另一方面，宝供 IT 部开发数据导出程序，将宝洁系统进出仓数据自动导出到宝供系统中，使宝供仓管员也能够进入功能更加全面并且操作更加简便的宝供仓储系统。2001 年，宝供与飞利浦实现了 EDI 电子数据对接。原来飞利浦物流部要面对宝供十几个仓库，现在飞利浦物流部直接在自己系统里查看最新的订单运作结果，运作效率得到大幅提升。

目前宝供客户群大致可以分成两类，每类对宝供系统的要求也有所不同：（1）大型外资企业和对宝供系统依赖程度较高的客户，如宝洁、飞利浦、红牛等；（2）国内客户和中小型客户，如美晨、杭州松下、厦华电子等。 宝供集团的总公司和分公司基本建设好了内部的办公网（以太网），使用专线连接到互联网。

试分析：宝供物流信息管理系统有哪些特色？主要为客户带来哪些较大的经济效益？

1. 第三方物流信息系统可分为哪些类型？
2. 第三方物流信息系统应具备哪些基本功能？
3. 第三方物流信息系统应符合哪些要求？
4. 第三方物流信息系统的设计目标有哪些？
5. 第三方物流信息系统的设计思路是什么？
6. 设计第三方物流信息系统时应遵循哪些原则？
7. 第三方物流信息系统开发设计方法有哪些？分别有什么优缺点？
8. 第三方物流信息系统的设计可分为几个流程？每一个流程的工作内容是什么？
9. 常见的第三方物流信息系统有哪些？
10. 第三方物流信息系统的设计如何体现成本节约原则？

# 学习情境 **6** 第三方物流企业市场开发

## 学习目标

　　通过本情境的学习，学生能够了解第三方物流企业进行市场细分的作用，理解物流市场细分、物流目标市场选择、物流市场定位的含义以及第三方物流企业进行物流项目营销的必要性，知晓第三方物流企业进行市场细分的标准、选择物流目标市场的基本条件、影响第三方物流企业目标市场选择策略的因素、进行物流市场定位时应遵循的原则，掌握进行市场细分、选择目标市场、进行市场定位的一般方法和开发市场的营销策略，会撰写投标书，能运用项目营销及所学知识进行实际的市场开发。

　　请为学习情境 1 中张甲和李乙投资设立的物流运输配送公司选择目标市场，进行市场定位，并说明采取的策略；同时，请为该公司设计一套市场开发方案。

　　要求：

　　1. 紧密结合该公司的服务产品、经营策略、所处位置等前面已经设计好的情况进行设计；

　　2. 有市场细分过程分析；

3. 市场开发方案要具体、详细，有针对性，并且要切合实际、易操作；

4. 有相关假设；

5. 有关信息可以进行虚拟。

# 第三方物流企业目标市场的选择

第三方物流企业正式开展业务之前，首先要明确为谁服务，提供什么样的服务，这就需要进行市场细分，在市场细分的基础上才能寻找到目标市场，也才能进行市场定位。

## 一、第三方物流企业市场细分

### （一）第三方物流企业市场细分的含义与作用

#### 1．物流市场细分的概念

物流市场细分是指第三方物流企业依据特定的标准，将物流市场上的客户分成若干个客户群，即细分为一个个子市场，然后针对这些不同的细分市场采取相应的市场营销组合策略，使第三方物流企业提供的物流服务更符合各个不同特点的客户需要，从而在各个细分的子市场上扩大市场占有率，提高竞争能力，以达到第三方物流企业的营销策略目标。

物流市场中，客户对物流服务的需求，无论是在质量和数量上，还是在特性和要求上都各不相同，虽然客户根本要求都是为了完成物流对象从供应地向接受地的实体流动过程，但在物流活动或物流作业的具体运作过程中却存在着很大的差异，各行业要根据各自的特点去组织物流活动，这为物流目标市场细分提供了客观依据。而每个行业实现物流功能的具体操作活动具有相似性，这又使物流目标市场细分成为可能。因此，第三方物流企业必须致力于分析确认客户的需求差别，以求得较多一致的细分市场。

#### 2．物流市场细分的作用

（1）物流市场细分可以避免第三方物流企业因盲目投资而造成资源浪费。任何企业的资源都是有限的，如何使有限的资源进行有效组合，从而为客户提供服务，关系到第三方物流企业经营的成败。第三方物流企业通过市场细分选择一个或多个物流细分市场作为目标市场，就有可能深入、细致地分析研究市场的特点，集中人力、物力、财力，有针对性地设计适销对路的物流服务，更好地满足目标市场的物流需要。合理使用资源，集中力量投资于能够给企业带来经济效益的领域，可以节省营销费用，取得较好的经营效益。

（2）物流市场细分有利于第三方物流企业确定适宜的目标市场。通过市场细分，第三方物流企业可以认识到每个细分市场上物流需求的差异、物流需求被满足的程度及物流市场竞争状况。那些未得到满足或满足程度较低、竞争者未进入或竞争者很少的市场部分便是客观存在的市场机会。抓住这样的机会，结合企业资源状况，从中形成并确立适宜自身发展壮大的目标市场，并以此为出发点设计相应的营销组合策略，就可以取得竞争优势，在市场占有较大的份额，为下一步发展打下良好的基础。

（3）物流市场细分有助于第三方企业通过产品的差异化建立竞争优势。竞争是市场经济中不可避免的现象，但市场前景是广阔的，提供同类服务的企业之间的竞争不一定是你死我活，往往可以达到双赢，关键在于各自的目标市场不同。第三方物流企业通过市场细分会发现尚未满足的消费者群体，如果企业能够针对这一消费者群体的需求特征推出独具特色的服务产品，通过产品的差异化建立起竞争优势，就会获得成功。

（4）物流市场细分有利于促进客户满意与忠诚。通过市场细分，第三方物流企业能够向目标市场提供独具特色的服务及其相应的营销组合，从而使客户需求得到更有效的满足，有利于提高客户的满意度与忠诚度。他们即使偶尔不满意企业的服务，一般也不会轻易改变这种忠诚。

### （二）第三方物流企业市场细分的标准

为了区分不同消费群体需求之间的差异性，第三方物流企业要用一定的标准来把各细分市场区分开，以针对不同的市场采取有效的营销策略。根据物流市场的特点，一般按五个标准进行市场细分。

#### 1．客户行业

以客户行业为标准细分物流市场，就是按照客户所在的不同行业对市场加以细分。因为不同行业的产品构成具有较大的差异，不同的产品构成就会导致物流需求存在着较大的差异性。同样，同一行业内的客户对物流服务的需求具有一定的相似性。因此，客户行业可以是物流目标市场细分的标准之一，并且是一个比较重要的标准。

#### 2．客户规模

以客户规模为标准细分物流市场，就是按照客户对物流需求规模的大小来细分物流市场。对于规模大小不同的客户，第三方物流企业需要提供的物流服务也存在着很大的差异。一般可将客户分为大、中、小三类客户群。

（1）大客户，也叫 VIP 客户，即对物流业务需求最多的客户，是第三方物流企业的主要服务对象。

（2）中等客户，即对物流业务需求中等的客户，是第三方物流企业的次要服务对象。

（3）小客户，即对物流业务需求较小的客户，是第三方物流企业较小的服务对象。

#### 3．物品属性

以物品属性为标准细分物流市场，就是根据客户所需物流活动中物品的属性或特征来细分市场。由于物品属性不同，客户对物流活动的需求也会有很大的差别，物流服务的质量和物流企业经济效益也会受到影响。通常按三种物品属性细分物流市场：

（1）生产资料，即用于生产的物质资料，其数量大，要求多且要求高。

（2）生活资料，即用于生活消费的物质资料，其及时性要求高，地点分散。

（3）其他资料，即在上述两种属性之外的所有物质资料。

#### 4．地理区域

以地理区域为标准细分物流市场，就是根据客户所需物流服务的区域不同来细分市场。物流活动所处的地域不同，就会有不同的经济规模、地理环境、需求程度和要求等，这样，物流活动中的成本、技术、管理、效率和信息等方面就会存在较大的差异。不同区域的消费者对物质资料的需求也会各有特色，这就使得第三方物流企业必须根据不同区域的物流需求确定出不同的营销手段，以取得最佳经济效益。按照地理区域细分物流市场，一般可以分为三种：

（1）区域内物流，是指在一定范围内的具有某种相似需求物流的区域内进行的物流活动。

（2）跨区域物流，是指在不同的区域内进行物流活动。

（3）国际化物流，是指国与国之间跨国的物流活动。

### 5．服务方式

以服务方式为标准细分物流市场，就是在按照客户的需求提供相应的物流服务时，根据服务方式的差异来细分市场。为了满足具有不同物流服务需求的客户，第三方物流企业要提供不同的物流服务，而不同的物流服务必然要求不同的物流成本。按服务方式细分物流市场，可以分为两种：

（1）单一方式物流服务，就是需求方只需要某一种方式的物流服务。

（2）综合方式物流服务，就是需求方需要两种以上或多种功能组合而成的物流服务。

### （三）第三方物流企业市场细分的方法

#### 1．单因素法

单因素法是指只按照一个因素细分物流市场。例如，按照地理区域这一因素细分可以将物流市场细分为区域内物流、跨区域物流和国际化物流等不同的细分市场。

#### 2．综合因素法

以影响物流市场需求的两种或两种以上的因素进行综合划分。例如，根据企业规模大小，用户的地理位置、产品的最终用途及潜在市场规模来细分物流市场，见表6-1。

表6-1　综合因素法市场细分

| 内　容 | | 地　理　区　域 | | |
|---|---|---|---|---|
| | | 区域内物流 | 跨区域物流 | 国际化物流 |
| 物品属性 | 生产资料 | 细分市场1 | 细分市场2 | 细分市场3 |
| | 生活资料 | 细分市场4 | 细分市场5 | 细分市场6 |
| | 其他类型 | 细分市场7 | 细分市场8 | 细分市场9 |

#### 3．系列因素法

系列因素法是指运用两个或两个以上的因素，依据一定的层次逐次细分市场。细分的过程呈一个比较和选择的过程，下一阶段的细分是在上一阶段选定的细分市场中进行的，如图6-1所示。

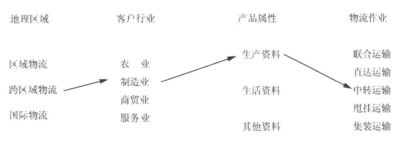

图6-1　系列因素法

### 4．"产品–市场方格表"

"产品–市场方格表"是指按产品（客户需求）和市场（客户群）这两个因素的不同组合来细分市场。例如，有国家、集体、个人三种客户群，对物流有五种需要，这样就形成了 15 个细分市场，如表 6-2 所示。

**表 6-2　"产品–市场方格表"市场细分**

| 物流需要<br>客户群 | 供 应 物 流 | 生 产 物 流 | 销 售 物 流 | 回 收 物 流 | 废 弃 物 流 |
|---|---|---|---|---|---|
| 国家 | $A_{11}$ | $A_{21}$ | $A_{31}$ | $A_{41}$ | $A_{51}$ |
| 集体 | $A_{12}$ | $A_{22}$ | $A_{32}$ | $A_{42}$ | $A_{52}$ |
| 个人 | $A_{13}$ | $A_{23}$ | $A_{33}$ | $A_{43}$ | $A_{53}$ |

## 物流市场细分的原则

第三方物流企业可以依照各种标准进行市场细分，但并不是所有划分出来的细分市场都是有效的或有用的。要使细分后的市场对企业有用，必须遵循下述四项原则。

**1. 可衡量性**

物流细分市场的规模及其购买力是可以估量的，也就是说在这个细分市场可获得足够的有关客户特性的资料。如果某个细分市场的资料无法获得，那就无法进行估量，也就不能把它纳入本企业市场细分范围。在实际物流活动中，有些市场捉摸不定、难以衡量，就不能对它进行细分。

**2. 可进入性**

细分后的市场应该是物流企业能够进入并能占有一定份额的市场，否则，便丧失了市场细分的现实意义。例如，市场中已有很多竞争者，自己无力与之抗衡，无机可乘或虽有未被满足的需求，终因缺乏诸多先决条件而难以揽货，这种市场细分就没有现实意义。

**3. 效益性**

物流企业所选定的市场部分的规模必须足以使企业有利可图。如果物流市场的规模很小，无法给企业带来足够的经济效益，一般就不值得细分了。

**4. 稳定性**

细分市场必须在一定时期内保持相对稳定，以便物流企业制定较长时期的营销策略，从而有效地开拓并占领目标市场，获得预期经济效益。如果细分市场变动过快，目标市场稍纵即逝，则企业经营风险随之增加。

## 二、第三方物流企业目标市场的选择

物流目标市场细分可以为物流企业挖掘出许多机会，而制定物流市场营销战略首先要确定目标市场。

## （一）物流目标市场的概念

物流目标市场就是企业为满足现有的或潜在的消费需求而设定的细分市场。目标市场就是企业投其所好，为之服务的对象。选择和确定目标市场，明确物流企业的具体服务对象，关系到企业任务和目标的落实，是企业制定营销战略和策略的基本出发点。因此，第三方物流企业在市场细分的基础上，需要根据企业本身条件和外在因素确定产品及物流服务对象。

对第三方物流企业而言，进行目标市场选择的作用可以概括如下：选择目标市场可以帮助第三方物流企业寻找能充分发挥自己核心能力的服务市场，以最大程度上为客户提供定制化的服务，使客户满意与经济效益达到最大化；第三方物流企业在选定目标市场的基础上，通过深入研究目标市场的需求，会使企业的竞争力增强，有利于战胜竞争对手；第三方物流企业在自己的目标市场范围内，可集中有限的资源来研究有效的营销策略，以扩大市场占有率，取得更大的成就。正是因为有了这些方面的作用，再加上目前我国第三方物流市场本身的非成熟性，第三方物流企业非常有必要根据各方面的因素进行目标市场的选择，为特定的客户提供有针对性的服务，这样才能在激烈的市场竞争中脱颖而出，逐渐把企业做大做强。

## （二）物流目标市场的选择过程

物流目标市场的选择过程是指第三方物流企业在按各种标准将市场细分后，直接确定目标市场的过程。

### 1. 选择物流目标市场的基本条件

（1）有一定的物流规模。物流需求规模直接影响现实市场和企业目标市场的形成。没有一定的物流需求规模，物流企业就无法体现其行业的强势，该市场也就不能构成现实的市场和企业的目标市场。

（2）有物流发展潜力。该物流市场上需要有尚待满足的需求，有良好的发展前景来保证第三方物流企业的稳定发展。

（3）有足够的吸引力。所谓吸引力，主要指企业在该市场上长期赢利能力的大小。一个市场可能具有适当规模和增长潜力，但从获利观点看不一定具有吸引力。决定物流市场是否具有长期吸引力的因素主要有竞争者的数量和质量、物流专业能力、各类辅助手段的完善程度及其质量等。物流企业必须充分估计这些因素对长期获利率所造成的机会和威胁，以便做出明智的选择。

（4）与第三方物流企业的目标和实力相符合。目标市场的选择必须结合企业的目标与实力来考虑：有些细分后的市场，虽然也有一定规模，也具有吸引力，但如果不符合企业自身发展目标，就只能考虑放弃；如果符合企业目标，但企业在人力、物力、财力等条件上尚不具备相当的实力，无法在市场上夺得相当的市场占有率，也不应该选择该市场为目标市场。

### 2. 物流目标市场选择策略

针对不同的目标市场或不同的物流服务项目，第三方物流企业可以选择管理整个物流过程或者其中几项活动，可以制定不同的目标市场选择策略。

（1）产品-市场集中化型：第三方物流企业的目标市场无论从市场角度还是从产品角度分析，都是集中于一个市场层面的，企业只提供一种形式的物流服务，供应单一客户群。选择这种类型细分市场的条件是企业可能具备了在该细分市场获胜所必需的条件，这个细分的市场可能没有竞争对手，可能会成为促进企业服务得以延伸的起始点。这种模式一般适合于小企业或初次进入市场的企业采用。

（2）产品专业化型：第三方物流企业提供一种形式的物流服务，满足各类客户群的需要。该模式有利于企业发挥服务技能，在某一服务领域赢得较好的声誉。

（3）市场专业化型：第三方物流企业向同一客户群提供不同种类的物流服务，企业专门为这个客户群体服务。这一模式有助于发展和利用与客户之间的关系，降低交易成本，树立良好形象。

（4）选择专业化型：第三方物流企业决定有选择地进入几个不同的细分市场，为不同的客户群提供各种不同的物流服务。这是一种多元化经营模式，可以较好地分散企业经营风险。即使某个细分市场失去吸引力，企业仍可在其他细分市场上获利。但是，采用这种模式应当十分谨慎，要选择若干个细分市场，其中每个细分市场都要具有吸引力，并且符合企业的经营目标和资源状况。

（5）全面进入型：第三方物流企业决定全方位进入各个细分市场，为所有客户群提供所需的不同种类的系列物流服务。这是实力雄厚的大企业为在市场上取得领导甚至控制地位而通常采用的模式。

第三方物流企业在运用上述五种策略时，一般总是首先进入最有吸引力的细分市场，等条件和机会成熟时会逐步扩大目标市场范围，进入其他细分市场。

## 小知识

### 影响第三方物流企业目标市场选择策略的因素

1. 企业资源

这是选择目标市场策略时应考虑的首要因素。企业的资源主要包括生产规模、技术力量、财务能力、经营管理能力等。如果企业实力较强，有可能占有较大的市场，就可采用差异性营销策略或无差异营销策略；如果企业资源有限，无法覆盖整个市场，则以采用集中营销策略为宜。

2. 物流服务寿命

物流服务与其他企业的产品一样，也有寿命周期。第三方物流企业根据服务处于投入期、成长期、成熟期、衰退期各阶段的特点，可采用不同的目标市场营销策略。处于投入期，同类方案竞争者不多，竞争不激烈，企业可采用无差异营销策略；处于成长期或成熟期，同类方案竞争者增多，竞争日益激烈，为确立竞争优势，企业可考虑采用差异性营销策略；当某类服务步入衰退期，为保持市场地位，延长服务的产品寿命周期，全力对付竞争者，企业可考虑采用集中营销策略。

3. 产品的同质性

产品的同质性是指在物流服务需求者看来，不同物流企业提供服务的相似程度。相似程度高，则同质性高；反之，同质性就低。同质性高的第三方物流企业，可采用差异性营销策略或集中营销策略。

4. 市场的同质性

市场的同质性是指各细分市场客户需求、购买行为等方面的相似程度。市场同质性高，表明各细分市场相似程度高，不同客户对同一营销方案的反应也大致相同，此时，企业可实行无差异营销策略；反之，如果客户的需求偏好、态度、购买行为等差异较大，则宜采用差异性营销策略或集中营销策略。

5. 竞争状况

竞争者的数量和资源是第三方物流企业确定目标市场营销策略时需要考虑的重要因素。当竞争者较少或竞争对手实力较弱时，可采用无差异营销策略；反之，则应选择差异性营销策略或集中营销策略。另外，当竞争对手采取的是无差异营销策略时，实力相对较弱的企业应采取集中营销策略或差异性营销策略。如果竞争对手实力较弱，也可以采取相同的策略，凭借实力击败对手。

## 三、第三方物流企业市场定位

第三方物流企业的市场定位是确立第三方物流企业提供的物流服务产品在物流目标市场上的位置。市场定位是第三方物流企业客户服务战略中的一个重要组成部分，它决定了第三方物流企业为什么样的客户服务，关系到第三方物流企业的经营效果。

### （一）服务行业的定位

第三方物流企业为特定的行业，如日用品行业、医药行业、烟草行业、化工行业、计算机行业和电子行业等提供物流服务有相当大的优越性。根据物流专业化经营的原则，物流服务要选准行业，培养行业优势，这是每个第三方物流企业应该考虑的问题。有些第三方物流企业往往什么行业都能做，但什么行业也做得不够专业。在一个相对成熟的物流市场上，第三方物流企业为了建立自身的竞争优势，一般要将主营业务定位在特定的一个或几个行业，并为这些客户服务，因为不同行业的物流运作模式是不相同的，专注于特定行业可以形成行业优势。

一般来讲，第三方物流企业可以选择附加值相对较高、对物流服务需求多、且相对成熟的行业作为自身的行业定位方向。目前，第三方物流企业提供物流服务的客户主要集中在制造业和商品流通业中。在制造业中，电子、家电、汽车、日化、食品、医药等行业需要第三方物流企业提供物流服务；而在商品流通企业中，零售业对物流的需求非常大。

#### 1. 电子、IT 产品业

电子、IT 产品的特点是产品生命周期较短，更新换代快，时效性强，产品附加值高，对市场很敏感，因此其供应和销售物流都侧重于快速反应和效率。这一行业已较多地采用柔性生产及准时化生产方式，原料库存期较短，对能及时给予企业制造支持的原材料配送需求较大，一般要求第三方物流企业在生产厂附近设立备货仓库或配送中心，在需要的时间将适当的原材料，以需要的数量及时送到企业指定的生产线上，保证企业生产的顺利进行。产品销售主要面向分销商和代理商，注重建立高效的销售配送体系，需要第三方物流企业的服务。

#### 2. 家电业

大型家电企业都需要庞大的分销与物流网络，物流成本在产品成本中所占的比重较高，需要有第三方物流企业来提供庞大的物流网络和专业化的物流服务，降低物流成本。我国家电行业技术和市场发育都比较成熟，市场竞争激烈，产品销售利润率较低，物流运作的总成本对其市场竞争力及赢利能力都有重大影响，因此对物流运作的侧重点在如何有效控制物流成本上。家电产品产量大，体积大，原材料和成品都需要较多的存储空间。第三方物流企业若能满足家电行业这些客户的需求，就能扩大客户服务营销的范围。

#### 3. 汽车业

汽车的生产与销售过程是一个典型的供应链管理过程，对物流服务提出很高的要求，也给第三方物流企业创造了提供高水平物流服务的机会。我国的汽车企业一般已实行柔性化的按订单生产，在原材料方面与电子行业相似，要求零配件的 JIT 配送。在销售物流方面，由于汽车体积和质量大、价值高，要求有专业的运输设备配套，对运输过程的安全性要求很高。

### 4．日化业

随着连锁经营的普及，日化产品的分拨与配送业务急剧增长。日化产品属于日常用品之列，社会需求量大，品种多，体积小，质量小，价格波动不大，附加值较高。由于日化产品品牌众多，普通产品可替代性较强，因此应重视保证产品的可得性，减少分销和零售渠道的缺货率。厂商要求第三方物流企业在销售上能够给予配合。另外，日化产品促销较多，需要搭配包装等流通加工服务。

### 5．食品业

食品的保温保鲜要求很高，要求专业化的物流设施如冷藏车、冷藏库等相配套，对储存、运输等环境要求也较高，不宜与其他产品混合存放；产品时效性强，生产出来后需要迅速交付，对能够快速反应的第三方物流服务需求较大。食品行业和日化行业无论是物流自理还是第三方物流服务，对物流作业质量要求较高，它们对选择新的第三方物流企业也最具积极性。

### 6．医药保健品行业

我国医药行业中的大企业已建立了全国性的分销与物流网络，国外的医药企业已逐步进入中国。城市医院和连锁药店需要大量的配送服务，这为第三方物流企业的进入提供了巨大的商机。医药产品附加值高，产品有严格的温湿度控制，需要单独的专业化设施和设备来储存、运输，重视物流运作的可靠和安全性。由于产品有严格的有效期控制，对库存的严格管理与控制需要信息系统来配合，能够对即将到期的产品自动预警，加速产品的周转。

### 7．零售企业

零售企业包括各百货店、连锁店、专卖店和便民店等。零售企业处于供应链下游，接近消费终端，采取分散化的库存策略有助于适应消费需求多样化的市场环境，尤其是以经营生鲜食品为主的连锁超市和便民店。近几年来我国商业零售企业趋向大型化和连锁经营，这些企业所面临的共同问题是厂家配送少、社会配送体系不发达、店内自行配送投资大等。零售企业一般是面向一个较小的区域范围内的消费者，各门店的订单规模小，而配送的频率高，商品配送的效率对其经营效益有较大影响，因此零售企业对物流服务的需求较强烈。

### （二）服务项目的定位

第三方物流企业在明确了为什么样的行业，对什么样的客户提供物流服务的同时，还要确定为客户服务的项目。第三方物流企业在为客户提供物流服务项目时，必须考虑自己具备的硬件基础和软件条件，以及第三方物流企业的运作能力和运作实力等。第三方物流企业提供的物流服务项目主要包括：

### 1．常规性服务项目的定位

包括运输、仓储保管、配送项目等。这些业务可以是不同运输方式的运输或联合运输、仓储管理和货物的保管分发以及配送等。第三方物流企业要在常规性服务项目中做出合理的、科学的定位。

**2．增值性服务项目的定位**

第三方物流企业除了要在常规性服务项目中做好定位外，还要在为客户提供增值性的服务项目中确定自己的具体服务项目。第三方物流企业可以定位的增值服务项目有：

（1）提供物流中心的管理服务。包括第三方物流企业对制造企业和商业企业的物流中心提供管理服务。具体的项目包括对物流中心内部物流设施的管理和营运，以及依托这些物流设施的货物储存、货物分拣、集装箱拼装、货物堆放、货品分销配送、货物集成组装服务、再包装或拆包装服务、废弃物回收服务等。

（2）提供物流解决方案的设计服务。第三方物流企业为客户提供物流营运模式、企业流程重组、操作流程和操作控制指标的设计和咨询，而不直接参与或干预客户具体的物流运作。此时的第三方物流企业更像一个纯粹的顾问公司。物流解决方案的设计是第三方物流企业的核心竞争能力之一。

（3）提供物流活动的特殊服务。第三方物流企业通过物流信息平台，采用现代物流技术，为客户提供物流活动的特殊服务，包括编制特定的存货报表，包装上的系列数字或其他数据，承担货物的物理检验，编制物流运送清单，提供快捷、迅速的特殊物流服务等。

（4）提供物流运作过程的控制服务。物流运作过程控制的业务主要包括：在特定的物流服务模式和流程的指引下，第三方物流企业参与客户物流的实际运作，提供物流运作过程中的指导，如环节控制、质量控制、标准控制、服务控制、成本控制及客户反馈和投诉控制等指导性物流服务。

## 物流市场定位的基本原则

1．重要性
能向相当数量的买主让出较高价值的利益。
2．明晰性
其所定位出的差异性或是该企业以一种突出、明晰的方式提出的，是其他企业所没有的。
3．优越性
该定位所表现的差异性明显优于通过其他途径而获得的相同利益。
4．可沟通性
该差异是可以沟通的，是客户可以看见的。
5．不易模仿性
是其他竞争者难以模仿的。
6．可接近性
客户有能力购买该差异性。
7．赢利性
企业将通过该差异获得利益。

# 第三方物流企业的市场开发策略

第三方物流企业要想取得可持续发展的竞争优势，离不开正确应用市场开发策略，只有不断优化营销活动，才能不断推出特色服务，在竞争中立于不败之地。

## 一、第三方物流企业市场开发的一般方法

### （一）直接营销

直接营销就是第三方物流企业直接面对客户，接触客户，了解客户，并通过为客户提供物流服务，让客户了解自己，接近自己。具体方法有：

#### 1. 媒体广告宣传

这对于新进入物流服务市场的第三方物流企业来说，能迅速扩大知名度，同时对于推荐新的、有竞争力的物流服务项目，也是一种较好的直接营销方式。

#### 2. 登门推荐

组建、培训营销团队，对目标客户进行地毯式搜寻、拜访，吸引客户注意，唤起客户需求，了解客户需求，有针对性地进行跟踪，直到拿到订单。

#### 3. 网络直销

第三方物流企业自行建立电子商务网站，通过网站发布物流服务信息，把物流服务用电子商务的形式直接销售给客户。

### （二）间接营销

间接营销就是第三方物流企业只能间接接触到客户，只能通过对客户的间接服务让客户了解自己。具体方法有：

#### 1. 中介营销

第三方物流企业通过中介机构的代理、代销和经纪，利用其现成的物流服务营销网络，达到销售自己物流服务的目的。

#### 2. 营销战略联盟

通过与物流同行或其他行业的企业建立战略伙伴关系，共同利用各自的营销网络，相互向市场推荐各自的优势商品或服务。

### （三）关系营销

关系营销是指在详细掌握客户有关资料的基础上，通过吸引、开拓、维持和增进与客户的关系，以实现客户价值最大化的营销策略。具体的就是要不断识别客户，分析客户的变化情况；

识别客户对企业的影响，抓住关键客户，发展潜力客户，利用价格杠杆保持一般客户的满意度；强化跟踪服务和信息分析能力，与客户协同建立起一对一关系，提供更快捷、更周到的优质物流服务，提高客户满意度，吸引和保持更多的客户。

对于第三方物流企业而言，关系营销应该是整个营销策略组合的核心策略。究其原因就是关系营销可以使第三方物流企业与客户形成一种相互依存的关系，并通过这种依存关系获得长远的业务。

### （四）战略营销

战略营销是指用企业战略管理的思想和方法对第三方物流企业的营销活动进行管理。它从原来利润第一的目标，转变为以物流服务购买者的需求和期望为目标，把企业的价值取向持续不断地趋同于物流服务购买者的价值取向，有效消除和预防物流服务购买者的抱怨和投诉，不断提高物流服务购买者的满意度，追求物流服务购买者的忠诚，从而赢得客户，赢得市场，最终获得利润。战略营销注重方向性、长期性、竞争性、创造性、协同性和共赢性。

## 二、第三方物流企业市场开发的新策略

### 1. 建立全方位互动的战略合作伙伴关系

在寻求供应链的成员合作时，不但与第三方物流行业的运输、仓储、装卸、包装、流通加工、配送和物流信息等成员实现优势互补的联合，而且要和第三方物流企业的客户（生产企业）建立战略联盟。联盟可以通过投资入股等方式实现，投资、股份都不是目的，而是体现联盟的实际行动和利益共同体的运作。第三方物流企业要以此深入生产企业的经营管理现场，为企业的原材料采购、运输仓储、流通加工、成品配送等提出系统的物流解决方案，共享信息，参与企业的经营决策，实现物流服务的个性化，提高物流服务的增值性和生产企业的跳槽成本，可以有效提升物流企业的竞争力，稳定市场份额。与此同时，让生产企业参与物流过程管理，使其适时了解和掌控自己的物流状态，这不仅提高了第三方物流企业自身的效率，还强化了生产企业与第三方物流企业的联盟关系，同时提高了物流服务竞争的门槛，对潜在客户形成有效地吸引。只有同时做好这些工作，才能真正形成完整的供应链，将单个物流企业的竞争提升为供应链条的竞争。

### 2. 对企业客户的货物仓储、运输及发货状态和趋势进行统计分析

第三方物流企业定期或者按照客户的要求对客户各种商品的仓储、运输和发货等情况进行数据统计，本来这些应该属于增值服务的内容，但是企业可以将其包含于物流总费用之中，甚至以免费的方式提供，以稳定与客户的关系，促使客户产生忠诚，同时对于数据的内容、送达方式、频率、时机等进行设计，体现出真诚服务和人性关怀。另外，一般企业仅进行数据的统计，如果在此基础上以第三方物流企业的名义进行趋势分析，主动提供经过第三方物流企业分析研究得出的关于客户产品的市场需求，竞争、价格态势的结论，并以决策参考的形式提交客户，则又形成事实上的服务差异化和关系的稳定性，形成事实上的双赢关系。

### 3. 实现全方位的高度人性化的物流增值服务

通过分配专职物流营销人员专人与特定客户不间断地沟通，了解客户需求、抱怨、期望等并提供该人员职责和专业范围内的完善服务，与以第三方物流企业的名义向这些客户提供的服务结合的方式，实现全方位的高度人性化的物流增值服务。一般的物流企业仅从企业的层面上

与客户进行互动的沟通，没有设立专人岗位与客户进行更接近日常运作和服务层面的全面沟通，这是造成长期内难以稳定客户和建立真正的忠诚的重要原因。第三方物流企业通过企业层面的沟通传达经营理念，体现个性化服务的优势，又通过专人的日常贴身服务全面解决实际问题，在潜移默化中建立企业与客户、客户与员工之间的情感，无疑有助于稳定与客户长期的关系，积累客户份额和市场份额，给企业带来长久稳定的回报。

### 4. 面向生产企业的客户进行营销努力，并与客户一道促成与客户的目标对象达成交易

一般来说，第三方物流企业要么不遗余力地注重基础设施建设，提供高质量的物流服务，要么将注意力放到生产企业客户上，很少有企业注意到客户的客户。实际上，第三方物流企业在某种程度上比生产企业更接近它的客户，赢得了客户的客户就等于赢得了客户。第三方物流企业独立进行或者与生产企业合作进行关于物流企业客户的产品营销宣传工作，营造物流配送中心的人气，配合客户顺利完成客户的产品交易工作，这样第三方物流企业的客户自然就被吸引过来并与物流企业结成牢固的合作关系。因为对于生产企业来说，它们没有理由放弃能够为自己招徕顾客的第三方物流企业。这就形成双赢的关系，而且体现了物流企业引导需求，创造市场的主动性。

### 5. 充分运用公共关系建立与客户的以忠诚为基础的新型关系

公共关系在第三方物流企业中并没有得到充分的运用，公共关系是建立第三方物流企业和客户之间长久互利的联盟关系的重要手段，它的重要性基于通过资本纽带和简单的利益纽带建立起来的关系。通过第三方物流企业有计划地定期与客户开展公共关系活动，有助于补充基于利益和资本手段建立的关系而缺乏真正情感动力的缺口，使以忠诚、理解、信任、互利为基础的新型合作联盟更容易建立，并使各方共同受益。

## 第三方物流项目营销

第三方物流企业的重要特征是以实现货主企业物流合理化为目的，以客户满意为宗旨。由于客户业务内容及物流服务需求的多样化，一般要求物流企业根据客户物流业务要求制订物流解决方案，构造物流系统，即使是物流企业自己不拥有的资源，只要客户物流业务需要，就要想办法，或投资购进或通过多种方式整合。因此物流企业的每一个客户的开发及物流服务方案的设计都可以作为项目来实施，项目管理已成为第三方物流企业的主要业务内容，甚至出现第三方物流企业管理项目化的趋势。

## 一、第三方物流项目营销的必要性

项目可理解为一个特殊的将被完成的有限任务，它是在一定时间内满足一系列特定目标的多项相关工作的总称。

项目营销是指在项目产品生产（物流操作）以前，对项目的构思、策划、设计、实施、性能、特点等全部内容进行描述，并对项目进行定价、投标、谈判，最终签订合同，实施交换以

满足客户需要，实现双赢的过程。

第三方物流企业在取得某客户的物流服务项目之前，需要对客户的物流需求项目进行详细的了解与研究，并做出"客户物流项目服务计划书"，通过投标或非投标的方式向客户进行销售，在取得客户认可的情况下，签订合作协议（合同）。这一过程就是第三方物流项目营销。

开展项目营销的原因主要有以下几个方面。

### 1．客户对第三方物流企业应变能力的要求越来越高

"以顾客为中心"的现代物流服务模式，使得许多决策由直接面对顾客的基层管理人员（如客户服务经理）来完成。决策的及时化、低层化，使得第三方物流企业的组织结构发生了相应的转变，在企业内部实行分级管理体制，通过权力下放和建立经济责任制提高员工的责任心和自主权，这与项目管理的目标管理思想是一致的。

### 2．分权经营管理体制的出现

随着企业信息化水平的提高，传统的多个职能的组织机构设置将被综合性的、相对独立的部门或工作小组所代替。第三方物流企业的分权经营管理体制为项目营销提供了一定的运作基础。比如，运输业务为主的某物流企业，为了应对市场的激烈竞争与变化，对原先的组织机构进行改革，分解组成三个独立的分公司：集装箱运输公司、快件运输公司和冷藏运输公司，配置相应的物流资源，形成三个"拳头"，开拓物流市场。

### 3．客户生产工艺的变化

时间标准化、专业化、大批量流水式的传统生产工艺已与信息时代的购销方式不相适应。由于消费行为的多样化、个性化发展，生产企业要求建立能够根据顾客要求随时更新产品品种、款式和生产批量的柔性生产体系。作为产品供销的零售企业，为了降低经营风险，必须尽可能地压缩库存，甚至实行"零库存经营"，根据经营中的"畅销品"和"滞销品"情况，确定订货时间、种类与数量，这对第三方物流企业提出新的更高要求。即使服务于同一家厂商，由于柔性生产和"零库存经营"的特点，物流企业需要提供各式各样的"个性化"物流服务产品（如专线配送、专户配送），才能满足需求。有些物流需求可能仅发生一次，这些独特的物流服务，更符合采用项目管理的方式运作，即针对不同需求特点，设定服务合约（包括服务约定、服务方式、服务成本和契约责任等）。

### 4．技术创新和管理创新意识

在信息时代，企业之间的分工主要取决于企业之间的技术优势，而不是资源优势和资金优势。技术创新成为企业赢得市场份额的根本途径。物流活动的优化管理需要信息技术的支持，这将引起第三方物流企业信息管理的革命，废除手工簿记、盘点的落后手段，利用计算机对库存的物品品种、重量、数量、供应商或销售商等信息进行加工、处理，并且与全球定位系统GPS/全球短信息GSM、电子数据交换EDI等一起，构成完整的物流信息链，实现物流的全程跟踪与监控，满足供应链管理需求。技术上优势的发挥，离不开企业在管理上的创新。管理创新是企业根据市场的变化调整企业组织、企业经营管理观念和管理方式的过程。管理创新能够打破陈规陋习，提高企业的运转效率，能够激发员工的技术创新意识并增强企业的活力，这也正是项目管理的特色之一。

### 5．物流方案的策划、设计能力将决定物流企业的生存能力

对第三方物流企业而言，物流方案的策划、设计能力取决于企业所拥有的信息系统硬件、软

件、网络及相关人才，因此物流企业能否成功，关键在于其对人力资源的开发和利用。物流人才，尤其是具备物流方案策划和设计能力的人是第三方物流企业最重要的资本。不同客户的物流解决方案各具特色，这正适合采用项目管理的方式。在这种情况下，一种物流服务产品从创意到走向市场的全过程也就具备了项目的特性，可以当做一个项目来看待；而物流服务产品，从洽谈合作到向顾客正式提交产品的过程也可当做一个项目来管理。总之，在新的市场环境下，工商企业的物流需求日趋项目的特色，因此为满足这些需求的第三方物流企业运营管理也日趋项目化。

据此我们有理由认为项目管理的一些理论与方法可以用于物流企业的运营管理，如项目管理的模式可提高物流企业应对动态、多变的物流市场；项目管理强调团队的作用，可解决物流企业改制中的分权问题、多元化管理问题、资源共享问题和人员的进出问题等。

## 二、第三方物流项目营销阶段与程序

物流项目营销比一般的运输或仓储类物流服务营销难度要大得多。一些成功的项目营销经验还告诉我们，如果仅仅在投标阶段才开始重视项目，那么，几乎没有中标的机会。有效的项目营销活动贯穿于以下三个阶段。

### 1．潜在项目阶段

对于物流项目营销而言，在"潜在项目阶段"尽管项目尚未确定，但第三方物流企业营销人员可以根据客户企业经营大环境的分析，来判断哪些是可能存在物流服务需求的行业或企业。如随着家电行业、汽车行业市场竞争的日趋激烈，提高物流效率、降低物流成本已成为家电制造企业或汽车制造企业提高竞争力的重要手段之一，那么这类行业物流外包就大势所趋。

各行各业竞争都很激烈，因而应按照目标市场选择方法选择有吸引力的客户行业。首先，选择增长速度较快、物流支出较大的行业；其次，再从中选择对物流外包理念易于接受、且竞争对手较少介入的行业；以此类推。选择了行业，再选择企业。尽管客户的物流服务需求千差万别，但同一行业的物流需求在很大程度上具有相似性，第三方物流企业完全可以利用其为某个家电企业提供物流服务的成功经验，开辟其他的家电客户企业，但要注意为具有竞争关系的同行客户企业保守商业机密。

### 2．投标前阶段

潜在项目确认后，营销人员还要继续挖掘信息，进行项目评估，重点考虑项目规模、项目难度，并决策是否继续开展相关工作。如果决定继续进行，要判断是否由本企业自行承担，如果需要联合竞标的合作伙伴，则开始与合作伙伴建立关系并维护关系。

### 3．投标准备阶段

企业内部指定投标班底和项目投标负责人，负责确定标价，项目谈判，直至合同签字。

## 三、第三方物流企业项目营销策略

### 1．改变交易营销为关系营销

物流项目营销所面临的每一个项目都有其独特性和复杂性，同时，项目营销还面临与客户在经济关系上的非连续性特点，如某客户的物流解决方案项目，如果方案设计与方案实现及将来的物流运营商是不同的公司，则承担方案设计项目的公司和承担方案实现项目的公司很可能在项目完结后与客户的关系不再连续。物流项目营销设计并不是简单的投标回应方法设计，物流项目营销的目的，是创造更多连续性交易关系，要使供应商在项目业务中更好的自我定位，建立良好的客户关系并领先于竞争对手。具体做法有如下几点。

（1）在项目之间插入纯粹的社会性接触环节。如举行新技术、新思维发展的讲座、论坛，精心选择对象，同他们建立密切关系，花时间相互了解、赏识对方，进而发展业务。

（2）在同客户建立关系的过程中创造商业性环节。如提供辅助服务、物流知识培训、设备标准化、设备更新、共同研究可能的新发展等。

（3）大客户管理。一个新物流项目可能来自某个子公司或分公司，但如果客户是一家工业集团，供应商就应当意识到可能会面临更多交易机会，并带来双方长期稳定的供求关系。通过有效的大客户管理，根据该集团客户的物流需求特点，设计营销方案，以保持同客户的连续性关系。

（4）选择对项目决策真正具备影响力的角色。要在与项目相关联的众多角色中选择对项目决策真正具备影响力的角色作为主要营销对象，这样可以缩小范围，集中精力于关键角色，这一策略又被称为"高层策略"。一般来说，物流外包决策是客户企业的高层做出的，因此，第三方物流企业营销的主要对象是潜在客户企业的高层，又称总经理营销策略。是否与物流企业合作，把自己的物流业务委托给物流企业，这是企业的重大战略决策，为此，客户企业需要对自己内部的组织机构进行调整，业务流程需要重新组织，人际关系也会有较大变动。这一系列的决定是由客户企业高层或总经理做出的，因此，物流市场营销的最大特点是要进行总经理营销。

对客户企业的高层，应采用专业化的团队营销方法，因为客户企业的高层都是本企业的专家，熟知本企业的产品及流通状况，因此，对他们进行物流营销时，物流企业应派出具有高水平的专业化人员组成团队，在表明自己的物流方案设计水平和运作经验的同时，能分析指出客户现行物流运作与管理中存在的问题的本质和客户应该达到的物流目标，使客户的高层切实感到采用物流企业提出的方案能解决现有物流中的问题并为自己带来较大的效益。只要物流方案获得客户高层的认可，物流企业的项目营销就取得了初步胜利。

### 2. 从被动适应到主动预测

首先，在非项目阶段，尽管项目并不存在，但是第三方物流企业还是应当尽量了解潜在项目的范围，通过分析客户物流运作现状及过去客户项目发展的方式，明确谁是该企业物流决策及影响物流决策的关键角色，发挥什么作用，如何发挥作用，这实际上是一种预测的方法，目的是在预测项目、建立连续性关系时，集中精力于关键角色，这样可以拉近与客户及潜在影响者之间的关系，使项目前景更为乐观。如对潜在的物流客户分析其物流状况，针对其物流活动的运作和管理过程进行诊断，在充分调查研究的基础上，提出潜在客户物流活动中存在的问题，并制订解决问题的方案，与潜在客户反复沟通协商，必要时对客户进行物流知识培训，提高其对物流的认识，明确物流企业可以给他们带来的利益。这一策略体现了创造连续性交易关系的理念，即在非项目阶段就积极切入，并以客户问题专家的身份，主动预测、主动开发客户的物流需求。

### 3. 从被动遵守到主动开发

这是一种在投标前获得优势地位的方法。第三方物流企业的目的是通过与客户的互动关系，与客户共同发掘项目需求，把自己定位于客户问题专家，从而使项目营销从被动接受客户要求，发展成为客户需求的创造者和开发者，这样第三方物流企业不必苦于应付客户需求，而是通过创建项目，超越潜在需求，可以通过客户需求挖掘实现项目挖掘，甚至客户挖掘，最终达到由物流服务供应商创建物流项目概念，开展可行性研究等。

由于第三方物流企业早早就与客户达成紧密合作的关系，通过帮助客户确认问题所在并制订解决方案，这与那些全身心投入到回应客户各项条款中规定的要求的物流服务供应商形成强烈的对比。因此仅仅倾听客户需求进行报盘并不能使投标的物流服务供应商在与竞争对手中独树一帜。

## 4. 内部资源与外部资源相结合

由于物流项目的复杂化、个性化，物流服务供应商无法随时保持拥有项目整体设计所需的所有资源能力，所以要结合使用内部与外部资源，这样既可以形成一定竞争力，又可以降低企业拥有资源的风险，更重要的是可以获得企业所不具备的资源的使用。如对某些国有工业企业进行物流项目营销，可采取与其合作进行物流运作的方法。国有企业从计划经济走出来后，仍有大量的物流资源和从事运输、保管的员工，进行物流业务外包，就意味着原有的物流资源和员工面临巨大变动，有许多国有企业承受不了这种变化，因此，对国有企业进行物流项目营销最好的方法是合作。合作可以有三种模式：一是由双方合资成立独立的物流公司，国有企业可以以其原有物流资源和人员入股，物流企业以技术和资金入股，由合资公司运作其物流；二是由第三方物流企业收购国有企业的物流资源，原有员工可应聘上岗，由第三方物流公司全权运作其物流；三是第三方物流企业与国有企业双方出资成立物流公司，租赁国有企业的物流资源来运作其物流。无论哪种方法，只要国有企业接受其中一种，即达到营销目的。这一合作策略体现了共生营销在物流项目营销实践中的作用，在物流项目营销中第三方物流企业内部资源与外部资源，尤其是客户资源的结合。

## 5. 通过客户需求挖掘实现项目挖掘及客户挖掘

对已有的客户进行精心维护，建立客户档案，不断地与客户沟通交流，虚心聆听客户的意见，认真研究客户服务要求，做到不断提高服务质量，不断提出有益于客户的建议，使客户感到与物流企业确实是紧密的战略伙伴关系，这样不但能长久维护物流服务关系，而且能使客户把更多的物流业务托付给本物流企业，有的还能为物流企业介绍新的客户。这一维护现有客户的策略体现了关系营销、交叉营销、深度营销在物流营销实践中的应用，可以通过客户需求挖掘实现项目挖掘，甚至客户挖掘。

## 四、第三方物流项目招投标

见学习情境 7 之学习项目 3。

## 小知识

### 项目的特征

1. 项目实施的一次性

这是项目最主要的特征，也是与其他日常性工作的最大区别。项目的实施和管理往往没有先例可照搬照套，项目在实施过程中，大都带有创新的性质。

2. 项目目标的明确性

项目目标可分为时间目标，即确切的开始时间和完成时间；成果性目标，即预期的项目结束之后所形成的"产品"或"服务"；约束性目标，又称限制条件，是实现成果性目标的客观条件和人为约束的总称。

3. 项目管理的整体性

项目管理的整体性包括范围的整体性，目标的整体性和过程的整体性。因此，对项目必须实行整体化的管理,任何一个成分的短缺或削弱,都会影响到项目整体目标的实现。

4. 项目与环境之间的相互制约性

项目能否通过立项、顺利实施和交付使用,总是受当时当地的环境条件的制约;项目在其寿命全过程中又会对环境产生积极和消极两方面的影响,从而形成对周围环境的制约。

5. 项目成果的独特性

从整体而言,世界上没有完全相同的项目。项目的独特性可能表现在项目的目标、环境、条件、组织、过程等诸方面。

实践与思考

请为学习情境 1 中上海佳都液压制造有限公司和 5 名自然人共同投资设立的国际货代公司选择目标市场、进行市场定位,并说明采取的策略,同时,为该公司设计一套市场开发方案。

要求:

1. 紧密结合该公司的服务产品、经营策略、所处位置等前面已经设计好的情况进行设计;
2. 有市场细分过程分析;
3. 市场开发方案要具体、详细,有针对性,并且要切合实际、易操作;
4. 有相关假设;
5. 有关信息可以进行虚拟。

### 广州邮政积极开发物流市场

无论从运作内容还是从实质上讲,邮政都是第三方物流企业。广州邮政面对信息化、经济全球化的机遇与挑战,坚持改革创新,坚持"以信息化改造传统邮政,用现代化构筑现代物流企业"作为广州邮政的经营管理理念。广州邮政有着高素质的员工队伍,创造性地建设了物流公众服务网络,实现了信息网络、场地建设无缝隙对接。广州邮政为了增强物流能力,建设了仓储基地、配送基地、物流中心。配送人员可以通过互动短信对信息进行及时反馈,运输车辆通过 CPS 进行指挥调度,基本上形成了以汽车为主的多层次运输配送体系,运输配送能力强。这些环境因素为广州邮政积极开拓物流市场,提供专业化的客户服务提供了基础。

广州邮政坚持"顾客第一"的企业精神，向员工灌输"服务就是生命"的理念。在传统邮政业务大幅萎缩的情况下，广州邮政紧紧抓住现代物流发展的机遇，以市场为导向，为客户提供多元化的服务，为客户设计各种个性化的物流服务。

1．同城配送服务

广州邮政整合邮政独有的联系千家万户的末端投递网络，根据客户对时限的不同要求，提供实时、定时的专递服务，为方便用户，还提供代客购物、代收货款等业务。为开发物流市场，为客户开展的同城配送服务有：

（1）商业物流服务。以轻型物流为主，主要发展体积小、重量轻、价值高的商品或产品的配送业务，主要是电子产品、日化产品、日常用品、食品、百货、纸质物品（如票证、书报、宣传材料）、音像制品等。

（2）连锁店商品配送业务。主要是连锁超市、连锁商场、连锁便利店、连锁药店等。

（3）厂商的分销物流服务。主要目标是生活用品的制造企业或大的代理商或经销商。

（4）电子商务配送业务。为商务网站、呼叫中心、电视购物厂商提供商品送递与上门送货收款、网上支付、电话支付等收款服务。

（5）政务专递业务。与政府、事业单位和公用企业部门合作，在税务专邮，身份证、护照、法律文书专送等基础上，拓展文件、办公用品、礼品的送递业务。

2．货运服务

广州邮政是国家经贸委批准的国家一级货代企业，全面代理航空、铁路、公路、水路、海运等及多式联运的货运代理业务；提供各类零担、包车服务。

3．快件监管服务

广州邮政快件监管中心是广州地区现有的两家国际快件监管中心之一，具有对进、出、转口的邮件、快件和货物的仓储、运输等进行监管的功能。

4．仓储及延伸服务

目前，广州邮政的仓储总面积超过7万平方米，既有普通商务仓库，也有保温保湿的空调仓库，可以满足不同客户不同层次的需要；为客户提供一站式服务，还推出代报关、代加工、代包装等延伸服务。

请回答：

1．广州邮政为客户提供了哪些增值服务？

2．广州邮政的客户服务市场是怎样来定位的？它涉及哪些行业？

知识巩固题

1．物流市场细分的含义是什么？进行物流市场细分有哪些作用？

2．第三方物流企业进行市场细分的标准是什么？

3．第三方物流企业市场细分的方法有哪些？

4．什么是物流目标市场？选择物流目标市场的基本条件有哪些？可采用哪些选择策略？

5．影响第三方物流企业目标市场选择策略的因素有哪些？

6．什么是物流市场定位？进行物流市场定位时应遵循什么原则？需要经过哪几个步骤？

7．第三方物流企业市场开发的一般方法有哪些？

8．第三方物流企业市场开发的新策略有哪些？

9．为什么说项目营销是第三方物流企业开发市场的主要方法？

10．第三方物流企业进行项目营销是可采取哪些策略？

## 学习目标

通过本情境的学习，学生能够了解第三方物流服务项目方案设计的含义与形式、第三方物流服务项目招投标的含义与程序，知晓第三方物流服务项目方案的基本内容与基本格式、第三方物流服务项目招标评标标准，掌握第三方物流服务项目方案设计的内容和程序及第三方物流服务项目方案设计要点，能针对物流客户的不同需求，设计、制订相应的物流服务项目方案。

广州市烟草专卖局（广州市烟草贸易公司、广东烟草广州市有限公司）是广州地区国家烟草专卖专营机构，负责广州地区烟草制品的专卖管理，经营范围以国产卷烟为主，兼营进口卷烟。局领导研究决定将烟卷的配送与运输业务外包出去，具体情况如下。

一、配送标的

1. 配送物品：由塑料周转箱和环保编织袋装载的条装卷烟。

2. 配送数量：烟草配送量约 43.8 万大箱，折合约 219 万件卷烟（详见表 7-1）。

3. 随车人员：每辆车有送货员 1~2 名。

4. 配送起点：（1）荔湾区陇溪大道的卷烟物流配送中心。（2）番禺、增城、从化、花都的四个中转站。

5. 配送终点：各区域大街小巷约 28 000 个网点。

配送示意图见图 7-1。

二、运输标的

1. 运输物品：连同木质托盘的由塑料周转箱和环保编织袋装载的条状卷烟。

2. 运输数量：广州番禺、增城、从化、花都区域的卷烟配送量约为 17 万大箱，折合约 86 万件卷烟（详见表 7-1）。

3. 运输起点：广州市荔湾区龙溪大道的卷烟物流配送中心。

4. 运输终点：广州烟草位于番禺、增城、从化、花都的四个中转站。

运输示意图见图 7-2。

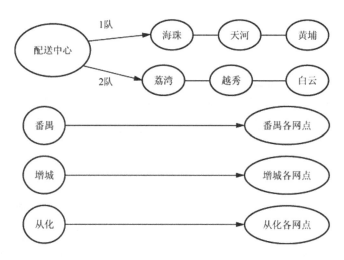

图 7-1  配送示意图

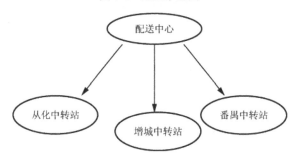

图 7-2  运输示意图

表 7-1  2009 年广州烟草卷烟配送量分布表

| 区　　域 | | 卷烟配送数量 | 所占比例 |
|---|---|---|---|
| 荔湾物流配送中心 | 送货 1 队（配送到天河、海珠、黄埔） | 约 61.6 万件 | 28.09% |
| | 送货 2 队（配送到白云、荔湾、越秀） | 约 71.7 万件 | 37.71% |
| 番禺中转站 | | 约 31.7 万件 | 14.46% |
| 增城中转站 | | 约 21.8 万件 | 9.96% |
| 花都中转站 | | 约 19.2 万件 | 8.76% |
| 从化中转站 | | 约 13.2 万件 | 6.02% |
| 合　　计 | | 约 219.2 万件 | 100% |

　　假设 2009 年在广州地区共有客户约 28 000 户，每户零售客户基本上是每周订货 1~2 次，表 7-2 列出了每队每月零售户次情况。

表7-2　2009年广州烟草卷烟配送户次分布

| 月份 \ 户次 | 送货1队 | 送货2队 | 番禺中转站 | 增城中转站 | 从化中转站 | 花都中转站 |
|---|---|---|---|---|---|---|
| 1月 | 24 296 | 31 702 | 20 922 | 12 107 | 8 347 | 10 573 |
| 2月 | 17 127 | 20 313 | 12 244 | 8 074 | 5 511 | 6 858 |
| 3月 | 25 524 | 29 226 | 17 831 | 11 630 | 7 737 | 9 948 |
| 4月 | 23 593 | 26 701 | 16 087 | 10 850 | 6 903 | 9 273 |
| 5月 | 24 902 | 28 139 | 17 825 | 11 579 | 7 144 | 9 386 |
| 6月 | 24 489 | 27 796 | 16 873 | 10 886 | 6 984 | 9 216 |
| 7月 | 28 251 | 30 755 | 19 491 | 12 405 | 7 898 | 10 363 |
| 8月 | 26 237 | 29 447 | 19 132 | 11 710 | 7 453 | 9 603 |
| 9月 | 25 707 | 28 747 | 17 320 | 11 692 | 7 276 | 9 704 |
| 10月 | 25 271 | 28 832 | 17 415 | 11 540 | 7 326 | 9 785 |
| 11月 | 25 575 | 29 191 | 17 434 | 11 785 | 7 340 | 9 745 |
| 12月 | 24 136 | 27 148 | 16 273 | 10 888 | 6 939 | 9 055 |
| 合计 | 295 108 | 337 997 | 206 847 | 135 146 | 86 858 | 113 509 |

三、对配送、运输车辆车型及车厢要求

1. 香烟运载的周转箱尺寸

周转箱尺寸为 $550 \times 320 \times 310$（$mm^3$），最多可装25条卷烟，如图7-3所示。

2. 车辆的要求

（1）负责市区内配送，可以在市区内任何街道行驶的小型货车（0.9吨以上，可以装载180个周转箱）；

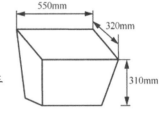

图7-3　卷烟周转箱

（2）负责市区以外区域配送的小型货车；

（3）负责市区到外区中转站运输的大、中型货车（运输时必须可以平铺16个托板，每个托板的规格为 $1250mm \times 1000mm$）；

（4）每台车的行驶里程参考值是7 200km/年。

四、任务

请根据上述资料，以张甲和李乙投资设立的运输配送公司的名义设计适合广州烟草需求的物流整体解决方案。

要求：

1. 该整体解决方案应包含烟草配送与运输的运营模式、烟草配送与运输体系两个方面的内容；

2. 烟草配送与运输的运营模式应能满足广州烟草物流在现阶段为其下属28 000个网点提供及时服务的需要，同时也要注意成本的控制；

3. 设计烟草配送与运输体系时，应包含下述内容：一是要阐述相关假设条件、方法论及数学模型，二是要设计广州烟草物流配送的服务网络，三是要设计广州烟草如何进行运输与配送调度及优化的方案，四是要设计配送环节中具体业务操作和可能的增值服务；

4. 根据设计的运营模式，计算出提供配送与运输方案中每件烟的单位服务价格；

5. 设计满足广州烟草物流需要的信息系统（描述该信息系统的功能模块需求）；

6. 针对广州烟草物流的实际，为实施配送与运输物流服务设计组织架构，进行岗位设置，并对各部门进行工作职能描述；

7. 相关信息可以进行虚拟。

# Project 1 学习项目 第三方物流服务项目方案的基本内容与设计程序

第三方物流服务项目方案是第三方物流企业提出的物流服务解决方案。客户提出的物流服务要求不尽相同，客户的产品千差万别，因此物流服务方案的形式和内容也不尽相同。但无论什么样的方案，其基本条件是都要能够为客户提供合理的、低成本的、高效率的物流服务。基于这一点，物流服务方案的基本内容是有共性的，其设计程序也是大致相同的。

## 一、第三方物流服务项目方案的含义与形式

第三方物流服务项目方案是依托第三方物流服务项目而做出的物流项目规划和实施计划，是第三方物流企业提出的物流服务解决方案，是物流项目服务的承诺、方法、措施及建议，既是计划书，又是可行性报告，更是作业指导书。

第三方物流服务项目方案设计是对物流方案的理念、目标、物流服务承诺、实现的条件和资质、物流服务价格、物流方案各环节的标准化业务流程、方案实施的时间计划，以及所涉及的工程、技术、经济等各方面的条件和情况进行详尽、全面地研究和论证，并对组织结构、规章制度、人员培训、岗位设立和企业文化等各方面做出具体的规划和实施的方法和措施，使其成为一个操作性强的物流方案。

第三方物流服务项目方案主要有三种形式：一是向客户企业进行物流服务投标而形成的物流方案；二是指物流客户提出具体的物流服务要求，或者提出物流服务意向，物流企业通过分析这些具体要求和意向，针对客户的物流实际情况进行策划和设计的物流服务方案；三是物流企业在分析研究物流市场中，自己发现物流市场机会，并经充分论证和实际考察，逐步形成的社会物流方案。具体包括以下几种形式。

### 1. 投标书与合同

客户企业在需要进行物流服务外包时，往往按照国际采购原则进行物流服务项目招标。在招标书中，物流客户会提出详细的服务要求，包括服务水平、服务质量、服务价格、服务建议以及投标物流企业的资质等。参加投标的物流企业会组建投标小组，在详细分析、研究和评估招标书中的内容后，投标小组发挥他们的物流知识和专业技术水平，充分利用他们的经验，制作物流服务投标书。这份投标书就是物流方案设计报告书。经过几轮投标后，最后中标的物流

企业还要与客户签订一份物流服务合同。物流服务投标书和合同就是一种物流服务项目方案的形式。

### 2．物流项目建议书

物流项目建议书是一种简单的物流方案。它是在客户物流服务的框架要求之下所做出的关于能基本满足物流服务要求的思想、概念和初步的服务承诺，以及能达到承诺所具有的服务能力，展示物流服务优势是物流项目建议书的重要组成部分。同时，在项目建议书中可以阐明自身的物流服务模式，使客户对其物流服务水平和服务质量有一个大致了解，如有必要，也可以初步做出服务报价。项目建议书是进行物流市场营销的重要手段之一。

### 3．具体的物流项目方案报告

具体的物流项目方案报告是针对具体的工商企业的物流需求而设计的解决方案。这种物流方案针对性强、富有个性，能满足具体企业的物流需求。

## 二、第三方物流服务项目方案的基本内容与基本格式

### （一）第三方物流服务项目方案的基本内容

各种物流方案都是为提供合理的、低成本、高效率的物流服务而做出的，因此，都有共同的基本内容，这些基本内容由如下几个部分组成。

### 1．方案的基本目标

所有的物流解决方案都要以客户需求为中心，全心全意为客户服务，以与客户结成战略伙伴关系为宗旨。因此，在第一部分中，应该把解决的具体目标阐述清楚，指明物流服务范围，做出物流服务承诺，以及为达到承诺而采取的措施。如果是标准的物流方案，在第一部分中必须做出明确的服务报价以及报价的原则，使客户对方案的全貌有一个大致的了解。

### 2．资源和优势的介绍

第三方物流企业给客户设计物流方案，必须把自己企业的资质、物流资源、物流服务优势等在方案中介绍清楚，使客户对物流企业有深刻的认识，比如，已有的车队，仓库的类型、数量，可控的车队规模，整合社会物流资源的能力，物流服务的经验和已做过的成功案例等。这部分内容也是第一部分中服务承诺实现的基本条件。

### 3．物流服务模式

物流解决方案的核心是物流服务模式设计，这部分是方案的重点。对物流服务的两个主要环节即仓储管理技术和运输、配送管理及其优化方式，要给予详尽的说明。要将物流服务模式分为几个主要环节，对这几个主要环节的业务流程、优化方法、控制手段、管理方式进行描述，做到更加明确、更加细致和更加具有可操作性。可采用流程图形式加以说明，使产品或商品在环节内流转和环节外运动都有标准的运作方式，要落实具体负责人员。在运输合理化中，可以列举多种优化方式，并给予具体计算说明。由于优化的目标不同，可提出多种方式供客户选择。对每个环节，要给予详细的服务价格说明。常用的服务价格的计算有如下几种方法：一是成本加利润，详细地列出每个环节的物流运作所需要的成本，分析要细致，测算要准确，比如，在仓库存储费用中，人工费是根据需要几名库管员、叉车司机、系统录入员、保安、清洁工及他

们的工资基准和各项福利费用等情况提出的，各种成本列清以后，根据需要加上一定比例的利润；二是依市场流行价格提出报价；三是根据自己经验报价，服务价格在方案中占有十分重要的地位，必须谨慎对待。

### 4．物流信息服务模式

物流方案中，物流信息的服务水平标志着物流方案设计的水平。充分利用 IT 技术，建设物流信息网络，是提供高水平、低成本物流服务的基础。物流信息服务模式主要根据客户的物流需求而定，如果客户不要求高水平的仓库适时动态监控、运输和配送的不定期监控，就没有必要设计 GPS、MK 等高水平的物流软件系统，这会造成巨大投资，增加物流服务成本。物流信息系统设计，根据物流服务模式，以实用、节约为原则。这部分内容，主要展示物流信息系统的流程图、功能模块及系统所能产生的作用，说明应简要，以应用为主，使客户对此物流信息系统感到满意即可。

### 5．物流服务建议和补充

好的物流方案，不但能满足客户提出的物流服务需求，而且能提出许多有益的建议，使物流服务成本进一步降低，服务效率进一步提高。第三方物流企业是专业的物流公司，因此在为客户提供物流服务时应有自己独有的技术和方法，用这些技术和方法提出的物流服务模式应该在客户的预料之外。这些内容可以以建议的形式提出，供客户选择。因为有些建议可能附加其他的条件，有些条件客户不一定具备，因此，需要客户加以斟酌。

### 6．结束语

简单的结束语可以概括物流服务理念，进一步表示真诚合作的思想，这样会加深两公司之间的合作伙伴关系。

### （二）第三方物流服务项目方案的基本格式

#### 1．前言

这部分介绍方案形成宗旨、服务承诺、本企业优势和成功的物流服务客户。

#### 2．报价

按客户要求提出总体报价、分项报价及特殊操作费率。

#### 3．分环节方案设计

分环节方案设计包括运输方案、仓储方案、物流信息方案等，这部分是方案设计的重点。

#### 4．服务组织

这部分介绍实施方案的组织机构、各类人员素质水平等。

#### 5．服务质量

这部分介绍设计的服务质量保障体系，应使客户感到放心。

#### 6．附录

## 三、第三方物流服务项目方案设计的内容

第三方物流服务项目方案设计的内容包括方案可行性研究和方案运作设计研究，设计内容如下：

### 1．物流服务方案宗旨

这部分阐述物流方案提出的背景，包括方案的必要性和经济意义，方案要达到的目标，或物流客户的物流服务要求及对客户的承诺。这部分设计的总体要求是：定义明确，理念新颖，概念创新。

### 2．物流服务报价

这部分阐述物流方案的物流服务范围和需求预测及规模，物流服务报价，包括总报价和分部分报价，以及报价细则。这部分内容的设计要求是：目标明确，预测合理，报价合适。

### 3．物流方案的技术设计

这部分是把整个物流方案分解为物流环节方案，确定各物流环节目标、服务承诺、采取的服务措施，包括采用的技术方法和设备、技术来源，各环节的标准业务流程设计。这部分内容设计的要求是：以最新的优化技术、业务流程再造的理论，提出对各部分的论证，业务流程应详尽，操作说明应细致。

### 4．仓储管理设计

仓储管理设计包括仓库的选择，仓库的类型，对仓库的要求，新建仓库的结构设计，改造现有仓库的计划，仓库的库区划分、堆码的设计、库位的编码。这部分设计的要求是：提出仓库管理的具体要求，进行仓库管理的计算机信息系统的设计和实施，叉车和货架、托盘的选择，进行仓库管理组织、劳动定员和人员培训的估算。

### 5．运输和配送环节设计

这一部分的设计是在方案目标的要求下，进行内外交通运输方式的比较和初步选择，设计多式联运的运行模式，车队资源和运输分承包商的初步的采购措施和监控办法，进行车辆运输优化设计和运输的管理信息系统的设计，进行运输和配送的业务流程、运输成本的估算以及效益分析。这部分设计最能体现物流服务水平。

### 6．物流方案运作的质量保证体系

这一部分是设计方案实施的组织管理，包括组织结构、岗位职责及其在业务流程中的地位和作用，规章制度的设立，组织机构的运行模式，ISO 9000 系列的认证，运行故障处理流程，客户投诉的处理办法以及关键操作指标的构成和水平等。

### 7．提出对物流客户有益的物流服务建议

这一部分是提出对运作模式优化方案的建议，对建立物流信息网络及与客户对接的建议，对运输装载方法和海内外运输模式的建议，对进一步降低物流费用的建议，物流客户交流沟通渠道的建议等。

## 四、第三方物流服务项目方案设计的程序

### 1. 调研和收集资料

调研阶段是第三方物流企业在对客户物流需求进行详细、深入分析的基础上，对具体的物流过程进行分析，这一阶段的工作大致如下：①对客户现有的物流过程进行描述；②对客户现有物流体系的绩效进行评价；③与客户同行业中先进企业的物流实践进行对比；④找出第三方物流企业的机会点。

在调研基础上，通过一系列的指标对客户物流体系的绩效进行评价，再与客户同业中的标杆企业进行对比分析，就可以发现客户企业现有物流体系存在的问题与不足，找到解决问题的关键所在，也就是第三方物流企业的机会点。

### 2. 构思和规划总体方案

针对客户企业具体的情况和物流现状，并结合方案的目标，方案设计小组构思总体的物流方案，并可以提出一些创新性的思想和方法。例如，策划某销售物流方案时，需要规划仓库的面积、运输车队的车型和数量、物流信息系统和设计方法，以及物流业务的类型和流程等。

### 3. 物流项目方案功能模块设计

对组成总体方案的各部分的功能模块进行设计，包括运输模块、仓储模块、配送模块、信息系统模块等，此外，还包括具体的实施步骤，应采用的方法和技术措施及拟购置的设备和拟建立的设施等。

### 4. 物流项目方案的优选

根据物流项目方案建议书，结合市场环境和资源数据的调研，在对客户的物流现状进行分析和具体要求下，在收集和整理设计资料和数据的基础上，提出若干种可供选择的设计方案，进行比较和评价，从中选择、推荐最佳设计方案。对设计方案有重大问题或有争论问题，要同物流客户共同讨论确定。

### 5. 标准业务流程设计

标准业务流程设计包括整个物流业务所经历的所有流程。整体业务流程是指各环节业务流程的总和及其之间的逻辑关系，在方案中可以用清晰的流程图表示。分环节业务流程如仓储业务流程、运输业务流程、配送业务流程、加工、业务流程等，除用流程图表示外，还要附以详尽说明，使之作为各业务员的操作标准。各种物流方案的不同，主要体现在 SOP 的不同上。

### 6. 技术可行性分析

对物流方案涉及的物流技术，尤其是自主创新设计的物流模式，要进行技术可行性的分析论证。如无人仓库设计方案提出使用仓库机器人，就需要对目前机器人的技术水平是否能达到设计要求等问题进行充分的论证。总之，必须使设计出的方案在技术上是可以实现的。

### 7. 成本分析和效益评价

成本分析和效益评价又称物流方案的经济可行性分析。在设计物流方案时，对方案涉及的成本要认真地估算，涉及的投资要在完成任务的前提下最小化。按物流方案运作所需成本的标准，对各个部分进行成本分解测算，然后综合各个部分的成本，进行整体物流方案的成本估算。物流成本比较复杂，现今又无统一的计算标准，因此，应按物流方案的具体情况编制计算方法，

估算越精确越好。物流方案实施后的收入要实事求是，在参照物流市场中类似物流服务价格的基础上，结合本方案的物流成本，本着与客户双赢的原则，提出合理的报价，以此为依据测算收入。对经济效益进行评价的基础是建立相应的评价指标。

当方案的经济结论不能达到有关要求时，如投资回收期过长，净现值小于零等，需对方案进行重新设计。

### 8. 编写方案报告

在完成上述工作后，要编写详细的项目方案报告。

## 第三方物流服务项目方案设计的原则

**1. 第三方物流服务项目方案设计的目的性原则**

第三方物流服务项目方案设计的目标是追求方案实施后的物流总成本最小，客户服务质量好，总库存最少及运输时间最短，配送及时等。当具体的物流项目涉及的物流的对象产品不同时，目标的侧重点有所不同，但以下的基本目标是每个方案应追求的。

（1）总成本最小。在物流费用中如仓储费、运输费、库存管理费、简单加工费等，与物流中的其他成本费用是相互联系的，必须将各个物流环节作为一个有机整体考虑，方案设计的根本目标是追求方案实施的整体成本总和为最小。

（2）服务质量好。要设计一个效率高、效果好的物流方案必须同时考虑总成本费用与客户服务质量水平，方案的最终目标是要使客户满意，但服务质量和服务成本互相制约，因此设计的物流方案就是要在低的物流费用中，实现好的客户服务质量。

**2. 第三方物流服务项目方案设计的系统性原则**

方案设计应遵循系统工程的集成与分解相结合的原则。集成是从局部到整体自下而上资源信息集中的过程，强调的是物流的整合性和一体化的特征。方案的分解是从全局到局部由上到下的过程，强调在物流方案全局战略规划和决策的前提下，通过物流方案的目标分解来实现物流资源的合理配置，并且具体实现各个环节的目标。但应注意各个环节最优之和并不等于整个方案最优。集成和分解是相互依赖、相互促进、不断交互的关系，共同实现方案的优化设计。

**3. 第三方物流服务项目方案设计的精炼化原则**

将优良的物流资源和物流流程精炼化也是物流方案设计的原则。精炼化原则通过删除不能增值的环节，设计适宜的流程，选择合理的分包商，实现强强联合，集中精力致力于各自核心的业务过程，使设计的物流方案既功能完备、灵活高效，又具快速的反应能力。精炼化不是简单化，而是避免设计的庞杂。要抓住重点、突出重点、掌握要领。

**4. 第三方物流服务项目方案设计的创新性原则**

第三方物流服务项目方案设计本身就是创新思维产物，作为一种新型的管理模式，物流方案设计要坚持创新性原则。创新性体现在设计方案时敢于突破陈规，大胆质疑现有的物流管理方法，采用新的更先进的物流技术，从新的角度和新的视野审视原有的物流模式和体系，进行创造性的创新设计。

# 第三方物流服务项目方案设计要点

第三方物流企业提供的最基本的服务是运输、仓储和配送服务，这三类服务是客户最基本的服务需求，也是第三方物流企业中占据份额最大的业务。这三类服务如能做好，第三方物流企业就能立足市场，获得生存。因此，设计科学、合理、低成本、高效率、个性化的运输、仓储、配送服务解决方案，是第三方物流企业的基础性工作，也是一项战略性工作。

## 一、运输方案设计要点

### 1. 运输方式的选择

运输方式的选择一般要考虑三个因素：一是运输成本；二是运输方式的时间问题；三是安全性。

### 2. 运输工具和装载技术的选择

在方案的设计中选择的运输工具要适合运输物品的运输保管要求。以公路运输为例，有各种运输车辆，如集装箱车、厢式车、敞篷车、平板车、冷藏车、恒温车等。选择的车型一要保证运输货物安全，二要保证运输货物无破损，三要保证运输成本低，四要保证运输的及时性。货物的装载技术要经过反复试验，确保货物在运输中不变形、不损坏，又能使车辆达到满仓满载，最大程度提高运输车辆的使用效率。

多式联运是优化运输的一种方法。如海-铁-公（路）联运或海-公、海-铁、铁-公联运等。选择多式联运的方式时除了要以效率和成本作为主要因素外，还要考虑多式联运的协调性。现在有许多运输优化模型可供选用来解决运输合理性问题，如运输线路选择模型、运输组织优化模型、车辆调度模型、运输整合模型、复合运输选择模型等。

### 3. 运输流程设计

运输流程包括制单、托运手续、运输信息、应急方案等。制单是指制订物品的运单和交接单，也是承运的依据和计费的原始凭证，一经签订便具有法律效力。设计托运手续和交接过程要保证数量准确、质量完好；设计运输信息查询要简便实用；设计应急处理过程应注意交通事故处理、紧急抛锚处理和货物短缺处理；另外，还应有客户投诉的处理流程。

### 4. 现代运输管理系统设计

现代运输管理系统是集运输工具、运输技术和管理手段为一个整体，以计算机网络技术为基础的信息化管理系统，它能提供各种运输信息供决策者参考使用。整个运输管理系统强调低成本、快速响应和高质量运输服务，根据运输物品的特征和要求，自动调度适配车辆，选择最佳的运输方式和线路，实现装卸自动化。可以设计多种形式的为特定客户服务的运输管理系统，满足客户的个性化要求。

5．线路优化与网络优化

6．运输标准操作流程设计

可绘制一份运输标准操作流程图。

7．意外事故处理流程

可绘制一份意外事故处理流程图。

8．运输服务指标体系及保障措施

（1）运输服务指标体系

根据客户的要求，对运输准时率、货损货差率、客户投诉率等做出具体的承诺。
（2）运输服务质量保障措施

要制定详细的运输服务质量保障措施。

### （九）对客户的建议

## 二、仓储方案设计要点

### （一）仓库的选择

（1）仓库位置。由于所需使用面积较大，仓库的位置一般选择在价格便宜的地方。
（2）仓库类型。出入库频繁的，选择平房仓，不频繁的，选择楼房仓也可。
（3）仓库结构。对新建仓库要进行结构规划设计。

### （二）库存量的确定

#### 1．非季节性产品

非季节性产品的需求量随季节的波动性不大，各月之间库存量应均衡。库存方案设计如下：
（1）经济库存量

① 考虑因素：年货物周转总量或某点的需求总量、运费、订单处理费用、单件商品的储存成本。年货物周转总量根据历史数据或销售预测得来（年货运周转量＝历史数据×波动系数）；运费、订单处理费用及单件商品的储存成本的确定方法：同种商品由往年的历史数据得来；在确定的线路上，运费、订单处理费和某点单件储存费可通过预算得来。

② 方法：经济库存量规划法。货物价值密度高，单件储存成本高的货物，采用定量库存模型；货物价值密度低，单件储存成本低的货物采用定期库存模型。
（2）面积

① 考虑因素：堆码系数、堆码限高。影响堆码系数的因素有：产品种类、批次要求、外包装的体积、表面积的光滑平整程度、堆码时的紧密程度。

② 方法：面积＝经济库存体积量（或客户要求的库存体积量）÷（堆码层数×单件高度×堆码系数）。

## 2．季节性产品

（1）单品。

① 经济库存量。

a．考虑因素：旺季周期、旺季周转量或某点的需求总量、旺季时的运费、订单处理费用、旺季时单件商品的储存成本；淡季周期、淡季周转量或某点的需求总量、淡季时的运费、订单处理费用、淡季时单件商品的储存成本。

b．方法：经济库存量规划。货物价值密度高，单件储存成本高的货物，采用定量库存模型；货物价值密度低，单件储存成本低的货物采用定期库存模型。

② 面积。

a．考虑因素：堆码系数、堆码限高。堆码系数的确定方式如上所述。

b．方法：面积＝经济库存体积量（或客户要求的库存体积量）÷（堆码层数×单件高度×堆码系数）。

（2）多品。一般一个厂商会有多种产品，多种产品组合的仓储方案设计如下：

① 库存量。考虑因素：某点上各种商品周转量之和。

② 面积。根据各种商品周转量某时的最大量确定该点的库存面积。方法如上所述。

### （三）编码、堆垛设计

编码、堆垛设计包括地区、库区、商品、库位等的编码及堆垛的垛型设计。

### （四）标准作业流程设计

（1）入库作业标准化流程。

（2）在库管理作业标准化流程及管理规则。

（3）出库作业标准化流程。

### （五）仓储服务信息化方案

### （六）可提供的增值服务

### （七）仓储服务质量指标体系

对收发差错率、货物损耗率、订单准确率、客户投诉率、准时交货率、缺货率等做出具体的承诺。

### （八）仓储服务质量保障措施

### （九）对客户的建议

## 三、配送方案设计要点

### （一）车型的选择

根据货物运量的需要和配载合理性，选择合适的吨位，尽量做到满载；根据货物的价格和商品性质，或客户的特定要求，以及城市道路交通管理的规定，选择能在市内通行的封闭车、半封闭车、保温车或冷藏车等车辆。

## （二）线路规划

编制目标为：时间短、线路合理、满载。

### 1．一线多卸

（1）考虑因素：运货总量、装货点位置、卸货点位置和个数、最大卸货点位置、各点的卸货量。

（2）方法：根据起始点货运量选择车辆吨位；根据始发点和卸货点，规划闭合线路，选择卸货次序。

### 2．多点多卸

（1）考虑因素：可能的最大装货量、各装货点位置、各点的装货量、卸货点位置和个数、最大卸货点位置、各点的卸货量。

（2）方法：根据某点的最大装货量选择车辆吨位。

### 3．不同客户货物的配载

考虑因素：时间差、各个客户的装货量、各装货点位置、卸货点位置和个数、各点的卸货量。

## （三）配送网络设计

## （四）配送计划设计

配送计划既是配送时间计划也是配送组织计划。在策划物流配送方案时，可设计出生成配送计划的软件系统，将订单输入后，能自动生成初期的配送计划，然后再人工加以调整。

配送计划水平的高低直接影响物流配送的优势。

## （五）配送标准化流程设计

1．配送标准化流程。
2．紧急订单处理流程。
3．意外事故处理流程。
4．客户投诉处理流程。

## （六）配送管理信息化方案

## （七）配送优化措施

## （八）配送服务指标体系

对配送的可靠性、及时率、准确率、货损货差率、客户投诉率、服务的柔性化等做出具体的承诺。

## （九）配送服务质量保障措施

## （十）对客户的建议

## 四、第三方物流服务项目设计样例

L 物流公司为某饮料公司设计的物流方案内容（节选）。

### （一）L 公司比较优势

（1）公司概况（略）

（2）L 公司比较优势

① 网络优势。

② 基础设施。

③ 信息技术。

④ 物流服务。凭借完善的物流解决方案、严谨的供应链营运管理和先进的信息技术，L 公司为客户提供多元化的增值服务，帮助客户提高物流效率、降低成本，从而增强客户的市场竞争力，为客户赢取行业领先优势。目前 L 公司正为多家企业提供全方位的综合物流服务。

⑤ 质量控制。L 公司自 1994 年开始进行 ISO 9000 质量认证体系的建立和认证工作以来，集团内已有近 40 家企业通过了英国 SGS、挪威 DNV 等国际权威认证机构的 ISO 9002 质量体系认证。

⑥ 本土化服务。L 公司在中国市场上运作了半个多世纪，对国内的情况非常熟悉，与当地政府、各级管理部门、港口等具有密切的联系。L 公司的专业管理队伍拥有丰富的营运经验和行业知识，对中国的物流市场有着透彻的了解，同时具备广泛的国际合作经验。L 公司提倡优秀的团队合作精神和积极向上的企业文化，配合以市场为导向的管理架构，致力提升员工的效率与生产力。"安全、迅速、准确、节省、方便"是 L 公司对客户永远不变的承诺。

⑦ 良好的合作基础。L 公司与 K 公司已经开通了由大连到丹东的干线运输合作，并运转正常。这对我们进一步为 K 公司提供一体化综合物流服务奠定了良好的基础。

### （二）方案概述

L 公司愿与 K 公司建立战略合作伙伴关系，应用供应链管理理念，以广泛的物流网络、先进的物流信息系统为依托，与 K 公司携手设计一整套符合国际标准的整体物流服务方案，从而达到 K 公司提高产品的竞争力、降低物流成本、提高物流服务质量的目的。

#### 1. 服务宗旨

我们的服务宗旨是为 K 公司提供优质、高效、低成本、具有创新性的综合物流服务，从而提高 K 公司产品的竞争力。

L 公司愿为 K 公司的发展充分贡献自己的管理资源及网络资源，提供仓储、配送等综合物流服务。为了能更好地为 K 公司提供物流服务，L 公司成立了专门的项目组，仔细分析了 K 公司在东北地区的配送业务，认为 L 公司能够提供满足 K 公司需要的物流服务，并有能力在降低 K 公司现有仓储、运输等物流环节成本的基础上，进一步为 K 公司提供现代化的综合物流服务。基于双方共同发展的目的，通过我们专业化的优质物流服务与 K 公司建立长期、稳定、可信赖的战略合作伙伴关系。

#### 2. 服务目标

（1）为 K 公司提供从大连中心库到丹东地区各分销商的低成本、高质量、无缝隙的综合物流服务。

（2）根据 K 公司的要求，制定先进的管理规章制度，实施科学合理的标准化仓库作业流程，为 K 公司提供符合国际标准的物流服务。

（3）实现 K 公司物流链的高度信息化。实现 K 公司从产品出厂、干线运输、仓储管理直至最后完成配送的物流全过程的信息化操作；同时，信息系统与 K 公司系统实现完全兼容，为 K 公司提供货物在途信息动态查询和跟踪服务，以满足 K 公司的业务需求。

（4）发挥 L 公司网络和管理优势，对干线运输进行整合，降低库存量，从而降低仓储成本。

（5）通过对 K 公司配送方案进行优化，在保证配送质量的同时，降低配送成本。

（6）与 K 公司保持不间断的实时联系，组建 K 公司物流项目窗口，随时接收 K 公司的建议和指示，不断提高物流服务水平，对 K 公司的物流需求做出灵活、快捷的反应，为 K 公司创造尽可能大的利润空间。

### 3．K 公司物流项目整体实施方案

（1）L 公司成立 K 公司物流项目组，由物流管理、技术、信息、财务等方面的专业技术人才组成，依据先进的物流供应链理论并结合中国的实际情况，为 K 公司设计低成本、高效率、个性化的满足丹东地区 K 公司配送需求的物流方案。

（2）建立现代化 K 公司 RDC，配备专业化的管理人员和操作人员；建立安全、可靠的 RDC 信息系统。

（3）为提高仓库管理水平，实现仓储、配送管理的电子化、信息化。

（4）配备专用运输车辆，根据 K 公司的销售情况，确定合理的车队规模和运力，保证干线运输及配送的安全性、准时性和可靠性。

（5）项目经理定期向 K 公司汇报物流管理状况，听取 K 公司意见，随时对配送方案进行再优化。

L 公司作为中国第一家在境外上市的综合物流服务供应商，一贯遵循"诚信守约"，在丹东已经准备了 K 公司 RDC 的用地，并完成了 RDC 的整体规划和信息系统，做好了基础设施建设及保证 RDC 的正常运作资金的准备，并且制定了 K 公司配送物流的标准化流程。我们相信这些一定能为 K 公司在拓展丹东销售市场方面，提供安全、可靠、低成本、高效的配送物流服务保障。

### 4．培训计划

略。

### （三）干线运输方案

#### 1．干线运输方案的目标

干线运输方案是根据 K 公司的要求，为 K 公司饮料的整体配送提供快速、安全、优质的干线运输保证。通过干线运输方案的设计，旨在达到以下的目标：

（1）充分利用 L 公司的优势，通过运输方案优化及与地区配送中心的合作，有效降低 K 公司的物流成本；

（2）不断改进运作方式，提高运输效率，保证运输货物及时到达；

（3）进一步提高货运质量，降低产品运输损耗，保证运输货物的完好性及可靠性；

（4）既能完成指定货运任务，又能适应 K 公司业务进一步增长的需要。

#### 2．干线运输方式的选择

运输方式的选择，一般要考虑两个基本因素，一是运输方式的时间问题，二是运输费用问题。除了以上两个因素，作为整个物流配送系统的一部分，干线运输方式的选择还要考虑对整个物流系统成本的影响。干线运输的时间及运输过程的可靠性都影响着仓库安全库存量的大小。干线运输时间短，其整个运输过程的可靠性强，仓库就可以保持较低的安全库存量，从而减少仓库的使用面积，降低仓库的成本。因此，在选择干线运输时，应该综合考虑以上的各个因素。

根据区域内的运输现状，大连至丹东的干线运输可以采用公路集拖运输和铁路运输两种运输方式。

（1）铁路运输。铁路运价与公路相比较低，但目前我国铁路运输的时效性较差，运输协调的灵活性不足。根据实际情况，采用铁路运输，大连至丹东的铁路运输距离为580千米，从申请车皮至货物运到丹东的配送中心，需要3~4天的时间，而铁路运输紧张的时候，很难保证运输时间和及时发运，使整个运输时间大大延长，这些因素会使配送中心保持较高的安全库存量，或者造成缺货影响配送中心销售。

（2）公路运输。采用公路运输，大连至丹东的陆上行驶距离为385~400千米，属于公路运输的经济运输距离的范围。公路运输时间为6~7个小时，同时考虑到L公司足够的运力，剔除自然因素的影响，公路运输时间波动性较小，运输可靠性强。通过公路多频次的运输，配送中心可以有效减少库存，降低配送中心的成本。

综合考虑以上的因素，同时为了充分利用L公司的优势，大连至丹东的干线运输应采用集装箱拖车公路运输方式。

### 3．干线运输指标体系及保证措施

（1）干线运输指标体系。以K公司对干线运输的要求为基础，L公司制定以下的干线服务指标体系，对干线运输的准时性、货运质量、服务水平进行保证，将该指标体系作为对自身提供服务的一种考核标准，并结合实际运行情况，对指标执行情况进行分析，找出原因不断改进。L公司干线运输的承诺指标如下：

运输准时率≥98%；

货损货差率≤0.15%；

客户投诉率≤2%。

一旦实际运输过程中的指标超过承诺值，公司将根据规定追究相关责任人的责任。

（2）干线运输服务保证措施（略）。

### 4．干线运输标准操作流程

干线运输标准操作流程如图7-4所示。

### 5．意外事故处理流程

意外事故处理流程如图7-5所示。

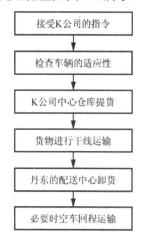

图7-4　干线运输标准操作流程

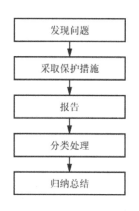

图7-5　意外事故处理流程

### （四）L公司配送中心仓库管理方案

#### 1. RDC的布局设计

（1）RDC平面布局设计（略）。

（2）编码设计。系统中设计的编码包括地区、库区、商品名称、库位。其目的是便于管理者能轻易掌握系统中每一个库位上货物的信息。

（3）先进先出原则。RDC内的K公司饮料必须按照K公司规定的时间内全部售出，并且还要保证各经销商有一定的销售时间，因此，RDC的管理要坚决遵守先进先出的原则。

① RDC内的每一个库位摆放的必须是同一品种、同一包装类型、相同生产日期的产品。

② 系统中包括每个库位设定的编码、每个库位上产品的生产日期、入库日期、数量、品种、包装类型等。

③ 库管员在系统中可以看到同一品种、同一包装类型的产品以生产日期为顺序的排列，可以把最早入库的产品的具体库位找到，进行出库作业。

④ 当一个库位的产品全部出库后，其他库位的同种产品才可按照生产日期依次出库。

#### 2. RDC管理

（1）入库标准化流程如图7-6所示。

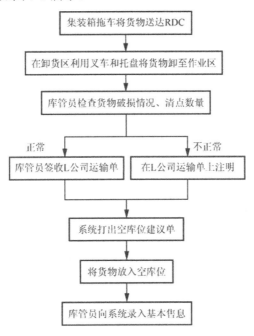

图7-6 入库标准化流程

（2）出库标准化流程如图7-7所示。

（3）在库管理规则。

① 根据K公司的要求打印日、月报表。

② 每天对仓库内的产品进行盘点，并记入盘点单，然后与系统中的数据进行核对，如有不符，查明原因，另行记录。

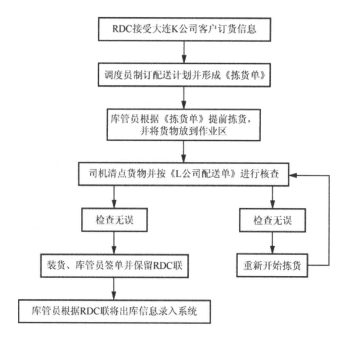

图 7-7 出库标准化流程

③ 对入库产品按照规则摆放整齐,并挂上标识牌,注明品种、数量、生产日期。

④ 每完成一次进出库作业或库内作业需核对各种单据、系统记录等,并将各种单据归档。

⑤ 库管员每天两次巡查库房,检查库房整洁状况、产品的摆放情况、消防设施是否正常,如发现异常,立刻处理并向 RDC 经理汇报。

⑥ 做好防盗工作,一经发现偷盗,处以被盗产品双倍价值的罚款。

⑦ RDC 内设置安全作业标识、警示灯及防撞设施以确保人员、设备的安全。RDC 内动态性的车辆,采用黄色标识,按国际惯例,消防设施采用红色标识。

⑧ 仓储设施、搬运机械实施责任落实到个人,责任人负责机械设备的养护、保洁、记录维修日志,确保机械设备处于良好的适工状态。

⑨ 经常打扫库房,每天打扫 RDC 至少一次,保证 RDC 内清洁。

(4) 高峰期 RDC 管理。K 公司丹东分公司进行促销或出现销售高峰期时,RDC 经理应根据实际情况随时调用 L 公司充足的各种设施、车辆、人力及运力等资源,并延长工作时间以保证按时完成货物的入库、出库,保证按时将货物配送到客户的手中。

(5) 回收流程如图 7-8 所示。

配送车辆在配送过程中,从 K 公司客户手中回收空瓶等回收物,并将回收物运回 RDC 处。RDC 库管员组织搬运工将回收物放人 H 库区。当 K 公司向 RDC 发出回调命令时,RDC 组织干线运输车辆将回收物运回 K 公司。如果途中出现回收物损坏情况,则按照规定进行处理。

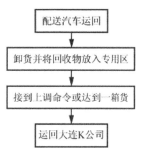

图 7-8 回收流程

(6) 订货处理。根据各种类别产品以往的销售量,对每一种产品设定一个合理的安全库存量。当产品的在库数量等于或小于安全库存量时,RDC 系统向 K 公司丹东分公司发出订货警示,丹东 K 公司根据以往销售情况、公司将要进行的销售促销计划等情况及时向 K 公司订货。

### 3．特种服务（货损、货差，滞销产品处理、加工）

（1）货损、货差。在仓库的日常搬运、管理过程中会出现一些包装破裂、产品失窃等情况。包装破裂、产品失窃的数量如果超出 K 公司规定的比例，RDC 将向 K 公司进行赔偿，同时，RDC 将查清货损、货差的原因，加强管理，并向责任人进行处罚。

（2）产品滞销。当 RDC 内出现产品滞销的情况时，RDC 及时通知 K 公司，并请示处理方案，然后，按照 K 公司的处理方案进行相应的处理。

（3）再加工作业。当 K 公司提出产品再加工作业时，如改变包装等，库管员组织 RDC 工作人员进行相关的工作，以最好的服务满足 K 公司的要求。

### 4．RDC 组织机构和岗位职责

（1）RDC 的组织结构如图 7-9 所示。

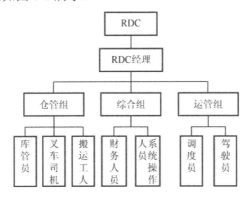

图 7-9　RDC 的组织结构图

（2）各岗位人员数设定（略）。

（3）RDC 主要岗位职责。

① RDC 经理岗位职责。

a．负责仓库的整体管理及内部相关业务的协调；

b．保持与大连 K 公司及干线运输调度部门的及时联系，确保客户需求及时得到满足；

c．确保货物出入库及配送等相关操作流程顺利实施，不断提高仓库空间的利用率和服务质量；

d．加强货物的在库管理，确保在库货物摆放合理；

e．定期进行配送中心管理指标的考核。

② 库管员岗位职责。库管员在仓库经理的直接领导下，具体负责货物的出入库作业、货物分拣及各项在库作业。其工作职责如下：

a．入库作业。指示叉车司机和搬运工人将货物放到正确的库位，监督操作人员作业，随时注意货物出现的损坏情况；对货物数量进行盘点，将货物实际数量及包装状况与 L 公司运输单核查无误后，在 L 公司运输单上签字，并将 L 公司运输单保留一份；如果核查实际情况与集装箱拖车运送的货物数量不一致或包装有问题，则需进行记录；入库完毕后，将货物的入库信息录入 RDC 的信息系统，更新 RDC 库存信息。

b．出库作业。库管员根据系统中的配送计划备齐下一次配送的货物；装车时，核查备齐货物与 L 公司配送单上的信息，核查无误后，按照驾驶员出示的 L 公司配送单指示搬运工人装车，若信息有误，重新进行备货，然后再进行核查；货物出库后，根据实际出货的信息更新信息系统的库存信息。

c．在库管理。库管员每天至少巡查库房两次，检查库房清洁状况、产品的摆放情况、消防设施是否正常，如发现异常，立刻处理并汇报；根据仓库的规章定期盘点货物的实际库存情况，并做相应的处理。

d．认真归档各项业务统计资料，负责单证流转和原始记录的登记，认真做到当日账当日清，不拖拉、不积压，记载完整、数字准确，随时核对结存数，发现问题立即汇报，协助查明原因并研究解决。

e．经常向仓库经理汇报货物仓储的动态情况，能够及时发现异常情况并立即汇报，并采取保护措施。

f．完成领导临时安排的其他工作。

③ 调度员岗位职责。调度员接收 K 公司的订单信息，根据信息编制配送计划，调配车辆运力；确定客户的配送先后顺序，设计配送路线，缮制相关单据，包括送货汇总单和 L 公司配送单；向驾驶员发出配送指令，将有关单据交给驾驶员。

④ 财务人员岗位职责。

财务人员负责配送中心日常的财务工作，同时，司机在配送过程中收取的销售货款应交给配送中心的财务人员，由财务人员汇总后交 K 公司。

⑤ 系统操作人员岗位职责。负责 RDC 信息系统的日常操作和维护，RDC 与 K 公司的信息交换处理，系统日常的维护和管理。

（4）人员素质要求

① RDC 经理：具有本科以上学历，两年以上的仓库管理工作经验，制作配送计划经验，具有良好的管理、沟通能力。

② 库管员：大专以上学历，从事库房管理工作 3 年以上，熟悉仓储管理相关知识和技能，具备一定的组织协调能力、问题分析能力。

③ 调度员：具有 3 年以上调度经验，专科以上学历，熟悉计算机操作。

④ 叉车司机：具有高超的叉车驾驶技能，有 1 年以上的叉车驾驶经验，懂得基本的叉车养护，掌握仓储装卸、堆码作业的相关技能。

⑤ 驾驶员：具有两年以上的驾驶经验，具有一定的责任心。

⑥ 财务人员：专科以上学历，具有两年以上的财务工作经验，熟悉计算机操作。

⑦ 系统操作人员：专科以上学历，具有两年以上的系统操作工作经验，熟悉系统的操作、维护和管理。

### （五）K 公司丹东市配送服务方案

#### 1．丹东市内配送方案概述

（1）K 公司丹东市配送服务概述。根据 K 公司在丹东市销售及配送的要求，提供 K 公司各种饮料在丹东市的配送服务。本服务方案对 K 公司在丹东地区的配送物流进行了优化，其目的是在降低运输成本的前提下，为 K 公司提供丹东 RDC 库至丹东地区各经销商及其他客户优质、安全、快速、高效的物流配送服务，并基于双方共同发展的战略目的建立起长期稳定的物流合作伙伴关系。

（2）丹东市配送服务的目标。通过本配送方案的设计与实施，要达到目标如下：

① 充分利用 L 公司的优势对配送方案进行优化，有效降低 K 公司的物流成本；

② 不断改进运作方式，提高运输、配送效率，保证 K 公司产品及时送达；

③ 进一步提高货运质量，保证 K 公司产品的完好性；

④ 既能完成指定配送任务，又能适应 K 公司业务进一步增长的需要；

⑤ 实现有效客户反应（ECR），能迅速适应多变的客户需求；

⑥ 利用供应链信息技术和完备的计算机信息网络，为 K 公司提供商品在途信息动态查询及跟踪服务。

**2．K 公司丹东地区配送标准化流程**

（1）丹东地区配送标准化流程

① K 公司向 RDC 发出订单信息；

② RDC 调度员接收 K 公司的订单信息，根据信息编制配送计划，调配车辆运力，确定客户的配送先后顺序，设计配送路线，缮制相关单据，包括送货汇总单和 L 公司配送单（一式四联：仓库留存联、客户留存联、回执联、结算联）；

③ 调度员向驾驶员发出配送指令，将有关单据交给驾驶员；

④ 驾驶员驾车至 RDC 仓库，将 L 公司配送单交与库管员，库管员将 L 公司配送单与信息平台的出货指令进行核对，核对无误后，按 L 公司配送单组织装卸工人进行装货作业，并自留仓库留存联存底；

⑤ 驾驶员驾车出库（配 2 名装卸工人），根据送货汇总单，按照调度员指令的配送线路进行配送；对于需要现场收款的终端客户，驾驶员有收取货款的责任，并于当日当次将所收货款和单据送至 RDC 财务；

⑥ 驾驶员将货物送至客户处，装卸工人将货物卸下，客户查点、签收，自留 L 公司配送单客户留存联；

⑦ 若有空瓶返回需要，驾驶员有责任将空瓶从客户处运回 RDC；

⑧ 货物配送完毕后，驾驶员驾车返回 RDC，并将所收货款和单据（L 公司配送回执联、结算联）送至 RDC 财务处。

配送流程图如图 7-10 所示。

（2）丹东市区客户紧急订单处理流程

① K 公司将紧急订单信息通知 RDC；

② RDC 调度员接收信息，查看运力情况（可用自有配送车队或 L 公司充足的其他运力），及时安排、部署；

③ 启动配送标准化作业流程，及时将货物送至客户处。

丹东市区客户紧急订单处理流程如图 7-11 所示。

（3）意外事故处理流程。RDC 对承运车辆实行全程负责制，一旦出现意外情况（包括事故和纠纷等），RDC 客户服务部在事发后 30 分钟内将情况及时向 K 公司汇报，并在 60 分钟内与 K 公司就应急处理方式取得一致并将具体指示通知事发现场的处理人员，确保意外事件得以及时圆满地解决如图 7-12 所示。

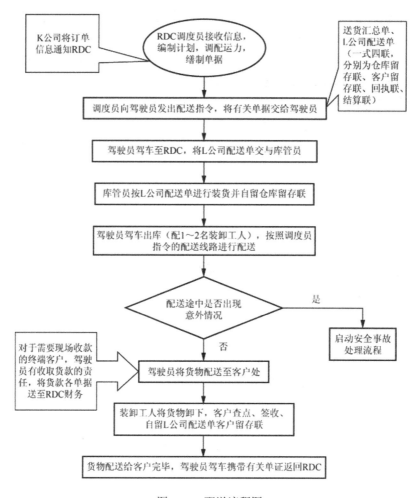

图 7-10 配送流程图

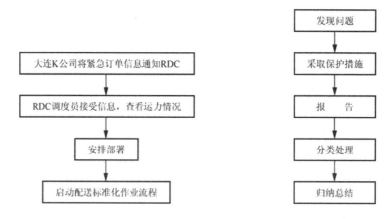

图 7-11 丹东市区客户紧急订单处理流程 　　图 7-12 意外事故处理流程

（4）投诉处理。RDC 设立专门的客户服务部门接受客户的投诉及意见反馈，同时还将定期对客户进行询问，了解服务情况，找出问题和不足，及时向有关领导反映，并对一些问题及早做出答复和解决。对于客户投诉，RDG 设立专门的客户服务网站和客户热线电话，方便与客户之间的沟通和交流。

具体的客户投诉处理流程如图 7-13 所示。

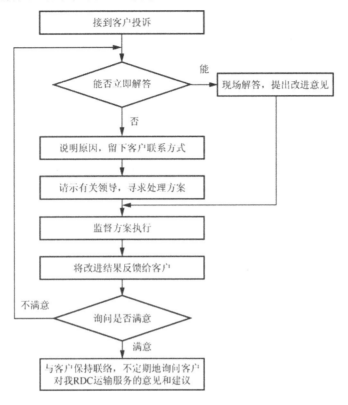

图 7-13  客户投诉处理流程

### 3. 财务处理流程

（略）。

 第三方物流服务项目招投标

现在，越来越多的企业为了将有限的资源用于公司的核心业务，纷纷将物流业务外包出去，而招标采购是他们寻找物流服务商通常采用的一种方式。因此，熟悉招标的程序，知晓评标的标准，掌握投标的技巧，设计、制作符合客户要求的投标书，对第三方物流企业赢得招标项目，获得稳定的业务来源至关重要。

## 一、第三方物流服务项目招标的含义与程序

第三方物流服务项目招标是物流需求单位一种有组织的购买物流服务的交易方式，它通过

在一定范围内公开购买信息，说明拟采购的物流项目的交易条件，邀请供应商或承包商在指定的期限内提出报价，再经过比较分析确定最合适条件的投标人，并与之签订合同。

第三方物流服务项目的招标一般要经历以下四个阶段。

### 1．招标阶段

招标单位发布招标书，接受投标书，审定投标单位，组织招标会议，根据招标项目的需要组织投标单位进行现场勘察。

### 2．投标阶段

投标单位根据招标书的要求，制作投标书，在规定的时间准备好投标文件，一份正本、若干份副本，并且分别封装签章，信封上分别注明"正本"、"副本"字样，寄（送）到招标单位。

### 3．开标评标阶段

招标单位组织评标小组，在招标书中规定的时间和地点公开开标，对投标者进行资格审查、询标、评标，投标方陈述自己的投标书，并且接受全体评委的质询。

### 4．决标签约阶段

评标小组将评审结果报送招标单位确定，招标单位确定后将中标单位通知中标方，并和其正式签约，同时对于没有中标者也要明确通知他们，并表示感谢。

## 二、第三方物流服务项目投标文件

第三方物流服务项目投标文件是投标者投标的全部依据，也是招标者招标所希望获得的成果。投标文件主要根据招标文件要求提供的内容和格式进行准备，一般应当包括以下基本组成部分。

### （一）投标书

投标书一般由总纲、物流服务项目方案设计、建议和附录三个部分组成。

### 1．总纲

投标书总纲是以投标方授权代表的名义写的表明与物流服务招标者需要的物流服务一致的服务理念、达到招标书要求的服务承诺、为达到承诺而具有的资源和采取的措施等，明确提出投标总报价，以及报价的原则，使招标者对投标书内容有一个较完整和清晰的认识。本部分要求结构清楚、语言准确、概念清楚，除此以外，要对投标文件的组成及附件清单、正本本数、副本本数做出说明，还要声明愿意遵守哪些招标文件给出的约定、规定和义务，最后要有授权代表的职位和签字。

### 2．物流服务项目方案设计

这是投标文件的主体文件，也最能体现投标书的水平。根据物流招标者不同的物流服务需求，把整个物流服务方案合理科学地拆分成几个部分，每个部分可再分成若干环节，然后对每个环节进行细致的描述和说明。每个物流环节的描述要细致而准确，逻辑性要强，且具有可操作性。首先说明本环节的目的，即清楚说明所要达到的目标和水平；其次说明本环节的范围，即本环节运作的起点和终点，以及与其他环节的接口部分；再次给出本环节的操作步骤和有关说明和解释；最后画出本环节的业务流程图并给出流程图的说明。

另外，在投标书中，要做出项目执行的详细计划及项目执行的保证措施，以甘特图的形式给出清晰的描述和说明。这部分内容包括 KPI 考核指标设计，项目实行管理体制、组织模式、岗位说明书，各种管理手册，如服务手册、员工手册、安全手册、质量管理手册和企业文化手册等，管理规章制度及人员培训计划和费用。这部分内容是一个物流企业的缩影，如果物流项目较大，可为运作此项目而专门组建一个物流分公司或项目部。

### 3．建议和附录

这部分内容是对招标正文的补充和说明。

（1）建议。对招标方的物流项目提出有益的建议和细节的补充，它是一个物流企业在投标过程中先进的物流服务理念和高水平的物流服务技术的体现。这些建议也是投标书承诺的内容，因此，其中好的建议被接纳，可以直接写进合同中，由投标方来执行。提出建议的原则是：对招标方可以降低物流费用、提高物流效率。好的建议有时会给投标方带来不利的因素，如减少某个环节物流服务收入，运作中给自己带来了麻烦等，这也正是检验一个物流企业是否诚心与客户结成物流伙伴的试金石。物流客户对自己的物流项目相当熟悉，投标方的一切举动他们心中非常清楚，这样做，增加了招标方对投标方的信任感。

（2）附录。投标书的附录指提供说明标书正文的补充材料、图表数据和各个环节的细节内容，其中有各种业务单据的式样和说明，对分包商的要求和考核指标，质量管理体系文件等。

### （二）投标资格证明文件

投标方的资格证明文件包括投标方企业的全称、历史简介和现状说明，企业的组织结构，企业的营业执照副本复印件，企业组织机构代码证，技术交易许可证等，还要有开户银行名称及开户银行出具的资格证明书。

### （三）公司有关技术资料及客户反馈意见

这一部分主要是投标方企业对自己的业务水平、技术能力、市场业绩等提出一些让招标方可信的说明以及证明材料，增加投标方对自己的信任，也是一种对自己的技术资格的另一种方式的证明。

在这里，一般可以用实例写出自己令人信服的技术能力、质量保证能力等，列出自己有关技术资格证书、获奖证书、兼职聘任证书等的复印件，可以简述自己完成的几个具体实例，说明它们创造的效益，特别是用户的使用证明、主管部门的评价或社会的反应等，并且留下有关证明人的联系电话、地址、邮编等，为招标方证实实际情况提供方便。

以上全部文件构成一份投标文件，封装成一份"正本"，还要根据招标文件的要求的份数分别复印若干份，封装成若干份"副本"。每本封装好后，在封口处签名盖章，交付邮寄或直接送达。

## 三、第三方物流服务项目招标评标标准

### 1．物流服务质量

物流服务质量指提出满足物流服务要求的各项措施条件，如标准化业务流程、物流服务经验、仓库设施、车辆管理的专业化水平、物流信息系统的实用水平、现有的应急处理程序、符

合企业质量管理标准要求等。

### 2. 服务价格

对物流需求客户而言这是服务费用。服务价格要合理，要求投标方详细列出各项服务所需要的资源和服务时间，并标明相应成本。成本测算要有根据、说服力，留有合理的利润空间。

### 3. 企业发展潜力

企业发展潜力是指对物流企业进行评估，全面考察企业的发展历程，现有的物流服务资源，企业的优势及企业的发展前景。要求中标的物流企业，具有不断改进服务质量和降低物流服务成本的能力。

### 4. 物流服务建议

对投标企业设计的物流服务各个环节方案，除考察其理论水平和实用性外，还要看其能否进一步提出提高服务水平的建议，比如在仓库租金的计算方法上、运输方案的各种优化方法上等。对于服务建议质量高的投标方，在实施中确能提高效率、降低成本，在评标时会给予重点考虑。

### 5. 参加项目和进行管理的人员素质

管理人员的素质决定以后物流服务运作的成功与否，因此，评标时不仅会评审上述几个方面的内容，而且还要对参加投标的团队成员的素质行评价，以及对投标方列出的各类管理人员包括专业员工的数量、质量、配备等做一个完整的评价。

## 小知识

### 物流服务项目投标策略

1. 提出多种方案

掌握招标方的物流服务需求特点，提供多种物流服务方案以满足招标方特殊需要。如在运输配送物流服务中，可提出各种联运方案与之讨论，供招标方选择。

2. 了解竞争对手

分析竞标对手的优势和劣势，掌握竞争对手的投标动向，以自己的优势抗衡竞争对手的优势，以自己的长处对应竞争对手的劣势，或采取"田忌赛马"策略，使自己在竞标中占主动。

3. 加强与招标方联系

与招标方建立密切联系，认真对待招投标中的每一次活动，最大限度取得招标方的信任。

4. 树立物流经管理念

树立全心全意为客户服务、一切以客户需求为中心的物流经管理念。在投标活动中，一定要站在招标方的立场上，看待自己的每一项方案和建议，尤其是当设计的提高服务质量而降低物流服务成本建议可能会对自己不利的时候，提不提出这个建议，是检验投标方是否能真正为客户着想的具有新的物流服务理念的标准。

5. 灵活的报价方式

在与对方交流价格时，应提出几种价格方案。由于价格不同服务质量也有所区别，由客户选择既能满足服务质量需求又较为合理的价格。同时，应该承诺每年以一定的百分比降低物流服务成本，因为在开始，由于服务技术不成熟和对产品不太熟悉会产生额外的成本，随着时间的推移，对产品特性的熟悉和服务技术的成熟，再加上客户的产量在不断增加，降低成本是理所当然的。由投标方主动提出降价计划，表示合作的诚意，会使自己中标的概率加大。

6. 与高层领导的交流和沟通

在投标期间，投标方的高层领导应想方设法与招标方领导会谈，介绍本公司的实力和发展前景，从而在招标方高层中留下深刻的印象。

## 四、第三方物流服务项目投标书样例

C 公司供应链解决方案投标书（节选）。

### （一）总论

C 公司（连锁超市）邀请 L 物流公司为其在某地的物流提供供应链解决方案。

本项目的目的是为 C 公司在顾客和供应商中树立一流的高质量的超市形象。作为 C 公司的主要物流服务提供者，L 公司期望降低总成本，提高顾客服务水平。L 公司意识到 C 公司期望其提高运行效率，为顾客提供高质量的产品与服务，L 公司为此提供在有效成本水平内，能够满足甚至超出其希望的解决方案。

L 公司理解 C 公司的项目目标是：

（1）满足某地的业务增长计划和操作能力；

（2）保证供应链的灵活性并产生规模经济效率；

（3）改善存货的可见性；

（4）集中时间与精力于公司的核心业务，而不是在物流方面；

（5）在某地，通过与有资质的公司建立物流伙伴关系，来运作仓储业务等。

为了在开始时将运作影响降到最低限度，L 公司建议在开始实施阶段用影子管理办法。在整个实施阶段，L 公司将用适合的方法与 C 公司讨论分析，以便成功地接管物流业务，谋求作业利益最大化。

为了支持 C 公司预计的销售增长，提供灵活的供应链，改进存货水平，L 公司将接管以下工作：

（1）关闭 X 地和 Y 地的仓库，在 A 地新开一个仓库；

（2）X 地的配送方案包括建立新的车队，该车队可以由 C 公司目前协议或子承包的配送车辆和 L 公司提供的配送车辆组成。

作为 C 公司的主要物流提供者，L 公司将负责：

（1）管理运作灵活、有效、透明的供应链；

（2）检查和实施改进物流效率的方法；

（3）加强"最少存货"供应链原则的应用；

（4）提供存货的最大透明度；

（5）使返还货、死存货、损失和损坏最小；

（6）充分利用存货控制系统；

（7）充分利用设备和空间；

（8）管理、协调或提供运输和配送功能；

（9）与 C 公司紧密合作，保证满足甚至超出 C 公司的满意水平；

（10）进一步提出改进建议。

L 公司把双方合作关系看成一种特别安排的商业关系，这种关系基于相互信任、坦诚相待、共担风险、共享利益。这样可以形成战略竞争优势，使得商业表现比单个公司更强。

L 公司承诺与 C 公司不断合作，为顾客提供高质量的物流服务，为达到这一目标，L 公司承诺贡献必要的管理资源来研究和熟悉 C 公司所处的行业。

L 公司相信下面的建议书已经能满足 C 公司的要求，根据提供的数据，能够完成其建议书中指定任务所需的成本为：

方案一：某地点仓储和配送操作（××××人民币元/年）。

方案二：某地点仓储和配送操作（××××人民币元/年）。

### （二）前言

本建议书根据 C 公司提供数据，具体说明 C 公司在 X 地的配送中心和配送要求。

L 公司派了一名高级主管考察 C 公司在 X 地和 Y 地的仓库，发现了有许多作业领域具有改进的潜力，包括：

（1）分散的配送中心；

（2）存储与分拣系统；

（3）仓库管理系统；

（4）其他。

L 公司也派员考察了设置于 A 地的 C 公司新建的购物配送中心。尽管这个配送中心选址比较恰当，但整个仓库地方太大，而且也不是专为 C 公司而建的。

当合作各方具有共同的目标时，伙伴关系就是以往存在的关系的自然延伸。

对物流联盟的伙伴来说，一般应以供应链为基础，并尽力在成本和服务上做到领先。L 公司把为 C 公司提供配送中心和配送服务看做是双方互惠关系的延伸，它能使双方都得益。

### （三）项目的目标

C 公司正在寻求与有专业水准的物流服务提供者建立长期战略联盟关系，以服务于 C 公司的 A 地仓库、配送服务的供应链。

C 公司的具体要求包括：

（1）加强它在市场中的地位；

（2）与领先物流提供者合作；

（3）提高操作能力与效益，满足业务增长的需要；

（4）提高供应链的灵活性，增强规模经济性，扩大透明度；

（5）改进长期增长目标的运作；

（6）充分利用供应链信息技术；

（7）提供可靠、一致的顾客服务；

（8）改进仓库的使用，增强配送能力，提高生产率；

（9）引进新的送货方式，增强装货能力、提高效率。

L公司的仓储和配送将使C公司的门店：

（1）满足C公司的增长需要；

（2）节省管理时间，为C公司集中主要业务，即管理、销售快速消费品和杂货品上；

（3）取得物流操作明显效益，提高商店服务水平；

（4）在物流方面为C公司提供能在同行中保持领先的工具；

（5）C公司和L公司共同减少成本；

（6）保持满足未来需求和全球变化的灵活性；

（7）改进存货控制；

（8）接受具体、及时和准确的管理信息。

对L公司其他方面的要求包括：

（1）帮助C公司协调短期和长期物流战略目标的能力，如降低物流总成本，增加业务过程的速度，改进资金管理；

（2）根据要求进行管理和汇报；

（3）保证所有的运作符合"健康和安全"条例；

（4）保持对顾客需要变化做出快速反应的灵活性；

（5）汇报主要运作情况，参加每周的会议；

（6）密切沟通、及时汇报，以便C公司以事实为基础做出管理决策；

（7）不断改进运作，保证提高效率，使顾客服务水平达到甚至超过期望达到的或世界最好的服务水平；

（8）在不影响客户服务水平的前提下，格局向新的操作方式转变；

（9）对长期互惠的伙伴关系的承诺。

**（四）项目的要求与任务**

L公司有许多有经验的物流专业人员，必要时可利用他们的专业知识来实施相关计划。根据提供的数据和L公司观察所得的资料，项目的主要要求与任务是物流中心和仓库作业取得"最佳实践"并提高生产率，下面的控制过程和程序是为实现项目的主要任务而设计的。L公司将在这些关键的过程中安排和培训职员。

**1．过程**

（1）控制过程和程序。

① 接受来自各地的货物到仓库；

② 把货物放在储存地区；

③ 管理存货；

④ 根据C公司指示，进行发货与订单通知、订单处理分拣、检查和制作单证；

⑤ 把货物放到L公司管理的运输工具上；

⑥ 根据指示分拣单项商品；

⑦ 必要时，把货物放到货盘上，将待送货物加固包装；

⑧ 送货；

⑨ 根据要求进行其他作业，如重新包装、重新堆放、加固捆扎等；

⑩ 一年两次彻底盘点，日常盘点周期可按日、周、月进行；

⑪ 处理从仓库到配送中心和配送中心到顾客的退货。

（2）顾客服务水平。

① 当地配送：隔天送达；

② 准确配送率：99%。

（3）L 公司提供资源。

① 提供运输、仓储、物料搬运设施和所需的劳动力；

② 提供仓库安全保障；

③ 提供完成指定工作所需的信息技术。

### 2．人力资源

（1）管理结构。L 公司将指定一位有经验的合同经理全面负责管理 C 公司的合同，该合同经理专门负责与 C 公司联系，负责合同实施的各个方面，并负责保证 C 公司对业务合作的满意。

（2）人员转变。所有的转变费用，如 C 公司目前的人员从 C 公司转移到 L 公司下岗的补贴，将由 C 公司负责承担。

### 3．合同汇报

仓储和配送经理向合同经理汇报，合同经理将与 C 公司的工作人员配合，有效地实施计划。建议合同中使用如下的"关键绩效指标"（KPI）：

（1）准时送货；

（2）特殊货物的配送；

（3）准确分拣；

（4）通过能力；

（5）能力利用率。

两家公司将进一步合作，共同开发合适的关键绩效指标，然后与该行业具体实践相对照。这些 KPI 在需要时提交，作为对比和改进作业的基础。L 公司执行小组的主要高级人员在运作实施、信息解释、人力资源管理、财务等方面都有自己的专长和经验。

### 4．信息技术

所有的电子数据传送所需的计算机设备和通信设备的费用都由 C 公司支付。

### 5．主要假设

起草这个建议时，仓储和配送操作是建立在下面假设（大部分已与 C 公司讨论过，并取得认可）的基础上的。

（1）总的假设。

① 所有生产量均来源于 C 公司提供的数据；

② L 公司将获得关于仓储和这一地区的配送车辆的操作与财务信息；

③ 在调研阶段，C 公司将派 1～2 人做数据收集工作，为产品的运输和储存做总体的全面分析；

④ 产品由 C 公司投保，仓库的保险由仓库所有人投保，L 公司对所有放在仓库的货物负有公共责任，并为公司拥有的资产投保；

⑤ 货物属于干货类；

⑥ C 公司将提供危险货物的详细说明，这可能导致仓库所有者对 C 公司的货物额外收费；

⑦ C 公司将和 L 公司共同努力减少库存。

（2）信息技术——存货控制系统的假设。

① C 公司和 L 公司共同在当前的信息系统上开发存货控制系统，在供应链中改进存货透明度；

② 所有建立和正在运行的电子数据传递所需的计算机设备和通信的费用均由 C 公司支付。

③ L 公司不承担 C 公司的计算机设备停工的责任；

④ C 公司参加每周的 KPI 汇报工作会议；

⑤ 可以提供有经验的人员和培训信息系统人员。

（3）配送假设。

① 所有的配送频率均根据 C 公司的数据做出；L 公司强调配送分析根据每次配送的货物平均数和具体的配送频率来进行；

② C 公司的配送车队没有进入新的配送车队；

③ 配送车队包括 2.5～8 吨车，根据要求，额外的能力可以从 C 公司现有车队中或分包车队中获得；

④ 所有的费用，即保险费、注册费、路桥费、燃料费、汽油费、轮胎费和运输工具的清洗费和维修费都包括在内；

⑤ 车辆限制假设：到广州和深圳市区的卡车可载 2 吨，其他的至少 5 吨；

⑥ 卸货时，每辆车有一帮手，卸货时间：2 吨 1 小时，5 吨 1.5 小时，8 吨 2 小时；

⑦ 大城市在紧急订单时，有些可在白天限定时间进入内环，有些内环线仓库接受夜间或早晨送货；

⑧ C 公司的仓库必须开门，配备适当的人员接收和签发所有的白天、夜间送货。

（4）配送中心的假设。

① C 公司将积极减少死存货与退货，以协助仓库空间的利用和生产率的提高；

② 假定是标准仓库业务和操作业务，例如，不需特殊处理；

③ 地点是 A 地；

④ 所有的干货区域大约××，或××立方米；

⑤ 仓库将能适应标准托盘的五层堆放；

⑥ 有足够的空间来进行有效的加工和临时储存；

⑦ 封闭的仓库地层。

**6. 存货数量、通过量和配送中心设施数量的显示**

可利用表 7-3 表明存货数量、通过量和配送中心设施的数量。

表 7-3  存货数量、通过量和配送中心设施的数量

| 名　　称 | 数　　量 |
| --- | --- |
| 某年 8 月份预测交货量 | |
| 某年 9 月份预测交货量 | |
| 某年 10 月份预测交货量 | |

| 名　　称 | 数　　量 |
|---|---|
| 某年 11 月份预测交货量 | |
| 平均通过量 | |
| 促销通过量 | |
| 春节通过量 | |
| 每天工作班次 | |
| 每周工作日 | |
| 仓库数 | |
| 仓库总面积（干货） | |
| 空调面积（冷） | |
| 托盘存储位置（托盘位） | |
| 货架面积 | |
| 安全货笼 | |
| 货架 | |
| 拆零拣选 | |
| 库存单位数 | |
| 门店数 | |

### 7．物流系统的定义

根据假定的产量、通过量和运送效率设计配送车队。核心配送车队以某年某月的量来设计（见表 7-4）。

表 7-4　配送车队的设计

| 起　　点 | 目　的　地 | 城　　市 | 单程距离/千米 | 频率/（次/周） |
|---|---|---|---|---|
| A 地 | ×× | Cl | 20 | 4 |
| | ×× | C2 | 35 | 3 |
| | ×× | C3 | 40 | 3 |
| | ×× | C4 | 45 | 5 |
| | — | — | — | — |
| | — | — | — | — |

配送车队在夜间、在城市或内环线内部用两个轮班运送货物；在城外或内环线外部在白天接受送货。

### （五）项目的措施与安排

通过引进新设备和配送车队，L 公司将提高生产率，使得 C 公司的物流成本最优。这可以通过以下措施达到：

（1）良好的管理实践；

（2）关闭目前低效率的仓库；

（3）新的配送车队。

建议书不仅可用来管理增长的业务，而且还是关于 C 公司集中整个配送中心作业的总体规划，这一战略能更好地控制 C 公司的服务水平和存货成本。

假定计划中新门店开张，时间计划的改变对 C 公司是很重要的，因此，两家公司必须紧密合作，达到启动时间的一致。这个建议书是以 A 地运作配送中心、配送开始日期某年某月某日为基础制作的。

本建议的提出需要具备丰富的行业知识，它能帮助 C 公司在供应链管理上做出战略性变化，使其在市场竞争中取得优势。这需要综合信息技术、物料搬运、电子商务、运输和人力资源等各方面的因素，需要有一个积极参与 C 公司在这些领域的组织，它能帮助 C 公司在所有这些领域进行决策。

### 1. 过渡期的作业

L 公司在建成新配送中心之前，应公开地讨论租用设备从事操作的可能性。临时可采用的办法是先行运作，当新的配送中心建成，再将作业转向该配送中心。但是，如果 A 地配送中心的建设因不可控因素而延误，那么临时运作就应延期进行。这样的运作，可使 C 公司获得下述利益：

（1）新的门店可得到及早支持；

（2）可使供应商受到以规模经济采购的优惠；

（3）运输立即开始。

对于 L 公司来说，它也可以以严格的操作、有效的反应为基础，管理 C 公司的供应链。为此，它将热心于和 C 公司结为业务伙伴，共享物流机会。

### 2. A 地物流中心

物流方案依赖于配送中心的设计和预期完成的时间计划。除此以外，扩容的灵活性也是一个重要问题，道路、硬件设施、冷藏库、货架等都会与物流方案一起影响总成本和效率。下述物流方案是以需求为依据的：L 公司同意维护好 C 公司在 A 地的配送中心设备，使其在任何时候都能保持清洁；只有经授权的人才可以进入仓储地，非本公司的驾驶员不准进入这一地区。

### 3. 布局

堆放、货架和安全存货区。

### 4. 存储

根据运载、需求、物理特征、存货水平、类型、重量、批量、先进先出等因素，引入影响工作效率的系统。

### 5. 分拣

所有的分拣都根据 C 公司的分拣单来进行。正在做的作业研究将决定分拣的最佳顺序。

任何缺货 C 公司尽可能早地引起注意。一旦订单完成，货物就移到待运地带，与单证结合并装到送货车辆上。

### 6. 存货周转

除了 C 公司指出的特殊产品，存货周转根据"先进先出"原则进行。周转较慢的存货定期检查，而到期产品应尽早通知 C 公司。

### 7．发送

为了保证装货的完整性，将对所有订单进行仔细、全面检查。

### 8．冷库

C公司配送中心有一个冷库，供仓储易腐物品和糖果之用。L公司把这一部分成本计入总的作业成本中，把它作为偶然发生与可变的部分。

### 9．资源水平

和C公司讨论并征得同意后，工作人员将从现在的地方转到新地方。最终成员和核心业务能力成员将组成执行小组。

### 10．物料搬运设备

目前各地方的物料搬运设备要转到新的配送中心，但是，必须在关闭现在的仓库前对它们进行评估，而成本计算是以新设施为基础的。

### 11．配送概况

L公司认为，门店运送次数通常由门店决定。配送方式是直送门店、整车和多店卸货的组合，一般要解决门店劳动力协调的问题。L公司建议，采用一个特定的沟通计划以便实现协调。L公司建议在优化"送货时间"、提高工具的利用率及减少年度总费用等方面和C公司合作。

城市内部和内环线的门店夜间配送是必需的。L公司同意对这些门店延伸其配送，这意味着能更好地利用L公司的运输工具，节省C公司的费用。

### 12．运输工具

通过子合同承包作为可变成本，支持L公司车队提供运输工具，L公司通过灵活的操作，满足运量变化的需要，在运量增加期间，C公司将增加子合同车队的百分比，维持固定费用的最低比例，同时确保服务质量。

### （六）物流费用的计算

表7-5、表7-6分别列出了操作费用的固定和可变部分。表中有两种价格可供选择：一种是租用仓库的费用，另一种是没有仓库租费的费用。

**表7-5　操作费用方案一**

|  | 9月份（5周） | 10月份（4周） | 11月份（4周） | 12月份（5周） |
|---|---|---|---|---|
| 总固定成本 |  |  |  |  |
| 仓库租赁成本 |  |  |  |  |
| 可变成本 |  |  |  |  |
| 仓库临时劳动力 |  |  |  |  |
| 通信费用 |  |  |  |  |
| 仓库消耗 |  |  |  |  |
| 仓库营运成本 |  |  |  |  |
| 运输营运成本 |  |  |  |  |

续表

|  | 9 月份（5 周） | 10 月份（4 周） | 11 月份（4 周） | 12 月份（5 周） |
|---|---|---|---|---|
| 子合同 |  |  |  |  |
| 管理费 |  |  |  |  |
| 税收 |  |  |  |  |
| 总可变成本 |  |  |  |  |
| 间接费用、管理费和税收 |  |  |  |  |
| 总成本 |  |  |  |  |

表 7-6  操作费用方案二

|  | 9 月份（5 周） | 10 月份（4 周） | 11 月份（4 周） | 12 月份（5 周） |
|---|---|---|---|---|
| 总固定成本 |  |  |  |  |
| 可变成本 |  |  |  |  |
| 仓库临时劳动力 |  |  |  |  |
| 通信费用 |  |  |  |  |
| 仓库消耗 |  |  |  |  |
| 仓库营运成本 |  |  |  |  |
| 运输营运成本 |  |  |  |  |
| 子合同 |  |  |  |  |
| 管理费 |  |  |  |  |
| 税收 |  |  |  |  |
| 总可变成本 |  |  |  |  |
| 间接费用、管理费和税收 |  |  |  |  |
| 总成本 |  |  |  |  |

9～10 月固定费用的增加是由于 C 公司预测业务量的增加与资产和资源的增加所导致的。假设以 12 月作为年固定费用的基础月份，如果业务量超过预测量或者发生了其他变化，要求增加固定成本或资源，L 公司就应在实现基础月份的固定费用后，参与 C 公司的任何固定费用增加计划。这种费用收取的建议是固定的，在对 12 个月的成本结构已较好地理解后，可根据单位价格计算可变费用。

### 1．实施

对其实施是费用应分开计算。表 7-7、表 7-8 显示了在操作的前 12 个月的起始实施费是怎样发生的，这些数字是以完成起始实施所需的资源为根据的。为了更好地反映运量的增长，费用总量可能发生变化。

表 7-7  包括仓库租赁的固定成本（选择 1）

| 基础量/% | 75 | 90 | 100 | 110 | 125 |
|---|---|---|---|---|---|
| 新的 12 月的量 |  |  |  |  |  |
| 总固定成本 |  |  |  |  |  |

续表

| 基础量/% | 75 | 90 | 100 | 110 | 125 |
|---|---|---|---|---|---|
| 总可变成本 | | | | | |
| 固定成本/% | | | | | |
| 总成本 | | | | | |

表 7-8 不包括仓库租赁的固定成本（选择 2）

| 基础量/% | 75 | 90 | 100 | 110 | 125 |
|---|---|---|---|---|---|
| 新的 12 月的量 | | | | | |
| 总固定成本 | | | | | |
| 总可变成本 | | | | | |
| 固定成本/% | | | | | |
| 总成本 | | | | | |

### 2．灵敏性分析

表 7-7、表 7-8 中包含以 12 月份为基础业务量的 75%～125%的可变成本的灵敏度分析，但没有列出构成可变成本的具体项目，假设固定成本不变。根据我们现在的分析，理想的固定成本和可变成本大约占 80%和 20%。如果基础量的变化要求操作做出较大变化，那么，相对于任何长度的时间就会使固定成本的比例有所变动，固定成本的资产和资源也就必须相应地调整。

Exercise 7 实践与思考

技能训练题

ABC 公司是一家地处上海的大型跨国制造企业，为提高物流管理水平，优化物流服务管理体系，降低物流成本，决定将未来一年的物流业务通过招标外包出去，招标书如下：

ABC 公司招标书

（一）前言

本文件是 ABC 公司所生产产品的物流服务招标书。本招标书提供的信息都属于 ABC 公司和每一个收到文本的公司所签署的保密协议中所指的信息。ABC 公司承诺不对 ABC 公司以外的任何人透露投标者的任何信息。

（二）招标说明和程序

1．招标范围

（1）国际运输和配送、出口报关、报检等相关服务；

（2）上述业务包括 ABC 公司所生产的所有产品。

2．计划招标程序及时间（如表 1 所示）。

表 1　招标程序及时间一览表

| 项　目 | 开始时间 | 截止时间 |
|---|---|---|
| 物流企业的第一次预选 | 2010.5.20 | 2010.7.20 |
| 签署保密协议 | 2010.7.1 | 2010.7.20 |
| 招标程序内部通报 | 2010.7.20 | |
| 和预选的物流公司进行交流 | 2010.8.1 | 2010.8.20 |
| 递交投标书 | 2010.8.30 | |
| 招标组第一次会议，第二次预选，选定 5 家公司 | 2010．8.21 | |
| 对服务建议执行计划的详细讨论 | 2010.9.15 | 2010.9.30 |
| 递交最终投标书 | 2010.9.30 | |
| 最后一轮谈判 | 2010.10.10 | 2010.10.20 |
| 招标组第二次会议，选择 1～2 家物流公司 | 2010.11.1 | |
| 签署合同准备工作 | 2010.11.10 | 2010．11.20 |
| 开始第一次操作 | 2011.1.1 | |

（三）产品及业务量数据

1．打印机、复印件及其零部件出口运输服务；

2．运输方式：海运、空运；

3．主要出口地区：美国的纽约、洛杉矶、华盛顿，欧洲的伦敦、巴黎、柏林、汉堡、布鲁塞尔、罗马；

4．业务量：海运到港 20 000 台/月，空运到港 3 000 台/月。

（四）价格

1．请按照投标文件中的报价格式要求填报价格；

2．国际运输以"天"为基准标明服务时限；

3．提供的服务项目：海关报关检查；检验检疫代理；集装箱运输；空运业务。

（五）资格证明文件

1．营业执照复印件；

2．税务登记复印件；

3．法人授权委托书；

4．投标方代表人的身份证（复印件）；

5．保密协议。

以上文件要求加盖公司公章。

投标文件应放置在密封的袋内，封口应加盖公司公章。

（六）开标及评标

1．由招标方主持开标，投标方代表参与开标；

2．由招标方综合比较后，通知中标方。

（七）合同要求

合同期限：1～2年。

（八）操作监督

公司对任何或全部的操作进行定期不定期的审计。

（九）投标书要求

1．公司概况及在国内的经营背景、资质证明文件；

2．提供服务的方案说明：项目管理成功经验，管理团队构成，以及投标人如何帮助招标人降低物流成本。

3．报价表。

（十）投标书评价标准

1．成本、专业化程度、发展潜力、与公司上述要求的相符程度、参与项目和管理人员的素质；

2．投标人方案和建议。所有的目标合同或费用结构根据投标人的建议可有变化。为了使本公司能够从投标方获得最准确和广泛的建议，我们鼓励投标人提出不同的可行方案。

任务：请以上海佳都液压制造有限公司和5名自然人共同投资设立的国际货代公司的名义制作一份投标书。

要求：

1．投标书的格式要规范，符合规定；

2．投标书的内容要和招标书对应；

3．投标书要紧密结合该公司的服务产品、运作模式、经营策略等情况；

4．相关信息可以进行虚拟；

5．要有相关假设。

案例分析题

下面是某第三方物流公司L与某制造企业Q就Q公司物流项目设计问题进行洽谈、磋商的过程。

第一步：某制造企业Q与某第三方物流公司L达成物流项目目标。

第二步：Q公司与L公司共同为物流设计提供下述基础信息。

1．制造数据；

2．零部件数据；

3．包装信息；

4．生产数据；

5．成本数据等。

第三步：Q 公司与 L 公司确认数据，并对用于设计过程的特殊变量达成共识。

第四步：L 公司的管理层根据上述信息与数据，用 L 公司的资源设计出几套方案。

第五步：Q 公司与 L 公司审阅并根据下列要求修改设计。

1．收货路线；

2．收货顺序；

3．时间计划；

4．运费和运行距离；

5．装货规则；

6．货物堆放规则；

7．现场外的存储需要；

8．排序与计量；

9．托盘回收等。

第六步：L 公司做出下列系统报告。

1．物流作业目标；

2．线路计划；

3．设备使用表等。

第七步：Q 公司与 L 公司对最初可选物流设计进行评估，在生产控制、物流和采购等方面得到认可。

第八步：L 公司投入资源进行下述物流设计。

1．拖挂车；

2．栏杆；

3．司机安排；

4．人员安排；

5．购买服务等。

第九步：L 公司做出下述详细作业计划。

1．每一条线路计划；

2．交接计划；

3．原材料物流与销售物流急运中心，标准工作程序；

4．挂车提供计划等。

第十步：L 公司提供各种方案的价格比较，包括资金需求。

第十一步：L 公司获得 Q 公司最后认可，做出实施时间表。

第十二步：L 公司通知所有参与物流系统实施的部门，组成工作组，实施计划。

**请分析：**

1．上述步骤中哪些是关键步骤？应如何实施？

2．实施中应注意哪些问题？

知识巩固题

1. 第三方物流服务项目方案设计的含义是什么？

2. 第三方物流服务项目方案有哪些形式？

3. 第三方物流服务项目方案设计的主要内容有哪些？

4. 第三方物流服务项目方案设计的程序是什么？

5. 第三方物流服务项目方案设计应遵循哪些原则？

6. 运输方案设计的要点有哪些？

7. 仓储方案设计的要点有哪些？

8. 配送方案设计的要点有哪些？

9. 什么叫第三方物流服务项目的招标？

10. 第三方物流服务项目招标的程序有哪些？

11. 第三方物流服务项目投标文件有哪些？其主要内容分别有哪些？

12. 第三方物流服务项目招标评标的标准一般有哪些？

## 学习目标

通过本情境的学习，学生能够了解第三方物流服务质量及其客户关系的特征，明了我国第三方物流企业服务质量存在的主要问题及影响第三方物流企业与客户关系的主要因素，知晓第三方物流企业加强 CRM 管理的必要性，理解第三方物流企业客户关系管理的流程及成功实施 CRM 管理的关键因素，掌握提高第三方物流企业服务质量和加强第三方物流企业客户关系管理的方法和策略，在此基础上，能够针对一个具体的第三方物流企业，为其量身定制，制定物流服务质量提高与改进方案及实施 CRM 管理的具体措施。

引导任务

请按照 ISO 9000 族标准的要求，为学习情境 1 中张甲和李乙投资设立的物流运输配送公司构建物流服务质量管理体系，并为其设计一套提高客户满意度和忠诚度的实施方案，在此基础上构建一个客户关系管理系统。

要求：

1. 构建方案要紧密结合该公司的实际情况；

2. 有关信息可以根据情况进行虚拟；

3. 构建的物流服务质量管理体系中要有客户对服务质量要求分析、服务质量标准或规范、服务质量过程控制措施和策略等；

4. 提高客户满意度和忠诚度的实施方案，措施要具体、详细，方法要可行、易操作；

5. 构建的客户关系管理系统要有系统目标设计、系统功能模块设计，要画出系统结构图。

# 第三方物流企业服务质量管理

随着市场经济的发展，物流企业的竞争越来越体现在服务质量上的竞争，服务已成为企业取得竞争优势的重要手段。服务质量管理在提高物流企业的服务水平，降低成本，提高核心竞争力等方面具有重要作用。由于物流服务的独特之处，根据物流企业的服务特点，进行循序渐进的质量改进成为物流企业服务质量管理中最关键的一个环节。

## 一、物流服务质量及特征

### （一）物流服务的特点

1．物流是服务，是软性产品，在物流业中，提供服务与产品交付同时实现，没有产品完成后交付前的检验时机。虽然质量不是靠检验出来的，但检验至少能在不合格产品交付给顾客前被剔除出来，最大限度地减少不合格品可能造成的顾客不满意。由于缺少产品检验的环节，物流服务的质量管理有较大的难度。

2．物流需求多样化、个性化，没有固定的模式。在物流服务中，海运、空运、公路运输操作方式上几乎没有相同点，即使同是公路运输，不同路段在路况、车辆资源、在途控制方式上也有很大差别；同是仓库管理，平面库、楼库、立体库、自动化库，从设备配置、区域规划、流程设计上区别甚大；同是信息服务，各个客户仅在统计表的设计上就有不同要求，至于信息反馈时间、信息反馈渠道上要求就更加不同了。

3．物流服务是一种时效性很强、要求快速反应的服务。物流服务面临的是随时会变更的细节要求，在它明确的整体目标框架下，具体的单次服务随时都有可能变更。即使是在十小时前下的出货订单，在出货半小时前、甚至在途上都有可能会取消或变更，而这种情况还不属于小概率事件。如果没有完善的快速响应机制进行调控，是不可能实现客户满意的。

### （二）物流服务质量及特征

物流服务质量是顾客感知的对象，发生在物流服务产生和交易过程中，物流服务质量的提高需要内部形成有效的管理和支持系统。一般而言，物流服务质量的衡量标准是时间、成本、数量和质量。

物流服务具有5个特征：不可感知性、不可分离性、品质差异性、不可储存性和所有权的不可转让性。服务的这5个特征从一个侧面体现了服务与实际商品的本质差异，其中不可感知性是最基本的特征，其他特征都是这一基本特征的基础上派生出来的。顾客货物位移的发生和进行是由不可明显感知物流服务活动的作用结果，这种作用一直伴随着货物位移活动准备和执行的全过程。良好的物流服务能使顾客在物流方面的成本降低，货物安全性提升。在整个物流服务过程中，货物的所有权并没有发生转让，顾客所支付的是物流服务产生的费用。物流服务质量特征具体表现在以下几个方面：

### 1. 物流服务质量表现为主观性

物流服务质量与有形产品的质量存在着很大的差异，有形产品质量的度量可采用许多客观的标准加以度量，但物流服务质量却并非如此，不同的顾客能对同一种物流服务质量产生不同的感知。服务过程中的可靠性常常视为一个非常重要的服务质量维度。

### 2. 物流服务质量体现互动性

物流服务质量是在服务提供者与客户互动的过程中形成的，如果没有顾客的紧密配合、响应，或者顾客无法清晰地表达服务要求，那么，服务过程将失败，服务质量可能降低。物流服务质量反映过程性，正因为物流服务质量是一种互动质量，所以，服务过程在物流服务质量形成过程中起着异常重要的作用，过程质量是物流服务质量构成的极其重要的组成部分。当然，这种观点并不意味结果质量不重要，服务结果是顾客购买服务的根本目的所在。如果没有服务结果，或者服务结果很差，那么，再好的服务过程也无法弥补。同样，即使服务结果很好，但服务传递过程很糟，最后形成的顾客感知服务质量也可能是低下的。忽视结果或者忽视过程，在整个物流服务质量管理中都是错误的。

### 3. 物流服务质量采用顾客关系质量度量

在物流业中，不但要考虑物流服务质量与服务标准的吻合问题，更重要的是要衡量质量外部效率，即对顾客关系质量的影响。这种服务质量对服务提供与顾客建立持久的关系具有深度影响。

## 二、我国第三方物流企业服务质量存在的问题

我国第三方物流业近几年有了较快的发展，但与西方发达国家相比，我国第三方物流企业大多是从仓储、运输企业转型而来，服务内容单一，能为客户提供个性化服务的物流企业还不多。从总体上来讲，我国第三方物流企业还存在如下问题。

### 1. 缺乏基于顾客价值的物流服务思想

大多数物流企业在运行中都有自己的服务标准。然而，许多物流企业的服务标准并非来自对顾客期望的理解，而是来自企业内部的期望，是根据运营需要制定的服务标准。这样的服务标准与顾客的期望之间必然存在着差距。

### 2. 缺乏提高服务质量的内在动力

我国的物流企业还处于初级发展阶段，生存的压力远远大于提高服务质量的内在动力。物流企业之间的竞争往往是价格的竞争而不是服务质量的竞争，提高服务质量的口号往往是被动的而不是主动的。

### 3. 缺乏较高的服务质量标准体系和持久改进的意愿

一个完整的服务质量体系包括客户需求分析、服务质量目标、服务质量承诺、服务质量控制、服务质量测量、服务质量改进等。每一个方面都要有一整套的流程、指标、服务传递机制，这就需要付出较高的质量成本。在利益和服务成本的选择上，我国的物流企业往往选择眼前利益，而不愿支付较高的服务成本。

#### 4. 缺少较高水平的服务技术和设施

物流企业要实现自己的承诺，必须拥有较为先进的物流技术装备。现代化的港口、码头、吊机、货运车辆、车载电脑、货架、叉车、自动识别、自动跟踪、EDI 系统、多式联运、海铁联运、立体站台库、自动分拣等先进的技术装备是实现高质量服务的硬件设施，没有这些设施装备，服务准确度、快速反应和货物安全等指标便不能达到。

#### 5. 缺乏高素质的物流服务人才

服务质量的各要素都是由人才实现的，包括制度和服务战略、流程制定、一线员工、培训、素质与能力，因此，员工素质是决定企业发展质量和速度的关键因素，物流企业的工作人员素质参差不齐，特别是一线工作人员缺少基本的专业培训，造成操作不规范，服务态度恶劣，形成制约企业发展的瓶颈。

#### 6. 缺少先进的信息化应用技术

除少数企业以外，大多数物流企业技术装备和管理手段仍比较落后，服务网络和信息系统不健全，大大影响物流服务的准确性与及时性。大量中小城市的物流企业仅仅是一部电话、几辆货车组成的运输公司，他们处理业务的主要手段多是电话加货运单据，对外的业务联系主要依靠电话，业务活动的依据就是接受货物的时候填的货运单据。

## 三、第三方物流企业提高物流服务质量的方法

### （一）建立物流服务质量管理体系

现代质量管理思想指出，质量的持续提升，顾客满意机会的增加，需要通过企业内全面开展质量管理来获得，因此，良好的企业质量管理环境是保证物流服务质量控制和改进顺利进行的前提，第三方物流企业要提高物流服务质量，就必须构建适合物流企业发展的服务质量管理体系。ISO 9000 质量管理体系是当今最有效、最先进、规范化的质量管理理论和方法。虽然很多第三方物流企业已经建立了质量管理体系，但由于执行、监管力度不足，运行效率还不尽满意。为此，第三方物流企业应按 ISO 9000 族标准的要求构建服务质量管理体系，使质量管理的组织机构、过程、程序和资源构成有机整体，建立有效物流服务质量控制机制，以实施服务质量方针，实现质量目标，真实和最大限度满足顾客的需求和期望，增强顾客的满意度。

物流服务质量管理体系的构成要素为物流企业的服务质量环、质量管理体系文件和物流企业服务质量体系的特点。

#### 1. 物流服务质量环

物流服务质量环是指从最初识别货主和物流服务提供商的需要，到最终满足要求和期望的各阶段中，影响质量的一系列活动及其相互作用的循环流程中的一轮循环，是通用性模型的典型化设计，是对物流服务质量的产生、形成和实现过程的抽象描述、理论提炼和系统概括。服务质量循环过程中的活动一环扣一环，互相依存，互相制约、互为基础，就意味着服务质量的一次提高。物流服务质量环将物流服务质量形成的全过程分解为若干相互联系而又相互独立的阶段，以便对物流服务质量的全过程进行分析、控制、管理和改进。物流服务质量环分为以下6 个过程：

（1）物流市场调研过程。物流企业运用设置顾客意见本、召开顾客座谈会等方式了解顾客的服务需要，特别是要针对市场供需，经常研究分析现在的、潜在的市场变化和客户需求，以及物流服务需要层次；获取并研究下列信息：货主期望的服务质量特征、竞争对手的服务特点及可以得到的财力和物力等资源情况，注意新技术新设备的出现，并研究广告宣传的策略；征询顾客还需要哪些额外服务，他们希望得到哪些目前还没有提供的服务，订单传送的方法是否需要改进，确定哪方面的物流服务对顾客最为重要，目前的订货速度可否接受，为了得到较高水平的服务，是否愿意支付较多的费用，要求顾客的条件是否明确并为顾客所知道。

（2）编写服务简章过程。市场调研过程结束后，将得到的信息进行综合、归类、分析、对比、明晰化、条理化和书面化，从而总结编写出"服务简章"，用于服务过程设计。

（3）设计服务过程。这是物流服务质量环的核心。它根据市场调研过程中获得的信息，即货主和顾客们期望的服务质量的特征，制定具体的服务标准（或规范）；设计出物流服务程序，以便达到业已制定的服务标准；制定服务过程的质量控制规范。保证服务程序的完整实施和服务标准的严格执行。

（4）服务提供过程。物流服务提供过程分为进货、搬运、盘点、订单处理、拣货、补货、出货和配送等阶段。服务过程产生的服务结果具有功能性、安全性、时间性、经济性、舒适性和文明性，这是物流服务质量的特性。

（5）评价过程。在提供物流服务之后，一方面，物流服务组织要对其服务提供过程和服务结果的情况，进行自我评价；另一方面，货主、第三方物流企业和物流服务提供商对物流服务组织提供的服务质量进行用户评价。

（6）物流服务绩效分析改进过程。物流企业根据自我评价和用户评价，分析服务绩效，并通过进一步对信息的充实、纠正和研究，提高服务过程的设计水平，以便改进服务，提高服务质量，从而在此基础上进行新一轮的循环。每一轮循环都是形式上重复，内容上的加深，服务组织素质上的进步和物流服务质量的进一步提高。

在服务质量环中，供方需要识别顾客需求，并通过服务设计过程，将顾客要求转换为服务规范和服务提供规范；然后通过服务提供过程向顾客提供服务，对形成的服务结果要进行评定，以实现服务业绩的持续改进。

### 2．物流企业质量管理体系文件

物流企业还应参照 ISO 9004—2，结合企业人员、设施等实际情况，建立一个文件化的质量管理体系，即编制一套科学、实用、有效的质量管理体系文件。它包括质量管理手册、管理规范和质量计划、服务规范、质量记录。

### 3．物流企业服务质量体系特点

物流企业服务质量体系特点有以下内容：确保商品质量和服务质量客户满意是建立服务质量体系的根本目的；物流服务质量体系是动态发展的体系。

### （二）实施物流服务质量改进的"PDCA"循环法

PDCA，是计划（Plan）、实施（Do）、检查（Check）和处理（Action）这四个单词首个字母的集合，这一质量改进方法的原理如图 8-1 所示。

物流服务质量表现为产生、形成和实现的过程，这种过程是按照一定的逻辑顺序进行的一系列活动构成的，因此，物流服务质量的改

图 8-1 PDCA 循环原理图

进是一个循序渐进的过程。计划、实施、检查和处理这四个管理环节是不断循环转动的，每经历一个循环解决一个主要问题，服务质量就提高一步，其工作内容与工作步骤如图 8-2 所示。

### 1．P——计划阶段

这一阶段的主要工作是在企业中树立正确的服务理念；加强对员工的培训；制订改进计划。

首先，强化"以顾客为中心"的服务理念，正确认识顾客对服务质量的期望。"以顾客为中心"的服务理念能使服务人员产生让顾客更满意的强烈愿望，从而在与顾客接触的过程中重视顾客的各种意见和建议，关注顾客对服务质量的感知和评价，自觉产生改进服务质量的要求。第三方物流企业要改进服务质量，就必须弄清楚顾客的需求，并根据不同顾客的期望制定不同的服务策略。其次，在员工培训中加强对服务质量的培训，并教授给员工一些具体的操作技巧。一线员工是物流企业与顾客直接接触最多的人，在与顾客交流时他们服务质量观念的自然流露可以展示出企业的实力和提供服务的能力，使顾客对企业产生信赖。同时，他们也最有机会听到或收集到顾客对其他服务和竞争对手的评价等信息。增强他们收集顾客信息的技巧和主动性，可以使第三方物流企业掌握的顾客信息大量增加，使第三方物流企业服务质量的测评更加真实和有效。最后，制定服务质量改进计划。通过在市场调研中顾客所期望的服务质量标准以及现有服务的跟踪评价结果制定服务质量改进计划，在改进计划中要对制定该计划的原因、改进的对象、改进的目标、完成改进的时间、改进计划实施负责人以及如何完成改进等方面做出说明。

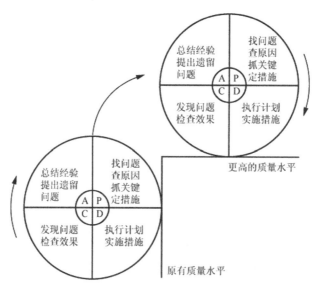

图 8-2　PDCA 循环工作内容及步骤

### 2．D——实施阶段

这一阶段的主要任务是实施改进计划。在改进计划的实施过程中，第三方物流企业要从技术、方法、管理等方面创造利于改进的环境。第三方物流企业要积极采用现代信息技术，提高服务水平。要改变传统的电话跟踪单一方式，应用先进的跟踪系统 GPS 和电子地图系统 GIS，通过车载智能移动信息终端实现对车辆的全程实时监控、跟踪，提高车辆的有效利用率。建设完善的计算机配送网络管理系统，减少人工工作量，提高部门协同工作效率。为货主建立货物信息查询系统，使货主可以实时、透明地查询货物信息，了解整个配送过程、时间进度，便于货主在货物流转过程中更加合理安排自己的生产销售计划。在改进计划实施过程中，第三方物流企业还可以借鉴国际上先进的管理经验，完善管理方法。可以加强内部管理的柔性手段，促进个性化服务的发展；通过参与客户的物流管理，将各个物流功能有机衔接起来，实现高效的物流系统运作，帮助客户提高物流管理水平和控制能力；可以向信息流、资金流服务延伸等。在实际操作中，还要注意方法的灵活运用。如以前企业为了调动员工的积极性，把顾客对服务质量的评价与工资、奖金挂钩，这就造成员工为了个人利益不愿将顾客的口头抱怨传递给管理层，从而影响了服务质量改进。所以，第三方物流企业在引入"以顾客为中心"的服务理念时，可以淡化评价结果作为惩罚的依据，使员工相信收集顾客满意信息不是为了评价他们的工作表现，而是为了改进企业服务质量，提高顾客满意度，增强企业的核心竞争力，从而为员工提供更满意的工作环境。

### 3．C——检查阶段

这一阶段就是把服务质量改进结果与计划的目标进行对比，从而确定质量改进有无成效。在这一阶段，第三方物流企业可以制定一个服务补救策略，用以处理服务质量问题。它可以包括公平对待顾客、跟踪并预期补救良机、授予员工解决问题的权利等措施。当然设置服务补救策略不仅为了有机会补救有缺陷的服务和加强与客户的联系，而且有助于进行根本原因分析，识别问题来源，进行过程改进，主动查找潜在的服务失误，从而消除对补救的需要。

### 4．A——处理阶段

这一阶段的任务就是总结上述所有过程的经验教训，将改进过程中的成功经验和失败教训纳入有关标准、规定和制度中，同时把发现的问题转入下一个循环。据调查显示，通常对服务不满意的顾客会把他们的经历告诉 10～20 人；抱怨得到解决的顾客会对 5 个人讲他的经历。但 4%抱怨的顾客比 96%不抱怨的顾客更可能继续购买；如果问题得到解决，那些抱怨的顾客中将有 60%会继续购买；如果问题得到尽快解决，这一比例上升到 95%。因而，第三方物流企业要重视客户的意见，对服务质量存在的问题进行及时处理。

### （三）采用 SPC 管理法

#### 1．SPC 管理法的含义

SPC（Statistical Process Control）即统计过程控制，是运用数理统计和概率论的基本理论和方法，对制造过程的特性数据进行分析，把制造过程中影响产品质量特性的固有的随机波动和异常原因引起的可控制的波动进行定量分析和分离，从而得到最佳的过程输出的一种过程控制方法。SPC 是企业提高质量管理水平的有效方法，借助它可以达到"事前预防"的效果，从而有效地控制生产过程、不断改进产品质量。

SPC 的核心工具是控制图，它包括计量型控制图（Xbar-R 图、Xbar-S 图等）和计数型控制图（P 图、C 图、U 图等），用来直接控制生产过程，进行质量诊断和质量改进，在生产过程中起到了预防为主的作用，体现了：检验是一种浪费，只有预防才会创造价值。除控制图外，SPC 还包括直方图、排列图、散点图、分层图，这些图构成了 QC 的七大手法。

SPC 最初是为了生产过程的稳定和提高产品的质量而出现的，先后在美国与日本的制造业中发挥了巨大的作用。SPC 并非只能应用于制造业，从理论上讲，凡是有过程和输出的流程都可以运用 SPC 来进行过程分析。SPC 的本质就是运用随机事件的统计规律来判断过程输出中的变异是必然因素还是由偶然因素引起的，为过程的稳定状态提供分析的依据。物流是一种服务，其过程就是物品从供应地向接收地的流动过程，这个过程包括了运输、仓储、装卸搬运、流通加工、信息处理等许多环节。物流的输出是满足客户所需的物品的时间和空间效用的，因此，物流过程同样可以运用 SPC 对过程进行分析来确定物流过程是否处于稳定状态。

事实上，物流过程与生产过程并没有本质的区别。生产过程中，影响输出质量的因素有 5 个，即 4M1E（Man、Machine、Material、Method、Environment）；在物流过程中，少了 Material 这一项，影响物流过程的因素有 4 个，即 3M1E（Man、Machine、Method、Environment），物流服务的质量取决于以上四个因素。

物流作为一个服务项目，它的质量特性与制造企业的产品的质量特性有很大差别。产品的质量特性一般都可以用量具进行测量，但物流服务质量很多时候要通过统计才能得到，比如配送的差错率、运输中的货损率、客户投诉率等。较产品制造而言，服务过程中人的因素对系统的影响更大，也更难于控制，因为服务过程更多的需要人的参与，不像制造，随着制造设备自动化、智能化的提高，制造过程中人的干扰越来越小。正因服务与产品的这些差异，SPC 在服务领域的应用一直被忽视，因而造成服务领域质量控制一直处于经验判断的状态。但是，随着物流在全球的迅猛发展，尤其是经济全球化，使得企业的供应链向更广的方向延伸，企业对物流的依赖和要求越来越高。物流服务质量不稳定对企业将会造成极大的影响，因此，利用更精确有效的分析工具来提高物流系统的质量和稳定性十分必要。SPC 作为一种过程分析工具，在制造业的运用已取得了极大的成功，在物流中的运用尽管还不够普遍，但随着物流的发展，将会被越来越多的人采用。

### 2. 第三方物流企业应用 SPC 的步骤

（1）设计系统

SPC 在物流中的应用首先是设计系统。物流系统设计的科学与否不仅影响物流的效率，对物流服务的质量也有直接的影响。要在物流系统中使用 SPC 对过程进行监控，就要将质量管理纳入系统设计的一个必要的组成部分，必须详细分析整个物流过程，对物流系统各个环节进行考察，找出他们之间的联系和影响，并分析每个物流环节输出的影响因素；组织 SPC 实施小组与相关人员，编制质量统计的各种表格，在物流的各个环节设置专门的人员进行质量统计；购置必要的设施（如 SPC 软件）等。

（2）选择受控质量特性

在系统设计完成以后，接下来的工作就是在物流各环节中找出：①重要的、关键的环节，比如运输环节中从物流中心到配送点的运输时间，仓储中的缺货率；②质量不稳定的环节，比如配送环节；③关键、重要特性参数，比如配货的差错率；④经常出现问题的质量特性，比如装卸搬运中的货损率等。

（3）建立标准

对于选定的质量特性参数，通过对企业物流战略和客户服务要求的分析，确定既能服务于企业物流营销战略，又能满足客户需求的评价标准。

（4）实施过程

通过物流系统的运转取得实际的运营数据，在实际的运营数据中取得衡量系统绩效的基础数据，并利用各种统计工具进行统计，为下一步的过程分析提供依据。以仓储中心装卸搬运的货损率为例，某企业通过系统的实际运转，得到仓储中心最近 20 天来的货损率，这些数据就是进行过程统计分析的原始数据。

（5）绩效衡量

取得统计的原始数据后，SPC 就要提出以下问题：第一，指标是否在控制中？也就是说，是否所有的衡量指标都落在均值合理的领域内并服从正态分布；第二，过程是否可行？也就是说，是否观测到的变化比预先指定的范围要小；第三，衡量指标是否符合标准？只有当这三个问题的答案都是的时候，这个过程本身才能说是在控制中，否则就要进行调查分析，或做出调整，使过程处于控制之中。

回答这三个问题，首先要将上一步所得的货损率进行分组，将最小货损率与最大货损率之差这个区间均分成 7 个或 9 个小区间，然后统计这一组数据落在每个区间中的频数，在坐标图上用直方图表示出来，然后将直方图的顶端用曲线平滑连接，就可以直观地看出这组数据到底符不符合正态分布。如果不符合正态分布，说明该作业环节还没有进入统计控制状态，过程状态不稳定，需要进行原因分析，找出不稳定因素。

确定过程处于统计稳定状态之后，还要看是否符合企业所设立的质量特性标准，如果在控制图中变化的范围超出了标准，说明目前的人员、设备、环境或操作的方法不能满足企业对物流质量的要求，需要经过具体分析，在以上某个或多个方面进行加强；如果控制图的变化范围远小于标准，说明目前作业中的某些条件还可以放宽，可以更进一步缩减成本。

## 影响 SPC 实施的因素

### 1. 管理层的支持至关重要

著名的质量管理专家朱兰对于质量问题，有著名的 80/20 原则，认为企业领导层可以解决 80%的质量问题，而基层职工只能解决 20%的质量问题。在 QS 9000 标准的统计过程控制（SPC）参考手册中，明确了 85/15 原则，进一步强调了领导层解决质量问题的重要性。不少企业领导者认为产品质量差是因为有关工作人员素质差或不负责任造成的。事实上，如果采用先进的质量管理技术和工具，在原有的条件不变的情况下，质量就可以得到明显的改进，而 SPC 正是这样一种行之有效的工具，因此要推行 SPC，企业的高层管理人员必须首先认识到 SPC 的重要作用，带领企业全体员工投身于 SPC 的运用之中。相比而言，物流作业中人的因素占有更重要的分量，因此，第三方物流企业要推行 SPC 更需要管理层的决心和支持。

### 2. 必要的培训是不可缺少的

对相关人员先期进行 SPC 培训是实施 SPC 的关键。培训可以采取选送相关人员到外部培训单位参加培训，如有条件应尽量邀请培训机构到企业来培训，到企业培训的好处一是可以增加受训的人数，另外也可以使培训内容更切合企业的实际，提升培训的效果，此外，到企业培训还可以创造出良好的 SPC 推行氛围。

在 SPC 的运用中，统计方法是最主要的工具。要使用好统计方法，使用者除了具有一定的数理统计基础知识，还必须具备细致、耐心和实事求是的良好品格。因此，培训不仅要在 SPC 技术的运用上着力，还要进行科学品格的培训教育。

#### （四）实现物流服务的标准化

为提高服务质量的可测性，加快服务速度，降低成本费用，减少差错，第三方物流企业应根据实际情况和顾客的要求，精确地测定各项重复性服务工作所需的时间和其他资源，精心设计服务操作程序，确定物流服务标准，力求使物流服务标准满足顾客期望、明确具体、可行、重点突出，并要求员工认真执行服务标准，不断提高服务工作质量，为顾客提供优质服务。

物流服务的标准化又称物流标准化，其主要内容包括有形的，如物流系统的各类固定设施、移动设备、专用工具的技术标准；无形的，如物流过程各个环节内部及之间的工作标准，物流系统各类技术标准之间、技术标准与工作标准之间的配合要求，以及物流系统和其他相关系统的配合要求等。

随着现代物流业的发展，物流标准化的重要性也逐步凸显出来。现代物流所必需的社会化的分工与协作使合作的接口变得十分重要，只有合乎一定标准的东西才能互相实现无缝衔接，特别是在当今的电子商务时代，全球物流业有了新的发展趋势，现代物流表现出物流、信息流、资金流的统一；物流的社会化、共同化的趋势进一步加强；物流设施、商品包装逐步走向标准化等新特点。因此，物流服务的质量要想有本质上的改善，离不开物流标准化，同时，随着物流社会化程度的不断提高，现代物流作为一种复合产业，要发展为社会化的产业集群必须要有一定的标准来保证。国际社会物流服务比较发达的国家基本上都有较为完善的物流标准体系。

### 四、第三方物流企业提高物流服务质量的策略

#### （一）转变观念，强化物流服务质量意识

面对激烈动荡的时代，企业生产经营领域发生了重大的变革，产品寿命周期越来越短，产品的个性化、多品种、小批量成为现代企业生产经营的主流，其结果要求第三方物流企业提供多频次、少量化、短时化物流服务。与此同时，质量管理领域发生了观念上的变革，一些新的质量管理理念不断涌现，因此，第三方物流企业应进一步解放思想，更新观念，正确把握物流服务质量的内涵和实质，积极探索，勇于创新，善于解决物流服务中遇到的新问题、新矛盾，把握物流服务的基本规律，树立全新的服务理念，用新的质量管理理论指导物流服务质量管理实践，努力拓展服务范围，实行人性化服务，不断提高物流服务质量。

#### 1. 正确认识物流服务、物流服务质量的内涵与实质

服务是物流的核心功能，是第三方物流企业永恒的主题。物流服务是企业为了满足顾客的物流需求，开展一系列物流活动的结果。日本物流学者阿保荣司教授用"到达理论"论述了物流服务的本质，他认为物流服务的本质是将商品送达到用户手中，使其获得商品的"利用可能性"。该理论也揭示了现代物流服务是将合适的产品，以适当的数量、合适的价格、在合适的时间送达到合适的地点。可见，物流服务的本质是提供全面优质的服务以达到顾客满意。第三方物流企业能否有稳定的顾客群，主要取决于其服务质量的好坏。物流服务质量是顾客对物流服务过程的一种"感知"，是物流服务活动满足顾客需求的程度，如果顾客对第三方物流企业所提供的服务（感知）与其服务期望接近，则其满意程度就会较高，对第三方物流企业的服务质量评价就高；反之，则对该物流企业的服务质量评价就会很差。虽然物流服务质量的内容因不同顾客而要求各异，但一般应包含对物流质量的保持及提高程度；批量及数量的满足程度；

配送货品精确度，配送间隔期及交货期的保证程度；配送、运输等服务方式的满足程度；成本水平及物流费用的满足程度；服务过程的程序、手续的简易程度；服务人员沟通、服务态度、服务规范的满足程度；口碑、形象、信息提供、索赔及纠纷处理等相关服务的满足程度等。此外，物流服务的构成成分及其质量是不断变化发展的，随着物流领域绿色物流、柔性物流等新的服务概念的提出，物流服务也会形成相应的新的服务质量要求。

综上所述，第三方物流企业的服务市场，来自于工商企业和消费者的物流需求，因此，第三方物流企业要提高自身的竞争力，开拓市场，应正确把握物流服务、服务质量的实质和内涵，全面了解工商企业和消费者的物流需求的内容和特征，将物流服务融入工商企业的物流系统中，树立全新的服务理念，保持物流服务的高质量和特色。

### 2. 通过学习、宣传，提高物流服务人员的质量意识

要为顾客提供实实在在的服务，首先应有良好的服务意识，因此，第三方物流企业应培植现代质量管理理念，强化物流服务质量意识，而要做到这点，就要求在进行物流服务时，企业有关人员都必须树立和强化"顾客至上"、"质量第一"、"预防为主"、"持续改进"、"协作精神"、"注重质量效益"、"零缺陷"等理念，增强关心服务质量和保护服务质量的自觉性。质量意识的形成和提高，是一个长期的过程，但可通过各种形式的学习、宣传使物流服务人员提高对服务质量重要性的认识，严格按工作标准、质量法规、质量标准做好有关工作，积极主动地提高业务水平和操作技术，提高学法守法的自觉性，主动了解、挖掘顾客的需求，树立以质量为核心的职业道德，从而不断增强质量意识。

### 3. 提高领导层质量意识

提高物流服务质量意识，关键在于企业领导层，只有领导决策层具有强烈的质量意识，高度重视服务质量工作，把质量管理作为企业经营中心工作真抓实干，才能提高物流企业质量意识，形成强大的内在动力，不断提高服务质量。美国著名营销学家隋塞莫尔（Valarie A.Zeithaml）、潘拉索拉曼（A.Parasuraman）和贝里（Leonard L.Berry）认为领导者应具有服务观念、高标准、现场领导、职业道德等特点，领导者应树立优质服务策略是企业的基本竞争策略的理念，追求卓越的服务，高度重视服务细节，努力实现 100%无缺陷服务。同时，领导者应深入服务现场，观察、询问、了解服务工作情况，尊重员工，主动听取顾客和员工的意见和建议，指导、帮助、激励员工做好服务工作，并加强双向沟通，使全体员工了解企业的服务观念、标准和要求。此外，领导者应以身作则，为员工树立优质服务的榜样。只有这样，第三方物流企业才能真正形成重视服务质量的氛围，提高物流服务质量意识，始终把顾客的利益放在首位。

### （二）重视物流服务实现过程，持续改进和提高物流服务质量

第三方物流企业的物流服务是通过物流服务市场营销、物流服务设计、物流服务提供、物流服务业绩的评价和改进这一系列过程来实现的，其服务质量就是在上述过程周而复始运行之下不断地得到改进和提高，因此，应加强过程的控制，以适宜的物流成本提供最好的物流服务，进而提高物流企业整体素质。

### 1. 物流服务市场营销过程

物流服务市场营销过程是识别和分析顾客需求和期望并使第三方物流企业获得市场机会

的过程。在该过程中，第三方物流企业应做好市场营销的策划工作，制定好市场营销工作程序，并通过广泛的调查和访问，收集市场信息，进而确定和提炼出顾客对物流服务的需求，不断提高市场营销的质量。

### 2．物流服务设计过程

物流服务设计过程是把物流服务的要求转化成物流服务规范及质量控制规范的过程。该过程以文件的形式对整个物流服务质量体系的运行做出了规定，明确了提供什么服务、怎样提供服务及如何控制服务提高质量。要做好该过程的工作，第三方物流企业应明确规定物流服务设计的职责，科学编制物流服务规范和质量控制规范，并应做好设计评审，以确保物流服务持续地满足顾客的需要和符合物流服务规范。

### 3．物流服务提供过程

物流服务提供过程是按物流服务规范及质量控制规范提供顾客需要的服务的过程。在该过程中，第三方物流企业应做好服务质量的评定，特别应重视顾客对服务的感受，识别物流服务规范和顾客满意方面所取得的成绩和不足，分析产生不合格物流服务的根本原因，并及时采取有效措施进行纠正。

### 4．物流服务业绩的评价和改进

物流服务业绩的评价和改进是对物流服务提供的所有作业进行评价以寻求物流服务质量改进机会的过程。在该过程中，第三方物流企业应建立有效的业绩评价体系，从服务水平、满足程度、交货水平等服务目标进行评价，并针对存在问题，提出改进措施，层层落实质量改进的职责，确保服务质量目标的实现。

### （三）应用全面质量管理的思想，保证质量管理体系良性运行

为了保证质量管理体系良性运行，第三方物流企业应引入全面质量管理的思想。全面质量管理将质量作为公司的整体要素去考虑，实施全员的质量管理、全过程质量管理、全企业的质量管理、多方法质量管理，它把以顾客为中心、全员参与、持续改进等思想贯穿到企业流程的管理中，通过建立可测量、可控制的服务行为质量特征和标准，提升物流企业的服务质量。为此，第三方物流企业应将全面质量管理思想渗透到企业的质量发展战略和质量管理体系中，合理规划资金、技术等资源，努力实现服务流程的制度化、规范化，不断推动和完善企业服务质量管理程序，加强企业质量文化建设，构建有统一目标、有作战能力的人才团队，使服务成为全体员工的共同价值观念、信念和行为准则，持续不断地改进服务质量和可靠性，确保物流企业不断提高服务质量。

### （四）细化管理，全面提高服务质量水平

提高服务质量，关键在于管理，因此，第三方物流企业应根据自己的实际情况，采取有效措施，细化管理，提高服务质量水平。

### 1．明确各部门和有关人员的质量职责，建立健全物流服务质量管理制度

物流服务质量涉及各个部门和人员，因此，应结合企业实际情况，商讨、分析、明确质量职责，在此基础上进行分工，明确各部门的责任，加强配合和协作，保证质量职责的落实，同时，应对服务质量形成的各环节进行分析，建立严格的质量控制程序，做到服务质量管理程序

化。此外，为保证服务质量，必须制定严格的质量管理制度、物流服务规范、标准、服务质量档案制度等，严格按要求、规范和标准执行来规范和约束物流服务人员行为。

### 2．加强事前、事中、事后控制

为消除顾客对物流服务无形性、不可储存性、结果差异性、过程不确定性的担忧，第三方物流企业应向顾客提供服务过程的可见性，通过用物流服务标准约束服务过程，并对物流服务质量实施预防性或前置性管理，加强物流服务过程的检测和控制。第三方物流企业应从事前控制开始，找出可能影响服务质量的细节因素，做出事前的预备措施，将影响服务质量的各项因素消灭在萌芽之中，进而控制服务质量；同时，应重视事中控制，通过巡视控制和顾客控制，纠正达不到要求的服务，及时处理责任人，控制现场服务质量；此外，应加强事后控制，通过建立畅通的反馈渠道，建立起有效的自我修正、自我发展的机制，并进行事后考核，激励服务人员不断提高服务质量。

### 3．科学定位，不断创新服务内容和形式

为了满足顾客的需求和期望，第三方物流企业应针对顾客的特点，制定能够满足不同顾客需求的服务项目、服务内容、服务流程，实施个性化和差异化服务，并根据自身实际情况，研究顾客需求的新特点，找准自己的服务定位，在服务上独树一帜，以特色服务去打造核心竞争力；要合理确定物流服务质量水平，应把物流服务当做有限的经营资源对待，根据顾客的经营规模、类型和对本企业的销售贡献度的大小，将顾客分成不同的层次，按顾客的层次确定服务水平；应建立服务质量的反馈体系，及时了解顾客对物流服务的反应，并应权衡服务、成本和企业竞争力之间的关系，使物流服务与物流成本保持平衡，实现物流服务的整体最优。此外，应不断增加服务品种，提供一站式服务、一门式服务、物流总承包等全新服务形式，并扩张服务领域，不断开发新的服务项目，为顾客做一体化的物流解决方案，大力拓展增值服务。

### 4．提高物流服务人员素质，优化服务队伍

物流服务是一个人与物、人与人、人与环境、物与物、物与环境的互动过程。根据服务利润链原理，顾客忠诚才能给企业带来更多的利润。物流企业要真正做到顾客满意，有赖于提高服务人员素质，优化服务队伍。服务质量的水桶理论告诉我们，服务质量的高低取决于最差的一个人，就好比木水桶盛水的高度，取决于最低的一块板，这就要求物流企业重视服务人员整体素质的提高，从而取得服务总体质量的提升。提高人员素质，关键还要提高人员的服务方法、服务技能、职业道德等，这些都需要培训。所以，第三方物流企业应加强各种形式的培训，提高服务人员的业务水平和学习能力、创新能力，提高工作质量，培育具有高度的事业心和责任感、遵纪守法、沟通能力强的服务人员队伍，并引入竞争机制和激励机制，授予服务人员一定的权力，充分发挥服务人员的积极性、主动性和创造性，以改善企业整体服务质量，提升物流企业形象。

### （五）积极采用先进的物流技术，提高物流服务质量的执行力

当今社会是一个消费多样化、生产小量化、流通高效化的时代，对物流服务要求越来越高。而提高优质的物流服务需要先进的物流技术去保证，因此，第三方物流企业应加大力度，积极采用先进的物流技术，配备先进的物流机械设备，不断提高物流企业物流效率和服务质量。

### 1．加强物流基础设施建设和硬件配置

第三方物流企业应加大物流基础设施和设备的投入，努力改善物流条件，提高物流服务能力。首先，应根据顾客的要求和货物的特性，选用高效、节能、专业化、多样化运载工具，实现运输专业化、网络化、自动化，实现各种运输方式的有效衔接，以方便、快捷、优质、经济的运输服务满足顾客的需要；其次，应加快仓储设施改造，采用自动化立体仓库、自动分拣装置、托盘、集装箱商品、条码扫描设备等现代物流技术，努力实现商品入库、验收、分拣、出库等物流作业全过程的计算机管理与控制，不断提高仓储效益，实现装卸搬运等过程的机械化，保证货物的质量，为提高物流服务质量奠定物质基础条件；再次，进行规范化、合理化包装，有效地减低损耗，降低物流成本，提高物流效益；最后，开发和应用适应多品种、小批量、高频率的物流配送技术，提高配送和分销能力，降低配送成本，促进服务质量的提高。

### 2．加强物流设备的管理，保证设备处于良好的运行状态

物流设备是第三方物流企业组织物流作业的基础，是提高物流作业能力的根本保证，因此，应加强物流设备的管理，使其处于良好的运行状态，以保证物流服务过程顺利实现。首先，应加强物流机械设备前期管理，明确有关管理和操作人员的职责和任务，把物流机械设备前期管理的各项阶段工作与中、后期管理有机结合起来，克服物流机械设备选型、招标、安装调试同操作使用相脱节的弊病，同时，建立健全一整套机械设备前期管理制度，让有关人员在机械设备前期管理中有章可循，严格按各项管理制度开展工作，确保机械设备前期管理工作的顺利进行；其次，应抓好物流机械设备的现场管理，应根据设备的布局和物流作业的状况，制定设备现场管理办法，使有关管理人员和操作人员自觉地维护好自己所操作的物流机械设备，保持设备整洁，现场规范。物流机械设备的现场管理要突出定人、定位、定机、定责管理，做到职责明确、任务清楚、奖罚分明。现场管理的各项资料应齐全、完备、准确，并应坚持作业有记录，维护保养有登记，作业前有检查，作业中有监管，作业后及时保养；再次，应加强设备的安全管理，经常检查识别机械设备的安全状态，采用合理安全保护措施，并用法规和标准规范安全作业的技术要求和人员使用的行为，同时，通过监督检查、督促指导、培训教育，实现物流机械设备系统的安全。

### 3．建立物流信息系统，不断提高物流信息技术

为了实现物流服务的高效率与高质量，让物流供应链成为企业的价值链，必须建立一个能够迅速传递和处理物流信息的信息系统，因此，第三方物流企业应在供应链思想的指导下，以顾客为中心建立先进的物流信息化管理系统，保证物流信息快速、准确地传递，使物流企业整个业务流程合理化、透明化，促进物流作业的衔接和配合，并通过资源共享、信息共享，对物流各环节进行实时跟踪、有效控制与全程管理，不断提高服务质量。

### 4．不断创新，构建学习型组织，全面提高物流技术水平

自20世纪90年代中期起，全球经济环境经历了从工业经济到信息和知识经济的快速转变。在知识经济条件下，知识正成为一个企业的核心竞争力。第三方物流企业要提高物流技术，必须与时俱进，不断更新和提高知识这一生产竞争优势的原始源泉，不断创新，强化组织、职工特别是物流服务人员终身学习的意识，设立专门的知识管理部门和知识主管，提高知识的利用率，构建学习型组织。要真正做到与时俱进，重要的方法有两个，一个是创新，另一个是学习。

第三方物流企业在物流服务过程中，要不断探索新的物流技术，要善于吸收发达国家和国内先进企业的物流技术和物流服务质量管理经验，力图做到洋为中用，兼收并蓄，自成一体，并且将其成功地运用于企业的物流服务过程中，把服务质量提高到一个新的高度。

# 第三方物流企业客户关系管理

从第三方物流企业发展的现实情况来看，由于同行业间的技术水平差距不是很大，要提高竞争力，除了继续改善设备及技术条件外，加强客户关系管理是一种必然选择。加强客户关系管理有助于第三方物流企业提高对客户的服务水平，为客户提供高质量、低成本的物流服务，使客户的价值最大化，提高客户满意度，这对以客户为驱动的第三方物流企业而言是很重要的。通过与客户之间建立起长期、良好的合作关系，通过满意的客户介绍和推荐，企业将会挖掘更多的潜在客户，获得更多的物流服务项目，与此同时也就提高了第三方物流企业的市场知名度和美誉度，提高了第三方物流企业的竞争力。

## 一、第三方物流企业客户的特征

### 1. 客户的数量多，种类广

第三方物流企业的产生与发展，是商流与物流逐渐分离的过程，从形式上分离之后的物流，仍然是为商流服务的，因此，总体而言，第三方物流企业服务的对象包括生产和流通领域中的各个企业，是连接供应链上个节点企业的纽带。随着商品的多样化，个性化生产，相互关联的企业越来越多，第三方物流企业的客户也向着多数量、多种类的方向发展。第三方物流业务不局限于制造企业，同时也包括零售百货公司的仓储配送，以及大量中小型企业的货代、包裹快递、航空快递、进出口通关报关等业务。

### 2. 客户具有双重性

传统企业的客户关系管理一般是一维的，即一对一或者面对面地与单个客户交流，不涉及第三方的参与。但第三方物流企业则不同，它是为供应方和需求方提供物料运输、仓库存储、产品配送等各项物流服务的，是处于供应方和需求方之间的连接纽带，所以第三方物流企业进行一项服务要同时面对两个或两个以上服务对象，也就是介于买者和卖者之间的"第三者"。在供应链条上，是介于供应商和制造商之间，或供应商与零售商之间的"第三者"，一方面要服务于供应商，另一方面还要服务于制造商或者是零售商，因此可能出以下现两种情况：

（1）双合同客户。第三方物流企业同时面对两个或两个以上基于合同基础上的客户，这时第三方物流企业就要通过自己优质的服务同时满足他们的需要，使顾客满意，提高自身客户的忠诚度。

（2）单合同客户。第三方物流企业拥有一个建立在合同基础上的客户，但还面对一个即将建立合同的潜在客户，此时，企业一方面要满足这个现实客户，另一方面要考虑利用这个业务机会获得潜在客户的认同，使其成为现实客户。

由以上分析可以看出，任何一个客户（现实客户和潜在客户）的不满意都可能导致双倍客户的流失。例如，对于轿车整车第三方物流企业来说，一个客户是轿车制造商，另一个客户或潜在客户是轿车零售商，如果不能满足制造商的需要，将会失去零售商客户。因此第三方物流企业存在"三角"客户关系，如图8-3所示。

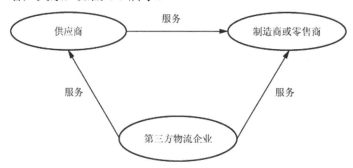

图 8-3　第三方物流企业"三角"客户关系图

### 3. 客户具有变化性

第三方物流企业在服务过程中，一旦不能满足其双重客户中的任何一方，通过客户间的彼此交流，将会失去网络上的其他客户。由于每个客户都有相关联的企业，于是通过客户信息的传递，第三方物流企业将会失去其他企业的忠诚，导致大量客户流失，可以用图8-4来表示这个过程。反之，将会以较大速率获得客户的忠诚。

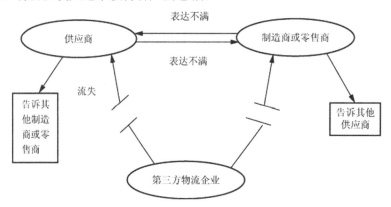

图 8-4　第三方物流企业客户流失示意图

## 二、第三方物流企业加强客户关系管理的必要性

### 1. 物流客户关系管理的含义

客户关系管理（Customer Relationship Management，CRM）是企业树立以客户为中心的发展战略，通过开展系统化的客户研究，优化企业组织体系和业务流程，提高客户满意度和忠诚度，提高企业效率和利润水平的工作实践，在最终实现电子化、自动运营目标的过程中，所使用的先进信息技术、软硬件和优化的管理方法、解决方案的综合。

物流客户关系管理就是在客户关系管理的理念框架基础上，将其方法、手段和技术具体应用在物流领域，把物流的各个环节作为一个整体，从整体的角度进行系统化的客户关系梳理，在第三方物流企业的层面上选择企业的客户，不断优化客户群，并为之提供精细服务，这样，就可以超越各个环节的局部利益，排除各个环节局限的约束和目标冲突来协调物流各个环节的活动，从而得以实现商品实体运动的优化管理。

**2. 第三方物流企业加强客户关系管理的必要性**

对于第三方物流企业来说，委托它承担物流管理工作的企业就是它的客户，因为企业购买了第三方物流企业的服务，因此，第三方物流企业及委托方之间存在着客户关系，对客户关系要进行管理。

从物流行业的性质上看，现代物流的革新与传统物流相比，不在于物流活动内容的拓展，而在于物流服务理念的确立以及物流运作方式的变化。由第三方物流企业的特征可以看出，企业物流活动的外包使物流由"活动"转变为"服务"，成为商品。可以说，服务是物流的性质，因此对服务对象的管理，即客户关系管理显得尤为重要。

从第三方物流企业的客户上看，根据第三方物流企业客户的特征，物流企业服务的客户包括生产领域、流通领域的各种企业。当物流企业与客户间形成紧密的战略合作伙伴关系时，对物流服务的要求就不仅限于运输仓储的可靠性和存货可得性等，还要求与客户的生产、营销等成本的总和（即总成本）达到最小，物流服务的作业目标在外延和内涵上都有了新的拓展。在物流活动的实施上，物流企业必须同时实现快速响应、最小变异和质量改善；在时间尺度上，要根据客户企业产品生命周期所处阶段的不同特点调整物流目标；在服务内容上，第三方物流企业不仅可以提供传统的运输、仓储以及一般意义上的加工包装等增值服务，还可以提供订货处理、开票、回收商品处理等独特的服务。具体到单个企业，物流活动的个性化特征就更加明显。例如，美国的罗德威物流公司向 LOF 玻璃公司不仅提供运输服务，还安排其他承运人处理该公司的部分运输，一些大型零售商不仅要求物流企业进行产品配送，还要求企业搬运货品上架、理货、二次包装等。

从物流企业战略上看，一些国际著名第三方物流企业和快递巨头如 TPG、UPS、DHL、FedEx 等纷纷进入中国物流市场，为客户提供全国配送、国际物流、多式联运和邮件快递等服务。面对物流企业的猛烈冲击，国内物流企业在资金、设备等方面都处于下风，唯一的优势就是熟悉国内物流市场和客户关系，积累了相当的客户信息，但对这些信息缺乏有效的管理，不能充分发掘客户资源，以致优势得不到发挥，这就要求第三方物流企业树立"一切以客户为中心"的管理理念，利用现代信息管理技术，在制订战略规划时对客户进行归类，对组织的集权程度、管理层次及整合程度进行有效设计，并建立客户档案，实现客户需求反馈，这些策略的实拖对于第三方物流企业的发展有一定的理论指导意义，这正是客户关系管理可以解决的问题。

## 三、第三方物流企业客户关系管理流程

### 1. 客户价值管理

客户关系管理的核心是客户价值，重视对客户价值的管理可以显著地提高企业的赢利能力。客户价值包括两方面的内容，一方面是企业提供给客户的价值，这是传统意义上的客户价值，也是较早涉及的客户价值研究，是从客户的角度来感知企业所提供产品或服务的价值。利用 CRM 系统管理和分析产品或服务在客户的经营活动中的作用，不断提升和完善客户服务，

并进行深入的客户分析，不但能满足客户的需求，保证与客户关系的持续性，而且是实现客户的价值，提高企业价值链整体价值，实现企业利润最大化的保证。另一方面是客户为企业所创造的利润分析，也就是客户为企业创造的价值。

### 2. 物流服务管理

西方许多第三方物流企业已经开始在服务内容上进行大胆创新，拓展出延伸服务、一体化服务、增值服务和特色服务，并寻求向超常规服务方向发展，在降低客户物流成本的同时，全面提升客户的价值。整体区域的物流策划、全程性的物流服务、综合性的服务项目、科学的配送方式、高效准确的信息服务、完善的售后服务，使得客户与第三方物流企业共享物流合理化所创造的价值，在提供客户满意服务的同时，实现企业赢利，其成功的做法为我国第三方物流企业的健康发展提供了有益的启示，所以，第三方物流企业需要找准自身的资源和能力优势，认真研究与供应链上下游企业的战略关系，并紧跟物流外包和信息技术发展的浪潮，为客户提供有价值的延伸服务、一体化服务，增值服务和特色服务，获得持久性竞争优势。

### 3. 客户满意度管理

大量的客户满意文献的研究认为，满意的客户带来的好处包括：重复购买，推荐其他客户，好的口碑，与吸引新客户相比为老客户服务花费较小的成本。作为关系营销的结果，客户满意必须被看做是长期现象。影响客户满意度最重要的因素是"客户的感受如何"，在客户"希望得到的产品或服务水平"和客户"能够接受的产品或服务水平"之间存在着一个"容忍范围"，如果获得的产品或服务落在这个范围之内，客户大概会感到满意或者说这种产品或服务是可以接受的，如果获得的产品或服务超过了期望的水平，客户就可能十分满意。对于企业来说，明确容忍范围的含义非常重要，要让客户满意的关键就是要理解哪些东西对他们来说是重要的，并且要尽力满足他们的哪些期望。

## 四、第三方物流企业应用 CRM 的策略

### 1. 调整企业经营管理理念，形成一个适合 CRM 实施的企业文化

大多数的第三方物流企业以客户为中心的理念可能只停留在表面上，并没有成为企业的核心能力，这样就需要企业上下各级人员首先要学习并运用这一理念，形成一种一切以客户为中心的，以及由此而衍生出的重视客户利益、关注客户个性需求的经营思路等企业文化特征，从而使全体员工树立为客户提供优质服务的意识，再落实到工作的每个环节中。

### 2. 进行客户细分

传统的客户细分标准有：客户的规模、客户的地理位置等，但客户的价值更适合以客户资源价值和企业利润最大化为目的的客户关系管理的细分标准。根据客户价值可将企业的客户分为三类：第一类，重点客户，约占企业客户总量的 5%，对企业的价值贡献率（其贡献的价值占企业总价值的百分比）为 80%；第二类，普通客户，约占企业客户总量的 15%，对企业的价值贡献率为 15%；第三类，小客户，除以上两类客户以外的客户群体，对企业的价值贡献率仅为 5%。物流企业可针对不同的客户实施不同的客户关系管理策略。

### 3. 正确理解客户资源

正确理解客户资源，就是要如何得到客户、留住客户及如何最大化客户价值，从而进一步巩固客户群。国外的第三方物流企业把客户作为一种策略性的资产来进行运营，十分注重对优

质客户的培养和保持，因为赢得一个新客户的成本大约是留住一个老客户的 6~8 倍，而且新客户的忠诚度低，难以接触和保持，因此，第三方物流企业应针对性地对客户提供个性化的服务，个性化物流服务是提升客户忠诚度的有效途径。由于不同客户的产品特性、采购策略、市场策略、客户服务政策等都不相同，因此无论是服务内容、服务方式还是响应速度上的要求，都呈现出很强的个性化特征。第三方物流企业要根据不同的客户，为其量身定制地提供仓储、运输以及从原材料到产成品的存储、分拨、包装、加工、配送、结算、信息处理等一系列物流服务，满足其个性化的物流需求，针对不同的客户采取不同的服务模式，对同一客户在不同时间采用不同的服务模式，因为 CRM 是强调以客户为中心的管理理念，将客户而非中心服务放在提高企业竞争力的中心位置。

### 4．提高客户忠诚度

第三方物流企业不仅要熟悉自己的客户，还应该了解客户的客户（即网络客户）及他们今后的发展目标，这样既能提高自己客户的忠诚度，还可以挖掘潜在客户。如果第三方物流企业能够建立一套 CRM 体系，为每个客户建立一套个性化档案，建立和维护好客户数据库，就能够针对每一个客户实行个性化的服务，从而提高服务质量，增强客户的忠诚度。比如，一家仓储公司可能会使用几种不同的纸箱重新包装一种普通消费者洗餐具用的洗洁精，以支持各种促销方案和各种等级的贸易要求。与银行业和电信业等其他行业相比，第三方物流企业的客户数量要少得多，这就使得这一方案具有可行性。另外，努力推出新的服务项目，提高客户的满意度也是提高客户忠诚度的很重要的方面。

## 影响第三方物流企业与客户关系的因素

#### 1．第三方物流企业服务水平的高低

服务是无形的，其质量在很大程度上取决于服务交付的环境和客户的态度。在一个客户眼里完成任务很好的第三方物流企业可能在另一个客户那里出于服务时间、服务态度等原因而被认为是不好的，所以对服务的评价和绩效指标带有很强的主观色彩。但是从目前我国第三方物流的实践发展来看，能够提供综合经营业务的第三方物流企业仅占 2%。第三方物流企业综合服务能力的提升必须突破传统物流职能的限制，大力提升增值服务能力，提供全方位的供应链集成方案，这样既能够持续更新和优化技术方案，又能满足客户的独特需求。

#### 2．战略目标和企业文化的融通程度

第三方物流企业和客户都有各自的企业文化，如果两者存在较大的分歧和矛盾，那么可能会缺乏战略上的兼容性，影响双方战略目标的实现，因此，双方都要做好文化的整合与管理，增强员工间的心理磨合，适时调整经营战略，创新合作联盟文化以获得长期发展。

#### 3．分工明确程度

第三方物流企业与客户在合作的基础上，要明确各自的责任和权利。一般来说，客户在物流程序和系统设计方面起领导作用，而第三方物流企业在执行这些活动方面具有领导作用，双方都不能超越各自的领域去干涉对方的活动，要按照合作协议

完全履行自己的责任和义务。

**4. 利益平衡问题**

与任何委托代理关系一样，具有战略合作伙伴关系的第三方物流企业与客户之间存在着道德风险等问题。如果双方都从自身的利益和成本角度考虑，很难寻求到一个利益均衡点，所以第三方物流企业与客户应成为一个有机整体，共同从战略角度出发，将市场"蛋糕"做大，按照责、权、利对等原则共同协商解决利益分配问题。

**5. 沟通程度**

第三方物流企业与客户在相互信任、彼此忠诚、信守承诺的基础上，建立开放式交流机制，包括作业层、管理层之间的交流以及绩效评价方面的交流。这样，一方面使第三方物流企业明确客户的实际需求和期望，另一方面使客户了解第三方物流企业的实际服务水平和能力，从而有效地解决合作中出现的问题，使两者真正成为利益共享、风险共担的合作伙伴。

**6. 信息透明度**

一方面，在社会化专业分工基础上产生的第三方物流企业可能同时会向很多客户提供物流服务；另一方面，客户也可能委托几个物流企业为其服务。这种复杂的网络关系势必造成许多不规范的暗箱操作，尤其是对采购物流的整合，直接涉及客户的生产、销售计划等重要信息，这样就很难提高信息的透明度，实现信息共享。

## 五、第三方物流企业客户关系管理系统的构建

第三方物流企业 CRM 的运作原理同普通 CRM 相同，它既是一种管理理念和管理机制，同时也是一套管理软件系统。这套系统从最终客户需求出发，借助信息技术和网络技术，将物流业务伙伴的业务流程相互集成，实现产品设计、原料采购、仓储配送、分销与零售集成化，并进行优化管理，为企业收集、管理及利用客户信息提供一个基础平台。

根据第三方物流企业客户的特性，可绘出适合第三方物流企业实施的 CRM 流程图，如图 8-5 所示。

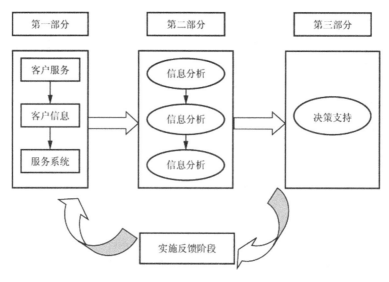

图 8-5　第三方物流 CRM 流程图

具体来说，第三方物流的 CRM 系统根据不同部分的功能可以划分为信息来源层、信息处理层、基本功能层和决策支持层。其系统结构如图 8-6 所示。

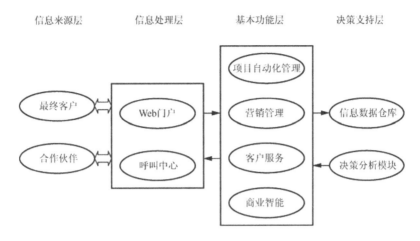

图 8-6  第三方物流企业 CRM 系统结构

信息来源层包括最终客户和合作伙伴，是 CRM 系统的根本出发点和最终归宿。第三方物流企业具有最终客户的双重性，只有同时满足制造商和分销商或零售商等的物流需求，才能够发挥满意度扩散效应从而增强企业竞争力。所以在第三方物流 CRM 系统中，基本信息来源层具有重要作用，对客户信息的收集是信息整合和利用的基础。

信息处理层是企业获取和整合客户信息的层面，主要利用 Web 门户和呼叫中心两个渠道，实现企业与客户、合作伙伴接触点的完整管理。

基本功能层主要包括项目自动化管理、营销管理、客户服务、商业智能等模块，实现物流活动的优化和自动化。项目自动化模块主要包括账户管理、报价管理等，通过该模块可以实现从报价、订货一直到付款、给付佣金的全程自动化，还能够提供基于 Internet 的自动销售功能，使客户能够通过 Internet 个性化定制产品或服务，真正实现定制的个性化服务。营销管理模块从客户需求和市场信息出发，对物流市场进行细分，发现高质量的市场营销机会，得到客户价值等重要的客户信息，为高价值顾客提供优质个性服务；为潜力客户充分挖掘价值；对有意向客户进行跟踪、分配和管理等。客户服务模块是提供客户支持、售后服务的自动化和优化，是 CRM 系统的重要组成部分。

决策支持层包括决策分析模块和信息数据仓库两大部分。信息数据仓库包括与客户关系管理相关的所有信息数据，它是整个 CRM 系统运行的基础。决策分析模块则通过联机分析、数据挖掘等手段，对各种信息进行分析、提取、转换和集成，从而为物流企业新客户的获取、交叉销售、客户个性化服务、重点客户发现等操作应用提供有效支持。

CRM 系统是一个有机整体，第三方物流企业通过 CRM 系统的有效实施，可以使企业获取充分的客户信息并为其提供个性化的服务，实现销售过程和营销过程的自动化，完善客户服务和售后服务的管理，最终使企业能够在最短的时间内提供统一、完整和准确的服务。

# 小知识

## 第三方物流企业成功实施 CRM 的关键因素

**1. 全体员工顾客导向理念的更新及企业高层管理的强大支持**

企业要有一个以客户为中心，将客户资源视为战略性资产的远景规划，要确立销售渠道策略以及吸引客户的策略，建立适合员工的培养机制，培育和发展以客户为中心的企业文化。企业只有首先按照 CRM 的管理理念去规范自己的管理，教育和培训自己的职工，才可能建立成功的 CRM 系统。此外，高层管理人员的强大支持也是必不可少的。建立 CRM 系统所影响到的部门和领域的高层领导应成为项目的发起人和参与者，CRM 系统的实现目标、业务范围等信息应当经他们传递给相关部门和人员。管理层公开表现对项目的理解与支持对推动项目的进程是十分必要的。企业要对项目的目的有一个明确的认识，过高的期望会导致不切实际的幻想，并导致项目的不断膨胀。建立 CRM 系统是一个长期的过程，不可能一蹴而就。

**2. 组织的再造与业务流程的重构**

传统企业的组织结构是一种金字塔形结构，其特点是决策权集中、管理层次较多、职能部门独立、有较明显和严格的等级，已不能适应当前管理决策复杂化、环境多变化、信息庞大化、时机短暂化、决策群体化和效应连锁化的经济和社会的重大变革，特别是一些由运输、仓储等国有老企业转化而来的第三方物流企业，存在着一些官僚体制和落后的业务流程，严重制约着现代物流业的发展和进步。建立有效的 CRM 系统，就不能对原有的组织进行肤浅地调整修补，必须动大手术，标本兼治，抛弃现有的组织结构和业务流程中的糟粕，建立一个全新的组织结构和业务流程。

**3. 让业务驱动 CRM 项目的建立**

CRM 系统的建立和实施是以业务和管理为核心的，因此，CRM 系统的建立应当是以业务过程来驱动。IT 技术为 CRM 系统的实现提供了技术可能性，但 CRM 真正的驱动应来源于业务本身。CRM 项目的实施必须要把握软件提供的先进技术与企业目前运作流程间的平衡点，以项目实施的目标来考虑当前阶段的实施方向，同时，也要注意任何一套 CRM 系统在对企业进行实施时都要做到一定程度上的配置修改与调整，不应为了单纯适应软件限制而全盘放弃企业有特点有优势的流程处理。

**4. 软件供应商及实施伙伴的选择**

作为一套应用软件的 CRM 系统，它是将市场营销及企业管理等管理思想固化到计算机程序中。对软件的选择，企业一是要依据对 CRM 系统的远景规划和近期实施目标来进行，另外，在选择软件供应厂商时应注意其产品的开放性、技术支持能力的可持续发展性。可见，CRM 在我国还是一个新生事物，在我国还处于成长的初期，在给企业提供更大机遇的同时也伴随着较大的风险，所以对其软件的引进和实施伙伴的选择，当持慎重的态度。

## Exercise 8　实践与思考

请按照 ISO 9000 族标准的要求，为学习情境 1 上海佳都液压制造有限公司和 5 名自然人共同投资设立的国际货代公司构建物流服务质量管理体系，并为其设计一套提高客户满意度和忠诚度的实施方案，在此基础上构建一个客户关系管理系统。

要求：

1．构建方案要紧密结合该公司的实际情况；

2．有关信息可以根据情况进行虚拟；

3．构建的物流服务质量管理体系中要有客户对服务质量要求分析、服务质量标准或规范、服务质量过程控制措施和策略等；

4．提高客户满意度和忠诚度的实施方案，措施要具体、详细，方法要可行、易操作；

5．构建的客户关系管理系统要有系统目标设计、系统功能模块设计，要画出系统结构图。

### 来自承运人的零缺陷服务

作为一种总趋势，托运人正在试图通过提高质量、降低成本、发展更密切的工作关系等手段，越来越少地使用承运人。大多数托运人都建立了一个承运人核心小组，能够满足托运人组织严格规定的质量标准。通过提供零缺陷服务，美国最大的载重货车和专业化运输的承运人小组 SNI（Schneider National，Inc.）公司，能够满足范围很广的质量标准。因此，SNI 公司被许多托运人看做是参与客户定制化合作伙伴中的主要候选人。

SNI 公司用不断改进质量的承诺来支持零缺陷服务是极有远见的，它努力超越客户的期望，并成为其行业的首位承运人。SNI 公司提供零缺陷服务的一个方法就是利用卫星跟踪系统并在该项技术上投资数百万美元，使其更密切地与客户结合在一起，同时使其雇员有更多的时间投入到持续提高中。SNI 公司使用了 Qualcomm 公司的 StarServ 系统，这是一个网络系统，为 SNI 公司与其驾驶员之间提供了实时的双通道通信。该系统的一个好处是，它可以每隔 2 个小时在车辆当前位置的 1/4 千米之内对它进行跟踪。StarServ 网络既为客户又为 SNI 公司创造了利益。由于收到的数据更加精确、快速，托运人现在更有能力控制运输中的存货及服务需求中发生的变化。此外，产品的转移战略也得到了强化，使托运人能迅速改变运输过程中的装运地和目的地。实时资料的快速存取和递送交付，确实迅速地改善了预测水平，而且能够更快地识别潜在的问题，使故障的无障碍恢复成为可能。

SNI 公司的收益中还包括电话通信费用的减少和调度效率的提高。现在经理人员的时间安排更加灵活了，因为驾驶员的调遣已不再是他们主要关心的事情了。经理人员能够把精力集中在改善作业质量和与客户保持联系上，而不是集中在调度驾驶员上。此外，他们还可以更好地利用设备来提高生产率。更重要的是，由于 SNI 公司可靠的客户服务、精确的递送和信息交换，零缺陷服务已使 SNI 公司在承运人中间成为一名领导者，并且使其创造出其他公司难以与之相匹敌的核心能力。

试分析：

1．SNI 公司为实现零缺陷服务，采取了哪些措施？

2．请从物流服务质量和客户关系管理这两个角度谈谈 SNI 公司为什么能够做到零缺陷服务？

3．零缺陷服务给 SNI 公司带来了哪些好处？

知识巩固题

1．物流服务质量有什么特征？

2．我国第三方物流企业服务质量存在哪些问题？

3．提高第三方物流企业服务质量的方法有哪些？可采取哪些策略？

4．什么叫第三方物流客户关系管理？

5．第三方物流客户有哪些特点？

6．第三方物流企业为什么要加强客户关系管理？

7．如何加强第三方物流客户关系管理？

8．影响第三方物流企业与客户管理的因素有哪些？

9．第三方物流企业成功实施 CRM 的关键因素有哪些？

# 学习情境 **9** 第三方物流企业成本核算 与绩效评价

## 学习目标

通过本情境的学习，学生能够了解第三方物流企业的成本构成及其具体内容，理解作业成本法和时间驱动作业成本法的基本原理，知晓其应用模式和实施步骤，掌握第三方物流企业绩效评价的指标，能够运用作业成本法、时间驱动作业成本法、功效系数法和模糊综合评价法对第三方物流企业进行成本核算和绩效评价。

**引导任务**

学习情境 1 中张甲和李乙投资设立的物流运输配送公司签订了甲、乙两份将同样工厂产品从香港运至广州的服务合同。甲合同的要求是：30 000 件货物一次入关送达公司的仓库，然后每 3 天分送 3 000 件到位于广州的工厂；乙合同的要求是：30 000 件分 3 次送到公司的仓库，然后每天运 1 000 件到广州。假设该公司该月的全部运营间接费用为 100 000 元，且该月的所有运营间接费用全部是由 5 个作业引起的，公司的成本核算期是 1 个月，该月只完成这两份合同。请用作业成本法计算合同甲和合同乙各自应承担的运营间接费用。

注：5 个作业名称及其作业总成本分别为：运输作业（10 000 元）、报关作业（2 000 元）、入库作业（20 000 元）、出库作业（20 000 元）、配送作业（48 000 元）。

Project 1
学习项目

# 第三方物流企业成本核算

　　第三方物流企业作为专业的、社会化的物流机构，通过整合物流资源与客户资源，形成规模效应，能有效地降低物流成本，为货主企业带来经济上的利益。目前，物流产业属于国家重点支持的行业，物流作为企业的"第三利润源"其作用也日益受到企业的重视。在这样的环境下，物流企业的数量逐年递增，企业之间的竞争也日渐激烈。特别是在国际金融危机的影响下，规模小、竞争力弱的物流企业在市场上的生存变得越来越困难。如何控制好物流企业的物流成本，增强竞争力，成为摆在第三方物流企业面前亟待解决的问题。

## 一、第三方物流企业的成本构成

　　物流企业的成本，顾名思义就是物流企业在日常的经营活动中所发生的各种费用，是物流活动中所消耗的物化劳动和活劳动的货币表现。

　　第三方物流企业是为客户提供部分或全部物流功能服务的外部提供者，具有本身不拥有货物，整合一个以上的物流功能，控制仓库、运输设备等物流设施，按需提供全部或部分劳动力和管理服务的特征。由于物流企业生产的产品是无形的物流服务，是将或多或少的物流环节综合为一体的服务链。而作为第三方物流企业，它一旦与客户签订了物流合同，就决定了物流企业需要提供若干物流环节的服务。物流企业生产的产品——物流服务链，决定了物流企业成本构成特性，从大的类别上划分，可以将其分为两类：运营成本和非运营成本。

### （一）运营成本

　　运营成本是指与物流服务产品的生产直接联系的成本。它主要包括直接材料、直接人工和运营间接费用三大要素。

#### 1．直接材料费用

　　直接材料是指可追溯到为提供某个服务所需的材料，即可以归结到某种物流服务产品成本之中的材料。如用于包装的纸箱、包扎带等。

#### 2．直接人工费用

　　直接人工费用是指可追溯到所提供的服务产品的人工费用。如专门为某产品录入、查核、跟踪各种单证的跟单员发生的人工费用可归入为相应产品直接人工费用。

#### 3．运营间接费用

　　运营间接费用是物流企业成本中除直接人工和直接材料以外成本的统称。如从事装卸搬运、运输、仓储、配送、流通加工等所需的设施、设备费用及其运营、折旧、维修等费用，物流信息的传送和处理活动发生的费用以及从事这些活动所必需的设备和设施的费用，均不能归入产品的直接成本，而作为间接费处理，它在整个运营成本中占相当大的比重。

### （二）非运营成本

非运营成本主要包括销售费用和管理费用两类。第三方物流企业的销售费用，通常是订单的取得和订单的处理成本。管理费用，主要是与研究、开发和总体管理有关的成本。

## 二、第三方物流企业的物流成本内容

第三方物流企业的物流成本按流通环节可分为采购成本、运输成本、仓储成本、配送成本、流通加工成本、包装成本、装卸与搬运成本和物流信息管理成本。下面分别讨论这些成本的构成。

### （一）采购成本

采购成本是指因采购而带来的或引起的成本。具体来说，采购成本包括下列几项。

#### 1. 订购成本

订购成本是指向供应商发出采购订单的成本费用，也就是企业为了实现一次采购而进行的各种活动的费用支出。订购成本中有一部分与订购次数无关，如常设采购机构的基本开支等，称为订购的固定成本；另一部分与订购的次数有关，如差旅费、邮资等，称为订购的变动成本。

#### 2. 维持成本

维持成本是指为保持物料在一定数量上而发生的成本。维持成本可以分为变动成本和固定成本。变动成本与持有数量的多少有关，如物料资金的应计利息、物料的损坏和变质损失、物料的保险费用等；固定成本与存货的多少无关，如仓库折旧、仓库员工的固定月工资等。

#### 3. 缺料成本

缺料成本是指由物料供应中断而造成的损失，包括停工待料损失、延迟发货损失和丧失销售机会损失，还包括商誉损失，如果损失客户，还可能给企业造成长期损失。

### （二）运输成本

运输成本是指企业在对原材料、在制品及产成品的运输活动中所形成的各项费用。运输成本主要由以下几项成本构成。

#### 1. 人工费用

人工费用是指工资、福利费、奖金、津贴和补贴等。

#### 2. 营运费用

营运费用包括营运车辆的燃料费、轮胎费、折旧费、维修费、租赁费、车辆牌照检查费、车辆清理费、养路费、过路费、保险费、公路运输管理费等。

#### 3. 其他费用

如差旅费、事故损失、相关税金等均属于其他费用。

### （三）仓储成本

仓储成本是指一段时期内储存或持有货物而导致的成本，主要包括：

#### 1. 资金占用成本

资金占用成本也称为利息费用或机会成本，是仓储成本的隐含费用。

#### 2. 仓储服务成本

仓储服务成本是指为库存货物提供各项服务的成本，包括信息服务、访见服务、保险费和税金，它们的水平取决于持有的库存量。

#### 3. 储存空间成本

储存空间成本是指占用储存建筑内立体空间所支付的费用。如果是租借的仓库，储存空间成本一般是按一定时间内储存货物的重量或占据的空间来计算，如元/（吨·月）；如果是自有仓库或合同仓库，则空间成本取决于分担的固定成本或运营成本，这些运营成本都是与存储空间有关的（如供暖和照明），同时取决于与仓储量相联系的固定成本，如建筑和储存设施成本。在计算在途库存的持有成本时，不必考虑空间成本。

#### 4. 仓储风险成本

仓储风险成本是与货物变质、缺少（偷窃）、损害或报废相关的费用。在保管过程中，存货会被污染、损坏、腐烂、被盗或由于其他原因不适于或不能使用直接造成存货损失。仓库未履行合同的违约金、赔偿金也构成库存的风险成本。

### （四）配送成本

配送成本是指商品在空间位移（含静止）过程中所耗费的各种劳动和物化劳动的货币表现。配送成本应由以下费用构成。

#### 1. 配送运输费用

配送运输费用主要包括配送运输过程中发生的车辆费用和营运间接费用。

#### 2. 分拣费用

分拣费用主要包括配送分拣过程中发生的分拣工人费用及分拣设备费用。

#### 3. 配装费用

配装费用主要包括配装环节发生的材料费用、人工费用。

#### 4. 流通加工费用

流通加工费用主要包括流通加工环节发生的设备使用费、折旧费、材料费及人工费用等。

### （五）装卸搬运成本

装卸搬运成本是指企业在物流作业过程中，为了实现货物的移动和定位而进行装卸搬运活动产生的各种费用的总和。装卸和搬运成本的主要内容包括：

#### 1. 人工费用

人工费用包括工人工资、福利费、奖金津贴、补贴等。

## 2．营运费用

营运费用包括固定资产的折旧费、维修费、能源消耗费、材料费等。

## 3．装卸搬运合理损耗费用

装卸搬运合理损耗费用包括装卸搬运中发生的货物破损、散失、损耗、混合等费用。

## 4．其他费用

其他费用包括办公费用、差旅费、保险费、相关税金等。

## （六）流通加工成本

流通加工成本是指在物流系统中进行流通加工所消耗的物化劳动和活劳动的货币表现。流通加工成本主要有：

### 1．流通加工设备费用

流通加工设备费用是指在流通加工过程中，由于流通加工设备的使用而发生的实体损耗和价值转移。流通加工设备因流通加工形式的不同而不同，如木材加工需要电锯，剪板加工需要剪板机等，购置这些设备所支出的费用，以流通加工费的形式转移到被加工的产品中。

### 2．流通加工材料费用

流通加工材料费用是指在流通加工过程中，投入到加工过程中的一些材料消耗的费用。

### 3．流通加工劳务费用

流通加工劳务费用是指在流通加工过程中，支付给从事加工活动的工人及有关人员的工资、奖金等费用。

### 4．流通加工其他费用

流通加工其他费用是指除上诉费用外，在流通加工中耗用的电力、燃料、油料及管理费用等。

## （七）包装成本

在物流过程中，几乎大多数商品都必须经过一定的包装后才能进行流转，因而，为了便于商品正常流转，通常物流企业都会发生一定的包装费用。对于物流企业来说，其包装成本一般由如下几方面构成。

### 1．包装材料费用

包装材料费用是指各类物资在实施包装过程中耗费在材料支出上的费用。

### 2．包装机械费用

包装机械费用是指使用包装机械（或工具）发生的购置费用支出，日常维护保养费支出以及每个会计期间终了计提折旧费用。

### 3．包装技术成本

为了使包装的功能能够充分发挥作用，达到最佳的包装效果，因而包装时，也需采用一定的技术措施。比如，实施缓冲包装、防潮包装、防霉包装等，这些技术的设计、实施所支出的费用，合称包装技术成本。

### 4. 包装人工成本

包装人工成本是指发放给包装人员的计时工资、计件工资、奖金、津贴和补贴等各项费用支出。

### 5. 其他辅助成本

除了上述主要成本以外，第三方物流企业有时还会发生一些其他包装辅助成本，如包装标记、包装标志的印刷、拴挂物费用的支出等。

## （八）物流信息成本

物流信息成本是指在物流信息系统中所发生的物化劳动和活劳动的消耗。主要包括下列成本：

### 1. 信息开发成本

信息开发成本是指在信息系统的分析、设计过程中的耗费，包括市场调研费、人力耗费等。

### 2. 基础设施购置费用

基础设施购置费用是指在信息系统建立之初对各种硬件设备的购置费用，一般是一次性投入的资金耗费。所购置的设备符合固定资产确认条件的，作为信息系统的固定资产，并通过折旧的方式将固定资产的价值转化为费用。所购置的设备不符合固定资产确认条件的，其购置支出作为费用。

### 3. 信息资料成本费

信息资料成本费是指对信息活动中所需利用的信息资料的购买费用。

### 4. 各种耗损费

各种耗损费是指在信息系统的运行过程中涉及的软、硬件耗损费用，例如，信息材料耗损费，包括因材料的时效性和材料使用程度而引起的损耗；物质材料耗损费，包括能源耗费和原材料（如纸张、磁带等）的损耗。

### 5. 固定资产折旧费

固定资产折旧费包括各项固定资产（如通信设备、办公设备）的折旧。

### 6. 设备更新与购置费

设备更新与购置费是指在系统运行时除基础设备之外的设备的购置与更新费，一般先将设备更新与购置支出资本化，之后再费用化。

### 7. 通信费用

通信费用是指为进行信息系统内外交流引起的费用，如联网所交纳的上网费、软件购买费等。

### 8. 直接人工费

直接人工费是指直接从事物流信息系统工作的员工工资、津贴、福利费等，但 IT 部门的员工工资、津贴、福利费等列入下面的各种管理费用中。

### 9．各种管理费用

各种管理费用是指对信息系统内部资源的维护与管理费用，如企业 IT 部门所发生的费用。

### 10．其他费用

其他费用是指上述费用之外发生的与信息系统的运行和管理有关的费用。

## 三、第三方物流企业成本核算方法及存在的问题

### （一）第三方物流企业成本核算方法

由于目前第三方物流企业的成本核算在理论上尚没有基本的方法，在实务中也没有可参考的模式，各企业的成本核算大多根据企业性质的不同及对物流成本概念的理解，采用不同的传统成本核算方法。

### 1．大型第三方物流企业多采用生产企业成本核算方法

资产型、多功能、大规模的第三方物流企业，把对外提供物流服务看成是一种无形产品，把相关物流功能整合成的合同服务看做是企业的一个生产品种，以此作为成本计算对象，采用生产企业常用的品种法将各成本项目细分为直接材料、直接人工、间接费用，而营业费用、管理费用作为期间费用。但由于直接材料、直接人工占企业总成本的比重很小，而间接费用比重却很大，同时这些企业又缺乏合理有效的间接费用分配方法，而是采用按月分摊的方法，无形中削弱了间接费用与各个合同服务之间的关联度，从而影响各个成本计算对象成本信息的准确性。

### 2．以运输为主的物流企业的成本核算方法

传统运输转型的物流企业，均沿用了交通运输企业成本核算方法。这些企业的成本计算对象有的是以业务划分，如货运业务、装卸业务；有的是以营运工具划分，如货柜车、散货车、空调车；有的是以运输路线来划分，并把成本费用构成细分为运输营运成本、仓储成本、管理费用，运输营运成本与仓储成本的简单累加就构成该类企业的物流成本。这种核算方法的不足之处在于没有从企业整体业务考虑来确定成本计算对象，无法提供不同业务或者不同客户的成本，更无法计算企业提供增值服务的成本。

### 3．仓储配送中心通常采用统一费率法

当前一些为生产企业从事物料仓储配送、为大型连锁超市从事商品配送的仓储配送中心，通常按照营业费用、管理费用、财务费用三项总费用计算企业的成本费用。为了便于和客户谈判，通常采用的办法是以上年的实际营运情况，制定一个参照基准费率（上年成本费用总额/上年配送总金额），再根据仓储配送物品具体特征、客户重要性程度、客户的需要等具体情况在基准费率基础上制定浮动费率。业务部门与客户定价基础就是浮动费率加目标利润率。这种成本计算方法只是按月归集实际费用，谈不上成本核算，因为没有固定的成本计算对象。

### 4．邮政物流企业采用"倒扣法"计算成本

据调查，以快递、速递等业务为主的邮政物流企业因其业务繁杂，求得单项业务成本的计算一直是通过"倒扣法"得到的，即从收入中扣除一定百分比的利润，剩余部分被作为成本，在每个会计期间与收入配比。但是各项业务"倒扣"得到的成本总额与实际发生的费用总额差

异很大，不得不采取人为方式进行调节，为此，在报表中的成本费用无法得到真实的反映，不能真正体现出收入与费用的配比。

### （二）第三方物流企业成本核算中存在的问题

由于第三方物流企业一般在全国各地设立分公司和营业部，物流成本常常是跨公司、跨部门发生的，营运间接费用比例高，客户需求呈现个性化。传统的成本核算不能提供准确、详细的成本信息，不能满足企业管理与决策的需要。

#### 1．营运间接费用分配不合理，扭曲了成本计算结果

第三方物流企业的营运间接费用包含的项目范围广、种类多，在营运成本中所占比例很大，如运输车辆的营运、维护，仓库的折旧，装卸与搬运设备的折旧、维修等。长期以来，第三方物流企业采用单一的标准对营运间接费用进行分配，如以产量或人工工时作为标准进行分配，不能真实地反映成本的实际情况，扭曲了成本计算结果。

#### 2．成本费用责任不明确，不便于业绩评价与考核

规模比较大的第三方物流企业有分布于全国各地的子公司与运输网络。物流企业从接到客户的货物，到将货物送到目的地，需要经过多个公司的多个部门，包括接货、打包、运输、送货等多个环节。由于物流成本常常是跨公司、跨部门发生的，传统的成本核算方法容易造成各部门、各环节的成本费用责任不明确，无法建立责、权、利相统一的成本责任制，不便于对各公司、各部门进行业绩评价与考核。

#### 3．不能按客户提供成本信息，无法针对客户进行成本分析

第三方物流企业的客户需求呈现个性化、多样化，不同的客户对物流服务有不同的需求。物流企业的成本更大程度上直接取决于客户的需求，如客户交运的玻璃制品会特别强调防碎，那么可能在包装环节加大投入。由于物流作业是混合进行的，传统的会计成本核算方法无法将作业费用按客户进行分摊，对具体客户也就无法进行赢利性分析，很难测算出具体某一个客户或某一类产品的物流成本。因此，客观上可能存在为某些客户提供服务时并没有赢利甚至是亏损。

#### 4．不能向客户提供有说服力的物流服务收费标准

在商品朝着多品种、小批量方向发展的情况下，第三方物流企业的客户对物流服务的要求变得越来越苛刻。客户出于降低自身成本的需要或迫于降低产品销售价格的压力，总是压低费用标准，给物流企业造成经营上的压力。传统的成本计算没有针对不同服务对象的成本计算方法，拿不出具有说服力的成本计算明细，不能为服务定价提供科学依据。

## 四、作业成本法在第三方物流成本核算中的应用

### （一）作业成本法的基本原理与优势

#### 1．作业成本法的基本原理

作业成本法（Activity-based Costing，ABC）是以作业为基础，通过对作业成本的确认、计量而计算成本的一种方法。

作业成本法的基本思想是：成本计算对象（如产品）耗用作业，作业耗用资源；生产导致作业的发生，作业导致资源的消耗。作业成本法以作业为基础，其成本归集与分配是循着"资源成本→作业成本→产品成本"的顺序进行的。首先，根据作业耗用资源，将资源耗用量以价值量（成本额）的形式汇总归集到作业上，计算作业成本；然后，根据产品耗用作业，将作业成本分配给产品。

作业成本计算的基本思路是：将企业的各项活动看做是为最终满足客户需要而设计的一系列作业的集合体，作业消耗资源，同时又创造价值，因而作业链也表现为价值链，作业的推移也表现为价值在企业中的积累和转移，最终形成移交给客户的总价值。

作业成本法的专业概念有：资源（Resources）、作业（Activity）、作业中心（Activity Center）、成本对象（Cost Objects）、资源动因（Resources Driver）、作业动因（Activity Driver）、作业成本池（Activity Cost Pool）、和成本要素（Cost Element）。其中成本对象（Cost Objects）是成本分配的终点，它可以是产品也可以是顾客。分配到产品或顾客的成本反映了成本对象消耗的作业成本。作业成本模型如图9-1所示。

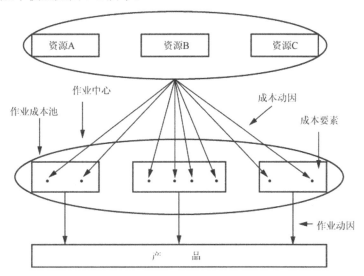

图9-1　作业成本模型

## 2．作业成本法的优势

与传统成本方法相比，作业成本法采用了更加符合实际的成本分配观。"冤有头、债有主"这句俗语生动体现了作业成本法注重探究成本发生原因的内涵。这种分配观主张的原则是：作业耗用资源、产品耗用作业，多用多分、少用少分、不用不分。从而避免了平均分配导致的成本扭曲，提高了成本核算的准确性。另外，作业成本法是以作业为核心，以成本发生的过程为主线展开成本计算和作业管理的方法，注重因果的分配观解决了第三方物流企业准确分配高额间接费用的需求，注重过程的分析观解决了第三方物流企业串联分散的网点活动成本为某一成本对象成本的需求。它能为第三方物流企业带来下列价值：

（1）为深入的成本分析提供了可能

因为产品的复杂性与多样性，第三方物流企业需要进行多维赢利分析，分析的维度一般有客户、路由、运作模式、货物类型等。多维赢利分析需要按这些维度对收入和成本进行分配。如果采用传统的成本核算方法，除了成本分配结果的准确性无法保证外，产品成本也无法计算出，因为产品成本是由各个分公司在某条路由上提供的作业组合而成的，而旧的成本方法不能提供作业成本。引入作业成本法后，物流功能可以分解为取件、派件、操作、运输、仓储、接受查询与投诉、结算和拜访客户等不同的作业，由于不同作业有不同的动因，间接费用就可以按照相关的动因得到线性地分配，成本分配的准确性就有了保障。此外，各个网点和外协单位为项目、客户、路由提供的活动经组合后可得到相应维度的成本信息。应用了作业成本法后，企业的盈亏情况可以从多个角度进行透视。

（2）为产品定价提供依据

物流业务是由一系列作业组成的，作业的驱动因素不尽相同。这些作业可能会分别由不同的网点承担，而且客户对服务有很多个性化的需求，这些情况决定了物流的成本测算是一项复杂困难的工作。作业成本法的优势在于可以提示出作业成本与其驱动因素之间的因果关系。成本测算对象的作业动因数量确定后，根据历史单位动因成本就可对未来成本进行推测。

在为产品定价预测成本时，无论客户的需求如何变化，只要把客户的需求分解为相应的作业，即可预测出产品的成本。为优化路由而进行的成本测算同样如此，只要在公司网络可覆盖范围之内，确定了物流的起始地、中转地和目的地，不同路由的成本都可得到预测。

（3）为企业内部结算提供依据

第三方物流企业大多数属于网络型企业，业务的完成需要多个城市的网点协同完成，每个网点既会替其他作业点中转或派送，也会让对方为其提供同样的服务。收入由一个站点实现而成本由不同的站点承担，这种交叉性的服务造成了各网点收入与成本的不对称。为了考核作业点的赢利，需要进行内部结算。通常内部结算采用的是回归成本的方式，实现收入的作业点需要承担所有的成本，为此，准确核算其他站点为收入站点承担的成本成为了内部结算的关键。运用传统的成本核算方法根本无法完成此项工作，成本回归变成内部结算的难题。如果引入作业成本法，这一问题便迎刃而解了，各个作业点的成本可以按作业进行分解，以项目或客户为主线就可以把整个系统属于该项目或客户的成本归集起来，把由某一网点收现的项目成本汇总后，该网点的成本就得到了。

（4）为资源优化和流程改进提供依据

作业成本法与传统成本方法的重要区别在于能从资源层面和作业层面反映企业的成本，通过实际资源成本与标准资源成本的对比，资源能力的利用情况和资源的运营维护成本就能得到体现。对于利用率低且运营维护成本高的资源，企业可以根据具体情况采取更新策略或寻求提高业务量的措施降低资源的购置和运营成本；对于超负荷运转的资源，企业可以通过购置或租用的方式增加产量，消除影响正常生产的资源瓶颈。通过实际作业成本与标准作业成本的对比，作业的效率就能得到分析。确定了无效率的作业后，相应的提升效率的工具、方法和措施就可以有的放矢地展开实施。

**（二）作业成本要素分析**

作业成本核算模型包括五大要素：资源、作业、成本对象、成本动因和分配路径，以及会计期间和组织结构两个辅助要素。资源、作业和成本对象是成本的承担者，是可分配对象。下面分别对各要素进行分析。

**1．资源**

从广义讲，资源（Resource）作为一个概念外延非常广泛，涵盖了企业所有价值载体，但是，在作业成本法下，资源实质上是指为了产出作业或产品而进行的费用支出，实际上，资源是指各项费用总体。

## 2．作业

作业概念也是建立在一定的假设基础之上的。首先，作业具有明确的"边界"，以明确作业消耗的资源与作业产出，能够明确成本责任；其次，作业必须是可量化的基准，对于一般的生产作业，作业比较容易量化，对于知识性的作业，如研究工作，则难以量化，如果要把作业纳入作业成本核算体系，则必须对作业进行计量，为作业制订量化的标准；再次，作业具有单一的分配动因，作业的分配目标对于作业的消耗只能按照单一的成本动因线性分配，而作业中的某些成本项目可能与该成本动因并不线性相关；最后，作业必须与一定的组织机构对应，必须具有唯一对作业整体负责的一个组织单位。

作业层次分类法把作业分为以下四类：单位作业、批别作业、产品作业和支持作业。

（1）单位作业。使单位产品受益的作业。作业的成本与产品的数量成正比，常见的作业如加工零件、每件产品进行的检验等。

（2）批别作业。使一批产品受益的作业。作业的成本与产品的批次数量成正比，常见的如设备调试、生产准备等。

（3）产品作业。使某种产品的每个单位都受益的作业。例如，零件数控代码编制、产品工艺设计作业等。

（4）支持作业。为维持企业正常生产，而使所有产品都受益的作业。作业的成本与产品数量无相关关系，如厂房维修、管理作业等。通常认为前三个类别以外的所有作业均是支持作业。

一个作业的定义包括以下内容，如表 9-1 所示。

**表 9-1　作业定义内容一览表**

| 作业的层次属性 | 作业属于哪一个层次 |
| --- | --- |
| 作业的输出 | 计量作业产出数量的标准 |
| 成本动因 | 分配作业成本的成本动因 |
| 作业的增值属性 | 表明作业是增值作业还是非增值作业 |
| 对作业负有直接责任的组织机构 | 通常对作业的成本和作业执行的效率负责 |
| 作业的标准单位成本 | 企业确定的作业的标准成本，用以考核分析作业执行的效率 |
| 计量单位 | 标示作业产出的单位，如次、小时、个等 |
| 作业能力 | 通常指在基础会计期间内所能完成作业的最大数量 |
| 作业成本 | 基础会计期间内作业的总的成本 |
| 可控成本 | 作业的直接组织机构对作业成本负责的部分 |

## 3．成本核算对象

成本核算对象即成本费用归集的对象，根据企业的需要而定。制造企业以产品为成本核算对象，在顾客组合管理等新的管理工具中，需要计算出每个顾客的利润，以此确定目标顾客群体，这里的每个顾客就是成本对象。第三方物流企业提供的是服务，物流服务就是物流企业的"产品"。物流企业提供服务是通过物流合同来实现的，因此，将第三方物流企业与客户签订的每项服务合同作为物流企业成本核算对象在实务上是可行的。

### 4．成本动因

成本动因就是分配的原因，最新的作业成本核算/作业管理标准规定了下述三种成本动因：

（1）资源动因：表示作业、成本对象或者其他资源对于资源需求的强度和频率的最恰当的单一数量标准，它用来把资源的成本分配到作业成本对象或者其他资源。

（2）作业动因：表示成本对象或者其他作业对于作业需求的强度和频率的最恰当的单一数量标准，它用来把作业成本分配到成本对象或者其他作业。

（3）成本对象动因：表示其他成本对象对于成本对象需求的强度和频率的最恰当的单一数量标准，它用来把成本对象成本分配到其他成本对象。

### 5．分配路径

作业成本法中定义了很多的资源作业成本对象等可以参与成本归集与分配，也定义了很多成本动因，分配路径就是把这些独立的分配对象和成本动因关联起来。例如，人工工资按照各个作业的人数分配到加工作业、检验作业、装配作业，加工作业根据各个生产批的加工工时分配到各个生产批号，成本从人工工资流到生产批号就是分配路径。分配路径把分散的作业成本要素组成完整的作业成本核算模型。

### 6．会计期间和组织层次

作业成本法按会计期间核算，因此需要确定会计期间。会计期间包含基础会计期间和复合会计期间，在传统成本法下，"月"是一个基础会计期间，是最短的会计期间，其他的会计期间包括季度和年，会计期间形成了层次结构。作业成本法下，会计期间通常采用月、季度、年的自然会计期间，也可以自由定义，如可以按照旬或者周核算。实施作业成本法需要确定实施对象的组织结构。组织结构图对于实现作业成本法并不是必需的，但是通过把作业成本法的各种资源、作业和成本对象等分配对象与具体的组织结构对应，可以明确各个组织层次的成本责任和目标，以及根据成本信息对组织进行成本绩效考核，从而有利于促使成本的降低。

### （三）作业成本法在第三方物流企业中的应用模式

作业成本法在第三方物流企业中的应用有成本核算层、成本管理层与作业优化层三个层次，在这三个不同的层次中可以有不同的应用模式。在成本核算层，主要的应用是利用作业成本法进行物流成本的科学核算；在成本管理层的应用主要是利用较准确的成本数据进行科学的定价及对客户进行有效管理；在作业优化层的应用主要是通过成本分析，探索提高增值作业效率与效益、消除不增值作业的途径。

### 1．成本核算层的应用

作业成本法保留了传统成本计算模型中有关直接材料、直接人工的分配方法，直接材料、直接人工直接计入相应的成本核算对象，而将除直接材料、直接人工外的间接费用依据资源动因都分配到作业，然后再依据适当的成本动因分配到各成本核算对象。在这过程中，选择不同的成本核算对象产生不同的成本数据，因为成本是对象化了的费用，而成本核算对象的选取很大程度上是由企业进行物流成本核算的目的所决定的。第三方物流企业提供的是物流服务，若为了科学有效地对物流服务进行定价，可以选择某项物流服务作为核算对象，通过归集各项物流服务的成本支出作为分析决策的依据；若是为了科学制定客户服务战略，则可以选择某一客户作为核算对象，通过归集各个客户的物流成本支出，提供相关数据供企业决策。

## 2. 成本管理层的应用

（1）物流服务定价决策。当今的市场是买方市场，企业的生产经营模式由"推式生产"向"拉式生产"转变，以客户的订单作为生产的拉动因素。作为服务于生产流通企业的第三方物流企业，其物流业务相应的由大批量、少批次向小批量、多批次转化，即物流服务由标准化向个性化方向发展。在这种情况下，若采用传统的成本核算法，以"数量（物流业务量）"作为分摊间接费用的标准，会使成本信息出现较大的扭曲，不利于科学合理地进行物流服务定价。研究表明，在小批量、多批次的物流运作模式下，采用传统成本核算法得出的单位物流成本低于采用作业成本法得出的数据，这是由于存在大量批别作业（Batch Activity）所导致的。批别作业的成本与产品批数成比例变动，是该批产品所有单位产品的共同成本，与该批的产量多少无关。

（2）客户赢利能力分析及客户服务战略的制定。不同的客户对物流服务的要求不同，第三方物流企业为其提供相应服务所发生的成本也不一样。例如，某配送中心为甲和乙两个客户提供物流配送服务，某月份两个客户的商品配送总量一样，都是 100 件商品 A，不同的是，客户甲当月的订单数量是 5 份，配送中心需进行 5 次订单处理与订单拣选、检验、捆包及送货作业，而客户乙的订单数量是 20 份，配送中心要进行 20 次订单处理与订单拣选、检验、捆包及送货作业，显然同样的商品配送总量，所花费的人力、物力、财力是不同的。在传统的成本核算模式下，对在配送中心发生的大量间接费用的分摊以商品配送量作为依据，客户甲与客户乙当月所应分摊的间接费用相同，只有细化到作业层次的作业成本核算法才能准确体现出不同的成本耗费。第三方物流企业有了这些不同物流服务、不同客户的赢利性数据，就能为企业的物流市场细分策略及物流服务产品发展策略等营销和战略问题的解决提供极有价值的信息。比如，第三方物流企业可对赢利能力大的客户实施较高的客户服务水平，以提高服务质量和顾客满意度；而对盈利能力小的客户，则按照正常流程来进行服务。

## 3. 作业优化层的应用

要实现作业优化，持续改进经营活动，可从以下几方面入手。

（1）合理区分增值作业与不增值作业。增值作业是指能为顾客带来价值的作业，企业如果消除了这类作业，就会影响顾客愿意支付的价格。在第三方物流企业中，订单处理、包装、运输、配送等作业属于增值作业。不增值作业是指非企业生产经营所必需的，不能为顾客带来价值的作业。在第三方物流企业中，典型的不增值作业主要有检验作业、搬运作业，例如，世界零售巨头沃尔玛通过与多家实力强大的供应商建立合作伙伴关系，实行供应商管理库存，确保进货与进货清单一致，无须入库检验，且质量有保证。

（2）针对不同种类的作业采用不同的管理方法。增值作业管理的重点是提高其运作效率，减少资源消耗，因为增值作业能为顾客带来价值，企业若消除了这类作业，会影响顾客愿意支付的价格。而不增值作业管理的重点是尽可能消除不增值作业，因为不增值作业不能为顾客带来价值，非企业生产经营所必须，白白地耗费资源而无法带来价值增值。

（3）应将单个作业放在"作业链"或"价值链"上进行管理。企业是一个为最终满足顾客需求、实现投资者报酬价值最大化而运行的一系列有密切联系的作业的集合体。物流企业的经营过程可以看成是一条作业链，在这条作业链上，通过物流作业提供物流服务而实现价值增值。每一个作业环节，都是这条价值链上的一个环节，都会对相关的作业活动产生影响。在追求某个作业环节效率的提高及成本节约的同时，要考虑其可能对其他作业环节的影响。比如，物流领域中著名的"二律背反定律"说的就是在物流系统中某项作业优化，产生效益的同时，可能会使其他物流作业效益损失。

**（四）作业成本法的应用步骤**

**1．明确导入作业成本法的目的及成本计算对象**

在运用作业成本法计算成本之前，首先要明确导入的目的，确定成本计算对象，是要掌握按客户、按区域或按路线计算的物流成本，还是要掌握按服务类别计算的物流成本。

**2．调查物流企业布局，分析业务流程**

作业成本法的导入方案与第三方物流企业布局以及业务流程有着紧密的联系，通过调查分析，可以优化物流业务流程，为确定作业动因及作业成本中心奠定基础，为设计作业成本实施方案做好准备工作。

**3．界定物流系统中的作业**

从接到客户的货物，到将货物送到目的地，需要经过多个公司的多个部门，包括接货、打包、运输、解包、送货等多个环节，每个环节包括一项或多项作业。为了便于归集作业成本，必须对每个环节的作业进行界定。作业界定是应用作业成本法的关键环节，作业数量过多会增加成本核算的工作量，过少会影响成本核算的准确性，因此，作业数量的多少及作业范围的大小应根据企业管理的需要进行界定。

**4．确认物流系统中涉及的资源**

这些资源包括能直接归集到客户或服务（成本计算对象）的直接资源（直接费用），如包装材料、直接人工等，还包括大部分的间接材料、间接人工、资产折旧、水电费等间接资源（间接费用）。这些间接资源是不同成本对象共用的资源，需先归集或分配到作业，然后再根据作业动因分配到成本计算对象。

**5．确认资源动因，并将资源分配到作业**

对于作业耗用的资源，有的属于作业的直接费用，可以直接计入作业成本；有的属于作业的间接费用，需要按资源动因分配到作业成本。以订单处理作业为例，订单处理作业可能消耗的资源有人工费、电费、文印费、电话费、折旧费等。对于专门负责订单处理的工作人员的工资及其福利费等可以直接归入订单处理作业；对于电费则按用电量来分摊。

**6．确认作业动因，将作业成本分配到客户或服务**

作业动因反映了客户或服务消耗作业的逻辑关系，应根据作业动因将作业成本库中的成本分配到客户或服务。如配送过程中的订单处理作业，其作业动因主要为订单数量；仓储、拣货等作业的成本由出箱数量决定；配送作业发生的成本由运输距离及运输重量（货运周转量）决定。

**7．计算客户或服务（成本计算对象）的总成本**

由作业成本库分配到产品或服务的间接费用，加上直接追溯的直接人工和直接材料费用，就可以得到客户或服务的总成本。

**例 9.1** 以自用货车进行运输的物流成本管理案例。

（1）背景资料

● 出发地：甲配送中心；

- 到达地：乙销售区域；
- 路线行走距离：290 公里；
- 商品：产品编号 No.50；
- 托盘装载量：每一托盘装载 24 个产品；
- 卡车总装载量：每台卡车 32 托盘共 768 个产品。

（2）作业分析

首先，对该自用货车运输的步骤进行"动作研究"，所调查的结果如表 9-2 所示。

表 9-2　自用货车运输作业分析

| 作 业 编 号 | 作 业 名 称 | 作 业 描 述 |
|---|---|---|
| 1 | 开车前检查 | 开车前对各种机件的检查 |
| 2 | 使用叉车进行托盘装载 | 使用叉车，一个操作员用托盘装载产品 |
| 3 | 关车门 | 固定好装载完成的产品，关上车门、封好 |
| 4 | 事务作业 | 开车前，进行"出车"等事务作业 |
| 5 | 开动 | 开车发动 |
| 6 | 按线路行驶 | 使用驾驶员一人，按路线行车 |
| 7 | 开车门检查 | 到达后，开车门，检查产品 |
| 8 | 卸下托盘 | 使用叉车卸下托盘 |
| 9 | 清扫 | 清扫货车 |
| 10 | 事务作业 | 进行后期事务处理 |

表 9-3 为物流作业与其对应的成本动因。表 9-4 为调查分析自用货车运输时间的结果，包括自用货车运输性能的各个物流作业，其所需的人数、次数、单位作业时间、总作业时间、燃料费（平均每公里的燃料消耗量）、燃料消耗量等。表 9-5 为物流作业成本计算表，在该表中，A 栏为各种支出，包括人事费、燃料费、设备费等；B 栏为运输作业和作业编号；C 栏为成本动因；D 栏为单价；E 栏和 F 栏为物流运输服务的成本计算。

表 9-3　物流作业与成本动因

| 物 流 作 业 | 成 本 动 因 | |
|---|---|---|
| | 人 工 费 | 设 备 费 |
| 1. 开车前检查 | 所需时间 | |
| 2. 使用叉车进行托盘装载 | 所需时间 | 使用时间 |
| 3. 关车门 | 所需时间 | |
| 4. 事务作业 | 所需时间 | |
| 5. 开动 | 所需时间 | |
| 6. 按线路行驶 | 所需时间 | 行使距离 |
| 7. 开车门检查 | 所需时间 | |
| 8. 卸下托盘 | 卸货时间 | 使用时间 |
| 9. 清扫 | 所需时间 | |
| 10. 事物作业 | 所需时间 | |

195

表 9-4　自用货车的运输时间分析

| 标准时间 | 物流作业的种类 | 成本动因实际数<br>人数（人）×次数（次）×单位作业时间（分）<br>＝总作业时间（分） |
|---|---|---|
| 货车装载开动<br>标准时间 | 1. 开车前检查 | 1×1×3.0＝3.0 |
| | 2. 使用叉车进行托盘装载 | 1×32×1.5＝48.0 |
| | 3. 关车门 | 1×1×2.0＝2.0 |
| | 4. 事务作业 | 1×1×5.0＝5.0 |
| | 5. 开动 | 1×1×8.0＝.80 |
| | 装载、开动合计时间 | 66.0 |
| | 6. 按线路行驶 | 1×1×420.0＝420.0 |
| 到达卸货<br>标准时间 | 7. 开车门检查 | 1×1×2.0＝2.0 |
| | 8. 卸下托盘 | 1×32×1.5＝48.0 |
| | 9. 清扫 | 1×1×5.0＝5.0 |
| | 10. 事物作业与管理 | 1×1×10.0＝10.0 |
| | 到达、卸货合计时间 | 65.0 |
| 总作业时间 | | 551.0 |
| 其他费用标准 | 燃料费 | 公里数÷平均公里标准＝总消耗量<br>290 公里÷5 公里/升＝58 升 |

表 9-5　物流作业成本计算表

| | A | B | C | D | E | F |
|---|---|---|---|---|---|---|
| 费用 | 费用<br>编号 | 运输<br>作业 | 作业<br>编号 | 成本<br>动因 | 单价 | 一次运输时<br>的运输费 | 再次运输时的运输费 |
| 人事费 | a | 托盘<br>上下 | 2、8 | 所需<br>时间 | 30 日元/分 | 96 分×30 日元/分<br>＝2 880 元 | 96 分×30 元/分<br>＝2 880 日元 |
| | b | 货车<br>行驶 | 其他 | | 30 日元/分 | 455 分×30 日元/分<br>＝13 650 日元 | 455 分×2×30 元/分<br>＝13 650 日元 |
| 燃料费 | c | 车子<br>行驶 | 6 | 行驶<br>距离 | 105 日元/分 | 58 升×105 日元/升<br>＝6090 日元 | 58 升×2×105 日元/升<br>＝2 180 日元 |
| 设备费 | d | 使用<br>叉车 | 2、8 | 使用<br>时间 | 17 日元/分 | 96 分×17 日元/分<br>＝1 632 日元 | 96 分×17 日元/分<br>＝1 632 日元 |
| | e | 使用<br>货车 | 6 | 行驶<br>距离 | 55 日元/公里 | 290 公里×55 日元/<br>公里＝5 950 日元 | 290 公里×2×55 日元/<br>公里＝1 900 日元 |
| 总运输费　f | | 合计 | | | | 40 202 日元 | 75 892 日元 |
| 产品数　g | | 768 个 | | | | | |
| 运输费单价　h | | | | | | 52 日元 | 99 日元 |
| 增加额（率） | | | | | | （99-52）÷52＝90% | |

　　根据表 9-5，该产品的数量为 768 个，若一次送完，则运输费如 E 栏的合计 40 202 元，平均每个需 52 元。按照传统的成本计算方法计算，平均每个的运输费是 52 元，即使分两次，每次 384 个进行配送，也被看成是同样金额的配送费。如果采用作业成本法计算，可发现如果分成两次进行运输，每次配送 384 个时，如 F 栏所示，除了托盘上下作业费（a）与货车行驶作

业费（b）之外的成本皆增加，使得总运输费成为 75 892 元，即平均每个 99 元，增加 47 元，增加率为 90%。

 **第三方物流企业应用作业成本法时应注意的问题**

1. 正确识别和合理划分物流作业

作业的划分不宜太细，也不宜太粗。作业划分太粗难以揭示管理改善的机会；作业划分太细会大大增加成本核算工作量，并且所提供的过于详细的成本信息未必与决策相关。在实际工作中，必须对作业进行合理分解和整合。将作业项目设计到什么水平上，一般取决于企业需要计算什么样的物流成本。如果企业的目的是为了了解不同客户之间物流成本的差异，那么在计算这种物流成本时，要根据客户之间物流服务水平的差异来确定作业项目。

2. 合理选择物流成本动因

成本动因的划分并不是越细越好，应遵循成本效益原则。确定合适的成本动因，应考虑以下几方面因素：①获取成本动因数据的难易程度，如果数据容易获得，则该因素被选为成本动因的可能性就大；②成本动因所计算出的作业成本与实际情况的相关程度，相关程度越高，使用该动因的可能性越大；③成本动因对行为的影响，某成本动因所引起的行为作用越大，使用该成本动因的可能性越大。

3. 作业成本法应在企业逐步展开

除了少数自动化程度高、管理先进的企业以外，对我国大部分的第三方物流企业来说，在成本计算体系中全面应用作业成本法的条件还不很成熟。由于第三方物流企业提供的服务包括若干环节，每个物流环节本身是一个作业，每一个这样的作业又可以分解为许多低层作业，如果考虑整个物流过程，它将是一个极其复杂的作业链组合，在第三方物流企业全面实施作业成本法会遇到很大的困难。可以先实施作业分析法，通过作业分析，消除不必要的作业；然后再根据作业的重要性与相关性，选择一些重要的作业实施作业成本法，这样可以获得更大的成本降低的空间，取得更好的经济效益。

4. 作业成本法的应用需要物流信息系统的支持

作业成本法的应用需要收集有关作业的大量数据，成本计算中的间接费用需要先归集到作业，然后再分配到成本计算对象，成本计算工作量非常大，因此，企业应用作业成本法，必须建立物流信息系统，否则作业成本法的应用是不切实际的。通过建立物流信息系统，将包括资源及作业信息在内的物流业务信息采集到系统中，这样不仅可以对物流业务进行跟踪与控制，而且可以将资源及作业等信息传输到财务系统，便于作业成本的计算和分配。

## 五、时间驱动作业成本法在第三方物流企业成本核算中的应用

### （一）作业成本法存在的缺陷

相对于传统的成本核算法，作业成本法计算成本的准确性得到了较大的提高，其独特的"产品消耗作业，作业消耗资源"的原理，便于企业追踪物流成本的多生源头，有利于物流成本的控制。然而，该法在实施中也存在以下一些缺陷。

## 1．作业成本法核算系统建立和维护成本高，难以适应错综复杂的现实需要

作业成本法核算系统建立时，对作业、作业成本动因和资源成本动因等一系列数据的采集和处理消耗大量的时间和费用，而且数据收集是通过面谈、发放调查表、召开讨论会等比较主观的方式进行的，所获数据的准确性和客观性有待评估。

## 2．存在资源供求平衡假设的片面性，不能揭示未利用产能

作业成本法往往在假设资源供求平衡的基础上计算成本动因分配率及分配至各成本对象的成本，没能揭示未利用产能，致使产品成本的高估，可能导致未来决策的偏差。

### （二）时间驱动作业成本法的原理与实施步骤

#### 1．时间驱动作业成本法的原理

为了解决作业成本法在实施中存在的上述问题，卡普兰教授在哈佛商业评论 2005 年第 1 期上发表了《时间驱动作业成本法》一文，对传统的作业成本法进行了改进，提出了时间驱动作业成本法。按照时间驱动作业成本法的原理，管理人员可直接估计每项事务、每个产品所花费的资源，而不是先将资源成本分摊到各项活动上，然后再分摊到各个产品或客户上，对于每一类资源，企业只需估计出两个参数：一是单位时间所投入的资源能力的成本，或者成为单位时间的产能成本（通常用某部门总费用除以部门有效工作时间得到）；二是产品、服务和客户在消耗资源时所占用的单位时间数，或者成为作业单位时间数（管理人员通常可以凭借经验或者观察得到）。将上述两个数字相乘，就可得到某项作业的成本。

时间驱动作业成本法利用单位时间产能来分配成本，避免了作业成本法应用中烦琐的成本动因的划分和成本动因分配率的计算，管理人员通过观察或经验估计每项作业的耗时，大大减少了数据调查中的主观因素。同时，该法预留了变动空间，当一个作业中心增加了若干新作业时不需要重新估测资源分割系数，仅需对新增作业单位耗时作补充测定即可。不仅如此，该法还可以计算出因未充分利用有效工时而造成的不增值成本，所以，时间驱动作业成本法更容易推广应用。

#### 2．时间驱动作业成本法的核算步骤

第一步：确定有效总作业时间。

有效总作业时间等于理论总作业时间减去必要闲暇时间（或设备必要停工时间）。

第二步：计算单位时间费用率。

单位时间费用率＝某成本库总成本÷对应的有效作业时间。

第三步：确定单位作业耗时。

一般可以通过直接观察得到。

第四步：计算单位作业费用率。

上述第二步和第三步的数据相乘即可得到。

### （三）时间驱动作业成本法与作业成本法的区别

#### 1．资源成本的分摊不同

作业成本法的基本实施步骤是：建立作业字典，将资源成本通过资源成本动因分摊到各项作业上，明确作业成本动因，计算作业成本动因率，按作业成本动因率分摊成本到各个产品或客户上。

时间驱动作业成本法的基本实施步骤是：估算单位时间，估算产能成本，估计作业单位时间数，计算成本发生因素的单位费用，成本分析报告和更新模型。对于每一类资源，企业需要先估计出上文提到的两个参数，将两个数字相乘，就可以得到完成某项作业的成本，即成本发生因素的单位费用或称为成本动因分配率。

时间驱动作业成本法是将作业成本法中的资源成本动因和作业成本动因进行统一，用时间作为统一的度量工具，对成本进行分摊。在具体实施的过程中，两者的区别还体现在：第一，作业成本法分摊资源成本采用的是时间比例，而时间驱动作业成本法是通过具体时间分摊；第二，在确定花费在各项活动上的时间时，前者采用的是调查的方法，而后者主要通过经理人的估算。下面举一简例来说明两者的区别。

S 企业出货部门主要履行以下 3 项活动：处理订单、拣货作业、出货检查作业。该部门的全部费用达到 560 000 元，其实际（或者说估计）的工作任务是 49 000 份订单、1 400 次拣货以及 2 500 次出货调查。在作业成本法模型中，首先根据在员工中的调查确定花费在各项活动上的时间比，然后按照这一比例对费用总额进行分配，再用各项活动所分摊承担的费用额除以各项活动的作业量就可以得到成本动因分配率。这一计算过程可用表 9-6 表示。

表 9-6 作业成本法模型中成本动因分配率计算过程

| 作　业 | 花费的时间/% | 分摊的成本/元 | 作　业　量 | 成本动因分配率/元 |
|---|---|---|---|---|
| 处理订单 | 70 | 392 000 | 49 000 份 | 8 |
| 拣货作业 | 20 | 112 000 | 2 500 次 | 44.8 |
| 出货检查作业 | 10 | 56 000 | 1 400 次 | 40 |
| 合　计 | 100 | 560 000 | | |

而在时间驱动作业成本法下，首先是估算出每生产单位时间的成本，即用部门的总费用 560 000 元除以员工的总工作时间 700 000 分钟，这样可得到每单位生产时间的成本 0.8 元/分钟。然后估算出各作业所耗用的单位时间数，用这一数据乘以相应的作业量，可得到各项活动所耗费的总时间；然后用这一时间乘以先前算出的单位时间成本，即可得到完成某项作业的成本。或者，先用单位时间成本乘以作业的单位时间得到成本动因分配率，再用这一分配率乘以作业所耗用的单位时间，同样可以得到各作业所应分摊的成本。这一计算过程可用表 9-7 表示。

表 9-7 时间驱动 ABC 下成本动因分配率计算过程

| 作　业 | 作业所耗单位时间/分钟 | 作　业　量 | 耗费的总时间/分钟 | 成本动因分配率/元 | 分摊的成本/元 |
|---|---|---|---|---|---|
| 处理订单 | 8 | 49 000 份 | 392 000 | 6.4 | 313 600 |
| 拣货作业 | 50 | 2 500 次 | 125 000 | 40 | 49 280 |
| 出货检查作业 | 44 | 1 400 次 | 61 600 | 35.2 | 100 000 |
| 耗费合计 | | | 578 600 | | 462 880 |
| 所提供产能 | | | 700 000 | | 560 000 |
| 未利用产能 | | | 121 400 | | 9 7120 |

## 2. 应对复杂运营的解决方式不同

在作业成本分析中存在着一个将问题简单化的重要假设：某一特定类型的所有订单或者所有事务处理均毫无差异，在处理时所需要的时间都一样。当面对复杂运营所带来的问题时，管理人员不得不将流程的每一变化都作为一种特殊的作业来处理，以便记录下不同事务处理活动所需的时间。

而在时间驱动作业成本分析中，以上假设被抛开，嵌入了一些计算时间的等式来解决复杂运营所带来的问题，从而能够反映出订单和企业活动的不同特点所导致的处理时间差异，简化了数据估测过程，能够提供比原模型准确度高得多的成本分析。

卡普兰以一家化学制品公司为例，设计了包装时间以及内部销售订单输入流程的时间等式。假设有一位管理人员正在查看某种化学制品的包装发货流程，这一流程可能并不简单，因为这些制品可能需要特殊的包装，而且可能要求采用空运，而不是陆运。准备发货所需要的时间为 0.5 分钟。如果它需要新的包装，管理人员凭经验或是通过几次现场观察，估计所需要的时间将增加 6.5 分钟。如果采用空运的发货方式，将包装好的化学制品放入适合空运的集装箱大约需要 2 分钟。根据这些信息，管理人员就能够估计出包装该化学制品所需要的时间等式：包装时间＝0.5 分钟＋6.5 分钟（如果采用特殊包装）＋2.0 分钟（如果采用空运方式）。

**例 9.2**

S 企业物流配送中心共有 24 位员工，人均薪金 2 754 元。2006 年 4 月该中心发生的折旧、各类办公费用及相关消耗共计 58 800 元，详细资料见表 9-8，理论总作业时间＝24×22.5×8×60＝259 200（分钟）。假定有效工时率为 85%，那么，有效总作业时间＝259 200×85%＝220 320（分钟），单位时间费用率＝（24×2 754＋58 800）÷220 320＝0.566 9（元/分钟）。

表 9-8　S 企业物流配送中心 2006 年 4 月各项费用表

| 费用项目 | 人工费 | 水电费 | 折旧费 | 维修费 | 通信费 | 单据费 |
|---|---|---|---|---|---|---|
| 金额 | 66 096 | 13 000 | 33 000 | 5 200 | 7 600 | 9 950 |

根据时间驱动作业成本法的核算步骤，可以算出各作业所耗成本。计算过程及结果如表 9-9 和表 9-10 所示。

表 9-9　物流配送中心 2006 年 4 月单据消耗费用表

| | 资源动因数（次数）($a$) | 实际耗用数（张数）($b$) | 购入单价（元）($c$) | 调整后单价（元）($b \times c/a$) |
|---|---|---|---|---|
| 收货单 | 3 600 | 3 650 | 0.8 | 0.81 |
| 出货单 | 9 200 | 9 400 | 0.6 | 0.61 |
| 拣货单 | 800 | 880 | 1.5 | 1.65 |
| 退货单 | 60 | 70 | 1.0 | 1.17 |

表 9-10　物流配送中心 2006 年 4 月时间驱动作业成本计算表

| | 单据费单价（元）$A$ | 单位作业耗时（分钟）$b$ | 单位作业费用率（元/分钟）$C=0.566\,9 \times b$ | 作业动因 $d$ | 单据成本 $E=a \times d$ | 总耗时（分钟）$F=b \times d$ | 分摊间接成本（元）$G=0.566\,9 \times f$ | 分摊总成本（元）$H=e+g$ |
|---|---|---|---|---|---|---|---|---|
| 收货作业 | 0.81 | 20 | 11.338 | 3 600 | 2 916 | 72 000 | 40 816.80 | 43 732.80 |
| 出货作业 | 0.61 | 12 | 8.503 5 | 9 200 | 5 612 | 110 400 | 62 585.76 | 68 197.76 |
| 拣货作业 | 1.65 | 35 | 22.676 | 800 | 1 320 | 28 000 | 15 873.20 | 17 193.20 |
| 退货作业 | 1.17 | 20 | 11.338 | 60 | 70.2 | 1 200 | 680.28 | 750.48 |
| 实耗工时 | | | | | 9 918.2 | 211 600 | 119 956.04 | 129 874.24 |
| 有效工时 | | | | | | 220 320 | 124 899.41 | 124 899.41 |
| 未用工时 | | | | | | 8 720 | 4 943.37 | 4 943.37 |

注：本表采用的作业动因为单据份数。在计算过程中，只选择有代表性的作业，并未涵盖所有物流配送中心的作业及费用。

从表 9-10 可以看出,实际耗用工时没有超出有效工时,也就是说,在实际工作中,有 8 720 分钟是多余的闲暇时间,可以通过削减人工工时来达到削减成本。另外,从表格中还可以看出,出货作业用时很多,可以通过优化作业流程来减少不增值的作业。

# 第三方物流企业绩效评价

物流产业是我国当前重点扶持发展的行业,随着我国经济的持续高速发展,物流产业的市场越来越大,随之而来的是竞争也越来越激烈,在竞争激烈的市场环境中,物流企业如果缺乏竞争力的话,随时会被市场淘汰。因此,第三方物流企业在生产经营的同时,必须科学地对自身的经营绩效进行评价与分析,准确了解自身的经营状况,找出自身的优势和劣势,从而制定出正确的经营措施和发展策略,才能在竞争中立于不败之地。

## 一、第三方物流企业绩效评价指标体系的建立

### (一)第三方物流企业功能性绩效评价指标体系

#### 1．采购功能绩效评价指标

采购功能绩效通常用下列六个指标来考核:

(1)原材料合格率。计算公式为:

原材料合格率(%)=(年度合格的原材料采购批次÷年度采购原材料总批次)×100%

(2)准时交货率。计算公式为:

准时交货率(%)=(年度实际准时交货批次÷年度采购总批次)×100%

(3)供应准确率。计算公式为:

供应准确率(%)=(年度供应准确次数÷年度供应总批次)×100%

(4)订单处理及时率。计算公式为:

订单处理及时率(%)=(年度及时处理订单次数÷年度订单处理总次数)×100%

(5)缺货率。计算公式为:

缺货率(%)=(年度缺货次数÷年度应供应总次数)×100%

(6)采购业务费率。计算公式为:

采购业务费率(%)=(年度采购业务费总额÷年度采购费用总额)×100%

#### 2．运输功能绩效评价指标

(1)运输效率指标

① 车船满载率。计算公式为:

车船满载率=(车船实际装载量÷车船装载能力)×100%

② 车船完好率。计算公式为:

车船完好率=(报告期运营车船完好天数÷报告期运营车船总天数)×100%

③ 车船利用率。计算公式为：

车船利用率＝（报告期运营车船投产总天数÷报告期运营车船总天数）×100%

（2）运输服务质量与安全性指标

① 准时运输率。计算公式为：

准时运输率＝（准时运输次数÷运输总次数）×100%

② 运输损失率

按货物价值计算，计算公式为：

运输损失率＝（损失货物总价值÷运输货物总价值）×100%

按运输收入计算，计算公式为：

运输损失率＝（损失赔偿金额÷运输业务收入总额）×100%

③ 货损货差率。计算公式为：

货损货差率＝（货损货差票数÷办理发运货物总票数）×100%

④ 事故频率。计算公式为：

事故频率（次/万千米）＝报告期内事故次数÷（报告期总运输千米数÷10 000）

⑤ 安全间隔里程。计算公式为：

安全间隔里程（万千米/次）＝（报告期总行驶千米÷10 000）÷报告期内事故次数

（3）运输成本与效益指标

① 单位实际油耗。计算公式为：

单位实际油耗（升/百吨千米）＝报告期实际油耗÷（报告期运输吨千米÷100）

② 吨公里运输费用水平。计算公式为：

吨公里运输费用水平＝报告期内运输费用总额÷报告期货物总周转量（吨千米数）

③ 修保费。计算公式为：

修保费（元/千千米）＝车船保养及小修费用÷（行驶千米÷1 000）

### 3．仓储功能绩效评价指标

（1）货物储存量指标

① 货物吞吐量。是指计划期内进出库货物的总量，常以年吞吐量计算。吞吐量是反映仓库工作的数量指标，是仓储工作考核中的主要指标，计算公式为：

计划期货物吞吐量＝计划期货物总进库量＋计划期货物总出库量＋计划期货物在拨量

② 单位面积储存量。反映仓库在单位面积上的储存量，计算公式为：

单位面积储存量＝日平均储存量÷仓库实际面积（平方米）

（2）货物储存质量指标

① 账货相符率。是指在货物盘点时，仓储货物保管账面上的货物储存数量与相应库存实有数量的相互符合程度，计算公式为：

账货相符率＝（账货相符笔数÷储存货物总笔数）×100%

它可以反映保管工作的管理水平，是避免货物遭受损失的重要手段。

② 货物损耗率。是指保管期中自然减少的数量占原来入库数量的比例，反映货物保管与养护的实际情况，计算公式为：

货物损耗率＝（货物损耗额÷货物保管总额）×100%

③ 平均保管损失。是按货物储存量中平均每吨货物的保管损失金额来计算的。

$$平均保管损失＝[保管损失金额（元）÷平均储存量（吨元）]×100\%$$

通过核算保管损失，可以进一步追查货物损失的事故原因，核实经济责任，把损失减少到最低程度。

④ 设备完好率。是指设备处于良好状态，随时能投入使用的设备占全部设备的百分比，计算公式为：

$$设备完好率（\%）＝（完好设备台日数÷设备总台日数）×100\%$$

完好设备台日数中不包括正在修理或待修理设备的台日数。

（3）货物储存效率指标

① 仓库利用率。是衡量和考核仓库利用程度的指标，它可以用仓库面积利用率和仓库容积利用率来表示，计算公式为：

仓库面积利用率，计算公式为：

$$仓库面积利用率（\%）＝（仓库的有效堆放面积÷仓库总面积）×100\%$$

库房容积利用率，计算公式为：

$$库房容积利用率（\%）＝（报告期平均库存量÷库房的总容量）×100\%$$

② 设备利用率。包括设备能力利用率和设备时间利用率两个指标，计算公式如下：

$$设备能力利用率（\%）＝（报告期设备实际载荷量÷报告期设备额定载荷量）×100\%$$

$$设备时间利用率（\%）＝（报告期设备实际作业工时数÷报告期设备额定作业工时数）×100\%$$

③ 劳动生产率。用平均每人每天完成的出入库货物量来表示，出入库货物量是指吞吐量减去在拨量，计算公式为：

$$全员劳动生产率（吨/工时）＝全年货物出入库量（吨）÷仓库全员年工日总数（工日数）$$

④ 货物周转速度指标。包括货物年周转次数和货物周转天数两个指标。

货物年周转次数，计算公式为：

$$货物年周转次数（次/年）＝全年消耗货物总量÷全年货物平均储存量$$

货物周转天数，计算公式为：

$$货物周转天数（天/次）＝360÷货物年周转次数$$

（4）储存经济性和安全性指标

① 储存经济性指标。用来反映仓库经济效益水平，计算公式为：

$$平均储存费用（元/吨）＝每月储存费用总额（元）÷月平均储存量（吨）$$

② 储存安全性指标。用来反映仓库作业的安全程度，可以用发生的事故大小和次数表示，如人身伤亡事故、火灾、盗窃事故等。

（5）收发货作业绩效评价指标

① 收发货差错率。是以收发货所发生差错的累计笔数占收发货总笔数的百分比来计算的，此项指标反映收、发货的准确程度，计算公式为：

$$收发货差错率＝（收发货所发生差错的累计笔数÷收发货累计总笔数）×100\%$$

② 货物及时验收率。表明仓库按照规定的时限执行验收货物的情况，可用下列公式表示：

$$货物及时验收率（\%）＝（期内及时验收笔数÷期内收货总笔数）×100\%$$

③ 平均收发货时间。该指标是指仓库收发每笔货物（即每张出入货单据上的货物）平均所使用的时间，计算公式为：

$$平均每笔收发货时间（小时/笔）＝收发货时间总和（小时）÷收发货总笔数（笔数）$$

收货时间一般是从单证和货物到齐后开始计算，经验收入库后，把入库单交保管会计登账为止。发货时间一般是指仓库接到发货单（调拨单）开始，经备货、包装、填单等，到办妥出库手续为止。一般不把在库待运时间列为发货时间计算。

一般来说，仓库的收发货时间应控制在一个工作日之内，而对于大批量的、难以验收的收发货业务可适当延长时间。

④ 每人时处理收发货量和收发货时间率

每人时处理收发货量的计算公式有两个，这两个指标可以评估收发货员工的工作难度及作业速率，以及目前的进出货时间是否合理。

$$每人时处理收货量＝进货量÷（收货人数×工作天数×每日工作时数）$$
$$每人时处理发货量＝出货量÷（出货人数×工作天数×每日工作时数）$$

收发货时间率。计算公式为：

$$收货时间率＝每日平均收货时间÷每日工作时数$$
$$发货时间率＝每日平均发货时间÷每日工作时数$$

（6）盘点作业绩效评价指标

盘点作业可以用盘点数量误差率、盘点品项误差率和平均盘差货物金额三项指标来考核评价。

① 盘点数量误差率。可以用来衡量库存管理优劣，作为是否加强盘点或改变管理方式的依据，以减低公司的损失机会，其计算公式为：

$$盘点数量误差率＝盘点误差量÷盘点总量$$

② 盘点品项误差率。盘点品项误差率和盘点数量误差率两个指标相结合，通过两者之间的数据大小关系，可以进一步检查盘点误差主要发生的原因。其计算公式为：

$$盘点品项误差率＝盘点品项误差数÷盘点实施品项数$$

③ 盘差货物平均金额。用于判断企业库存管理中是否采用了 ABC 分类管理法，其计算公式为：

$$每件盘差货物平均金额＝盘点误差总金额÷盘点误差量$$

**4．配送功能绩效评价指标**

配送功能绩效评价指标可用员工负担指标、配送时间效率指标、配送成本指标、配送服务质量指标进行考核。

（1）员工负担指标

① 平均每人的配送量。计算公式为：

$$平均每人的配送量＝出货量总计÷配送员工数$$

② 平均每人的配送距离。计算公式为：

$$平均每人的配送距离＝配送总距离÷配送员工数$$

③ 平均每人的配送重量。计算公式为：

$$平均每人的配送重量＝配送总重量÷配送员工数$$

④ 平均每人的配送车次。计算公式为：

$$平均每人的配送车次＝配送总车次÷配送员工数$$

（2）配送时间效率指标

① 配送平均速度。计算公式为：

$$配送平均速度＝配送总距离÷配送总时间$$

② 配送时间比率。计算公式为：

配送时间比率＝配送总时间÷（配送员工数×工作天数×正常班工作天数）

③ 单位时间配送量。计算公式为：

单位时间配送量＝出货量÷配送总时间

④ 单位时间生产力。计算公式为：

单位时间生产力＝配送营业额÷配送总时间

（3）配送成本指标

① 每吨重配送成本。计算公式为：

每吨重配送成本＝（自车配送成本＋外车配送成本）÷配送总重量

② 每容积货物配送成本。计算公式为：

每容积货物配送成本＝（自车配送成本＋外车配送成本）÷配送货物总容积

③ 每车次配送成本。计算公式为：

每车次配送成本＝（自车配送成本＋外车配送成本）÷配送总车次

④ 每公里配送成本。计算公式为：

每公里配送成本＝（自车配送成本＋外车配送成本）÷配送总距离

（4）配送服务质量指标

第三方物流企业的员工可以用配送延迟率指标来分析自己配送服务质量水平，掌握交货时间，尽量减少配送延迟情况，以确保公司信用度。其计算公式为：

配送延迟率＝配送延迟车次÷配送总车次

（5）订单处理作业绩效评价指标。反映订单处理作业绩效评价的指标有：

① 平均每日来单数。计算公式为：

平均每日来单数＝订单总数量÷工作天数

② 每个客户平均订单数。计算公式为：

每个客户平均订单数＝订单数÷下游客户数量

③ 平均每订单包含的货物量。计算公式为

平均每订单包含的货物量＝出货总量÷订单数量

④ 每个订单平均营业额。计算公式为：

每个订单平均营业额＝营业额÷订单数量

## 5. 信息管理功能绩效评价指标

信息管理功能绩效通常用下列四个指标来考核：

（1）信息传递准确率。计算公式为：

信息传递准确率＝（传递准确次数÷传递总次数）×100%

（2）信息反馈时间。计算公式为：

信息反馈时间＝受到准确信息－发出信息需求时间

（3）信息处理能力。通常用每小时处理信息的次数来表示。

（4）客户满意率。计算公式为：

客户满意率（%）＝（客户满意次数÷信息服务总次数）×100%

### 6. 客户服务功能绩效评价指标

（1）订单按时完成率与订单处理正确率

① 订单按时完成率。计算公式为：

$$订单按时完成率＝（按时完成订单数÷订单总数）×100\%$$

② 订单处理正确率。计算公式为：

$$订单处理正确率＝（无差错订单处理数÷订单总数）×100\%$$

（2）订单延迟率与订单货物延迟率

① 订单延迟率。订单延迟率用于衡量对客户交货的延迟状况，其计算公式为：

$$订单延迟率＝延迟交货订单数量÷订单数量$$

② 订单货物延迟率。其计算公式为：

$$订单货物延迟率＝延迟交货量÷出货量$$

（3）客户退货率和客户折让率

① 客户退货率。计算公式为：

$$客户退货率＝客户退货数÷出货量$$

② 客户折让率。计算公式为：

$$客户折让率＝销货折让数÷出货量$$

（4）客户取消订单率和客户抱怨率

① 客户取消订单率。计算公式为：

$$客户取消订单率＝客户取消订单数÷订单数量$$

② 客户抱怨率。计算公式为：

$$客户抱怨率＝客户抱怨次数÷订单数量$$

### （二）第三方物流企业总体经营状况绩效评价指标体系

能反映第三方物流企业总体绩效的指标很多，但从可操作性、数据可得性方面考虑，不可能也没有必要将所有的指标作为评价指标，只能从中选一些最能体现第三方物流企业效益，对绩效评价起关键作用的指标。由此，按照以上指标设计的原则，结合第三方物流经营活动的特征，并考虑到绩效评价方法在企业内部实施的可行性、可操作性和有用性等，从下述四个方面来评价第三方物流企业的整体经营绩效。

### 1. 财务效益状况

财务效益状况包括净资产收益率和总资产报酬率两个指标。

$$净资产收益率＝（净利润÷平均净资产）×100\%$$
$$总资产报酬率＝（息税前利润÷平均资产总额）×100\%$$

### 2. 资产运营状况

资产运营状况包括总资产周转率和流动资产周转率两个指标。

$$总资产周转率＝（营业收入净额÷平均资产总额）×100\%$$
$$流动资产周转率＝（营业收入净额÷平均流动资产总额）×100\%$$

### 3. 偿债能力状况

偿债能力状况包括资产负债率和已获利息倍数两个指标。

$$资产负债率＝（负债总额÷资产总额）×100\%$$

$$已获利息倍数＝（息税前利润÷利息支出）×100\%$$

#### 4．发展能力状况

发展能力状况包括资本积累率和营业收入增长率两个指标。

$$资本积累率＝（所有者权益增长额÷年初所有者权益）×100\%$$

$$营业收入增长率＝（本年营业收入增长额÷上年营业收入总额）×100\%$$

## 二、第三方物流企业绩效评价方法

目前国内学者提出的第三方物流企业绩效评价方法有以下几种：以功效系数法为主、综合分析法为辅的评价方法；用层次分析法进行系统综合评价；采用综合评价方法（模糊理论）对物流绩效进行评价；利用模糊综合评判法对第三方物流企业绩效进行综合评判；用数据包络分析法（DEA）对物流绩效进行评价；用模糊聚类方法来分析物流绩效；利用效用理论方法对物流绩效进行评价；采用两阶段的物流系统综合评价法（DEA/AHP）等。这些方法各有其优缺点及适用范围，在具体应用时要根据第三方物流企业的具体情况采用，下面介绍功效系数法和模糊综合评价法两种方法。

### （一）功效系数法

功效系数法是根据多目标规划原理，把所需要评价的各项指标分别对照各自的标准，并根据各项指标的权数，通过功效函数转化为可以度量的评价分数，再对各项指标的单项评价分数进行加总，求得综合评价分数，该方法是经济评价中常用的一种方法，其计算公式如下：

$$单项指标评价分数＝60＋[（该指标实际值－该指标本挡标准值）$$
$$÷（该指标上挡标准值－该指标本挡标准值）]×40$$

进行第三方物流绩效评价时，在计算方法上对以上功效系数进行了改进。首先，增加了评价标准挡次，将公式中的满意值和不允许值，改变为优秀值和良好值、平均值、较低值和较差值 5 挡评价标准值；其次，把原来对基础分和调整分的固定分配比重 60 和 40，改变为变动的分配比重，从整体上提高了评价的灵敏度和准确性，其计算公式为：

$$单项指标评价分数＝本挡基础分＋[（该指标实际值－该指标本挡标准值）$$
$$÷（该指标上挡标准值－该指标本挡标准值）]×（上挡基础分－本挡基础分）$$

功效系数法能根据评价对象的特点，拟定不同侧面的多个评价目标，对多个变量进行分析判断，此特点正好满足了第三方物流评价多目标、多层次、多因素的评价要求。

#### 例 9.3

某仓储企业评价指标体系中的 8 个指标值如表 9-11 所示。按照功效系数法，需要确立评价标准，因为仓储行业的行业标准难以获得，故选用了商业贸易全行业的标准值列于表 9-11 中，而对于权数分配则参考了 2002 年由财政部、经贸委、中央企业工委等单位修改制定的《企业绩效评价操作细则（修订）》中所确定的权重，其计算结果如表 9-12 所示。

表 9-11　某仓储企业的绩效评价指标值

| 评价内容 | 评价指标 | 权数 | 指标值 | 优秀值 | 良好值 | 平均值 | 较低值 | 较差值 |
|---|---|---|---|---|---|---|---|---|
| 财务效益状况 | 净资产收益率 | 25 | 4.084 | 29.3 | 11.8 | 3.8 | -7.6 | -40.5 |
| | 总资产报酬率 | 13 | 18.56 | 19.0 | 9.1 | 2.9 | -1.7 | -7.8 |
| 资产运营状况 | 总资产周转率 | 9 | 1.17 | 3.8 | 2.3 | 1.1 | 0.5 | 0.2 |
| | 流动资产周转率 | 9 | 0.734 | 5.6 | 3.5 | 1.8 | 0.8 | 0.3 |

续表

| 评价内容 | 评价指标 | 权　数 | 指标值 | 优秀值 | 良好值 | 平均值 | 较低值 | 较差值 |
|---|---|---|---|---|---|---|---|---|
| 偿债能力状况 | 资产负债率 | 12 | 52.69 | 48.3 | 61.4 | 84.5 | 98.3 | 100 |
| | 已获利息倍数 | 8 | 1.21 | 8.8 | 2.8 | 1.1 | -0.7 | -2.6 |
| 发展能力状况 | 资本积累率 | 12 | 21.84 | 35.4 | 25.6 | 5.6 | -9.8 | -38.6 |
| | 营业收入增长率 | 8 | 25.58 | 27.7 | 15.7 | -9.8 | -30.4 | -47.4 |
| 标准系数 | | | | 1.1 | 0.8 | 0.6 | 0.4 | 0.2 |

表9-12　某仓储企业绩效评价计算结果

| 评价内容 | 评价指标 | 权数 | 指标值 | 上挡标准系数 | 本挡标准系数 | 上挡基础分 | 本挡基础分 | 功效系数 | 指标得分 | 分析系数 |
|---|---|---|---|---|---|---|---|---|---|---|
| 财务效益状况 | 净资产收益率 | 25 | 4.084 | 0.8 | 0.6 | 20 | 15 | 0.04 | 15.18 | 0.74 |
| | 总资产报酬率 | 13 | 18.56 | 1.0 | 0.8 | 13 | 10.4 | 0.96 | 12.88 | |
| 资产运营状况 | 总资产周转率 | 9 | 1.17 | 0.8 | 0.6 | 7.2 | 5.4 | 0.06 | 5.51 | 0.49 |
| | 流动资产周转率 | 9 | 0.734 | 0.4 | 0.2 | 3.6 | 1.8 | 0.87 | 3.36 | |
| 偿债能力状况 | 资产负债率 | 12 | 52.69 | 1 | 0.8 | 12 | 9.6 | 0.66 | 11.20 | 0.8 |
| | 已获利息倍数 | 8 | 1.21 | 0.8 | 0.6 | 6.4 | 4.8 | 0.06 | 4.90 | |
| 发展能力状况 | 资本积累率 | 12 | 21.84 | 0.8 | 0.6 | 9.6 | 7.2 | 0.81 | 9.15 | 0.86 |
| | 营业收入增长率 | 8 | 25.58 | 1 | 0.8 | 12 | 9.6 | 0.82 | 11.58 | |

从表9-12中的数据可知，该企业绩效评价的总得分为73.76，按照绩效评价规则，其基本绩效状况处于良好水平。从分析系数得知，该企业的偿债能力状况和发展能力状况都很好，而财务效益状况较好，但资产运营状况的分析系数仅为0.49，标明该企业的资产运营状况较差，应引起高层领导的注意，在今后的发展中应注意这方面的改善，从而提高企业的整体绩效。

### （二）模糊综合评价法

模糊综合评价法是模糊数学集合论与层次分析法的有机结合进行综合评价的一种定性和定量相结合的方法。以模糊数学为基础，应用模糊关系合成的原理，将一些边界不清、不易定量的因素定量化，进行综合评价，这样就能减少评价的主观性，增加评价的客观性，再加上模糊综合评价结果以向量的形式出现，而不是一个单点值，且这个向量是一个模糊子集，可较为准确地反映物流服务商的综合情况，这是其他评价方法无可比拟的。模糊综合评价模型的构建分为下列五步：

#### 1．建立评价指标集

定义主因素层指标集为 $U=\{U_1,U_2,\cdots,U_n\}$，定义子因素层指标集 $U_k=\{U_{k1},U_{k2},\cdots,U_{kn}\}$。

#### 2．建立评价等级集

评价等级分为 $m$ 级，$V=\{v_1,v_2,\cdots,v_m\}$。

#### 3．确定评价隶属矩阵

采用德尔菲法，由数名专家组成专家组，对评价因素论域中 $U_i(i=1,2,\cdots,4)$ 做单因素评价，即对各指标依照事先确定的等级标准，由专家采取无记名的方式，得到 $U_{ij}$ 对评价集 $V$ 的隶属向量 $R_{ij}$，$R_{ij}=(r_{ij1},r_{ij2},\cdots,r_{ijm})$，其中 $r_{ijh}=v_{ijh}/p$，$h=1,2,\cdots,m$，$p$ 为参评专家人员总数，$v_{ijh}$ 是参评专家中认为指标 $U_{ij}$ 属于 $vh$ 等级的专家人数，评审隶属矩阵为：

$$R_i = \begin{bmatrix} r_{i1} \\ r_{i2} \\ \vdots \\ r_{ij} \end{bmatrix} = \begin{bmatrix} r_{i11}, r_{i12}, \cdots, r_{i1m} \\ r_{i21}, r_{i22}, \cdots, r_{i2m} \\ \vdots \\ r_{ij1}, r_{ij2}, \cdots, r_{ijm} \end{bmatrix}$$

### 4．确定指标权重

由于不同的评价因素对实现评价目标的重要程度不同，有必要根据不同评价因素的相对重要程度，赋予其相应的权重。确定权重的方法很多，这里采用层次分析法求出主因素层指标集 $U$，相应的权重集为 $A = (A_1, A_2, \cdots, A_n)$，子因素层指标集 $U_i$，相应的权重为 $A_i = (A_{i1}, A_{i2}, \cdots, A_{ij})$，（i＝1,2,$\cdots$,$n$）。

层次分析法（Analytical Hierarchy Process，AHP）是美国运筹学家 T．L，Satty 在 20 世纪 70 年代末提出的，他将评价问题的有关元素分解成目标、准则、方案等层次，是一种多层次权重解析方法，这一方法综合了人们的主观判断，是一种简明的定性与定量相结合的系统分析和评价方法。这一方法的特点是在对复杂决策问题的本质、影响因素及其内在关系等进行深入分析后，利用较少的定量信息，把评价的思维过程数字化，从而为解决多目标、多准则或无结构特性的复杂问题，提供了一种简便的评价方法。

确定指标权重的关键步骤是构造判断矩阵，构造判断矩阵是要反复比较评价指标，即 $A_i$ 与 $A_j$ 哪个指标对上层次因素影响更大，可以采用一定的数值来说明，如表 9-13 所示。

表 9-13　相对重要性的比例标度

| 标　度 | $a_{ij}$ | |
| --- | --- | --- |
| | 定　义 | 解　释 |
| 1 | 表示因素 $i$ 和因素 $j$ 相比，具有同样的重要性 | 对于两个目标因素的贡献是等同的 |
| 3 | 表示因素 $i$ 和因素 $j$ 相比，前者比后者稍重要 | 经验和判断稍微偏爱一个因素 |
| 5 | 表示因素 $i$ 和因素 $j$ 相比，前者比后者明显重要 | 经验和判断明显地偏爱一个因素 |
| 7 | 表示因素 $i$ 和因素 $j$ 相比，前者比后者强烈重要 | 一个因素强烈地受到偏爱 |
| 9 | 表示因素 $i$ 和因素 $j$ 相比，前者比后者极端重要 | 对一个因素的偏爱程度是极端的 |
| 2、4、6、8 | 表示上述相邻判断的中间值 | |
| 倒数 | 若元素 $i$ 和元素 $j$ 的重要性之比为 $a_{ij}$，那么元素 $i$ 和元素 $j$ 的重要性之比为 $a_{ij}＝1/a_{ij}$ | |

这样，通过对各级指标间的两两比较，便可得指标因素的判断矩阵，如表 9-14 所示。

表 9-14　指标因素判断矩阵

| 指标 | $A_1$ | $A_2$ | $\cdots$ | $A_3$ |
| --- | --- | --- | --- | --- |
| $A_1$ | $A_{11}$ | $a_{12}$ | $\cdots$ | $a_{1n}$ |
| $A_2$ | $a_{21}$ | $a_{22}$ | $\cdots$ | $a_{2n}$ |
| $\vdots$ | $\vdots$ | $\vdots$ | $\ddots$ | $\vdots$ |
| $A_n$ | $a_{n1}$ | $a_{n2}$ | $\cdots$ | $a_{nn}$ |

在得到判断矩阵后，需计算各指标的相对权值，即判断矩阵的特征值。通常采用计算较简单的和积法计算矩阵特征值的近似值作为权值。

（1）将矩阵 $A$ 按列归一化：

$$b_{ij} = \frac{a_{ij}}{\sum_{i=1}^{n} a_{ij}} (i, j = 1, 2, \cdots, n)$$

（2）将每一列经正规化后的判断矩阵按行相加，即

$$w_i = \sum_{j=1}^{i} b_{ij}$$

（3）将得到的和向量正规化，即得权重向量：

$$\vec{w_i} = \frac{w_i}{\sum_{i=1}^{n} w_i} (i, j = 1, 2, \cdots, n)$$

（4）计算矩阵最大特征根：

$$\lambda_{\max} = \sum_{i=1}^{n} \frac{L_A \overrightarrow{w_i j}}{n(\overrightarrow{w_i})}$$

得到矩阵特征值后需要进行一致性检验。

由上可知，矩阵 $A$ 存在最大特征根 $\lambda_{\max}$，当 $A$ 一致时，可精确地得到排序向量 $\omega$，然而 $A$ 一般是不一致的，但能够证明当 $\lambda_{\max}$ 越接近 $n$，得到的解 $\overline{\omega}$ 越接近正确的排序 $\omega$，也就说明了所做判断越可靠，得到的判断矩阵就越接近一致，由此所获得各方案的排序重要性向量也就越准确。因此，为了考查评判的可靠性或一致性，可建立一个一致性指标，在层次分析法中引入判断矩阵 $A$ 的最大特征值和 $n$ 之差与 $n-1$ 的比作为度量判断矩阵偏离一致性的指标，即

$$CI = \frac{\lambda_{\max} - n}{n-1}$$

来检查评判者判断的一致性。

一般来说，评判者判断一致性的难度随着判断矩阵的阶数的增加而增大，为了度量不同阶数判断矩阵是否具有满意的一致性，需要介绍相对一致性的概念，为此，引入判断矩阵的平均随机一致性指标 $RI$ 值，如表 9-15 所示。

表 9-15　平均随机一致性指标

| 阶　数 | 3 | 4 | 5 | 6 | 7 | 8 | 9 | 10 | 11 | 12 | 13 |
|---|---|---|---|---|---|---|---|---|---|---|---|
| $RI$ | 0.52 | 0.89 | 1.12 | 1.26 | 1.36 | 1.41 | 1.46 | 1.49 | 1.52 | 1.54 | 1.56 |

当阶数大于 2 时，判断矩阵一致性指标 $CI$ 与相同阶平均随机一致性指标 $RI$ 之比称为随机一致性比率，记为 $CR$，即 $CR = \frac{CI}{RI}$。当 $CR$ 在 10%左右时，一般认为判断矩阵具有满意的一致性，在某些情况下可以放宽到 20%。但超过比值以后，就必须调整判断矩阵，使之具有满意的一致性。

根据每一层次中各个因素的重要程度，分别赋予每个因素以相应的权重值，可表示为：

第一层次，$A = \{a_1, a_2, \cdots, a_n\}$，第二层次，$A_i = \{a_{i1}, ai_2, \cdots, a_{in}\}$，权重系数满足 $\sum_{i=1}^{4} a_{ij} = 1$，

$\sum_{i=1}^{n} a_{in} b_{ij} = 1$。

**5. 建立综合评价模型**

把 $U$ 分为两个层次,在确定了第二层次指标对评语集的隶属矩阵后,可通过模糊矩阵合成,对第一层次目标进行单因素模糊评价,也就是说要确定 $U_1$,$U_2$,$\cdots$,$Un$ 对 $V$ 的隶属度矩阵,然后便可确定对评语集的隶属度向量。

（1）一级模糊综合评价

首先,对各个子因素层指标 $U_{ij}$ 的评价矩阵 $R_{ij}$ 做模糊矩阵运算:

$$B_i = A_i \cdot R_i = (a_{i1}, a_{i2}, \cdots, a_{ij}) \cdot \begin{bmatrix} r_{i11}, r_{i12}, \cdots, r_{i1n} \\ r_{i21}, r_{i22}, \cdots, r_{i2n} \\ \vdots \\ r_{ij1}, r_{ij2}, \cdots, r_{ijn} \end{bmatrix} = (b_{i1}, b_{i2}, \cdots, b_{ij})$$

$B_i$ 为主因素层指标 $U_i$ 对于评语集 $V$ 的隶属向量。

（2）二级模糊综合评价

记 $R = [B_1, B_2, \cdots, B_n]^T$,再对 $R$ 进行模糊矩阵运算,从而得到目标层指标 $U$ 对于评语集 $V$ 的隶属向量:

$$B: B = A \cdot R = (A_1, A_2, \cdots, A_n) \cdot \begin{bmatrix} B_1 \\ B_2 \\ \vdots \\ B_n \end{bmatrix} = (b_1, b_2, \cdots, b_n)$$ 。当 $\sum_{j=1}^{n} b_j \neq 1$,可做归一化处理,得到

$\vec{B} = (\overline{b_1}, \overline{b_2}, \cdots, \overline{b_n})$ 。

最终评判结果 $S = BC^T = \vec{B}C^T$ 。

**小知识**

## 第三方物流企业绩效评价体系建立的原则

**1. 系统性原则**

第三方物流企业须针对内外的各种情况设立相应的指标,系统科学地反映第三方物流企业的全貌,达到对企业整体的科学评价。

**2. 层次性原则**

指标应分出评价层次,在每一层次的指标选取中应突出重点,要对关键的绩效指标进行重点分析。

**3. 可比性原则**

评价体系所涉及的经济内容、时空范围、计算口径和方法都应具有可比性,所以在建立体系时要参照国际和国内同行业的物流管理基准。

**4. 通用性原则**

评价指标体系在第三方物流企业应该普遍适用,同时应在理论和实践的发展变化中具有相对的稳定性。

5. 经济性原则

评价体系应当考虑到操作时的成本收益，选择具有较强代表性且能综合反映第三方物流企业整体水平的指标，以期既减少工作量，减少误差，又能降低成本，提高效率。

6. 定量与定性结合的原则

由于第三方物流企业的绩效涉及的客户满意度等方面，很难进行量化，所以评价指标体系的建立除了要对物流管理的绩效进行量化外，还应当使用一些定性的指标对定量指标进行修正。

7. 动态长期原则

由于选择第三方物流企业后，货主方与物流供应商之间是战略伙伴的关系，所以对第三方物流企业的评价不应该只局限在目前的企业状况，而应考虑第三方物流企业的长远发展潜力和对企业的长期利益，要与企业的发展目标和战略规划相一致。

Exercise 9 实践与思考

请运用模糊综合评价法对上海佳都液压机械制造有限公司和5名自然人共同投资设立的国际货运代理公司 2010 年前 3 个季度的仓储经营绩效进行评价，并分析该公司在仓储经营中存在哪些问题？如何改进？该公司 2010 年前 3 个季度的仓储经营情况及相关数据如表9-16所示。

表 9-16 国际货运代理公司 2010 年前 3 个季度的仓储经营情况及相关数据

| 一 级 指 标 | 二 级 指 标 | 数 值 |
|---|---|---|
| 货物储存量指标 | 货物吞吐量 | 5 432 吨 |
| | 单位面积储存量 | 0.07 吨/平方米 |
| 货物储存质量指标 | 账货相符率 | 96% |
| | 货物损耗率 | 1.5% |
| 货物储存效率指标 | 仓库利用率 | 91% |
| | 设备利用率 | 88% |
| | 劳动生产率 | 0.4 吨/工时 |
| 储存经济性和安全性指标 | 储存经济性指标 | 56 元/吨 |
| | 储存安全性指标 | 3 次小火灾，4 次被盗，5 次伤亡事件 |

续表

| 一级指标 | 二级指标 | 数　值 |
|---|---|---|
| 收发货作业绩效评价指标 | 收发货差错率 | 3% |
| | 货物及时验收率 | 98% |
| 盘点作业绩效评价指标 | 盘点数量误差率 | 7% |
| | 盘点品项误差率 | 5% |
| 信息管理绩效指标 | 信息传递准确率 | 96% |
| | 信息反馈时间 | 1.5 小时 |
| | 信息处理能力 | 5 张/小时 |
| | 客户满意率 | 94% |

案例分析题

### 北京某物流储运公司成本核算

北京某物流储运公司创立于 1988 年，是从事国内外货物储备运输业务的专业化公司，集仓储、运输、包装、装卸、配送于一体。公司备有铁路专用线、各种类型货运汽车、现代化的货储仓库，具有铁路、公路、空运、海运等全方位立体交叉运输功能。公司下设仓储部、运输部、包装部、装卸部，其中装卸部拥有各类吊车、叉车及搬运设备，提供长、大、笨重设备的吊装、运输、移动、安装、就位，企业搬迁，各类货物的搬运、装卸服务。

在 2001 年下半年以前，该公司一直采用传统的物流成本核算方法。由于间接成本分摊不合理，无法对客户进行有效的赢利性分析，企业不能为客户提供具有竞争力的报价，导致客户的流失量较大，维护费用较高，公司的利益一直停滞不前。自 2001 年下半年开始，公司以作业成本法等新的核算理论作为指导，对成本核算的方法进行改进，根据客户的物流作业活动，准确地计算出物流成本，不仅为物流服务的报价提供依据，对客户进行了选择，而且可以对具体的物流作业过程进行更准确的成本控制，进而使企业获得成本上的优势。

目前，该企业的重大客户有 A、B、C 3 个，其他客户的量较小，在下面的分析中把其他客户简化为 D 客户。表 9-17 描绘了用于维护装卸部的资源和费用。

表 9-17　用于维护装卸部门的资源和费用　　　　　　（单位：元）

| 资　源 | 管理层 | 验单人员 | 装卸人员 | 叉　车 | 栈　板 | 标　签 | 总　计 |
|---|---|---|---|---|---|---|---|
| 费用 | 35 000 | 5 000 | 50 000 | 2 300 | 8 700 | 1 300 | 123 000 |

由表 9-17 可见，与装卸部有关的成本都是间接成本，它们不能以经济上可行的方法明确确认服务的客户类型。传统的成本计算方法以公司从各个客户所获取的收入为基础分析所有的支持成本，如表 9-18 所示。我们了解到，A 客户的产品是方便面，B 客户的产品是红酒，C 客户的产品是电池，红酒装卸需轻拿轻放，电池由于质量大，入库堆码既费时又费力。由于其作业的复杂性，各客户实际消耗的支持成本与表 9-18 所示的并不相同，采用单一的收入方法来分配全部的支持成本，结果是完全扭曲了成本分摊，因此，我们需要以作业成本计算法来准确追溯各个客户所真正需要承担的支持成本。

表9-18　传统的物流成本分摊　　　　　　　　（单位：元）

| 客　户 | 物流公司收入 | 分摊的装卸费 |
|---|---|---|
| A | 1 200 000 | 49 200 |
| B | 1 000 000 | 41 000 |
| C | 750 000 | 30 750 |
| D | 50 000 | 2 050 |

按作业成本计算的步骤

首先，我们可通过了解装卸的具体业务，确定装卸部的作业中心及相关成本动因，得到表9-19。

表9-19　装卸部门的作业中心及相关成本动因

| 作 业 中 心 | 验　单 | 装载、卸载 | 检　验 | 入 库 堆 码 |
|---|---|---|---|---|
| 成 本 动 因 | 单 据 数 | 人工小时数 | 货 物 数 量 | 货 物 重 量 |

然后，我们要为各项作业收集关于成本和成本动因的相关数据，数据来源包括合计记录、专门研究，有时还要管理者做出最佳的评估，进而求出各项作业的动因分配率，结果见表9-20。

表9-20　各项作业的动因分配率

| 作 业 中 心 | 验　单 | 装载、卸载 | 检　验 | 入 库 堆 码 |
|---|---|---|---|---|
| 成 本 库 | 6 000 | 58 000 | 2 000 | 57 000 |
| 成 本 动 因 | 单 据 数 | 人工小时数 | 货 物 数 量 | 货 物 质 量 |
| 成本动因量 | 1 560 张 | 3 300 小时 | 28 000 箱 | 2 000 吨 |
| 分 配 率 | 3.85 | 17.58 | 0.07 | 28.5 |

最后，分别为各客户在装卸的费用归集成本，并计算单位成本，如表9-21所示。

表9-21　各客户在装卸部的费用归集成本　　　　　　　　（单位：元）

| 作业中心 | 分 配 率 | A | | B | | C | | D | |
|---|---|---|---|---|---|---|---|---|---|
| | | 成本动因量 | 成　本 | 成本动因量 | 成　本 | 成本动因量 | 成　本 | 成本动因量 | 成　本 |
| 验　单 | 3.85 | 650 | 2 502.5 | 320 | 1 232 | 400 | 1 540 | 188.44 | 725.5 |
| 卸载装载 | 17.58 | 300 | 5 274 | 1 400 | 24 612 | 800 | 14 064 | 799.2 | 14 050 |
| 检　验 | 0.07 | 18 000 | 1 260 | 500 | 35 | 200 | 14 | 9 871.4 | 691 |
| 入库堆码 | 28.5 | 300 | 8 550 | 500 | 14 250 | 1 000 | 28 500 | 200 | 5 700 |
| 成 本 总 额 | | | 17 586.5 | | 40 129 | | 44 118 | | 21 166.5 |

试分析：

1．用作业成本法进行成本核算，A、B、C、D 四个客户分摊到的装卸费有什么变化？为什么会发生这样的变化？

2．根据上述内容，分析传统的成本计算方法是如何分摊营运间接费用的？作业成本法又是如何分摊营运间接费用的？

知识巩固题

1．第三方物流企业的成本是由哪几个方面构成的？

2．第三方物流成本的具体内容有哪些？

3．我国第三方物流企业成本核算中存在哪些问题？什么叫作业成本法？它有哪些优势？

4．作业成本要素是指哪些要素？分别是什么意思？

5．作业成本法的应用模式是什么？

6．第三方物流企业实施作业成本法的步骤有哪些？

7．第三方物流企业应用作业成本法时应注意哪些问题？

8．作业成本法存在哪些缺陷？

9．什么是时间驱动作业成本法？有哪几个实施步骤？

10．时间驱动作业成本法和作业成本法有哪些区别？

11．第三方物流企业功能性绩效评价指标有哪些？

12．第三方物流企业总体运营状况评价指标有哪些？

13．什么叫功效系数法？它是如何评价物流企业的绩效的？

14．什么叫模糊综合评价法？它是如何评价物流企业的绩效的？

# 学习情境 **10** 第三方物流企业发展战略

## 学习目标

通过本情境的学习，学生能够了解第三方物流企业发展战略簇的主要内容，理解第三方物流企业应当采用集中经营战略、进行资源整合、开展个性化服务、重视人才培养、塑造品牌形象、建立战略联盟、实施服务创新的必要性，明了第三方物流集成的路径，掌握第三方物流企业整合的方法、创新的途径、防范风险的战略，知晓实施个性化物流服务应采取的措施，懂得塑造品牌形象的做法，在此基础上，能运用所学知识，针对一个具体的第三方物流企业，为其设计发展战略方案。

请为学习情境 1 中张甲和李乙投资设立的物流运输配送公司确定发展战略。

要求:

1. 要对该公司进行 Swot 分析（包括对公司所处的宏观发展环境和微观发展环境分析）；

2. 所确定的发展战略要有针对性和可操作性；

3. 要有针对发展战略制定的具体实施办法。

**Project 1** 学习项目
## 第三方物流企业发展战略分析

战略是企业生存和发展的重要因素之一。随着我国加入 WTO 后物流服务市场的扩大开放、全球经济一体化趋势的增强，我国物流市场的竞争日趋激烈，这对尚处于发展初期的我国第三方物流企业提出了严峻的挑战。这就需要第三方物流企业站在全球化的高度，制定切实可行的企业发展战略。

## 一、第三方物流企业发展战略的划分

第三方物流企业的发展战略从不同角度可以有不同的划分方式。按发展方向可以分为增长（发展）战略、维持（稳定）战略和收缩（撤退）战略三大类。按业务相关性可分为集中经营发展战略和多样化经营发展战略两种。而多样化经营发展战略又可分为相关多元化战略和非相关多样化战略。如图 10-1 所示。由于我国的物流市场尚处于快速成长阶段，因此，企业增长战略将是我国第三方物流企业主流的战略选择。

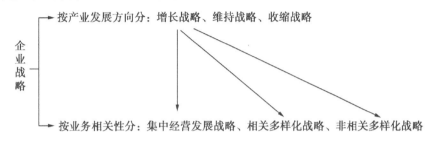

企业战略

按产业发展方向分：增长战略、维持战略、收缩战略

按业务相关性分：集中经营发展战略、相关多样化战略、非相关多样化战略

图 10-1  第三方物流企业发展战略

集中经营发展战略是指第三方物流企业将全部资源使用在某一特定的市场、服务或技术上。多样化经营又称为多角化经营或多元化经营，它的理性动因是主导业务所在行业的生命周期已处于成熟期或衰退期，物流长期稳定发展潜力有限；主导业务已发展到规模经济，并占有较大的市场份额，市场竞争已处于均衡状态，不易消灭对手，即投资的边际效益递减效应已初步形成，再继续扩大业务规模反而会不经济。这显然与中国现阶段物流发展的状态不符。

因此，第三方物流企业应采用集中经营发展战略，这主要基于以下几点：

1. 第三方物流企业在现阶段规模小，技术落后，多样化经营只会分散企业提高竞争优势所需的有限资源，虽然遍地开花，结果却是到处亏损。第三方物流企业千万不要单纯为扩大企业规模而采取多样化经营发展战略，更不要随波逐流，不要做其他物流企业在做的事业。

2. 第三方物流企业现阶段融资能力弱、管理经验不足以及营销渠道少等，应采取区域市场内的集中经营战略。在此期间，企业可以通过增加业务量、扩大市场份额及建立信誉等措施来改变实力弱小、竞争地位低下的局面。

3. 集中经营发展战略可使第三方物流企业有明确的发展目标，组织结构简明，易于管理，只要有技术和市场优势，就能集中力量，随着品牌形象的形成而迅速成长。因此，只要第三方物流企业能及时捕捉到市场的有利时机，就有可能通过集中经营在短期内获取较大的发展。

4. 集中经营发展战略的具体实施可以通过物流企业自身扩大再生产的形式，还可通过资本集中（兼并或联合）的形式实现横向一体化来减少竞争对手、降低成本。兼并和联合，是物流市场整合的主要形式，鉴于中国第三方物流市场目前的小、散、弱的状况，在激烈的市场竞争中，整合将成为第三方物流未来几年内最重要的战略发展思路。

当然，第三方物流企业的集中经营发展战略也存在一定的风险，最主要的就是物流企业完全被行业兴衰所左右。当某一行业由于需求变化等原因出现衰退时，集中经营的物流企业必然受到相当大的冲击，因此，集中经营发展战略适合于在未完全饱和市场中占相对竞争优势的第三方物流企业。只有优势第三方物流企业才能以最高的经济效益和最低的价格提供高质量的管理和服务，而且，优势第三方物流企业的资金、技术、渠道、管理以及品牌优势容易通过资本运作实现同业内的低成本扩张，迅速占领市场。整体市场竞争型行业里，在当今市场全球化的趋势下，选择此战略的企业愈发趋向于行业内的国际公司；对于那些属于区域市场竞争型的物流行业（在竞争只在不同局部市场中进行，如市内运输），则可针对众多不同地域的细分市场来实施集中经营发展战略。对于中小型第三方物流企业来说，由于整体实力弱小，其集中经营绝对不能与大物流企业直接对抗，而应该找出大物流企业所未涉及的市场，包括地域市场和产品市场。靠降价竞争和大做广告不是第三方物流企业的优势所在，也是极少能成功的。

任何商品的市场容量都是有限的。当市场已趋饱和，占有相对竞争优势的物流企业的增长速度肯定会放慢，这会影响物流企业的长期稳定发展。如果这时发现了新的商机，集中经营的物流企业就应向多样化经营方向作战略转移。

根据上面的分析，第三方物流企业采取的是集中经营的扩张战略，这一战略可以细分为更具体的战略，将这些细分的战略组合起来就形成了第三方物流企业发展战略簇，如图 10-2 所示。

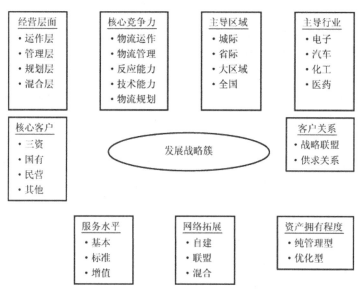

图 10-2　第三方物流企业发展战略簇

## 二、第三方物流企业发展战略簇分析

### （一）经营层面定位

经营层面的定位，实际上是物流企业的产品定位。核心经营层面定位，并不代表企业不可以开展其他层面的业务，而是市场拓展的重点在核心经营层面，自身核心竞争能力的培养在核心经营层面。

根据提供服务集成度的高低，第三方物流企业可以选择以下几个经营层面。

### 1. 运作层

运作层整合是比较初级的物流管理服务，物流企业本身不涉及客户企业内部的物流管理和控制,只是根据客户的要求,整合社会物流资源,完成特定的物流服务。运作层整合要求有规范的运作机制、快速反应的能力和大量的可供选择和调度的底层资源,如车队、空运代理、海运代理、仓库、报关公司、进出口代理商等。运作层整合由于可以做到资源的共享,如仓库、车队、报关代理等,企业可以同时为比较多的客户服务,并实现经营的规模效益。

## 2. 管理层

管理层面的服务包括销售预测、库存管理和控制等专业的物流环节,对物流企业的管理水平要求很高,因此能够提供专业化物流管理的物流企业,往往可以得到比较大的利润空间。但由于管理层面的物流服务需要物流企业直接介入客户内部的管理,甚至深入到企业的销售、市场、生产、财务等环节,因此,市场对此类服务的接受尚有一定的障碍。

## 3. 规划层

现代物流能够成为一个行业,源于其技术含量和专业性越来越强。物流设施、物流体系和物流网络的规划,成为物流领域里独特的服务内容。在此类服务中,物流企业不仅提供管理和运作层面的服务,还参与或涉及物流体系的规划,这也是物流服务中最高端和最富技术含量的领域。

## 4. 混合型

客户企业的物流需求是千差万别的,第三方物流企业有时要适应不同的客户需求,就必须不断完善和拓展自己的物流服务能力,否则就可能流失客户。混合型的经营模式就是企业不断拓展自己的经营层面,在核心能力得到加强的基础上,向其他经营层面延伸。如以运作为主的物流企业,在遇到新客户或老客户的新需求时,就不得不延伸自己的服务范围。

### (二)核心竞争力定位

企业的核心竞争力定位是和企业的经营层面的定位相联系的,企业确立什么样的经营层面,就要致力于培养什么样的核心竞争力。

在现代物流服务中,最核心的竞争能力有物流运作能力、物流管理能力和物流体系的规划能力。同以上能力相联系的分别是企业的运作层面、管理层面和规划层面。

## 1. 物流运作能力

物流运作能力具体体现为:

- 订单完成率高;
- 运作成本低;
- 运作时效性好;
- 服务柔性化强;
- 意外处理能力强;
- 适应新业务快。

要建立以上的运作能力,必须在操作的规范性、员工的培训、供方的选择和评估、运作过程的协调和优化等方面不断强化。

## 2. 物流管理能力

物流管理主要涉及以下内容:

- 订单管理；
- 库存管理；
- 运输优化；
- 信息服务；
- 客户关系管理等。

物流管理能力关注的不只是第三方物流本身的管理和运作能力，更重要的是对客户的采购、生产、销售等过程有深入的了解，精通客户的产品特点和产品的市场特点，熟悉客户的客户服务政策和财务目标，熟知客户的产品生产和物流过程，因此，物流管理能力是建立在对客户的物流需求深入了解的基础之上的。

### 3．快速反应能力

根据物流市场的变化、需求模式的改变和技术进步及时整合资源和调整企业的服务，不断满足市场及客户新的需要，开展增值服务，适应物流需求向"多品种、小批量、多批次、短周期"发展的趋势，快速反应能力是物流企业在快速发展的竞争环境中得以取胜的关键。

### 4．物流技术能力

技术能力包括信息技术、运输技术、配送技术、装卸搬运技术、自动化仓储技术、库存控制技术、包装技术等，其核心是信息技术能力。现代技术的广泛应用，大大降低了物流交易费用、资源的整合成本，提高了服务的响应速度和运作效率。世界上领先的大型国际物流企业自身都拥有先进的管理信息系统。先进技术尤其是信息技术的应用是第三方物流企业核心竞争力的主要标志。

### 5．物流体系的规划能力

物流体系的规划能力主要体现在：
（1）物流网络的规划能力；
（2）物流设施的设计能力；
（3）物流体系的构建能力等。

规划能力是专业性很强的领域，需要专家参与，由于物流行业的实践性很强，专家队伍最好能有物流管理和运作的实践经验。

核心竞争能力是企业确立自己的品牌和竞争优势的关键，第三方物流企业由于自身不具备可用于操作的资产，必须在运作能力、管理能力或规划能力上突出自身的优势，才不至于在资产型物流企业的冲击下消亡。

### （三）主导区域定位

第三方物流企业自身的投入能力非常有限，选择主导区域是非常关键的战略规划。

主导区域的定位是设定自身核心业务的覆盖范围，在主导区域内，企业依靠自身的物流网络完成相关的物流服务。由于经济的全球化，跨国公司的物流和供应链可能分布在全球范围内，作为物流服务商，不可能在全球任何一个区域都有自己的网络，因此确定自身的主导区域是非常重要的决策。确定主导区域要考虑以下几个因素。

### 1．自身的投入能力

主导区域覆盖的区域大，投入的资金相应增加，物流企业必须考虑自身的投入能力。

## 2．管理水平

主导区域覆盖面广，管理的难度就会上升。如果管理的能力不强，过快地拓展自己的网络覆盖范围，可能造成管理的失控和客户服务质量的降低。

## 3．客户的需求分析

根据对现有客户群的需求分析，将业务比较多的区域设为主导区域。

## 4．营运成本分析

通常来讲，主导区域覆盖的面广，表明提供服务的能力比较强，有利于企业品牌的宣传，但在建立主导区域的过程中，不可贪大求全，而要有成本核算的意识。

就目前存在的第三方物流企业而言，大多数都存在管理不健全、投入能力不足的问题，因此在确定主导区域时，要注意多角度分析，不可一味跟着客户的需求走。对于主导区域不能覆盖的地方业务，可以通过联盟等协作方法解决。

主导区域设定的恰当与否，对物流企业的业绩影响很大。上海虹鑫物流公司在主导区域的定位方面有一些成功的经验，虹鑫物流曾经将业务的范围定位在全国，但由于公司的投入能力有限，在外地设立办事处很困难，同时，运作全国性业务，也会造成流动资金的压力。在对经营现状深入分析的基础上，虹鑫物流果断地将主导区域定位在上海，力争将上海本地物流做精做细。为此，虹鑫物流在上海建立了配送中心，已经具备了在上海市区 2 000 多个网点配送的能力。主导区域收缩的结果，大大改善了虹鑫物流的资金状况，企业的赢利能力也有了显著的提高。

### （四）主导行业定位

第三方物流企业为了建立自身的竞争优势，一般将主营业务定位在特定的一个或几个行业中。不同的行业，其物流的运作模式是不相同的。专注于特定行业可以形成行业优势，增强自身的竞争能力，如中远物流伴随 TCL、科龙进入了美洲、欧洲、澳洲等家电物流市场；伴随中核集团，山东电力和东方电器进入了美洲、中亚和东南亚电力物流市场；中邮物流通过与雅芳公司合作，赢得了化妆品行业多个大客户，通过为戴尔公司开展服务，将服务对象延伸到供应链上游的 IT 电子企业，通过为天津摩托罗拉公司建设在亚洲的第一个通过 TAPA 认证的仓库，提供手机仓储、配送、信息和增值服务；安泰达物流承接小天鹅公司的冰箱、空调、冰柜和小家电四类产品的干线运输服务，实现了"零仓库"、"零车队"，吸引了海信、东芝等著名公司的加盟，成为全国最大的家电物流服务平台。

### （五）客户关系定位

第三方物流企业在同客户的关系上，统一定义为合作伙伴关系，但根据伙伴关系的重要程度和合作的深入程度，可分为普通合作伙伴关系和战略合作伙伴关系。普通合作伙伴关系的存在，是由我国第三方物流发展的阶段性决定的。

## 1．普通合作伙伴关系

普通合作伙伴关系对应于目前存在的较单纯的服务买卖关系，合作双方根据双方签订的合作文件进行业务往来，在合作过程中双方的职责有比较明确的界限。对于这一类客户，第三方物流企业应通过运用先进的客户关系管理系统，提高服务的质量和客户满意度，变目前的一般性交易关系为合作伙伴关系。

### 2. 战略合作伙伴关系

在西方，不论在理论上还是在实践中，第三方物流企业都是作为客户企业的战略合作伙伴提出来的。第三方物流企业只有作为其客户的战略合作伙伴，才可能为客户提供量体定制的高效的物流服务。第三方物流企业应明确地将合作定位在合作伙伴关系上，同客户进行深入持久的合作。

同普通合作伙伴关系不同，战略合作伙伴关系中双方职责不再有明确的边界，合作双方为了共同的利益，因此物流企业在很大程度上参与对方的经营决策。如第三方物流企业可以协助客户规划物流网络和建立客户关系网络，可以代替客户进行市场预测和库存控制决策，甚至可以协同客户共同制订生产计划。只有进行这种深度的合作，双方才能成为战略合作伙伴，反过来，也只有建立了这种相互信任的战略合作伙伴关系，双方才能进行这种深度的合作。

### (六) 资产拥有程度

第三方物流企业可以不拥有资产，是相对而言，大多数的运作资源依赖于社会资源。如宝供物流，最初基本上是采取无资产的运作模式，但发展到一定程度后，开始购置部分车辆，并且在广州和苏州等主导区域建立物流中心，形成基地。上海招新物流在发展的初期，采用典型的无资产经营模式，随着业务的发展，经常会出现市区取货或部分物品配送，为了解决这些问题，公司购置了面包车专门处理这些业务，但大部分的业务，还是通过整合社会资源完成。

一般称拥有部分运作资源的第三方物流企业为资产优化型物流企业。企业在确定拥有何种资产和资产的数量时，必须考虑诸多因素，以下因素是确定购置资产时首要考虑的。

### 1. 投入能力

购置资产实际上就是固定资产的投资。第三方物流企业在运作过程中对流动资金的需求较大，因此，固定资产的投入要考虑企业的财务状况，尤其是现金流量的状况，切不可为了投资造成资金短缺，影响业务的正常运作。

### 2. 社会资源的可得性

是否购置资产，还取决于社会资源的可得性。对于市场上已经过剩的资源，非常容易获取，一般没有必要重复投资；对于不易得到的社会资源，如果是业务所必须使用的，一般考虑购置，如特种车辆、特种要求的仓库等。马士基物流在中国基本上采取无资产的经营思路，但当客户提出使用立体仓库时，马士基物流在无法找到满意的立体仓库时，投资建设了立体货架仓库。

### 3. 自有资产和采用社会资产的经济性分析

是否购置资产，还取决于拥有资产和使用社会资产的经济性分析。如果自有资产可以获得比较好的经济效益，一般在资金充裕的情况下，可以选择购置部分自有资产，否则，还是以整合社会资产为宜。

### 4. 品牌推广等其他效益的考虑

一般来讲，固定资产可以展示一个企业的实力，也有利于同客户建立信任关系，对品牌推广和市场拓展有重要意义。因此，许多第三方物流企业选择建立自己的物流中心或拥有部分高标准的货运车辆。

## （七）网络拓展方式

网络化是现代物流的一个重要特征。在物流企业铺设网络的过程中，有一点必须记住，网络再大，也不可能运作企业所有的业务。在网络化的决策中，比建立自身网络更重要的，是如何同别人的网络接合起来。一个典型的制造企业物流网络如图 10-3 所示，图中只涉及三个供应商、两个制造厂和四个分销商，实际上一般制造企业的物流网络都比这个模型复杂得多。以汽车制造商为例，其供应商一般有数千家，而且有时还控制到 2 级供应商；分销商一般也有数千家，有时物流还要延伸达到 2 级、3 级分销商。物流企业要管理和运作如此复杂的网络，必须建立与客户网络相对应的服务网络。构建网络一般有两种方法，一种方法是自建网络，自建网络的节点可能是公司，也可能是办事处；另一种方法是使用其他物流网络的联盟策略。

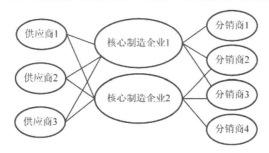

图 10-3 典型的简化制造业网络

如何拓展网络，是自建还是联盟，与确定的主导区域有关。一般在主导区域内，都是自建网络；在非主导区域内，采用联盟的形式。自建网络和联盟网络各有优缺点，其比较如表 10-1 所示。

表 10-1 自建网络和联盟网络的比较

| 序 号 | 比 较 项 目 | 自 建 网 络 | 联 盟 网 络 |
|---|---|---|---|
| 1 | 控制力 | 强 | 弱 |
| 2 | 运营成本 | 一般较强 | 一般较低 |
| 3 | 柔性化能力 | 强 | 弱 |
| 4 | 品牌印象 | 好 | 一般 |
| 5 | 经营风险 | 大 | 小 |
| 6 | 资金压力 | 大 | 小 |
| 7 | 服务质量 | 高 | 低 |

以上比较结果并不是绝对的，在实际中经常出现相反的情况，如有些物流企业的自建网络节点，由于管理不善，其控制力、柔性化能力和整体服务质量可能还不如联盟网络。

## （八）服务水平

服务水平分为基本服务、标准服务和增值服务三种。服务水平的确定，是企业重要的战略决策。企业在确定服务水平时，一般要依据业务类型和客户属性，同时还要考虑竞争对手的服务水平及行业的最优服务水平。确定服务水平的一般性原则如下：

## 1．对于重点客户，一般要提供增值服务

第三方物流企业的客户并不都是重点客户，这是因为，很多第三方物流企业的业务，根本就没有达到第三方物流的层面，因此，在物流企业中，事实上还存在着客户的划分问题。

重点客户的划分可以采用加权综合评估法，评估指标一般包括客户带来的利润空间、客户潜在利润空间、客户的行业影响力、合作关系定位等。经过综合评分后，可以采用80/20定律，将得分最高的20%的客户列为重点客户，提供较高级别的服务。

## 2．对于可替代性强的业务，也要提供增值服务

一般的长途运输、仓储等业务，可替代性强，如果只提供基本的服务，往往很难同竞争对手区分开来，在此情况下，可以开发增值服务项目。如长途运输业务，可以开展分拨和配送等延伸服务，也可以提供客户调查和客户关系管理等增值服务，在有些情况下，还可以开展代收货款的服务。目前，长途运输过程中，车辆的跟踪体系一般不健全，如果能够通过GPS/GIS等手段为客户提供实时的跟踪信息，也是一种增值服务。在仓储业务中，货物的保管和进出操作一般是标准服务，很难取得竞争的优势，如果能根据客户产品的特点，定期提供原材料和成品的库存分析报告，就是一种很有吸引力的增值服务。

对于新开发的业务，一般还没有竞争对手，单凭基本服务就可能对客户有很大吸引力，因而一般不需要提供增值服务。

## 3．服务水平的确定是动态的过程，必须适时调整

服务水平确定的动态性表现在以下两点：一是客户是动态的，重点客户也是不断变化的，对重点客户的服务水平的确定，本身就是动态的过程；二是增值服务是一个相对的概念，当该服务还没有推广普及时，可以作为增值服务，但当该服务成为行业的普遍行为时，就成为标准服务甚至是基本服务了。如宝供物流在1997年率先在物流企业中使用基于Intranet的物流信息管理系统，为客户提供库存信息和订单跟踪等增值服务，该服务的推出，为宝供赢得了大批的新客户，在推出该项服务的一年中，客户数目由10余个猛增到50多个，可见增值服务的吸引力。但发展到后来，通过网络为客户提供库存信息和订单跟踪已经是比较普通的服务了，该服务也就成为标准服务了。因此，物流企业必须不断开发新的增值服务项目，以保持持续的领先优势。对于宝供而言，其提供的最新增值服务项目，是可以将自己的系统同客户对接，实现业务的无纸化，宝供已经为Philips提供此项增值服务。

## （九）核心客户

每一个物流企业都有自己比较理想的客户标准，在市场定位中，客户定位是非常重要的内容。核心客户的选择同经营层面定位、行业定位、主导区域定位等密切相关，通常是在这些定位都明确后，才在企业层面定义自己的核心客户。核心客户的定位有以下几种方式。

## 1．根据客户的所有制性质划分

根据所有制性质，一般将企业分为：

（1）三资企业；

（2）国营企业；

（3）民营企业；

（4）其他企业或组织。

所有制性质对市场开发的成本、合作的难易程度、客户的维护成本、合作层面的定位和利润空间等有比较直接的影响，具体的客户特性的比较如表 10-2 所示。

表 10-2　三资企业、国营企业和民营企业客户特性的比较

| 序　号 | 比较项目 | 三资企业 | 国营企业 | 民营企业 |
|---|---|---|---|---|
| 1 | 对市场的认识 | 有认识 | 一般 | 一般 |
| 2 | 市场开发成本 | 较低 | 高 | 一般 |
| 3 | 合作的难易程度 | 容易 | 难 | 一般 |
| 4 | 客户维护成本 | 较低 | 高 | 较高 |
| 5 | 合作层面 | 较高 | 低 | 低 |
| 6 | 利润空间 | 较高 | 不确定 | 低 |
| 7 | 营销手段 | 品牌为主 | 品牌与关系营销 | 品牌与关系营销 |

现阶段，三资企业对第三方物流企业基本都有明确的认同，因此，一般应该将市场定位以三资企业为主。国营企业和民营企业对实体型的物流公司或传统的运输或仓储企业比较认同，对第三方物流企业还没有明确的认识，因此市场开发的难度较大。

**2. 根据客户的物流业务规模划分**

根据客户物流业务的规模，可以将客户分为：

（1）大客户；

（2）中等客户；

（3）小客户。

表 10-3 所示为与不同规模的客户合作的特点比较。

表 10-3　与不同规模的客户合作的特点比较

| 序　号 | 比较项目 | 大客户 | 中等客户 | 小客户 |
|---|---|---|---|---|
| 1 | 利润空间 | 较低 | 较高 | 高 |
| 2 | 对资金的要求 | 很高 | 一般 | 低 |
| 3 | 对品牌的影响 | 很强 | 一般 | 弱 |
| 4 | 管理的难度 | 难 | 一般 | 容易 |
| 5 | 合作的风险 | 大 | 一般 | 小 |

由表 10-3 不难看出，在客户定位时并非客户越大越好。大客户一般对第三方物流企业建立市场形象和品牌有利，但在充分竞争的环境下，大客户往往是物流企业争相合作的对象，因而，物流服务商谈判能力低，服务价格偏低。服务大客户的管理和运作难度很高，对资金的需求较大，合作风险较大，因此，对于大多数第三方物流企业而言，将目标定位在大客户未必是明智的。相反，有些中等规模的客户，操作起来比较容易，而服务的利润空间也比较高，值得物流企业充分重视。

## Project 2
学习项目2
# 第三方物流企业的战略发展方向

随着经济的飞速发展，人们对物流服务的需求与日俱增，第三方物流作为现代物流发展的主要模式，不断发展与成熟，我国第三方物流企业面临着来自国际国内市场的强大竞争压力，仅以同质化和低价格竞争已不能满足其生存和发展了，采取正确的战略决策，培育和提升核心竞争力成为我国第三方物流企业在竞争中获胜的关键。

## 一、第三方物流企业的整合战略

### （一）第三方物流企业整合的必要性

当前，我国第三方物流企业普遍存在着"小"（经营规模小）、"少"（市场份额少，服务功能少，高素质人才少），"弱"（竞争力和财务能力弱），"散"（计划经济体制下成立的"大而全，小而全"企业，普遍存在可利用资源分散，资源重复浪费严重，经营秩序混乱，缺乏全国性物流网络平台）等问题。从市场需求来看，市场需要服务功能健全、技术含量高、网络覆盖面广的物流企业。需求与供给的脱节是促使我国第三方物流企业整合的内在原因。只有将分散的物流资源通过各种形式进行有效的整合，才能使国内物流企业摆脱目前的窘境，发挥其应有的作用。

与此同时，按照加入 WTO 的开放进程表，我国对物流业的保护已不复存在，国外第三方物流企业利用其固有的优势，正在向我国的物流市场发动全面的攻势：战略整合（依靠雄厚的资金兼并和收购国内物流企业，迅速在全国范围拓展服务网络）、战略进攻（依靠完善的管理、先进的设施、健全的网络、雄厚的财力，以优质的综合物流服务向国内物流企业争夺市场份额）和战略均衡（与几家激烈的市场竞争中存活下来的大型物流企业建立联盟瓜分国内物流市场）。此时，国内真正意义上的物流企业大多数已经破产，被收购或沦为低附加值服务的提供商。面对来自国外物流巨头如此强劲的冲击，我国第三方物流企业依靠现有的实力根本不可能与之相抗衡，唯一的选择是通过兼并、联盟等整合手段尽快壮大自身的实力，才有可能在国外物流企业猛烈进攻时有招架之力。

第三方物流企业实施整合战略可以带来下列好处。

#### 1. 发挥"综合效果"

包括经济规模的扩张、技术的获取以及服务种类和市场范围的扩大。企业寻求整合的原因，或是为了获得稳定仓储、运输供应来源，或抢夺市场，或是为了获得规模经济。

#### 2. 扩大产品市场规模

通过整合，除了可取得目标公司的现成物流设备及物流技术，其品牌及行销渠道往往更是整合者关注的焦点。大众物流公司利用整合战略，与上海煤气制气公司合作，组建了两个专业运输公司，成功进入危险品和冷藏品物流领域便是例证。

### 3．增强市场竞争力

整合是市场占有率扩张及提高竞争能力的最快速的方法。为提高竞争能力，世界航运界的龙头企业马士基轮船公司（MASEK），与海陆轮船公司在几年前便成功实现了联合，不但削减了相互的恶性竞争，而且成功扩张了市场。联合后的轮船公司（马士基-海陆）成为世界上当之无愧的巨无霸，业务领域实现了快速扩张，掌握了世界货运市场的主动权。

### 4．加强企业内部管理

通过整合，企业可发挥双方企业的优势，提高内部管理水平，使企业的优势资源得到充分利用。

### 5．增加对市场的控制能力

横向整合可减少竞争，增加市场份额，纵向整合可从某种程度上提高物流企业限制客户的讨价还价能力，形成对仓储、运输和配送的垄断等，提高企业的市场垄断性。

### （二）第三方物流企业整合的思路

对于我国第三方物流企业而言，整合的目标有两个，一是通过纵向功能整合增强物流服务的一体化能力；二是通过横向整合实现规模扩张和物流的网络化、规模化。

不论是横向整合还是纵向整合，就整合方法来讲，有以产权的转移为标志的购并型紧密整合和以业务及市场为纽带的虚拟型松散整合。因此根据整合是横向还是纵向，整合手段是紧密还是松散，可以将整合方法分为七类，即纵向上行紧密整合、纵向上行松散整合、纵向下行紧密整合、纵向下行松散整合、横向购并紧密整合、横向联盟紧密整合和横向联盟松散整合。

图 10-4 所示为第三方物流企业纵向功能性整合策略图。

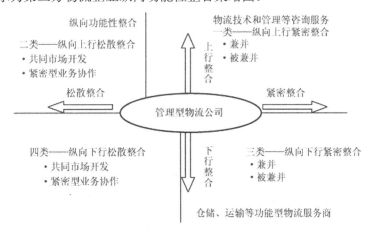

图 10-4　第三方物流企业纵向功能性整合策略图

### 1．一类整合——纵向上行紧密整合

（1）整合条件。第三方物流企业为整合主体的条件，企业业务层面上移，由操作层面的管理向物流管理和规划方向延伸，以物流管理和技术咨询服务为核心的经营主体，欲延伸服务到物流管理和实际运作。

（2）整合对象：物流及供应链咨询公司、相关研究机构。

（3）整合方式：兼并或被兼并。

（4）可行性简析。操作层面上的第三方物流企业无法使企业的潜力得以充分发挥，现阶段操作层面利润很薄，企业可以凭借一定的实际经验在物流咨询与规划等方面广开财源。兼并可以发挥财务协同效应、管理协同效应。大型的物流企业一般都同时具备咨询规划和管理运作的能力，通过实施兼并策略，增强第三方物流企业的管理水平和技术含量，应该是一个可行的选择。

但现阶段实施兼并存在某些障碍，如第三方物流企业往往资金实力不强，缺乏兼并上端企业的能力；国内的上端物流企业还比较少，而且其工作的实用性还没有得到证明。

### 2．二类整合——纵向上行松散整合

（1）整合条件。第三方物流企业为整合主体的条件，企业业务层面上移，由操作层面的管理向物流管理和规划方向延伸，以物流管理和技术咨询服务为核心的经营主体，欲延伸服务到物流管理和实际运作。

（2）整合对象：物流及供应链咨询公司、相关研究机构。

（3）整合方式：共同开发市场。客户往往希望为自己服务的服务商能够解决物流领域的一切问题，包括规划、管理和运作等不同层面，这也是一站式服务的精髓，因此，不论是第三方物流企业还是上端企业，在销售时，如果客户有需求，都可以将对方作为整体解决方案的一部分推出。例如，第三方物流企业在进行物流服务方案推广时，可以同时强调自己在构造物流体系、规划物流网络等方面的优势，以增加赢得客户的机会；以咨询公司角色出现的上端企业，在推广自己的服务时也可以展示自己延伸服务的能力，不仅能够提供咨询方案，还能够提供管理和运作方案。

（4）可行性简析。通过实施松散整合策略，提高第三方物流企业物流服务的档次，应该是一个可能的选择。相对于第一类整合，松散整合风险较小，但市场影响力也比较小。同时，在业务合作过程中，要注意处理双方的利益均衡问题。

在国内，这种类型的整合方式已经出现，如宝供同快步易捷公司的合作就具备这类整合的特征。

### 3．三类整合——纵向下行紧密整合

（1）整合条件。第三方物流企业为整合主体的条件，企业业务层面下移，提升其业务操作能力和市场形象，功能型物流企业欲提高其综合物流服务能力和市场营销能力。

（2）整合对象：运输公司、仓储企业、配送小队、流通企业、客户企业的物流部门。

值得注意的是客户企业的物流部门整合，在企业物流外包过程中，客户经常要面临如何消化已有的物流资源的问题，因此，经常有第三方物流企业通过收购等手段，取得客户的物流资源，并为客户提供物流服务。如 TNT 公司在澳大利亚的电信公司，就是以取得电信公司的物流资源为合作条件的。在国内，国营企业采用传统上自成体系的物流运作模式，在物流管理社会化过程中，这类资源和业务打包出售的方案会经常出现，为物流企业的下行整合提供了新的渠道。

（3）整合方式：兼并和被兼并。采用下行兼并的方式可能是考虑到，通过纵向下行兼并可以节省相关的联络费用和各种形式的交易费用。后向一体化消除了投入供应的不确定性，如合同难以制定、执行和管理。

（4）可行性简析。这类整合是未来物流市场主流的整合形式，具备良好的前景，这是因为，

管理型公司掌握着先进的物流理念和管理手段，并有较好的市场营销队伍和较大的客户资源，而由于本身不占有运作资源，在物流市场还不规范的情况下，服务质量的保障是个问题。传统的货运、仓储企业，尽管掌握着大量的运作资源，但观念、技术和管理落后，营销能力不强，因此两者的结合带有很强的互补性，可行性比较强。

### 4. 四类整合——纵向下行松散整合

（1）整合条件。第三方物流企业为整合主体的条件，企业业务层面下移，提升其业务操作能力和市场形象，功能型物流企业欲提高其综合物流服务能力和市场营销能力。

（2）整合对象。运输公司、仓储企业、配送中心。

（3）整合方式。共同开发市场，同纵向上行松散整合。业务层面协作，同纵向上行松散整合。

（4）可行性简析。这类整合是目前比较成熟的一类。有些物流企业同车队或仓储企业保持密切的合作关系，并逐渐在服务标准上统一，应该说这种合作就是初步整合的一种形式。　除了这种合作形式外，还出现了基于策略联盟的整合方式。如上海虹鑫物流公司同上海建材集团策划建立策略联盟式的整合关系，虹鑫物流作为第三方物流公司，在市场营销、客户服务和运作管理方面有优势，而建材集团拥有大量的物流资源，双方约定，由建材集团提供物流资源，虹鑫物流负责开发市场和运营管理，共同开发现代物流业务。由此可见，这种松散的整合方式是可行的，而且还有很广阔的发展空间。

与纵向的功能性整合不同，横向整合是与自己同质的第三方物流企业进行整合。可以说，横向整合是外延式的发展策略，其关注的目标是规模的扩张（同地同质企业的整合）和网络的拓展（异地同质企业的整合），如图10-5所示。

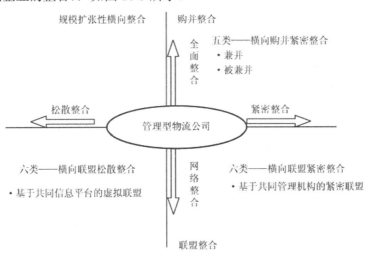

图10-5　第三方物流企业规模扩张性横向整合图

横向整合主要有横向购并紧密整合、横向联盟紧密整合和横向联盟松散整合三种模式。

### 5. 五类整合——横向购并紧密整合

（1）整合条件。第三方物流企业寻求规模的扩张或网络的拓展，树立品牌形象并提高服务能力。

（2）整合对象。横向购并如果发生在不同经营层面上的第三方物流企业之间，可以形成能力上的互补，整合的效果会更突出，因此在进行整合的过程中，一般要对整合的对象进行评估和考察，力争在整合后产生最大的效益。

（3）整合方式：兼并和被兼并。横向兼并通常发生在同种商业活动中经营和竞争的两家企业之间。

（4）可行性简析。从市场竞争的情况看，未来几年，第三方物流企业之间的兼并整合不可避免，因为大多数第三方物流企业很难依靠自身的实力完成现代物流的信息化、网络化和规模化。兼并重组、优势互补、形成合力和品牌，将是未来几年第三方物流企业不得不面对的选择。

### 6．六类整合——横向联盟紧密整合

（1）整合条件。第三方物流企业寻求网络的拓展，提高物流服务能力。

（2）整合对象。横向联盟紧密整合的对象一般具备地域互补性，整合后可以拓展自己的物流服务网络。

（3）整合方式：基于共同管理机构的紧密联盟。关于第三方物流企业如何形成紧密的联盟，是目前我国物流业界的热点，但从目前的情况看，还没有很成功的案例。

（4）可行性简析。通过紧密联盟方式整合物流市场，是我国物流业实现自身发展和迎接外来挑战的重要途径。只要在具体细节上更加深化，紧密型的联盟是可以建立起来的。

### 7．七类整合——横向联盟松散整合

（1）整合条件。第三方物流企业寻求网络的拓展，提高物流服务能力。

（2）整合对象。横向联盟松散整合的对象一般具备地域互补性，整合后可以拓展自己的物流服务网络。

（3）整合方式：基于公共信息平台的松散联盟。通过公共信息平台建立松散的物流联盟，业界已经做了很多探索，已有数家公司推出公共物流信息平台，希望通过该平台建立物流联盟。

（4）可行性简析。通过公共信息平台建立松散物流联盟，有其可行性，但由于中国物流市场还处于初级阶段，物流企业之间的服务标准、操作规范等还很难统一起来，单纯依靠信息平台建立联盟，还有其脆弱性。

以上七种整合策略为未来物流市场主要的整合方式，第三方物流企业在发展过程中，可以根据实际情况选择适当的整合模式，同时这些整合模式之间并不矛盾，可以组合使用。

## 二、第三方物流企业的集成策略

随着第三方物流以及信息技术、计算机技术的发展，国外有咨询公司提出第四方物流（the Forth Party Logistics，4PL）的概念。第四方物流供应商是一个对公司内部和具有互补性的服务供应商所拥有的不同资源、能力和技术进行整合及管理，提供一整套供应链解决方案的供应链集成商（第四方物流的相关问题在学习情境 11 中详细讲解）。

第四方物流内涵反映了现有第三方物流服务的不足，有许多可取之处，为第三方物流提供了完善服务和经营方式的方向。例如，第四方物流建议提供一整套完善的供应链解决方案；又如，第四方物流力图通过其对整个供应链产生影响的整合能力来增加价值。

第四方物流通过在供、需、第三方物流之间增加一个新的实体，提供一个全方位的供应链解决方案来满足供应链管理相关企业所面临的广泛而又复杂的需求。这个集成方案关注供应链

管理的各个方案，既提供持续更新和优化的技术方案，又能满足客户的独特需求，强调进行供应链协作和过程重新设计。

在第四方物流理论的基础上，可为第三方物流提出如下几方面集成策略思路。

### 1．供应链集成物流服务策略

网络技术与经济的发展使物流功能集成成为可能。网络平台在信息传递方面具有及时性、高效性、广泛性等特点，通过互联网很容易达成信息充分共享。通过互联网平台还减少了交易成本，实现了最大物流资源的整合。由于网络平台信息共享的优势，减少了信息不对称，使中小物流企业也能够获益。网络平台是一个虚拟的空间，不受物理空间的限制，也没有企业自身的利益面，容易组成第三方物流企业和其他物流企业都认可的形式，比如联盟形式，并最终实现物流产业整合。

从理论角度分析，第四方物流发展能满足整个社会物流系统的要求，最大程度整合了社会资源，减少了物流时间，节约了资源，提高了物流效率，也减少了环境污染。新兴技术也会使第四方物流有能力为服务供应商、客户及其供应链伙伴，提供一整套集成的解决方案。但在实际运作中，还缺少可靠的组织、运行和利益运行机制，所以，以第三方物流公司、咨询公司、信息技术公司等结盟，为制造企业提供供应链物流服务，可以看做是由物流运作、管理咨询和信息技术形成的第三方集成物流供应商的综合功能。

### 2．第三方物流功能集成策略

从事供应链集成物流业务的主要思路为：不进行大的固定资产投入，低成本经营；将主要的成本部门及产品服务的生产部门的大部分工作委托他人处理，注重建立自己的销售队伍和管理网络；实行特许代理制，将协作单位纳入自己的经营模式和网络；公司经营的核心能力是集成物流代理业务的销售、采购、协调管理和组织设计的方法与经验，并且注重业务流程和组织机制的创新，使公司经营不断产生新的增长点。

美国的联邦快递、日本的佐川急便是国际著名的从事第三方物流的企业。国内专业化的物流企业主要是一些原国家大型仓储运输企业和中外合资、独资企业，如中国储运公司、中外储运公司、大通、敦豪、天地快运、EMS、宝隆洋行等，营业范围涉及全国配送、国际物流服务、多式联运和邮件快递等。其实，上述公司都已经在不同程度上进行了综合物流代理运作模式的探索实践，尤其是一些与外方合资或合作的物流企业充分发挥国外公司在物流管理经验、人才、技术、观念和理论上的优势，率先进行集成物流代理运作。

传统的储运企业提升为第三方物流企业才能够实现物流高级化。在美国，生产企业应用第三方物流的趋势逐年提高。为了提高管理效率，降低运作成本，第三方物流不但要提出具有竞争力的服务价格，还必须采取以下措施：坚持品牌经营、产品（服务）经营和资本经营相结合的系统经营；企业的发展目标与员工、供应商、经营商的发展目标充分结合；重视员工和外部协作经营商的培训，协助其实现经营目标；建立和完善物流网络，分级管理，操作和行销分开；开发建设物流管理信息系统，应用 EDI、GPS、RF、EOS、Internet、Code Bar 等新技术，对货物进行实时动态跟踪和信息自动处理；实行优先认股的内部管理机制，促进企业不断发展；组建客户俱乐部，为公司提供一个稳定的客户群。

同时，一定要建立客户的服务窗口并拓展增值服务。因为货物不是靠计算机和信息，而是要通过配送中心送到客户手中，因此配送中心与客户离得最近，客户提出的所有需求最终都体现在配送中心的服务水平和作业水平上。只有给客户提供满意的服务，制造商才可能与第三方物流紧密地连在一起，形成一个策略联盟。拓展增值服务范围，诸如油漆调色配送、贴条形码、促销包装等。油漆有很多种颜色，其中几种是基色，这几种基色到了配送中心仓库以后，第三方物流按照它所需要的配方进行调色，然后再按照需要送到各个需求点。配送中心进行调色，然后再按照需要送到各个需求点的过程就是一个增值服务。

### 3. 应用公共物流平台策略

物流平台一般包括基础设施平台、信息系统平台等多种形式。共用物流平台可以为不同物流服务提供者或客户提供物流功能支持服务，便于利用平台整合社会物流资源，减少物流基础设施的总投入，提高物流基础设施、信息设施的应用规模效益。供应链中的第三方物流商在整合上、中、下游企业物流资源并提供所需物流服务的过程中，需要快速制定适合的供应链物流策略和流程，并对供应链物流进行集成管理，在此过程中可以应用公共物流设施平台、物流信息平台，从而降低自有物流资源的投入和运行成本。

目前，我国不少大中城市已经在规划建设物流（基地）园区、物流中心、物流设施等。物流基地是指建设和发展物流事业基础的一个特定区域。物流园区是一家或多家物流（配送）中心、物流服务经营者在空间上相对集中的场所，是具有一定规模和综合服务功能的物流集结点。政府从城市整体功能出发，为解决城市交通拥挤，减轻城市压力，顺应物流业发展趋势，一般将物流园区规划于大城市周边，从而形成多种物流线路交汇、多种物流设施集中和多个物流商经营的区域，是能够起到理顺城市功能等基础和综合作用的大型或特大型物流基地。

物流中心（Logistics Center）是指从事物流活动的场所或组织，一般应符合以下要求：主要面向社会服务，物流功能健全，信息网络完善，辐射范围大，品种少，批量大，存储、吞吐能力强，物流业务统一经营、管理。

配送中心（Distribution Center）是从事配送业务的物流场所或组织，一般应符合下列要求：主要为特定的用户服务，配送功能健全，信息网络完善，辐射范围小，品种多、批量小，以配送为主，储存为辅。

配送中心与物流中心都属于典型的物流作业场所或组织，其差别是主要服务对象不同，辐射范围和规模大小也有一定差别。物流系统是分为若干层次的，从国际物流系统、区域物流系统、城市物流系统到单一企业物流系统以及专项物流系统等，依物流系统化的对象、范围、要求和动力主体不同，第三方物流运作的侧重点也有所不同。诸如，第三方物流商经营的物流中心一般是处于枢纽或重要地位的，具有较完整物流要素，并能实现集散、信息和控制等功能一体化运作的物流据点，从而能对供应链物流运作过程进行全程监控，提高物流服务水准并降低物流运作总成本。

综合以上策略思路，可以形成物流行业的分层经营模式，如图10-6所示。

由图10-6不难看出，整个物流行业呈金字塔的形状，在塔的结构中，从底层到塔尖，涉及的经营层面有软环境、基层环境、硬环境、第三方物流、功能型物流企业、综合型物流企业、第四方物流、供应链管理公司和供应链规划咨询。

第三方物流公司属于综合物流服务商，其上端是第四方物流涉及的供应链管理规划等，其下端是以运输、仓储等为主营的专业化功能型物流企业。所谓上行整合，就是同第四方物流组织进行整合；下行整合，就是同功能型物流企业整合。

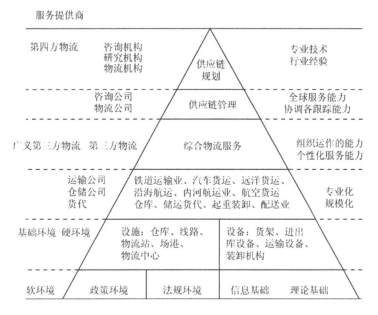

图 10-6　物流行业的分层经营模式

## 三、第三方物流企业的个性化服务战略

### （一）第三方物流企业开展个性化物流服务的必要性

我国工商企业目前对第三方物流服务的需求层次还比较低，仍集中在对基本常规项目的需求上，企业对增值性高的综合物流服务（如库存管理、物流系统设计、物流总代理等）需求还很少，与发达国家相比存在较大差距。发达国家对第三方物流服务需求最多的也是仓储管理和运输管理，只不过这两项服务不再是单纯的储存保管和运输，是从基本的物流功能中延伸出来的。生产企业期望新的物流服务商提供的服务内容主要以物流总代理、市内配送、干线运输、仓储保管为主；商业企业期望新的物流服务内容为物流系统设计、条码采集和仓储保管服务。可见，生产企业的物流需求以物流运作为主，受地域跨距和管理幅度的影响，更强调集成化的物流服务；而商业企业对物流信息服务的要求更强烈，物流决策、数据采集等增值信息服务越来越受企业重视。

面对这样的形势，个性化服务可以帮助第三方物流企业准确找到市场缺口，明确定位，进而迅速发展壮大。以个性化的服务凸显企业强大的竞争力将成为第三方物流企业生存的一个必要因素，这些企业拥有强大的规模经济效益，能够提供价格低廉的运输服务和内部专业信息技术。强大的核心能力可以为物流企业提供一个获利平台并在此基础上开发或收购相关的物流服务能力，而那些没有核心能力的企业则将被挤垮或兼并。

以富日物流公司为例，作为一家规模不大、刚成立两年的物流企业，客户已经从最初的几家发展到了现在的 150 多家，其快速发展的原因在于其一开始就把业务目标瞄准了商业流通领域。富日物流公司为杭州多家超市、便利店和卖场提供配送服务，多家大型零售商在杭州的物流配送都交由它来完成。作为一家规模不大的物流公司，富日物流公司的竞争力在于只要生产厂家和大型批发商将订单指令发送到公司调度中心，即可按照客户指令将相关物品直接送到零售店或消费者手里。富日物流公司凭借其在零售业物流上的出色表现，获得了许多大型快速消费品生产商在华东地区的物流份额，为它们提供仓储、配送、装卸、加工、代收款、信息咨询等物流配套服务。

由此可见，选择合适的市场进行深入研究，充分挖掘市场潜力，提供最具有针对性的个性化服务并不断发现新需要是第三方物流企业提升核心竞争力最有力的途径。

### （二）第三方物流企业开展个性化物流服务的具体措施

#### 1．加强国际合作，增强竞争能力

随着我国服务业的对外开放，中外物流企业之间的激烈竞争必将出现，这是物流产业发展的一个转折点，我国物流将走上一条快车道。现在，不少外资把物流行业作为新的投资热点。

2003年年底，法国最大的汽车物流服务商捷富凯集团与我国知名物流企业大田集团组建捷富凯-大田物流有限公司。捷富凯集团将其先进的管理经验移植到捷富凯-大田物流有限公司，加上大田集团庞大的网络、广阔的配送范围、成熟的本土化发展模式，力争使其成为国内最好的专业汽车物流服务商。目前，国内的汽车物流服务商更多擅长整车物流这个较简单的领域，而专业的汽车物流服务商应提供整套服务，包括上线供货、仓储管理、中转运输直到经销商。目前，武汉神龙汽车有限公司是其最主要的客户，通过与神龙共享一套信息系统体系，为其提供仓储管理和生产线供货。

#### 2．开展横向合作，建立战略联盟

自建物流已经不再为明智的企业所采用，而选定一个可以充分信任的合作伙伴是物流发展的趋势。物流服务的需求是高度个性化的，中小物流企业在创业时，选择合适的服务领域和企业至关重要。客户对服务的要求千差万别，一个物流企业不可能同时满足所有客户的所有要求，作为中小物流企业，服务资源有限，品牌可信度不高，在追求服务个性化的信息社会中，较好的选择就是收缩市场，以维持较高的客户服务标准。实施一对一营销，目标较为单一，易于掌握客户的真正需求，确定服务的战略重点，使得服务资源的配置向这些重点集中，从而提高服务的客户满意度。长春大众物流公司是国内成立较早的第三方物流企业之一，是汽车生产的第三方物流提供商，它主要为一汽大众提供服务。实践证明，一汽大众采用第三方物流系统管理后给各方带来了巨大效益，实现了双赢。这表明，要在物流市场中分得一杯羹，不妨采用一对一的营销方式，专注自己的特色服务，扩大知名度，以在业内取得骄人业绩。

#### 3．选择目标市场，实现个性化服务

在我国物流市场加紧对外开放的情况下，跨国巨头纷纷抢滩，国内绝大多数中小物流企业在资金、技术、经验方面无法与之相抗衡，但这并不意味着我国刚刚起步的中小物流企业没有发展空间。物流的复杂性和多样性决定了不可能由某个企业一统天下，由于国外大企业与我国的物流企业并不处于同一水平线上，市场定位也不尽相同，应该说，我国中小物流企业与跨国企业之间的协作多于竞争。中小物流企业不能自乱阵脚，而应在变化的市场环境中站稳脚跟，关键在于要合理评价自身的资源和能力，进行合适的市场定位，在专业化运营中提高自己的能力。大连盛川物流有限公司的第一个客户就是大连柴油机厂，在大连柴油机厂整个供应链流程中，盛川物流有限公司称自己扮演了"供应商组长"的角色。大连柴油机厂的一百多家、千余

种柴油机零配件外协配套供应厂商都由盛川物流有限公司管理，供应商在其统一协调下按照大连柴油机厂的用料计划及时发货。目前，盛川物流有限公司的电子数据交换系统（EDI）、无线数据采集系统（POT）及高架货位已全面启动，成了能为多家国有大中型企业提供物流业务的专业物流基地。

### 4. 挖掘深度需求，拓展特色物流

一个物流企业能否成功在于其能否根据自身的比较优势和服务能力将有限的服务资源与市场服务需求进行有效匹配。那些健康和持续发展的企业有两个共同的特点，即都从小公司做起，且从不做超出自己能力范围的事。日本陆运产业株式会社经历了 60 年的发展，始终坚持专业化的发展方向，在日本危险品运输市场上占据了 70%的份额。因此，小公司也可以利用有限的资源服务有限的客户群，对有限客户的需求进行深度开发，并对市场的变化保持敏锐的悟性。我国第三方物流企业应紧紧把握住自己的核心业务、核心地区、核心客户、核心流程、核心环节、核心技术、核心业务人员，特别注重对现有客户物流服务需求进行深度挖掘，捕捉每次客户需求变化信息，保证让客户获得增值的体验。

 **第三方物流企业开展个性化物流服务应注意的问题**

#### 1. 注重专业化服务，适当收缩市场

在无法通过规模取胜时，就应通过专业化取胜。中小物流企业本身在资金、技术、人才等方面不占优势，应以客户价值为取向，变被动服务为主动服务，选定一家大型企业为依托，实施一对一营销，很好地服务重点客户，这样才能在保证老顾客忠诚度的基础上发展和争取新顾客，慢慢把市场做大。

在追求服务个性化的信息社会中，以降低服务标准来求得市场显然是行不通的，较好的选择就是收缩市场，以维持较高的客户服务标准。实行一对一营销更易于弄清客户的真正需求，确定服务的战略重点，使服务资源得到最合理的配置。

#### 2. 细分物流市场，做到物尽其用

行业不同对第三方物流的要求也不同。汽车行业的主要关注点是利用第三方物流减少库存，生产模式和与之配套的第三方物流策略成为汽车企业大批量定制化生产的重要支撑，如福特公司等利用第三方物流减少库存，行业最优水平可达 39%。服装行业的主要关注点是缩短产品生命周期循环时间，以应对潮流的快速变化，赢得顾客，战胜对手。由于行业残酷的价格竞争，降低物流成本成为消费电子行业获得利润的一个重要途径，我国的家电企业虽然在制造成本方面具有优势，但交易成本却很高，据统计，目前整个家电业的现状是，原材料的制造成本仅占总成本的 53%，而与流通、营销有关的成本则占 46%。食品饮料行业受自身产品特性的影响主要关注绿色物流、冷链物流，据统计，食品饮料行业做得好的企业应用现代物流，平均可节约物流成本 44%。

此外还有众多行业对第三方物流有着各自的需求，无论是降低库存，缩短周转期，还是降低物流成本和交易成本，推行绿色物流，第三方物流企业都应该找到自

己的优势，提高竞争力。

3. 不断应用新技术

信息时代，层出不穷的新技术不断推动着各行各业进行创新，以跟上时代的发展，物流服务业也是如此。各种信息系统及软件的应用使物流企业的服务效益不断提高。中小物流企业资金有限，在技术开发上应根据客户需求，与客户共同合作，按照其需要进行技术开发创新，以避免盲目性与不必要的投资。

4. 对物流过程进行有效监测

物流企业的服务质量归根结底在于其服务过程的实际效果，所以对于众多处于转型时期的传统中小物流企业来说，对服务过程进行监测是至关重要的。在实施个性化营销的过程中，可与客户共同商定服务标准，开发物流解决方案，这样比较有针对性，易于取得顾客的信任，令顾客满意。

## 四、第三方物流企业的品牌形象战略

当今国际市场的竞争已经跨越了产品竞争阶段，进入了品牌竞争时代。对消费者而言，品牌是质量与信誉的保证，减小了购买成本与风险；对第三方物流企业而言，因其服务的无形特点，使得客户对服务质量的判断，会更多地依赖品牌。品牌使原本同质化的物流服务差异化，从而可以利用客户对品牌的忠诚度而降低其对价格的敏感性，避开同产业内竞争对手的正面竞争。客户对本企业品牌的忠诚使其不愿意付出讨价还价的能力，进而提高企业的市场份额，因此，品牌为企业带来的利益是内在而持久的，服务品牌是企业最大的无形资产，是第三方物流企业重要的核心竞争力。

第三方物流企业的品牌化战略是通过企业品牌的建设，影响第三方物流企业的服务需求者的选择行为，并且与他们产生情感共鸣，提高客户企业对第三方物流企业的忠诚度，巩固第三方物流企业的市场地位，拓展其市场份额，最终给企业产生持久的市场收益。

第三方物流企业塑造品牌形象主要从三个方面进行：一是强化品牌意识，将其纳入战略管理层次来进行；二是建立健全物流服务标准，运用"大规模定制"的理论与方法来实现服务的低成本和个性化，物流服务标准包括物流服务技术标准、物流服务工作标准、物流服务作业标准；三是提高服务质量（包含物流工作质量和物流工程质量），质量是产品的生命，也是创建良好品牌的保证。

## 五、第三方物流企业的人才战略

企业的竞争归根到底是人才的竞争，我们与物流发达国家的差距，不仅是装备、技术、资金上的差距，更重要的是观念和知识上的差距，只有物流从业人员素质不断提高，不断学习与应用先进技术、方法，才能构建适合我国国情的第三方物流业。要解决目前专业物流人才缺乏的问题，应该采取正规教育与在职培训相结合的方法，一方面，在高等院校加强物流相关专业的学科建设，培养高中级第三方物流人才；另一方面，加强第三方物流企业与科研院所的合作，使理论研究和实际应用相结合，加快物流专业技术人才和管理人才的培养，造就一大批熟悉物流运作规律并有开拓精神的人才队伍。物流企业在重视少数专业人才和管理人才培养的同时，还要重视所有在岗员工的物流知识和业务培训，提高企业人员的整体素质。

## 六、第三方物流企业的联盟战略

所谓战略联盟，从资源集合体的角度界定，是指参与企业根据各自已有资源的异质性，本着互利互惠的原则，结合资源的互补性，追求共同利益的行为。战略联盟包括多种形式，既包括强强对等企业之间的合作，也包括强弱企业、弱弱企业之间的合作；既包括非股权参与型的松散合作，也包括股权参与型的紧密合作。近10年来，战略联盟在位居世界前列的2 000家公司中，一直取得了近17%的投资报酬率，这一数字超过一般公司的投资报酬率的50%。1998年的一项调查发现，美国已有60%的CEO赞同战略联盟，接近欧亚同行对战略联盟的接受率。这表明，战略联盟作为一种为企业创造价值的手段，已经逐渐为全球工商管理界所承认。

物流企业战略联盟指两个或多个物流企业为了实现资源共享、开拓新市场等特定战略目标而签订的长期互利的协定关系，联盟企业分享约定的资源和能力。物流服务由于运作的复杂性，加之一个企业的物流资源毕竟是有限的，某一单一的物流服务提供商往往难以满足物流服务的全球化与综合化发展需要，难以实现物流动作整体的有效控制与管理，难以实现物流全过程的价值和经营行为的最优化，难以实现低成本、高质量的物流服务，也无法给客户带来较高的满意度。通过与相关物流企业间的战略结盟，可以使物流企业在未进行大规模的资本投资的情况下，利用伙伴企业的物流服务资源，增加物流服务品种，扩大物流服务的地理覆盖面，为客户提供集海运、河运、公路运输、铁路运输于一体，货架到货架的"一站式"服务，实现一个系统一张单，负责到底，提升市场份额和竞争能力，进而从联合营销和销售活动中获益，目前，这已成为许多具有一定实力的物流企业的发展战略。物流业经营和研究人员认为，相同的文化背景和彼此相互依赖、有效而积极的信息沟通、共同的企业经营目标和凝聚力、技术上的互补能力、双方高层管理人员在管理方面的共同努力等，是物流企业战略联盟成功的关键因素。

## 七、第三方物流企业的创新战略

知识经济时代，市场竞争已经从有形产品的竞争转向服务竞争，这无疑对物流服务业提出了更高的要求。作为第三产业的第三方物流，服务创新显得格外重要。不仅要能够为客户提供货物拆拼箱、重新贴标签、重新包装、并货、零部件配套，产品退货管理、配件组装、测试和修理等低层次的增值服务，更要能够根据顾客需求提供物流规划设计和定制化服务等高水平的增值服务，要做到这一点，第三方物流企业必须具备持续的创新能力。

第三方物流企业的创新主要体现在四个方面：一是体制创新，对我国大多数传统物流企业来讲，可以通过资产重组、股份制改造、合资合作等方式来完善公司治理结构，实现企业体制创新；二是组织创新，建立基于信息平台的、具有快速反应能力的扁平化物流组织结构，以适应过程化管理和决策权限前移及分散的需要；三是服务内容创新，从单一功能性的服务，扩展到基于核心业务能提供整个物流方案的实施服务；四是管理方式的创新，如提供电子商务物流服务、定制服务、"门到门"服务、"套餐"服务等。

## 八、第三方物流企业的风险防范战略

### （一）第三方物流企业风险分析

现代物流企业在攫取大量利润的同时，所面临的风险是有增无减的。根据风险管理的理论，现代物流风险不仅包括传统意义上的纯粹风险，还包括客户流失风险、合同风险、诉讼风险、投融资风险、财务流动性风险等各个方面。本文仅从第三方物流企业的工作流程的角度来分析物流企业可能存在的风险。

物流企业的工作流程主要包括运输、储存、装卸搬运、包装、流通加工、配送、信息处理等环节，下面从以上几个环节来分析物流过程中可能发生的风险。

### 1．运输过程

运输环节是物流系统的核心，在这个过程中可能发生的风险主要是货物损毁和延时到达的风险。货物损毁发生的原因包括主、客观因素，客观因素主要是在运输途中可能发生自然灾害，交通事故等；主观因素包括运输人员因违规操作，或因本职工作的疏忽，对风险发生的警惕性有所降低，导致偷盗情况的发生，使货物处于风险状态并受到一定的损坏。货物延时到达发生的原因主要在于承运人没有按照约定时间发运货物，运输路线选择欠缺或是中途发生事故导致运输时间延长等。

### 2．装卸搬运过程

装卸搬运主要包括货物的装船、卸船，货物的进出库以及在库内进行的搬倒清点、查库、转运、换装等活动，使用的装卸机械设备有吊车、叉车、传送带和各种台车等。在这个环节中，因不断地对货物装上卸下，可能会出现操作人员疏忽，野蛮装卸，以及装卸设备质量问题等原因导致的货物毁损。因为装卸搬运活动频繁发生在物流过程中，因而是产品损坏的重要原因之一。

### 3．仓储过程

在仓储过程中物流企业要提供坚固、合适的仓库，对进入仓储环节的货物进行堆存、管理、保管、保养、维护等一系列活动。仓库的损坏、进水、通风不良，没有定期整理和维护，都会引起货物的灭损。

### 4．流通加工过程

流通加工是在物品从生产领域向消费领域流动的过程中，为了促进产品销售、维护产品质量和实现物流效率化，对物品进行加工处理，使物品发生物理或化学性变化的过程。在这一环节中，如果使用的加工材料不合理，操作人员失误或技术原因等，会造成货物的灭损或达不到预期的价值，需要承担一定的责任。

### 5．包装过程

为使物流过程中的货物完好地运送到用户手中，满足用户和服务对象的要求，需要对大多数商品进行不同方式、不同程度的包装。如果对包装的容器、材料、辅助物使用不恰当，会造成货物灭损，需要承担一定的责任。如在运输玻璃制品的过程中，选用的包装材料如果不能减少颠簸带来的撞击，便有可能使货物受损。

### 6．配送过程

一般的配送集装卸、包装、保管、运输于一身，通过这一系列活动完成将货物送达的目的。特殊的配送还要以加工活动为支撑，涉及范围更广，在此环节物流企业面临的风险也更为广泛。除了货物损毁和延时送达的风险外，还有可能因种种原因导致的分拨路径发生错误，使货物错发错运。因为配送是以实现小批量、多品种物品的近距离位置转移为主，必须同时满足用户的多种要求、在这个过程中，因为品种批次都很多，可能会出现工作人员填写录入失误等情况，从而发生错发错运的现象。

### 7．信息服务过程

现代物流是需要依靠信息技术来保证物流体系正常运作的。信息服务的主要作用表现为：缩短从接受订货到发货的时间；库存适量化；提高搬运作业效率、运输效率；提高订单处理的精度；防止发货、配送出现差错；调整需求和供给等。如果信息系统程序出错、操作人员马虎等，使信息传递延迟出现差错，可能增加企业延时配送或发错运错等风险。此外，物流企业还可能面临因托运人故意行为产生的道德风险。

### （二）第三方物流企业风险应对措施

风险是客观存在的，只要搞经营，就会有风险，因此，第三方物流企业要想获得经营活动的成功，必须树立风险意识，加强风险防范。除了识别物流系统各环节可能发生的风险外，还要进行风险衡量，即考虑该风险发生的概率和损失幅度。风险发生损失的概率越高，造成损失的幅度越严重，风险就越大。

### 1．风险发生的概率很低，损失程度也很小

这种类型的风险一般很少发生，造成的损失不大。如公路运输中因临时交通管制导致的塞车，致使货物延时，需要按合同约定向托运人付违约金等。在这种情况下，大多数企业会选择风险自留的方式，即是指面临风险的企业或单位自己来承担风险所致的损失，并做好相应的资金安排，也可以采取风险转移策略，这是借助于协议或者合同，将损失的法律责任或者财务后果转由他人承担的一种方法。

### 2．风险发生的概率很高，但损失程度很小

现实中，这种类型的风险让第三方物流企业颇感头痛。由于损失发生的概率很高，采取购买保险的方式转移风险往往是不经济的，保险公司也因为可能无利可图，不愿提供这种类型的保险。由于这种风险造成的损失程度很小，物流企业可以采取自留的方式来应对风险。实践中因为野蛮装卸、内部人偷盗等行为导致的货物损失风险就属于这种类型。虽然这种类型风险造成的单次损失并不大，但较高的发生概率造成的累积损失使物流企业难以承受。

这种类型风险的应对策略除自留外还需要进行风险预防和风险控制，即在采取风险自留的方法后，通过一系列有效的管理措施降低风险发生的概率和减轻风险发生后造成的损失程度。如提高员工素质和技术水平，建立有效的防盗报警系统等。

### 3．风险发生的概率很低，但造成的损失很大

第三方物流企业在从事业务运营过程中，不可避免地面临着自然灾害、意外事故的威胁。这种风险发生的概率很低，但是一旦发生足以让物流企业遭受极大损失，这时可以采取风险转移策略，包括非保险转移和保险转移。如运输途中遇到的自然灾害事故，这类风险是传统保险可以承保的风险类型，由于发生的概率很低，保险便具有了可行性；由于造成的损失很大，成就了保险的必要性。这时就可以采用保险的方式来有效地分散风险，最大程度地降低物流企业的损失。

**4．风险发生的概率很高，造成的损失也很大**

这种类型的风险一般不会发生。此时，理性的物流企业可能会采取避免的方法来应对风险。避免风险是一个有效途径，但其机会成本却是可能获得的高额收益。

应对这种风险的最佳策略是管理加保险，即通过有效的管理降低损失发生的概率，使风险发生的概率降低后再通过保险的方式转嫁风险。

# 小知识

## 第三方物流战略的实施要点

**1．全能型企业的物流流程再造**

就我国情况而言，大而全、小而全企业数量太多，这些企业与其他企业合作的意识极为淡薄，非核心业务负重过大的企业核心能力也不突出，这不利于参与国际竞争。这类企业改造的基本思路是可将现有运输部门业务或资产独立出去，采用社会公开招标等形式，利用外部资源完成基于供应链管理的第三方物流流程再造。

**2．第三方物流流程重新设计**

第三方物流要真正做到有效响应用户的各种需求，无论是网络或系统物流服务者，一定要改变传统供应链中各个成员不愿与他人分享自己信息的思想弊端。缺乏准确的信息，意味着供应链网络必须保持大量的存货，以应付快速反应的市场变化，无法将永久性的库存场地和安全库存量减少或减至最少，这样就难以改变物流成本居高不下的现状。

**3．重视顾客需求是流程重新设计的出发点**

流程重新设计理论认为，最有效的组织设计是按流程流动进行组织设置，并围绕着流程，实现集中相关方面人员及活动的过程。第三方物流管理流程重组，强调以企业供应链管理过程为基本线索，按物流流程、流向进行组织设计和技术设计。

**4．注重综合集成管理**

第三方物流战略与供应链管理思想的共性，是将关注焦点从物流流程某一职能扩展到跨职能、跨行业的物流流程，以信息技术和组织调整，作为整个流程变化的推动器，努力追求物流管理流程绩效获得巨大改善。

**5．重视电子信息技术的综合应用**

结合计算机、信息网络和数据库等的综合应用，企业流程的功能应当展现物流各个活动之间的关系，实现分工基础上的集成化管理；明确任务、时间和阶段，界定活动的执行者与接受者的相互关系，采取根本性的改革措施以产生效果，并巩固新流程。

**6．重视联运代理的组织功能**

第三方物流经营者应打破传统的部门运输、物流管理的界限，利用联运代理或第三方物流服务中的代理功能，能够按供应链管理要求组织联运，包括多式联运。那种不同运输方式分别建站、分别运营的方式急需改变。改善的途径是商谈改变传统流程，实施双赢策略。

Exercise 10 实践与思考

请为学习情境 1 中上海佳都液压机械制造有限公司和 5 名自然人共同投资设立的国际货运代理公司确定发展战略。

要求：

1．对该公司进行 SWOT 分析（包括对公司所处的宏观发展环境和微观发展环境分析）；

2．所确定的发展战略要有针对性和可操作性；

3．要有针对发展战略制定的具体实施办法。

**安得物流的发展**

（一）安得的发展初期

安得物流成立于 1999 年，其中美的集团占有其 70%的股份，安得是美的的一个控股子公司。成立之初，安得物流业务几乎全部来自于美的，当时美的集团曾尝试将所有物流业务交由安得来运作，但由于规模有限，安得实际做的只是其中一部分。当时安得物流的主要目的与其说是赢利不如说是为了控制成本。一年之后，安得物流开始对外承揽第三方物流业务，可以说真正开始了向利润型企业的转变，凭借美的强大的背景和支持，安得物流短短 4 年已在竞争激烈的珠三角物流业中占据一席之地。目前，安得的营业额在目前国内的几家民营物流公司中已屈指可数。依托美的集团的业务网络，安得已建立起自己的一个全国的物流网络。

（二）安得的发展历程

一面是家电业巨头美的集团即将减持其旗下安得物流股份的传言，一面是家电零售业巨头苏宁集团宣布斥巨资自建物流配送体系，进入 2004 夏季，这一系列的市场事件令业界对生产企业自营物流走向的关注热度随之上升。自从海尔集团率先自营物流之后，国内生产企业一时间选择自营物流几成潮流，而因此引发的争论一直也就从未停止过。时至今日，海尔物流日显沉寂，而安得物流的发展路线似乎又展现了企业物流的另一个走向。安得物流的案例可能会给一些已经或正准备发展第三方物流的制造型企业一些新的思考。

1．扩展客户与新业务

2001 年，安得开始拥有了除美的之外的客户。目前，安得物流除美的各产品事业部以外，伊莱克斯、海螺型材、通光电缆、亨通电缆、TCL、方正、康佳电器、徐福记食品、光明牛奶、韩国 LG、东泽电器、鹰牌电器、威灵电机等 70 家家电电子业、新型建材业、快速消费品业的知名企业已成为其客户，安得物流已成长为一家第三方物流供应商。

正是本着走第三方物流的路线，安得在不断拓展网点建设的同时，也不断扩充自己的客户群。在已形成一定的网络和一批固定客户群的基础上，安得物流开始寻找新的业务切入点，珠三角网络快运项目的推出就是一例。2004 年 6 月，安得物流面向珠三角发展小件快运，号称 3 小时送达。这一业务的开展令安得有了更多离开美的另寻出路的意思。网络快运项目是根据客户的需求推出的，以前总是大批量的把客户的货物运输到指定地区，存放在仓库，对客户来说增加了库存成本，现在随着竞争越来越激烈，客户越来越注重通过物流来降低成本，小批量、高频率的快速运输就应运而生了。现在珠三角有 6 个交叉理货平台，货运班车半小时一趟。安得物流的网络化运作、定时的货运班车、交叉理货、门到门服务在珠三角可算首家。

小件快运业务运行一个月不到，客户反应很好，新增 20 多家客户。下一步计划，安得将继续加快网点建设，在珠三角争取建 12 个交叉理货平台，同时，加紧向长三角乃至全国拓展，今年年底有望在长三角见到安得网络快运的身影。至于怎样达到这一目的，不排除安得将与航空、邮政和铁路的合作，安得很可能会搭上宝供公司不久之前开通的广州到上海的行邮专列快车。

2．个性化的服务

现在国内许多家电企业，财务、采购、生产制造、营销、物流这些部门里，物流部门的权力和作用越来越大，管物流的不只是部门经理级别，还上升到整个集团领导的层次了。目前家电物流有四大趋势：一是要求物流供应商提供全国性的服务，由于家电的消费是全国性的，必须提供全国性的服务；二是家电渠道朝多元化发展，以前主要是批发商到经销商的销售渠道，现在转变成专业连锁店、综合型的连锁超市，要求物流供应商提供多元化的服务；不同的渠道有不同的物流服务要求，以批发商为主的销售商，以大批量、小批次为主，而现在的零售终端多样化，一般是小批量、大批次为主；三是家电的技术更新非常快。家电行业每年都在跌价，这样对库存管理就提出了非常严格的要求，一个家电企业要发展，必须处理好库存情况，这样对物流服务供应商的要求也非常高，走向集中化、一体化，这是安得最受家电企业青睐的地方；四是消费者对家电服务的要求越来越高，比如要求送货上门、退货要求越来越高。物流企业要取得服务，必须满足消费者不同的要求。

基于上述的分析，安得物流积极提倡第四方物流的概念，并配合生产制造企业进行销售渠道的变革。作为一家物流服务供应商，安得对销售渠道的影响力是比较小的，更多的是适应家电制造企业销售渠道的变化。物流企业在某一方面也可以影响到家电制造企业，比如生产企业要实现渠道的扁平化，就必须大力发展配送，这样就必须考虑到物流服务供应商的物流能力能否跟上，如果物流能力不能跟上，这个扁平化或者销售渠道变革就无法实行。而安得在销售渠道上的作为和定位，一是积极适应制造企业为了适应市场而做出的调整或变化；二是积极参与制造企业在销售渠道中的一些具体做法；三是对制造企业的渠道建设提出建设性的建议。

3．孵生第四方物流公司

2002 年 12 月 19 日，深圳市首家第四方物流公司——新产业综合物流股份有限公司成立，此前的 11 月 1 日，由美的集团威尚公司控股的第三方物流公司安得物流正式成立了其第四方物流公司——广州安得供应链技术有限公司。据悉，这是广东首家第四方物流公司，也是国内第一家由第三方物流直接孵生的第四方物流公司。该公司于 2002 年 11 月 28 日与广州著名家电销售商东泽电器签署战略合作协议，双方在第三方物流基础上共同打造"第四方物流"，为东泽电器提供从供应商到经销商、从经销商到单一客户的一整套涉及货物运输、仓储、货物跟踪等全流程的解决方案。

4．出路何在

美的集团正在和部分国际领先的物流公司商讨，以减持目前持有安得物流公司 70%的股权。4 年前，美的集团全资投建了安得物流。部分美的与安得内部人士透露，即将入股的新的投资者持股量将会超过美的之外的其他小股东。新的投资者不会是传言中的台湾公司，而极有可能来自 UPS、TNT 和联邦快递、EXEL 等国际领先的物流公司。"实事求是地说，这些国际物流公司在中国做得并不好，甚至是很差。"卢立新（安得物流总经理）对记者说。但与这些跨国物流公司的参股合作显然并非着眼于眼前利益，安得物流的相关人士表示，借鉴国际物流公司成熟规范的管理经验和国际运作能力将会使国内物流公司早日摆脱国内市场无序而混乱的竞争局面。"何老板（美的集团董事长何享健）一直不希望安得与美的之间的形象过于接近，他希望安得更像是一个纯粹的第三方物流公司。"一位安得物流高层管理者私下对记者这样表示。但同时他也承认，如果没有美的如此强大的背景和支持，安得物流成立仅短短 4 年想从竞争激烈的珠三角物流业中占据一席之地并不容易。美的集团最初的全资投建和迄今占有 70%的股份的控股地位保证了安得物流成立之初迅速壮大的基础，尽管这中间安得也曾经遭受来自外部的竞争对手分食美的的大单，安得来自美的方面的利润率甚至低于其他客户。减持股份对于安得的成长来说显得更加有必要，卢立新说，"从品牌和未来业务发展，现在都应该淡化安得与美的的资本与业务纽带关系"。

试分析：

1．安得物流在发展过程中实施过哪些发展战略？这些战略分别对安得物流的发展起到了什么作用？

2．美的减持股份对安得物流将产生哪些影响？安得物流应如何应对？

1．什么叫集中经营战略？第三方物流企业为什么应采用集中经营战略？

2．第三方物流企业的核心能力主要包括哪几个方面？

3．第三方物流企业为什么要进行整合？整合的思路是什么？

4．第三方物流企业应从哪几个方面进行集成？

5．第三方物流企业为什么要开展个性化服务？如何开展个性化服务？

6．第三方物流企业开展个性化服务时应注意哪些问题？

7．第三方物流企业为什么要塑造品牌形象？如何塑造品牌形象？

8．服务创新对第三方物流企业有什么作用？如何进行服务创新？

# 学习情境 **11** 第三方物流发展的新模式

## 学习目标

通过本情境的学习，学生能够了解第三方物流与供应链、电子商务、第四方物流的关系，理解第三方物流供应链管理和第四方物流的含义、特点、运作模式与业务类型，知晓第三方物流供应链管理的业务领域和第四方物流主体应具备的条件，掌握第三方物流供应链管理的实现途径，明了电子商务下发展第三方物流的对策，懂得发展第四方物流的措施和方法。

请为学习情境1中张甲与李乙投资设立的物流运输配送公司制订基于供应链管理的发展方案，设计电子商务网站及以其为主体开展第四方物流的措施。

要求：

1. 供应链管理发展方案和第四方物流发展措施要具体、详细，可操作、易操作，并要反映运输公司的业务类型特点；

2. 电子商务网站要包含交易模式、网站栏目（包括网站首页、关于我们、业务咨询、新闻中心、在线留言、联系我们等）、网站应具备的功能、网站整体设计采用的背景颜色、网络工作环境的组建、域名设计、网站名称设计、网站推广措施（包括网站发布初期的推广方法、网站发展期的推广方式、网站稳定期的推广方法），等等，要将电子商务网站的设计方案写出来。

## 供应链环境下的第三方物流

英国著名的供应链专家 Martin Christopher 曾经说过，"21 世纪的竞争不是企业和企业之间的竞争，而是供应链与供应链之间的竞争"，"市场上将只有供应链而没有企业"。从这句话，我们可以看出供应链对于企业来说是很重要的，任何一个企业只有从供应链管理的角度来考虑企业的整个生产经营活动，才有可能取得竞争的主动权，进一步提升企业竞争力。第三方物流公司作为一个企业，也必然应该从供应链管理的角度来考虑问题，才能在竞争中取胜。

## 一、第三方物流供应链管理的含义

### （一）供应链和供应链管理的含义

#### 1．供应链的概念

供应链是围绕核心企业，通过对信息流、物流和资金流的控制，从采购原材料开始，制成中间产品以及最终产品，最后由销售网络把产品送到消费者手中的将供应商、制造商、分销商、零售商，直到最终用户连成一个整体的功能网链结构模式。它包含所有加盟的节点企业，从原材料的供应开始，经过链中不同企业的制造加工、组装、分销等过程直到最终用户。供应链的网链式结构模型如图 11-1 所示。

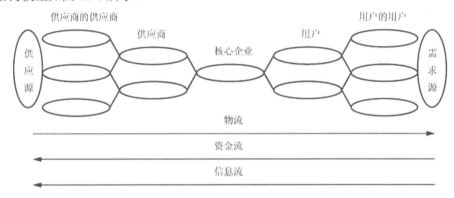

图 11-1  供应链的网链式结构模型

供应链不仅是一条连接供应商到用户的物料链，还是一条增值链，物料经过在供应链上的加工、运输等过程而增加其价值。

供应链的功能模式包括物理功能和市场中介功能。根据供应链的功能模式，可以把供应链分为物理有效性供应链和市场反应性供应链。物理有效性供应链是以尽可能低的成本有效地实现以供应为基本目标的供应链管理系统，这类产品需求一般是可以预测的，基本目标是以最低的成本供应可预测的需求，在供应链各环节中力争存货最小化，通过高效率的物流过程形成物资和商品的高周转率，从而在不增加成本的前提下尽可能缩短提前期，选择供应商时以成本和质量为核心。市场反应性供应链是要求对市场需求做出迅速反应的供应链管理系统，这类产品需求一般是不可预见的，基本目标是尽可能快地对市场需求做出反应，使缺货、降价销售和存货过时所造成的损失最小化，因而生产系统需要准备足够的缓冲生产能力，存货需要准备有效的零部件和成品的缓冲存货，同时，需要以多种方式投资以缩短市场提前期，选择供应商的时候主要考虑速度、柔性和质量。两种类型的供应链比较见表 11-1。

表 11-1  市场反应性供应链与物流有效性供应链的比较

| | 市场反应性供应链 | 物流有效性供应链 |
|---|---|---|
| 基 本 目 标 | 尽可能快地对不可预测的需求做出反应，使缺货、降价、库存最小化 | 以最低的成本供应可预测的需求 |
| 库 存 策 略 | 部署好零部件和成品的缓冲库存 | 产生高收入而使整个链的库存最小化 |
| 提 前 期 | 大量投资以缩短提前期 | 在不增加成本的前提下，尽可能缩短提前期 |
| 供应商的标准 | 以速度、柔性、质量为核心 | 以成本和质量为核心 |

### 2．供应链管理的概念

供应链管理是通过前馈的信息流和反馈的物料流及信息流，将供应商、制造商、分销商、零售商，直到最终用户连成一个整体的管理模式。供应链管理是一种集成的管理思想和方法，它执行供应链中从供应商到最终用户的物流计划和控制等职能。

供应链管理是一种基于流程的集成化管理模式。传统的管理以职能部门为基础，往往由于职能矛盾、利益目标冲突、信息分散等原因，各职能部门无法完全发挥其潜在效能，因而很难实现整体目标最优。供应链管理则是一种纵横的、一体化经营的集成管理模式，它以流程为基础，以价值链的优化为核心，强调供应链整体的集成与协调，通过信息共享、技术扩散（交流与合作）、资源优化配置和有效的价值链激励机制等方法来实现经营一体化。其总体目标是降低提供必要的客户服务水平所需的总资源的数量，其分目标包括：使客户的需求与供应商的物料流动协调一致；降低供应链中的存货资金；提高客户服务水平；建立供应链的竞争优势，等等。

### （二）第三方物流供应链管理的含义

如前所述，供应链管理的目的就是为了追求效率和整个系统的费用有效性，使系统总成本达到最小，以保证供应链中所有节点企业都能取得相应的绩效和利益。这里的供应链是一个利益集体，是由供应商、制造商、分销商、零售商和用户组成的网络结构，链中各环节不是彼此分割的，而是环环相扣的有机整体，因此，如何提高供应链中物流的效率与效果，成了供应链管理要解决的关键问题之一。

为了解决这一问题，不少企业开始客观地识别自身的物流需求，认识到只有将供应链上的物流业务外包给第三方物流服务提供者，才能更利于企业集中核心业务的经营管理，提高整个供应链运作的效率。第三方物流便成为这些企业实现供应链物流集成运作的一种有效方法和策略。

在供应链环境下，为了增强竞争优势，越来越多的企业选择只做自己擅长领域的业务，而将其他相关业务外包出去，这便促使第三方物流的力量日渐强大。随着第三方物流企业逐渐参与供应链的各种业务，其在供应链中的地位日益重要，第三方物流在不知不觉中成为供应链管理中的关键环节。由于企业越来越重视从战略全局的角度来规划供应链，这预示着以第三方物流企业为核心的供应链模式的出现，也预示着企业将以战略的角度来匹配这种供应链管理模式。

第三方物流企业在供应链管理下，为客户提供所有的或一部分供应链物流服务，以获取一定的利润。第三方物流企业提供的服务范围很广，它可以简单到只是帮助客户安排一批货物的运输，也可以复杂到设计、实施和运作一个公司的整个分销和物流系统。

第三方物流有时也被称为"承包物流"、"第三方供应链管理"和其他的一些称谓。所谓第三方物流供应链管理，是指第三方物流企业作为核心企业通过对信息流、物流、资金流的控制，将供应商、制造商、分销商、零售商，直到最终用户连成一个整体的管理模式。

## 二、第三方物流与供应链的关系

### （一）第三方物流能够提升供应链的核心竞争力

供应链涵盖了从原料供应商到最终消费者的整个过程，它是一个非常复杂和庞大的网络。随着全球化步伐的迈进，在客户需求个性化、多样化的变化趋势加剧以及产品生命周期的缩短等背景下，尽管企业不断改进流程管理，打造核心竞争力，实现快速响应，但是，理论和实践都证明，要维持企业的核心竞争力，不可能也不必要完成整条价值链的全部流程。第三方物流的出现正是制造商基于这样的认识，将其核心竞争力集中于制造、研发和市场，而将自身全部或者部分的采购物流、生产物流和销售物流交给专业的物流提供商管理，旨在降低成本、提高效率，以更快的速度响应客户需求。从欧美国家发展第三方物流的经验来看，第三方物流有利于企业发展自己的核心竞争力，获取更多的投资回报率，也有利于企业供应链成本的降低，所以第三方物流又被称为"第三方供应链管理"。由此可以看出第三方物流在供应链中担当着重要角色，第三方物流提供商也与供应链中企业的命运息息相关。

### （二）利用供应链思想可以提升第三方物流服务水平

第三方物流对供应链的发展起着至关重要的作用，而利用供应链的思想可以提升第三方物流服务水平，从而更好地为供应链服务。

供应链管理是在满足服务水平的同时，为了使系统成本最小而采用的把供应商、制造商、仓库和商店等有效地结合成一体来生产商品，并把正确数量的商品在正确时间配送到正确地点的一套方法。供应链管理的思想精华就是追求效率和整个系统费用的有效性。供应链管理不仅在降低成本方面卓有成效，而且对顾客需求能够快速响应。如今，顾客对整条供应链的期望指标是反应速度、成本、质量和柔性的综合能力，这也是第三方物流需求者所要求的第三方物流服务标准。

#### 1. 顾客服务导向

许多第三方物流企业往往提供的是单一功能的服务，服务的理念较差。第三方物流企业提供的服务对客户有价值，客户才会把业务交给他们，才会与他们保持长期的合作关系。

目前的市场，是客户驱动的市场，起作用的是客户与企业交流过程中感知的价值，客户感知的价值是客户购买这家企业而不是那家企业产品或服务的根本原因，因此在目前物流服务市场上，出现了一种矛盾的现象：一方面，许多物流企业拿不到订单，这里有物流企业服务理念和服务水平的问题，也有客户本身理念的问题，有不少物流用户企业还存在"大而全"、"小而全"的思想，尽管物流不是他们的核心竞争力，也不愿意将其外包；另一方面，有着先进理念的物流用户却找不到理想的物流企业，因为他们需要物流企业提供一体化的解决物流服务的方案，提供快速、优质的物流服务，而我们许多物流企业做不到。

#### 2. 发展合作联盟

供应链管理需要集成物流提供商，但和制造企业集中核心能力一样，第三方物流企业不可能完全利用自有资源实现所有物流功能，它也需要采用业务外包或虚拟经营方式，即联合外部组织利用现代技术和经济关系提供客户所需的全部或部分物流服务的运作模式。第三方物流供应商可以通过购并和战略联盟，与其他经营者结成物流联盟（Logistics Alliance），采取长期联合与合作的方针，从整体最优的系统观点出发，为整条供应链提供一站式的服务，内容包括物流战略和系统规划、设计、运营和管理。从长期的发展来看，第三方物流经营者只有以高水平的集成物流服务和供应链资源整合能力，才能够巩固第三方物流的地位，只拥有资源而不具有整合能力的经营者只可能成为资源整合的对象。

## 三、第三方物流供应链管理的特点

### 1．第三方物流供应链管理是一种一体化、信息化的管理模式

第三方物流供应链管理是建立在现代电子信息技术基础上的物流服务管理，提高信息技术的运用，实施一体化、信息化管理是第三方物流供应链管理与传统管理的本质区别。第三方物流企业作为供应链上的核心企业，通过对企业物流、资金流、信息流进行统筹，利用构件化技术将采购、销售、客户服务、财务同物流紧密结合，真正实现财务、业务的一体化运作，从而有效保证资金、物资和信息的高效有序流动和交互。

### 2．第三方物流供应链管理是多功能、全方位的战略管理

第三方物流企业根据合同条款规定的要求，提供多功能，甚至全方位的物流服务。一般来说，第三方物流企业能够提供物流方案设计、仓库管理、运输管理、订单处理、产品回收、搬运装卸、物流信息系统、产品安装装配、运送、报关、运输谈判等近 30 种物流服务产品。与传统的以运输合同为基础的运输公司相比，第三方物流企业在服务功能、客户关系、涉及范围、竞争优势、核心能力，以及买方价值等方面，发生了巨大变化，详情如表 11-2 所示。

表 11-2　第三方物流的变化

| 项　目 | 运 输 合 同 | 物 流 外 包 | 供应链管理 |
|---|---|---|---|
| 服　务 | 简单功能 | 多功能 | 多功能集成、增加宽度和复杂性 |
| 关　系 | 交易 | 长期协议 | 战略合作伙伴关系 |
| 涉及范围 | 本地/地区性 | 跨区域 | 全球化、门到门的区域 |
| 竞争趋势 | 分散 | 合并/联盟 | 比较分散，但战略联盟使小型变大 |
| 核心能力 | 资产和过程执行 | 从资产型向信息型转变 | 以信息和知识为主 |
| 买方价值 | 减少 | 地域扩张 | 优化成本、优化服务 |

从整体上考虑，只有运用战略管理的思想，才能避免因信息局限或失真而可能导致的决策失误、计划失控或管理失效，才能真正有效地实现第三方物流供应链的管理目标。

### 3．第三方物流供应链管理是具有增值功能的"一站式"管理

第三方物流供应链管理是一种以多品种、小批量为特征的高效物流服务管理，在提供运输、储存、物流信息加工与处理等传统物流服务产品的基础上，还能提供下列增值性的物流服务。

（1）一条龙门到门、转账物流全过程追踪等便利性的服务；

（2）支持直接换装等流水线运营，满足客户快速补货，提高库存周转率的加快反应速度的服务；

（3）简化运营以提高供品率和优化人力利用的降低成本的服务；

（4）向上可以延伸到市场调查与预测、采购及订单处理，向下可以延伸到物流咨询、物流系统设计与规划方案的制作等的延伸服务。

### 4. 第三方物流供应链管理以最终用户为中心

第三方物流是随着社会化大生产的扩大和专业化分工的深化而产生的，它作为核心企业参与到供应链的管理，把制造、运输、销售等市场情况统一于产品价值链，从而提高了产品的消费效用，这符合现代物流以满足最终用户需求为目标的宗旨，如图 11-2 所示。

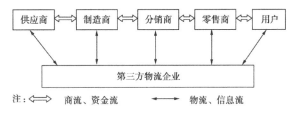

图 11-2　第三方物流参与供应链管理关系图

第三方物流参与供应链的管理中，并成为供应链的组织者时，供应链的运动发生改变，各供应链节点直接与第三方物流进行信息交换，并由第三方物流组织物流实施，从而完成商流与资金流的传递。这样，供应链上的成员企业就能把时间和精力放在自己的核心业务上，提高了企业供应链管理和运作的效率以及服务质量，保证了最终用户能够获得质优价廉的产品。

## 第三方物流主导的供应链模式的演进

第三方物流（包括资产型、非资产型）主导的供应链模式是一种适应新形势的有很大发展前途的供应链新模式，这种模式由于受到各种环境的影响而在不断改变，因此第三方物流所主导的供应链模式是有层次性的，也就是说，随着环境的变化第三方物流将从完全承担物流，转变为既承担物流又涉足第四方物流的领域，再转变为完全从事第四方物流的职能。

### 1. 完全或主要提供物流服务的第三方物流主导的供应链模式

完全或主要提供物流服务的第三方物流主导的供应链模式可以说是最低级的一种供应链模式。这种模式中第三方物流的基本业务主要是物流，也提供少量的供应链整合方案，但这种整合方案是因其他企业的需要而为其专门设计的，是作为一种独立的产品出售的，物流企业本身并未真正地参与供应链中，只是作为一个辅助者存在。第三方物流企业主要依靠物流方面的特色服务来赢得消费者，在消费者中建立起一定的品牌优势，从而形成消费者对这种物流产品需求的拉动力，最终使得制造企业或零售企业对其产生一种依赖性。因为消费者已经将这种物流服务作为产品比较重要的一部分，所以制造商要想赢得消费者必须依赖于这种服务，各种产品也只能通过这种服务建立起差异化。

2. 既提供物流又提供供应链整合方案的第三方物流主导的供应链模式

在既提供物流又提供供应链整合方案的第三方物流主导的供应链模式中，第三方物流企业不再处于被动的无意识地位，而是以一种积极的姿态借助于自己特色服务的核心地位优势，去组织和管理整个供应链。该模式中第三方物流企业的主要业务还是物流服务，也就是说物流公司所从事的供应链管理和组织主要是服务于物流活动的。这种模式的主要特点是物流企业已经将供应链的整合方案与自身的物流优势结合起来，并发挥出更大的作用。如果没有统一的规划和调配，会出现很多不必要的交易费用，可能会削弱或抵消物流所带来的优势，应该说这种模式是真正主导的开始。当然这种模式需要一个前提条件，就是供应链上的节点企业首先必须改变物流企业作为供应链辅助者的观念，应该将其认为是供应链的主要参与者和组织者。

3. 完全提供供应链整合方案的第三方物流主导的供应链模式

完全提供供应链整合方案的第三方物流主导的供应链模式，也可以称为第四方物流主导的供应链模式，因为它所从事的主要是第四方物流的职能。由于这种公司是由第三方物流企业转变而来的，这种模式的品牌也是以原来第三方物流企业的品牌为基础的，所以仍称其为第三方物流企业主导的供应链模式。正是由于这种原因，物流企业凭借对物流领域的熟悉，再加上具有专业化组织和管理优势，最终能达到单一的第三方物流所达不到的效果。

在这种模式中，物流企业拥有强大的品牌力量，这种品牌不再像传统品牌那样，而是一种结合各方优势的供应链品牌。这种品牌预示的不仅是可靠的产品质量，还预示着完善的物流配送，所以它是一种全新的品牌。这种供应链模式是一种最高级的模式，在这种模式中处于主导地位的第三方物流通过运用各种先进的理论和信息技术真正达到了供应链的无缝连接，最大限度地发挥了供应链的整合优势。目前第三方物流供应链管理系统设计的模式便是这种供应链模式。

## 四、第三方物流供应链管理的原则与主要领域

### （一）第三方物流供应链管理的原则

#### 1. 以客户需求为中心

客户多样化的需求是 21 世纪市场竞争的新特点。第三方物流供应链管理的任务在于通过各供应链节点企业的相互合作，快速响应客户多样化的需求。第三方物流供应链管理从战略上树立"客户至上，服务第一"的理念，根据不同细分市场要求的客户服务水平提供多样化的物流服务产品，以满足客户多样化的需求。不管供应链的长短如何，也不管链上的节点企业有多少，供应链都是由最终客户需求所驱动的，只有最终客户满意，供应链才能延续和发展。第三方物流供应链管理必须以最终客户需求为中心，把客户服务作为管理的出发点，并贯穿供应链的全过程。

#### 2. 以利润最大化为目标

第三方物流供应链管理不同于传统的企业管理，也不同于一般的供应链管理，它要求所有

供应链上的节点企业围绕物流、商流、资金流和信息流进行信息共享与经营协调，以实现稳定高效的供应链关系。成功的第三方物流供应链能够为链上的各节点企业节约更多的成本，协助他们把有限的资源集中在企业的核心竞争能力上，从而获取最大的投资回报，创造更多的利润。可以说，第三方物流参与供应链管理的最大目标，就是在获取稳定收益的同时，协助链上的各节点企业实现利润的最大化。

### 3. 以信息技术为手段

物流信息化是现代物流的基本要求，也是实现管理目标的手段。第三方物流参与供应链管理中可以应用实现货物跟踪的条形码、计算机网络、移动通信技术，实现信息快速交换的 EDI 技术，实现车辆跟踪的 GPS 技术，实现资金快速支付的 EFT 技术，以及实现网上交易的电子商务技术等，对物流实行全程控制，提供单点查询功能，并且简化交易流程和结算流程。可以说，物流信息化既表现为物流信息收集的数据化和代码化、物流信息处理的计算机化和电子化，也表现为物流信息传递的标准化和实时化。高效率供应链管理的实现，既需要快速的物流、资金流，更需要快速、准确的信息流，第三方物流的参与以及网络技术、电子商务的应用与发展，为信息的快速、准确传递提供了保证。

### 4. 以资源共享为保障

从供应链的角度来看，供应链管理绩效很大程度取决于供应链资源整合力的效果。根据系统理论，供应链局部最优不能保证系统最优。供应链资源整合就是将分散在第三方物流供应链节点上的不同企业的资源，按照供应链预期目标的要求进行整合，其目的是使现有的资源相互配合与协调，使之达到整体最优。此外，和制造企业集中核心能力一样，第三方物流企业不可能完全利用自有资源实现所有物流功能，它也需要采用业务外包或虚拟经营方式，即联合第三方物流供应链的外部组织，利用现代技术和经济关系，为供应链节点上的企业提供所需的全部或部分物流服务的运作模式。

### （二）第三方物流供应链管理的主要领域

一般来说，第三方物流供应链管理的主要领域体现为第三方物流在供应链管理中的运作。一是第三方物流向供应链上的节点企业提供基本仓储运输服务，帮助供应链上的节点企业完成供应链中的物流作业。二是第三方物流向供应链上的节点企业提供其他增值服务，如在仓储物流的情况下，可以代替客户企业实施库存管理、分拣包装、配套装配等；在货物运输的情况下，可以代替客户企业选择承运人、协议价格、安排货运计划、优选货运路线、进行货物追踪等。三是第三方物流向供应链上的节点企业提供一体化物流和供应链管理服务，既可以为客户企业提供市场预测、自动订单处理，也可以帮助客户企业管理客户关系，进行存货控制和提供返回物流支持等。

### 1. 基本仓储运输服务

第三方物流向供应链上的节点企业提供的基本仓储运输服务一般可以归纳为运输、仓储保管、配送、装卸搬运和流通加工等作业环节。通过对发达国家第三方物流企业提供的服务内容和客户使用第三方物流服务情况的调查可以发现，大多数第三方物流企业都致力于为客户提供全方位、一站式的服务，能够向客户提供运输、仓储、信息管理、物流策略与系统开发、电子数据交换等全方位物流服务，如表 11-3 所示；而客户最常用的还是仓储管理（56%）和直接运输服务（49%），如表 11-4 所示。

表 11-3　第三方物流企业提供的服务情况表

| 序　号 | 服 务 项 目 | 服务提供者的百分比/% |
|---|---|---|
| 1 | 开发物流策略/系统 | 97.3 |
| 2 | EDI 能力 | 91.9 |
| 3 | 管理表现汇报 | 89.2 |
| 4 | 货物集运 | 86.5 |
| 5 | 选择承运人、货代、海关代理 | 86.5 |
| 6 | 信息管理 | 81.1 |
| 7 | 仓储 | 81.1 |
| 8 | 咨询 | 78.7 |
| 9 | 运费支付 | 76.4 |
| 10 | 运费谈判 | 75.7 |

表 11-4　客户使用第三方物流服务的具体情况（1997—2000 年）　　　单位：%

| 物 流 服 务 | 1997 年 | 1998 年 | 1999 年 | 2000 年 |
|---|---|---|---|---|
| 直接运输服务 | | 63 | 68 | 49 |
| 仓储管理 | 40 | 46 | 44 | 56 |
| 综合运输 | 49 | 43 | 40 | 43 |
| 货代 | | | | 44 |
| 运输支付 | | | | 43 |
| 报关 | | | | 40 |
| 物流信息系统 | 40 | 35 | 24 | 27 |
| 承运人选择 | 39 | 32 | 33 | 29 |
| 费率谈判 | 34 | 26 | 24 | 29 |
| 产品回收 | 27 | 25 | 16 | 21 |
| 船（车）队管理/经营 | 24 | 25 | 18 | 21 |
| 再贴签/现包装 | 31 | 19 | 27 | 21 |
| 合同生产 | | | | 16 |
| 订单执行 | 19 | 17 | 16 | 24 |
| 组装/安装 | 19 | 11 | 11 | 8 |
| 库存补给 | 13 | 6 | 7 | 10 |
| 订单处理 | 14 | 5 | 9 | 5 |
| 客户备案 | 9 | 5 | 11 | 2 |
| 咨询服务 | | | 37 | 30 |

资料来源：美国东北大学和安德森公司《美国大型制造商使用 3PL 服务 2000 年度调查》。

　　由表 11-4 可见，第三方物流供应链管理的主要功能是仓储管理和货物配送，因此，第三方物流企业应该从仓储配送环节入手，对供应链物流的各个环节进行有机的整合，从而实现第三方物流信息系统面向客户对象的最佳管理，实现供应链物流一体化战略。

## 2．其他增值服务

　　第三方物流参与供应链管理的最主要价值在于为供应链上的节点企业提供各种增值服务。例如，第三方物流能够为供应链上的制造企业设计、协调和实施供应链策略，通过提供增值信息服务来帮助他们更好地提升其核心能力，并通过利用第三方物流来降低客户企业的物流费用。由此可见，增值服务是指第三方物流与供应链上的节点企业共同努力，通过特殊的服务方式，支持客户企业的产品营销战略，帮助他们提高经营效率和效益。它包括基本的增值服务和特定的增值服务两大类。

（1）基本的增值服务。

基本的增值服务，是指第三方物流除了提供仓储运输服务外，还为供应链上的节点企业提供物流方案设计、存货管理、订货处理、物流加工、报关和售后服务等一系列附加的创新服务项目，以满足客户企业的物流需求。例如，协诺物流（深圳）有限公司通过提供全面的供应链管理服务能够让其客户将精力集中于核心竞争力之上，而其他的诸如物流方案设计、存货管理和订货处理等一切事务则全部交给协诺代为处理。这样做的优点至少有以下五个方面：

① 保证货物的及时运抵。如协诺的服务保证货物从配送中心经过通关，最后到供货商指定的仓库或客户手中，花费时间只要一天。

② 加速资金流转。从供货商的客户收货到供货商货款到账，通常花费的时间为五天左右。

③ 货物从供货商到客户手中的整个流程在短时间内完成，大大缩短了采购提前期。通过第三方物流提供的基本的增值服务，制造商和供应商得到了显著的好处。

④ 加快供应链网络间的信息流动，使信息数据具有实时性和可得性，例如供货商通过信息平台可以查询具体价格、订单处理情况、交货情况，以及付款情况等。

⑤ 有效规避因预测误差、市场波动、国际市场供应形势异常变化等原因带来的采购风险，如常常出现的过度采购造成积压，或因采购数量不足而停工待料等。

（2）特定的增值服务。

特定的增值服务，是指第三方物流为供应链上的节点企业实现某种营销目的而提供的各种专项服务，具体可以分为以下几类：

① 以客户为核心的增值服务。是指向交易双方提供配送产品的各种可供选择的方式，如订货、登记、配送等。这种增值服务可以有效地用来支持新产品引入和基于当地市场的季节性配送。

② 以促销为核心的增值服务。是指以刺激销售为宗旨的各种服务，如销售点展销台的配置、促销材料的物流支持等。

③ 以制造为核心的增值服务。是指通过独特的产品分类和递送来支持制造活动的各种服务，如为满足客户的各种需求对同一产品采取不同的包装方式等。这种增值服务在物流渠道中都是由专业人员承担的，他们通过对基本产品的修正来适应特定的客户需求，从而大大减少与生产不正确产品有关的预期风险。

④ 以时间为核心的增值服务。是指以提高工作效率和生产柔性化为目标的各种服务。这种增值服务的最大目的是要在总量上，最大限度地减少在装配工厂附近的搬运次数和检验次数，排除不必要的仓库设施和重复劳动。

## 五、第三方物流供应链管理系统设计

### （一）第三方物流供应链管理系统设计需要考虑的因素

第三方物流供应链管理系统的设计是第三方物流服务中的一项重要内容，优秀的第三方物流供应链管理是从供应链管理系统的设计开始的。第三方物流既可以为供应链上的节点企业提供供应链管理系统设计的咨询服务，也可以直接接受供应链上的节点企业的委托，为他们设计供应链管理系统或对他们已有的系统提出改进的建议。由于第三方物流供应链管理系统非常复杂，在设计供应链管理系统时应考虑到供应链物流的所有环节，尤其要注意各环节连接处的有效性和合理性，如配送中心的数量及位置、每个配送中心的最佳库存与服务水平、运输设备的类型与数量、运输路线和物流管理的技术等。

### （二）第三方物流供应链管理战略设计

第三方物流所服务的客户希望集中于核心业务来缩短生产纵深，作为参与供应链管理并起主导作用的第三方物流，要想在此过程中使自身得到生存与发展，其中一个核心问题就是战略的构思设计。

#### 1．战略总体设计构思要突出第三方物流的战略优势

第三方物流战略对供应链上的节点企业而言是外部资源，这样就可以变客户的固定费用为可变费用，可以得到并享用物流专家的经验与物流技术革新成果、物流管理职业化的服务水平，也能为用户提供各类满意的增值服务。

#### 2．第三方物流经营要贯彻准时（JIT）和有效的客户响应（ECR）准则

ECR（Efficient Consumer Response）是指物流经营者对客户需求变化能进行迅速、有效的响应，以满足客户需要。贯彻 JIT（Just In Time）和 ECR 需要以全面的、以客户为导向的角度审视有关的工商物流过程，包括所有加工范围和中间流通过程。

#### 3．实现物流服务的信息化、网络化是第三方物流供应链管理战略设计的要求

信息技术支持第三方物流战略的重点在于 JIT 和 ECR 工作区域，主要包括移动通信，电子数据交换（EDI），货物、车辆跟踪与物流链管理专家指导。

#### 4．以市场需求为导向，不断强化服务创新，是第三方物流供应链管理战略设计的核心

第三方物流供应链管理战略设计，需要真正融于市场经济之中，以需求为导向，不断强化服务创新，要从意识开始渗透到技术、组织和经营方式及相关物流服务过程之中。在体制上，需要向部门主义挑战，将不同行业的活动连成无缝的物流管理系统；意识上，要强调用户导向的 ECR 准则，向自我为中心挑战，形成协同运作体系；组织上，建立和保持团队精神，追求供应链管理系统整体最优；服务方式，向传统标准模式挑战，以多样化、可变方式来满足用户的特殊需要；经营行为，向协同合作努力，利益上力求实现双方共赢。

## 六、第三方物流供应链管理的实现途径

#### 1．物流外包是实现第三方物流供应链管理的首要保证

物流外包通常有两种形式：一是第三方物流供应链管理上的节点企业为了改善企业的赢利状况，将更多的资金投放在企业的核心业务上，而将物流外包给第三方物流企业，从而降低因拥有运输设备、仓库和其他物流过程中所必需的投资；二是第三方物流企业不可能完全利用自有资源实现所有物流功能，它也需要采用物流外包的形式将部分业务外包给其他第三方物流企业。

物流外包对供应链管理上的节点企业而言是最佳的选择，其外包效果也是显而易见的。例

如，对于一家季节性很强的大型零售商来说，若要年复一年地在旺季聘用更多的物流和运输管理人员，到淡季再开除他们是不现实的，也是非常低效的。如果同第三方物流结成伙伴关系，将与物流有关的业务外包给第三方物流企业，这家零售商也就没有必要担心业务的季节性变化了。

物流外包对第三方物流企业而言同样是不错的选择，它能够有效地提高第三方物流供应链管理的质量。和供应链管理上的节点企业需要集中核心能力一样，第三方物流企业也需要联合外部组织，利用现代技术和经济关系，提供客户所需的全部或部分物流服务产品。第三方物流企业可以通过物流外包等战略联盟的方式，与其他经营者结成物流联盟（Logistics Alliance），采取长期联合与合作的方针，从整体最优的系统观点出发，为整条供应链提供一站式的服务，其内容包括物流战略以及系统规划、设计、运营和管理。由此可见，没有物流外包也就没有第三方物流供应链管理，可以说物流外包是实现第三方物流供应链管理的首要保证。

### 2. 第三方物流流程重构是实现第三方物流供应链管理的重要保证

第三方物流流程，是指第三方物流企业致力于为客户提供全方位、一站式的服务，而提供的运输、仓储保管、配送、包装、装卸搬运和流通加工等一系列的作业环节。由于经过若干的作业流程后，直接面向最终用户的是仓储配送环节，而一次配送活动，是指从接受并处理订单，再通过集货和送货过程，再使相对处于静态的物品完成一次短暂的、有目的的流动过程，这当中包含了相关的物流功能的参与，所以有人认为仓储配送环节就是第三方物流的流程，其实这种认识是不够全面的。

随着高科技的发展和服务内容及质量的提升，第三方物流供应链管理模式有了很大的改变，仓储配送环节并不能真正做到有效响应用户的各种需求。流程重构理论认为，最有效的组织设计是按流程流动进行组织设置，并围绕着流程实现集中相关方面人员及活动的过程。第三方物流管理流程重构强调以供应链管理过程为基本线索，按物流流程、流向进行组织设计和技术设计，只有这样，才能真正实现第三方物流供应链的有效管理。

### 3. 注重综合集成管理是实现第三方物流供应链管理的有效保证

第三方物流供应链管理意味着对从原材料开始，经过供应链的各个环节，直到最终用户的整个活动的管理。由于供应链管理下物流环境的改变，以及物流管理的新要求，供应链上的节点企业必须采取供应链物流战略，即供应链的分销网络、运输方式、承运人选择、库存控制、仓库保管、订单处理，以及其他活动，应该从整个供应链的角度进行协调，而不是由供应链的各个成员组织独立地进行管理。这样，供应链管理使成员组织能够在跨组织的水平上优化物流作业，提高物流绩效。

第三方物流战略与供应链思想的共性都是将关注焦点从物流流程的某一职能扩展到跨职能、跨行业的物流流程，以信息技术和组织调整作为整个流程变化的推动器，努力追求物流管理流程绩效获得巨大改善。这从某种意义上说，第三方物流供应链管理就是将供应链上的节点企业结成物流联盟，以进行综合集成管理，并因此提高物流的效率和效益，提高整个供应链的竞争能力。

### 4. 重视客户需求是第三方物流供应链管理实现的有效途径

第三方物流供应链管理，实质上就是在客户满意的前提下，在权衡服务成本的基础上，向客户高效、迅速地提供物流服务。以客户服务为导向，强调客户价值，这对于第三方物流来说，尤为关键的是理解客户的文化和环境，建立有效的客户关系。在关注客户关系中，第三方物流企业的主要精力应该集中在主要业绩因素和主要关系因素两个方面。主要业绩因素是从物流服务的质量角度对第三方物流企业提出的要求，而主要关系因素则衡量了第三方物流企业和客户之间的关系，如表 11-5 所示。

**表 11-5　如何建立有效的客户关系**

| 主要的业绩因素 | 主要的关系因素 |
| --- | --- |
| 关系的质量 | 快速反应、服务导向 |
| 机动性 | 知识队伍的建设、行业经验、SCM |
| 功能和战略能力 | 所获得的主要管理人员 |
| 流程和系统的可靠性 | 对服务内容和价格的谈判能力 |
| 服务连续性 | 提供整体解决方案 |
| 价值与价格 | 高附加值服务 |
| 运输方式和时间的可靠性 | 单一的联系方式/快速反应 |
| 有效率/及时的信息系统 | |

在逐渐激烈的竞争环境下，力量比较强大的客户往往不仅要求第三方物流企业提供包括运输、仓储等基本的物流服务，还希望能够获得信息整合、客户服务等附加服务，实现成本和效率在整条供应链上的平衡。这就要求第三方物流企业应从整条供应链的观点来寻求自身的发展，用供应链的思想提升自己的服务水平，以最小的成本为客户服务，并且强调提供高附加值的服务，从而实现第三方物流供应链的有效管理。

### 5．重视电子信息技术的综合应用是第三方物流供应链管理实现的重要途径

物流信息技术，是指在物流各个作业环节应用的信息技术，主要由以计算机技术和网络通信技术为核心的各种信息技术及管理系统组成，它包括移动通信手段、全球卫星定位系统（GPS）、地理信息系统（GIS）、销售时点信息系统（POS）、电子订货系统（EOS）、计算机网络技术和信息交换技术等现代尖端技术。现阶段，第三方物流的高效运作需要物流管理者在任何时候都能及时地得到它所需要的合适格式的信息，而这需要相应的信息技术的支持。

针对这种情况，许多第三方物流企业在信息技术方面进行了大量的投入，他们或与独立的软件供应商结盟，或开发了内部的信息系统，这使得他们能够最大限度地利用运输和分销网络，有效地进行跨运输方式的货物追踪，进行电子交易，生成提高供应链管理效率所必需的报表和进行其他相关的增值服务。

信息技术应用于第三方物流，首先表现在实现物流服务的信息化、网络化，提高物流服务的效率，从而提高自身竞争能力上。当企业之间的竞争逐渐转化为供应链之间的竞争时，第三方物流有时还担任着供应链上节点企业对外窗口的功能。它可以利用接近客户信息源这一便利条件为他们提供更多的高附加值服务，尤其是在有关客户和竞争者的信息搜集、挖掘和分析上，第三方物流将会发挥越来越重要的作用。其次，第三方物流作为供应链的主导者离不开承担供应链集成的职能，必须结合计算机、信息网络和数据库等综合知识，借助各种先进的信息技术和手段，如 EDI、GPS、GIS 和 POS 系统等，有助于第三方物流企业进行供应链整合，也为其确立供应链的主导地位增加了筹码。不仅如此，信息技术也可以成为第三方物流供应商和客户之间关系的黏合剂，如德国汉莎物流与客户采用同样的信息系统，使得客户长期使用汉莎的服务。总之，电子信息技术的综合应用是第三方物流供应链管理实现的重要途径。

## 小知识

### 第三方物流供应链管理系统的设计程序

1. 进行可行性分析

可行性分析既是第三方物流供应链管理系统设计的首要程序，也是实现第三方物流供应链管理的重要保证。进行可行性分析最主要的是要进行现状分析和成本效益分析。现状分析包括内部分析、外部评价与分析、竞争环境分析，以及技术评价与分析，分析的目的是为了设计一个最优的第三方物流供应链管理系统。成本效益分析包括服务的改进分析和成本的降低分析。

2. 编制项目计划

项目计划是指为了解决问题而确定的具体目标，制订的工作计划，其中，目标的确定是编制项目计划的关键。第三方物流供应链管理系统设计的目标包括供应链管理系统改进的成本与服务期望。改进的成本，是指用可度量的方式表示的成本降低额或降低率；服务期望，是指在总成本不变的情况下使客户服务水平达到最高。在多目标情况下，要考虑各项目标的协调，防止发生抵触或顾此失彼，同时还要注意目标的整体性、可行性和经济性。

3. 收集资料，提出方案

建立模型或拟定方案都必须有资料作为依据，方案的可行性论证更需要有精确可靠的数据，为第三方物流供应链管理系统分析做好准备。收集资料的方式通常有调查法、观察法和实验法，有时也引用一些国外资料。

4. 数据分析

数据分析是第三方物流供应链管理系统设计的重要程序，需要采用相应的数据分析方法，从前期获得的数据中挖掘出系统设计所需要的，且能够满足最佳方案设计的可靠资料。选择的分析方法一定要行之有效，切实可行，而并非使用的方法越多越好，或者越难越好。

5. 系统评价与实施

根据最优化理论和方法，求出几个可行性最大的方案，在进行成本评估和风险分析后，在结合经验和知识的基础上决定最优方案，同时为选择最优系统方案提供足够的信息。

## Project 学习项目 2  电子商务下的第三方物流

作为 21 世纪主要商业模式的电子商务，给各国和世界经济带来了巨大的变革并产生深远的影响，成为推动未来经济增长的主要力量。电子商务的发展带来了第三方物流需求，同时也给第三方物流业提出了更高的要求。如何在电子商务环境下生存和持续发展，是第三方物流企业面临的一个严峻问题。

# 一、电子商务环境特点分析

## （一）电子商务的含义

电子商务的英文是 Electronic Commerce，简称 EC。电子商务通常是指在全球各地广泛的商业贸易活动中，在互联网开放的网络环境下，基于浏览器/服务器应用方式，买卖双方不谋面地进行各种商贸活动，实现消费者的网上购物、商户之间的网上交易和在线电子支付以及各种商务活动、交易活动、金融活动和相关的综合服务活动的一种新型的商业运营模式。它主要包括 B2B、B2C、C2C、B2M、M2C、B2A（即 B2G）、C2A（即 C2G）七类电子商务模式。

目前，我国的电子商务正处在稳步发展的阶段，它既是企业发展的外部环境，也是企业发展的有力工具和手段。

电子商务是在 Internet 开放的网络环境下，基于浏览器/服务器的应用方式，实现客户和企业信息沟通、网上购物、电子支付的一种新型的运作方式。在电子商务环境下，几乎所有实力企业都在互联网上建立了自己的电子商务网站，各个企业都在网站上介绍自己的企业，提供企业各种信息，展示自己的产品和服务，有的还提供电子交易手段、进行网上交易。一般的企业网站提供了客户服务模式为用户登录拜访、信息查询、技术支持提供服务，这些网站可以面向广大消费者、广大的实际企业进行业务往来、交易活动以及服务活动等。所有这些企业的电子商务网站构成了网上的企业世界，他们都是社会上的实际企业在网上世界的虚拟，都是现实企业在网上社会的"替身"，包括其脸面和运作状况模式，也包括企业之间的互相交易和业务来往、信息沟通等。

网上社会，除了企业网站之外，还有政府网站、银行、行业协会、中间机构、机关和学校等的网站，这些网站和企业网站合在一起，构成了一个完整的网上社会。这个网上社会是整个现实社会在网上的虚拟和延伸。

## （二）电子商务环境的基本特点

### 1. 高度发达的信息技术

电子商务环境，首先是一个高度发达的信息技术环境，建立在 Internet 和 Intranet 基础上的计算机网络以及基于电话通信、光纤通信、宽带通信等的通信基础设施，为人们提供了一个快速通畅的信息通信环境。人们利用电子邮件等各种网上信息传输方式，可以快速进行信息沟通、文档传输等数据传输、处理和保存，不但大大提高了工作效率，而且也大大降低了运行成本，以前用人工处理所办不到的事情，现在可以很容易地就能够办到。

### 2. 自由宽松的社会环境

电子商务环境也是一个相对自由宽松的社会环境。在网下的现实社会，企业和个人被分成了各个不同的国家、省市、地区以及各个行业部门、等级层次，这些条条块块和层次的分割和限制，给我们的业务造成了不少的约束。人们办事为了满足这些重重的约束条件需要花费大量的时间、成本和精力，有些事情简直办不成。但是在网上社会，可以说是一个无界的环境，地区、行业和层次的约束条件相对来说少得多。网上各个企业的网站都是平等的，毫无地区、行业和层次的限制，只要你不违反法律，你就可以比较自由地开展各种业务活动。现在各国政府网上实行了比较宽松自由的政策，所以网上的业务运作应当比网下的现实社会的业务运作要方便多，效率高得多。

### 3. 遥远而又很近的客户市场和供应商市场

因为电子商务环境是一个无界的环境，所以无论多么遥远的客户或者供应商，无论它是哪一个国家、哪一个地区、哪一个行业、哪一个层次，也无论双方认识不认识、有没有直接关系，都可以通过互联网进行紧密接触。所有这些客户就形成了企业的客户市场，所有这些供应商就形成了供应商市场，所以企业和它的客户市场和供应商市场，都可以毫无障碍地直接接触。

### 4. 完备方便的业务处理

电子商务环境一般依托电子商务网站进行工作，各个企业都建立起自己的电子商务网站，他们共同构成了一个网上社会。一般的电子商务网站，功能都比较齐全，例如都有：（1）企业介绍和宣传，包括企业各个部门，甚至一些典型的个人资料介绍，企业的发展战略、服务宗旨等；（2）企业服务和产品介绍、宣传、展示和广告；（3）企业的业务范围、流程；（4）客户关系窗口；（5）销售窗口；（6）采购窗口；（7）企业管理窗口；（8）电子支付窗口；（9）友情链接窗口等。只要赋予一定的权限，就可以进入其中任意的窗口，处理自己需要处理的业务。任何人坐在一台计算机旁，按按鼠标，就可以方便快捷地办理相关的各项业务。

### 5. 方便迅速的客户沟通和供应商管理

在电子商务环境下，由于网上社会有一个遥远而又很近的客户市场和供应商市场，所以企业利用自己的电子商务网站，可以很方便地联系客户，客户也可以很方便地登录网站，联系企业。企业和客户能够很方便、迅速地进行信息交流沟通，加强业务往来，提高工作效率。企业可以利用电子商务网站，收集客户信息，建立客户档案，进行客户管理。

企业利用自己的网站，除了加强客户沟通之外，还可以方便、迅速地与供应商联系。一旦需要订货，寻找资源，很快可以在网上找到响应的供应商，并且在网上进行业务洽谈，很快就可以达成合作意向，开展合作行动。企业同样可以利用电子商务网站，收集各个供应商的信息，进行供应商管理和供应链管理。

### 6. 网上和网下相结合的工作环境

在电子商务环境下，客观上为企业创造了两个工作环境：一个网上工作环境，一个网下工作环境。这两个工作环境的关系，网下是基础，网上是网下环境的扩充和延伸。企业就像长了翅膀，可以更好地发挥自己的能力，更好地提高效率，更多地降低成本，可以获得更大的市场。聪明的企业家，都会巧妙地利用这两个工作环境，把它们巧妙地结合起来，发挥各自的特长，获得企业的最大效益。

从以上分析可以看出，电子商务环境为企业创造了一个高效方便的运作环境，为企业的发展创造了非常有利的条件。

在电子商务环境下，第三方物流企业应当充分利用电子商务环境所带来的有利条件，建立起一套适合于电子商务环境的工作模式，使企业获得更大的发展。

## 二、电子商务与第三方物流的管理

### （一）物流在电子商务发展中的地位

#### 1. 物流保障生产

无论在传统的贸易方式下，还是在现代电子商务下，生产都是商务过程中商品流通之本。

生产的顺利进行需要各类物流活动支持，生产的全过程，从原材料的采购开始，便要求有相应的供应物流活动，将所采购的材料到位，否则，生产就难以进行；在生产的各工艺流程之间，需要原材料、半成品的物流过程，即所谓的生产物流，以实现生产的流动性；在生产的各工艺流程之间，也需要有相应的供应物流活动，如部分余料重复利用的物资的回收，就需要回收物流，废弃物的整理则需要废物物流；可见，整个生产过程实际上就是系列化的物流活动。合理化、现代化的物流，通过降低费用从而降低成本，优化库存结构，减少资金占压，缩短生产周期，保障了现代化生产的高效进行。

### 2．物流服务于商流

在商流活动中，商品所有权在购销合同签订的那一刻起，便由供应方转移到需求方，而商品并没有因此而移动，在传统的交易过程中，除了非实物交割的期货交易，一般的商流都必须伴随相应的物流活动，即按照需求方的需求将商品实体由供应方以适当的形式、途径向需求方转移，而在电子商务下，消费者通过网络点击购物，完成了商品所有权的交割过程，即商流过程，但电子商务的活动并未结束，只有商品和服务真正转移到消费者手中，商务活动才告以终结。在整个电子商务的交易过程中，物流实际上是以商流的后续者和服务者的姿态出现的，没有现代化的物流，轻松的商流活动都会化为一纸空文。

### 3．物流是实现"以顾客为中心"理念的根本保证

电子商务的出现，在最大程度上方便了消费者，他们不必再跑到拥挤的商业街，一家又一家地挑选自己所需的商品，而只要在 Internet 上搜索、查看、挑选，就可以完成它们的购物过程。试想，他们所购的商品迟迟不能送到，或者商家所送并非自己所购，那么消费者还会选择网上购物吗？物流是电子商务中实现以"以顾客为中心"理念的最终保证，缺少了现代化的物流技术，电子商务给消费者带来的购物便捷等于零，消费者必然会转向他们认为更为安全的传统购物方式，那么网上的购物还有什么存在的必要？

### （二）电子商务与第三方物流之间的关系

### 1．第三方物流是电子商务现实交易的最佳载体

电子商务是互联网爆炸式发展的直接产物，同样是全球性、低成本和高效率的物资流动，其最大价值是进一步提高了现代物流速度，也可以说，物流速度是决定第三方物流业成败的关键，所以，从根本上来说，物流电子化是电子商务概念的组成部分，缺少了现代物流的过程，电子商务过程就不完整。

### 2．第三方物流是实现电子商务的最有力保证

电子商务采用现代信息技术手段，以数字化通信网络和计算机装置替代传统交易过程中介质信息载体的存储、传递、统计、发布等环节，从而实现了商品交易以及交易管理等活动的全过程无纸化，并达到了高效率、低成本、数字化、网络化和全球化，但商品要迅速、准确到达，要靠现代物流来实现，尤其是规模化的物资进行迅速、准确的商业流动，就更是如此。电子商务的发展，离不开第三方物流的支持，第三方物流要成规模，也离不开电子商务这个理想的平台。

### 3．电子商务是第三方物流产业的发展方向

要实现电子商务，必须要有物流系统的支持和保障，要发展物流业务，也必须有电子商务的支持，这种相互融洽的关系的本质是传统的物资流通技术和现代的信息技术的完美结合，缺少了其中任何一个，另外一个都不会有完美完整的真正意义上的发展。可见，电子商务是第三方物流产业的发展方向。

### 4．电子商务的发展带来第三方物流需求

在经济发展水平较低的情况下，生产者物流与消费者物流是物流的主流，因为相对于第三方物流来说，企业自营物流更为经济；对于消费者而言，较低收入者的时间价值往往低于所购物品的价值，消费者更愿意自己承担一部分物流功能。电子商务条件下，消费者的购买行为具有很大的随机性：一是时间随机；二是地域分散；三是购买的物品种类多，再加上消费者对商品或服务的个性化要求增加。如果企业选择自营物流，将进入两难境地：要满足消费者的要求，成本将增加到无法承担的地步；控制成本，则无法满足消费者的需求。消费者收入水平不断提高，其时间价值也随之提高，更愿意付出一定经济代价换取休闲或工作时间。第三方物流可以解决企业和消费者的问题，通过对不同企业的物流内容和线路进行整合，能将物流成本降低到一个可以接受的程度，高频率和高质量的物流服务则可以满足消费者的随机消费要求。

## 电子商务下第三方物流的特点

### 1．信息化

基于电子商务的第三方物流，首先是建立在现代电子信息技术的基础上的。第三方物流的运作与一般的物流运作有着较大的区别，它需要更快、更准确的数据传输，来提高仓储、装卸、搬运、流通加工、配送、订单处理的一体化运作效率，只有基于信息化，才能使得企业间的相互协调和合作在较短的时间内高效地完成。基于信息化的另外一个优势就是能够准确地计算出夹杂在其他业务中的物流成本，企业可以把精力更好地集中在自己的主业上，更好地发挥第三方物流的功效。

### 2．自动化

自动化在第三方物流上主要体现在以较少的人甚至"无人"来完成相应的工作任务。一旦启用了自动化运营，物流的作业能力将会扩大，生产率将会提高，物流作业过程中的出错率将会减小。随着自动化的发展，智能性也体现出来了。目前，自动化的设施非常多，例如条形码、语音、射频自动识别系统、自动分拣系统、自动存取系统、自动导向车（AGV）、货物自动跟踪系统等。要跟上国际发展的步伐，必须解决好自动化的问题。

### 3．合作化

在当今的时代，一个企业的发展只靠自身的资源是远远不够的，必须寻找战略合作伙伴，通过联盟的形式来做强自己。第三方物流企业更要强调这一方面，在第三方物流企业之间，第三方物流企业与客户之间形成主要的战略伙伴关系，从供应

链的管理与优化出发，以高质量的服务为目标，以双赢为格局，共同发展。

### 4. 网络化

第三方物流是基于其强大的配送体系和流畅的信息传递来运作的，这两者都离不开网络。物流配送中心需要通过网络把订单发向制造商或供应商来确定配送作业，零售商或分销商也需要通过网络把订单发向配送中心来确定自己的实际需求，一般通过 VAN 或 Internet 上的电子订货系统和电子数据交换技术来实现。另外，还可以通过网络在全球范围内搜索资源，例如，企业在生产电脑时，可以采取外包的形式将一台电脑的零部件外包给世界各地的制造商去生产，再通过网络把这些零部件发送到同一个配送中心（或加工区）组装，然后再发送给用户。

### 5. 个性化

个性化也可以是柔性化的，即要能根据消费者需求的变化来制定灵活的生产工艺。在市场经济时代，更需要细化市场，想客户之所想，急客户之所急，让客户之所需，在这一方面，亚马逊网上书店堪称典范。为了能够更好地满足客户的需求，亚马逊网上书店采用了"按单供应"、"按需设计"的策略，收集客户在购物爱好和购物历史方面的信息，随时主动地为客户购买图书提供建议。

### 6. 虚拟化

虚拟化最大的好处就是"用最大的组织来实现最大的权能"。一个企业自身资源有限，组织结构功能有限，而为实现某一市场战略而组成的虚拟企业中，每个成员只充当其中某部分结构功能，信息网络支持着为虚拟企业依空间分布的生产而设立的复杂的后勤保障工作。这样的企业结构和传统的组织结构相比，有较大的结构成本优势，大大提高了企业的竞争力。

### 7. 集约化

集约化就是绿色化。在现在的经济社会发展过程中，人们对资源的使用程度逐渐加大，环境资源的恶化程度也在加深。第三方物流所涉及的作业环节复杂，更需要发展集约物流、绿色物流，对系统中的包装材料要尽可能采用可降解材料；对运输要尽量控制其尾气的排放量；尽量采用统一的标准，降低不必要的资源需求。

## 三、电子商务下第三方物流的业务类型

电子商务下的物流需求绝不是门到门运输、免费送货或保证所订的货物都能送货那么简单，电子商务需要的不是普通的仓储与运输服务，而是较高层次的物流服务，这种服务正需要第三方物流。电子商务下第三方物流服务的具体类型有以下几种。

### 1. 增值便利性的服务

一切能够简化手续、简化操作的服务都可以算便利性服务。便利是相对于消费者而言的，并不是说服务内容简化了，而是指为了获得某种服务，以前需要消费者自己做的事情，现在由第三方物流企业以各种方式替消费者做了，从而使消费者获得这种服务变得简单便利。例如在提供电子商务服务时，推行门到门服务、提供完备的操作或作业提示、省力化设计、代办业务、24 小时营业、自动订货等这些业务，这些也只有第三方物流能够很好地完成。

## 2．快速反应的服务

快速反应的服务就是流通过程变快的服务。快速反应已经成为现代物流发展的动力之一。传统物流的观点对快速反应的理解就是快速运输，而基于电子商务的第三方物流则认为快速反应不仅是运输方面，它涉及供应链的每一个环节，使得电子商务的流通渠道更加通畅。

## 3．降低成本的服务

发展电子商务，一开始就要寻求能够降低物流成本的物流方案，第三方物流能很好地解决这个问题。企业有选择地将自己的某些电子商务服务外包给第三方物流来做，自己集中精力完成本企业的核心业务，由于第三方物流的专业化，势必会给企业节约不少的成本。

## 4．延伸服务

延伸服务也就是将供应链集成在一起的服务，向上可以延伸到市场调查与预测、采购及订单处理；向下可以延伸到配送、物流咨询、物流方案的选择与规划、库存控制决策建议、贷款回收与结算、教育与培训、物流系统设计与规划方案的制作等。

# 四、电子商务下第三方物流企业的发展模式

## 1．综合物流代理模式

综合物流代理物流模式是由一家在综合物流管理经验、人才、技术、理念上均有一定优势的第三方物流企业，对电子商务交易中供求双方所有物流业务活动进行全权代理，由它全权调配物流资源，制订物流方案，协调调度各方运作。一方面，行使综合性物流代理的物流企业在电子商务的平台上将运输、仓储等运作层面的业务委托给其他专门性物流作业公司，这样可以避免对场地、设施等固定资产的重复投资。另一方面，综合物流代理企业利用自己的专业管理经验，可以通过电子商务整合供应链流程，既能为生产商提供产品代理、管理服务和原材料供应等物流服务，又能为销售商全权代理配货、送货物流业务，同时还能完成商流、信息流、资金流、物流的传递。这种模式比较适合 B2B 电子商务，也适合 B2C 电子商务的同城业务。

## 2．邮政物流模式

电子商务物流的特点是地域广、随机性、批量小，要满足这种要求，物流配送必须有一个全国性的配送网络，服务覆盖几乎所有地区。目前，在我国能满足这一点的物流企业只有中国邮政。中国邮政的网络极其庞大，几乎无所不至，其物流网络遍布全国每一个城镇乡村，营业网点地理位置十分有利，分布在每个居民区中，历史悠久，有一定品牌效应，且中国邮政长期从事包裹投递业务，在开展物流配送等业务方面有着丰富的经验。对于众多个人从业者，中国邮政都是较为合适的选择。比较有发展前景的 C2C 电子商务模式，拥有许多在网上开店的"个体户"，多选择中国邮政的服务。邮政物流模式的特点是委托来源多、服务的范围广、批量小；缺点主要是信息管理方式落后，客户难以实时查询服务情况，工作效率低等。

## 3．第三方物流与第三方支付平台的结合模式

这种模式是指由第三方物流或第三方支付平台牵头，整合两种资源，由交易双方选择指定的物流公司取货、验货、发货。电子商务与第三方物流联盟，一方面能够较好地杜绝网络欺诈的发生，降低交易风险，使网上交易更健康、更贴近现实；另一方面能代表交易者与物流公司

进行协商，为用户降低物流成本，有助于电子商务的推广。缺点是二者的结合较为复杂，操作难以到位。

### 4．建立信息共享平台模式

在物流过程中，客户需要随时了解货物的配送情况，第三方物流企业也要在第一时间掌握市场需求信息，随时准备为客户提供定制服务。在传统模式下，很难及时进行信息沟通，一方面是客户一旦将货物交给物流企业后面临服务"黑箱"，引起客户的顾虑，不利于客户有计划安排生产和销售；另一方面，物流企业不能及时获得需求信息，物流方案难以与客户衔接，造成服务不到位，导致客户流失。第三方物流企业可以建立自己的物流管理信息系统，这个系统通过互联网或专用网络与主要客户的管理信息系统无缝对接，双方信息实时交流，委托企业对物流过程了如指掌，物流企业对客户的服务需求也在第一时间获得，双方可以在最大限度范围内展开合作，实现双赢。

### 5．电子商务企业和第三方物流企业互相参股

电子商务企业将物流外包，主要有两个目的：一是争取成本最低；二是得到可靠的服务。控制成本一般好办，可以采取招标方式进行物流业务外包，选择报价最低的就行，但可靠的服务难以保证。为了对物流过程有所控制，获得有保证的服务，减少顾虑，电子商务企业可选择参股第三方物流公司。反过来，第三方物流企业为了有稳定的客户，或者为了实现多元化经营，也可以参股电子商务企业。这种方式更能保证电子商务企业获得可靠的物流服务，但在具体操作中，要明确自己的优势所在，突出核心业务。

## 五、电子商务下第三方物流企业的发展对策

### （一）转变观念，创新理念，积极构建供应链合作伙伴关系

电子商务时代最主要的特征就是变化，电子商务下的物流管理观念与理念必须与时代同步。第三方物流的发展需要以大量的制造商和销售商为"依托"，没有供应链上的"第一方"和"第二方"，也就无所谓"第三方"，因此，电子商务下，第三方物流企业必须树立"合作共赢"的理念和"一体化"的思想，积极寻找有发展潜力且愿意与物流企业合作的供应商（制造商、销售商等），与它们建立密切的伙伴（联盟）关系，形成供应链企业，把彼此分割的物流环节有机地连接起来，开展优质的一体化物流服务，从而使物流企业提供的物流活动有广阔的市场空间和良好的经济效益。

### （二）深入研究供应商物流活动的发展规律

第三方物流企业应根据电子商务发展的需要，熟悉供应商的生产经营特点，不断拓展业务范围，提供配套服务。电子商务环境下的物流与一般的配送供货系统相比，面临更复杂的情况，其业务活动在网上完成，商品采购和配送等服务从虚拟走向实体，从虚拟的小范围走向实体的大范围。例如，消费者进行网上购物，电子商务网站上没有对消费者区域作任何限制，订单分散，第三方物流企业就要具备完善的采购和配送能力。电子商务环境下的物流已经不仅局限于传统的物流运输和仓储，要求其参与到客户物流体系中，旨在提高效率和效益进行整体运作，业务领域已广泛深入到客户销售计划、库存管理计划、生产计划等整个生产经营过程中，这就要求第三方物流企业完善装备，提高综合服务能力，将业务做大，提高专业化水平，从而提供高效、低成本的服务，使第三方物流企业取得良好的经济效益。

### （三）建立基于 Internet/Intranet 的电子商务网站

第三方物流企业要想得到电子商务企业的青睐，获得更多的业务，必须先将自己"电子商务化"，也就是说要建立自己的电子商务网站，开展物流服务的电子商务，并且要着力做好下列三个方面的工作。

#### 1. 要赋予电子商务网站强有力的客户服务功能

就第三方物流企业的电子商务网站的客户服务功能来说，最起码应当具有以下功能：

（1）客户登录功能

电子商务网站首先应当具有客户登录功能。登录网站的基本方式有两种：一是任何一个客户可以点击企业的网站地址，进入网站进行一般浏览和输入信息，这种登录不能够打开业务系统页面，不能获取业务信息，适用于一般客户和新客户；二是为用户设立权限和密码认证，他们登录网站后输入用户名和密码，获得系统认可后可以直接进入企业业务系统的某些功能模块，获取有关的业务信息，这种登录只适用于那些企业认可的老客户和有业务关系的客户，企业通常用会员制来管理他们。所谓会员制，就是那些已经列入企业的客户名册、具有详细可靠信息、已经进入企业客户管理范围、因而享有一定的权利和义务的客户集合。一般客户要想成为会员客户，就得在作为一般客户登录网站后，填写客户信息调查表，输入真实详细的信息，经企业认可即可，一般客户如果想和企业发生业务关系，例如，想委托物流配送中心为自己仓储、运输和配送，就必然要填写详细真实的客户信息表，因而自然成为企业的会员客户。对于企业来说，客观上总是存在一般客户和会员客户，因此企业网站上这两种登录方式都是必要的。

（2）客户信息调查和客户留言功能

客户信息调查和客户留言功能主要是为新客户和一般客户设置的。这些客户可以登录网站，但是不能够进入业务系统。如果他们想获取业务信息，途径只有两条：一是填写客户信息表，说明自己的意向；二是只填写客户留言，说明自己的情况和意向，等待企业的答复。这两个功能是企业收集新客户和一般客户信息的重要途径，对于企业增加会员客户、了解市场信息、扩大客户市场，都有重要的意义。因此这两个功能也是必需的。

（3）客户呼叫和客户沟通功能

这是一个内容更广泛、更实用、也更复杂的功能。客户呼叫和客户沟通，除了包括登录网站、填写信息的单向文字操作功能外，还包括电话、传真、E-mail 等双向交互语音和文字操作功能，由于电话、传真的普遍使用，所以这种功能更加具有普遍性和实用性。

客户呼叫，包括客户呼叫企业和企业呼叫客户两个方向，从呼叫形式上包括电话、传真、E-mail 和信件等基本形式。

客户沟通，也叫信息交互，包括信息往来和当面交谈两种形式。信息往来，可以通过信件、传真、E-mail、客户留言和答复等形式，这些形式的信息交互在时间上不连续，可以相互错开，交互双方不需要同时在场；当面交谈则可以通过电话、聊天室等形式进行，它们在时间上是连续的、交互双方同时在场。

这两个功能，有的需要进入业务系统，留下记录或者执行业务系统的某些功能。例如客户通过传真、信件、E-mail 等传来的订货合同与汇款信息等，通过电话等传进来的客户信息等都要在业务系统中留下记录，企业呼叫客户转送有关的业务信息，需要执行业务系统的有关功能、提取信息发给用户。因此，企业的网站应当具有多媒体转换功能，把语音信息转换成文字信息，把非格式化信息转换为格式化信息，这样才能够留下记录。

在有的比较高级的客户沟通功能中，还具有会员俱乐部的功能，即为所有会员客户设立了一个专门页面，让他们自由发表意见，相互交流经验和意见，甚至还提供一些在线娱乐方式，让会员客户在其中尽兴游玩。

（4）宣传广告功能

网站的广告宣传功能，主要是为宣传企业、产品扩大影响、扩大吸引力，招揽一般客户、开发新客户而设置的。有人称，网上经济是一种"注意力经济"，谁的网站最引人注意，招揽的人越多，谁就能够揽得更多客户，因此宣传广告功能的核心，就是要增大注意力和吸引力。这可以采取多种措施，例如：①网站名字设计得有特色，容易引起人们兴趣，简洁易记；②页面设计得新颖别致，精美漂亮，点击方便迅捷；③采用醒目、简洁的文字说明，动画、艺术字体、旗帜广告等宣传企业、产品等；④ 配合音乐、颜色、多媒体等建立一个调谐的工作氛围；⑤可能的话还可以设计一些趣味娱乐项目、新闻、小说阅读、科普知识和技术咨询、培训项目等，增大网站的吸引力。

（5）客户信息储存和处理分析功能

网站的客户服务模式中，一个最重要的功能是客户管理。客户管理的基本内容，一是要开发新客户，二是要管好会员客户。管好会员客户，首先要管好会员名册信息，要妥善收集、存储、维护好客户信息，包括客户基本信息和客户业务往来信息。管好客户基本信息，就是要维护好客户基本信息表；管好客户业务往来信息，就是要维护好业务往来表，要按客户次序对业务往来表进行统计，求出各个客户的业务量、业务信誉程度。如果客户很多，管理不过来时，要根据客户的业务量和业务的信誉程度将客户分成 ABC 三类，进行分类管理，引入奖励竞争机制，防范客户风险。要根据客户的地区分布情况统计，制订企业的客户市场的开发策略，开发新客户，开发新市场。

业务处理信息系统是一个最基础的功能系统，企业的业务处理不好，则一切都谈不上。物流配送中心最基本的业务是为客户储运配送客户的物资，储运配送的效果如何，是客户最关心的事情。要根据企业的业务处理流程，追踪每一笔业务，留下记录，这些记录可以提供客户查询，客户看到自己的业务处理的进度和处理质量，客户就能够放心。如果质量处理得好，就可以提高客户满意程度、培养忠诚客户。忠诚客户的宣传，最容易吸引新客户，扩大客户市场，形成良性循环。如果处理质量不好，会形成恶性循环，丧失客户，这就要求我们既要搞好网上的运作，也要搞好网下的业务运作。

**2. 要赋予电子商务网站强大的网上业务处理功能**

企业的网上业务处理，就是企业的物流管理信息处理系统，包括企业物资的进货、储存、出库发运业务的信息处理。企业不同，具体的业务有可能不同。对于一般的第三方物流企业来说，应当具备以下一些基本功能：①物资编码管理；②仓库货位管理；③车队管理；④司机管理；⑤物资入库管理；⑥物资出库管理；⑦运输调度管理；⑧运输业务管理；⑨客户管理；⑩供应商管理；⑪结算与成本管理；⑫经济效益管理；⑬系统维护等。

企业物流管理信息系统的好处，是不但可以做到信息共享、提高处理速度和处理效率，而且能够及时在网上进行数据更新，及时反馈给各个业务部门，反馈给客户，为前面的客户服务功能提供支持，因此，物流管理信息系统是企业运作的基础工作。网上业务处理的结果能够随时提供客户查询，对于增强客户的信心、培养忠诚客户、扩大客户市场都是至关重要的。

### 3. 要把网上运作和网下运作结合起来，全方位地加强客户服务功能

电子商务环境为我们提供了有利的环境条件，充分利用网上资源、搞好网上运作是非常必要的，但是千万不要偏废，只重视网上运作而忽视网下运作，而要把网上运作和网下运作结合起来，充分发挥各自的优势，互相补充共同实现企业的运作，获取最大的效益。网上的运作已如上所说。网下的运作模式应该做到以下几点：

第一，要特别注意物流业务作业的运作质量。承接的每一笔客户业务，一定要按照客户的要求不折不扣地圆满完成，不要出现差错。

第二，努力做好售前、售后服务工作。事前多联系、多协调、提供技术咨询，为货主客户着想，主动搞好自己的协助服务工作；售后主动配合客户的装卸搬运落地的工作，提供技术咨询，征求客户意见，改进自己的工作。每一笔业务运作完成以后，都能够为客户留下美好的印象，获得客户满意。

第三，配合网上的客户服务手段，做好客户的信息收集和反馈、咨询等方面的服务工作。

第四，文明开展业务，树立良好的企业形象。储运配送最容易给社会生态环境造成尾气、噪声和污染，造成交通紧张，物流配送企业要尽量提高技术水平，大力开展文明作业，把污染减少到最低程度，在社会中树立一个良好的企业形象。树立企业形象，还包括主动搞好和客户、供应商、政府主管部门、银行、社区街道、社会公益事业的关系，讲公道、守信义等。

第五，配合网上的广告宣传，充分利用现实社会媒体的特点和宣传广告方式，做好宣传广告工作，宣传企业、产品和服务，扩大企业的知名度。

总之，要把网上网下结合起来，充分发挥各自的特长，进行最有效的资源配置，形成一种适合电子商务环境的高效率的工作模式。

### （四）积极培育企业核心竞争力

核心竞争力是企业不易被竞争对手模仿的、能够长期产生独特竞争优势的能力。核心竞争力对第三方物流企业而言，是指企业在提供物流服务的过程中，有效地获取、协调和配置企业的有形资源和无形资源，为客户提供高效服务和高附加值，使客户满意并使企业获得持久竞争优势的能力。第三方物流企业要想培育自己的核心竞争力，应着力做好以下几方面的工作。

### 1. 正确进行市场定位

培育核心竞争力的第一步是对企业内外部环境进行分析，在分析之后，应对本企业市场竞争状况、市场需求等有清醒的认识，在此基础上进行合理的市场定位，制定竞争战略。正确的市场定位是企业培育核心竞争力进而竞争获胜的基础。所有企业都必须思考和回答以下三个问题：谁是我们的客户？应为这些客户提供什么产品或服务？如何有效地提供这些产品或服务使客户满意？在此基础上，给本企业确定一个合适的位置。

### 2. 提高组织管理能力

组织管理能力是构成核心竞争力的核心因素之一，是形成核心竞争力的前提条件。企业要想在国外大型物流企业纷纷抢滩我国物流市场的严峻形势下立于不败之地，必须提高自己的组织管理能力尤其是管理创新能力，要大力推进企业管理理念的创新，积极推进组织结构和管理结构的创新，并建立有效的企业经营者管理与约束机制。

### 3. 培育优秀的企业文化

培育优秀的企业文化是打造物流企业核心竞争力的核心。海尔总裁张瑞敏认为："企业的

核心竞争力通过两种整合来实现，一种是企业体制与市场机制的整合，另一种是产品功能与用户需求的整合。"这两种整合都是靠企业文化建设所形成的文化力来实现的，因此在未来，企业文化对企业兴衰、企业发展很可能成为关键要素。从产品竞争、品牌竞争到文化竞争，从传统管理到科学管理、到现代文化管理，是经济竞争的不断升华，也是把握未来竞争规律，获得核心竞争力——竞争制胜源泉的核心。培育自身独特文化是一项比开发新技术、研究新产品更为艰难的事，是一项需要长期艰苦努力的系统工程。

### 4. 建立一支能适应电子商务时代发展的物流人才队伍

人才是决定企业核心竞争力的关键因素，电子商务下，物流水平的高低取决于高素质人才的拥有量上，因此，企业要积极营造培养人才、重用人才和激励人才的环境。企业要积极采取措施引进人才，储备人才；要积极组织员工参加在职培训，将业务培训及获得的资格证书作为职工上岗、晋级的基本资格；要积极调整用人政策，改善用人环境，大胆起用具有创新意识的青年人才进入管理阶层；在分配制度上向人才倾斜，提高企业人才的生活待遇。另外，还要注意物流人才的长期培养，做好人才储备。

### 5. 提高核心技术能力

在商品流通过程中，物流装备和技术显得越来越重要，尤其是电子商务的网上交易，能快速简便地完成商品所有权的交割过程（商流过程），但物流响应速度及准确性、安全性必须以技术、装备及有效的管理来保证。在电子商务时代，第三方物流企业必须努力提高物流装备、物流技术及管理水平，如建立自动化高层货架及立体仓库、托盘、集装箱、销售网点扫描仪、条形码、电子数据交换系统、地理信息系统等物流装备技术；装卸、搬运、拣货等作业过程的机械化、自动化以及精益思想、准时供应、全面质量管理、客户关系管理、自动连续补货等现代管理技术及方法的应用，等等。第三方物流企业只有实现物流装备与管理方法的现代化、物流信息与物流通道网络化，才能及时快速地对瞬息万变、竞争激烈的市场环境做出反应，保证第三方物流高效运转。

### 6. 建立学习型企业

美国麻省工学院的彼得圣洁教授指出："21世纪企业之间的竞争，实际上是企业学习能力的竞争，而竞争唯一的优势是来自比竞争对手更快的学习能力。"美国排名前25的企业中有20家提出用学习型组织改进自身，取得了明显的成效。在我国，海尔、联想等著名企业也在按照学习型组织模式，加强企业的全面建设，打造企业的核心竞争力。由此可以看出，建立学习型组织对一个企业的发展的重要性。

第三方物流企业应紧密结合企业实际，大胆创新，借鉴国内外先进的管理思想、管理方法和成功经验，积极探索创建学习型企业的有效途径，营造"在工作中学习，在学习中工作"的学习氛围，提高员工队伍的整体素质，通过增强企业的学习力、竞争力来提升企业的持久竞争力，实现企业的可持续发展。

### 7. 完善服务网络，提供优质服务

一方面，第三方物流企业应积极通过联合、兼并和战略联盟等方式加速建立自己的跨地区、跨行业的服务网络，明确自己的核心服务行业及主导服务区域，避免盲目扩大经营规模，浪费企业有限的资源，在本企业核心服务行业和主导服务区域之外的业务可利用管理信息平台与企业联合，做到信息与资源共享；另一方面，还要建立信息网络，通过因特网、管理信息系统、

数据交换技术等信息技术实现物流企业与客户资源共享，对物流各环节进行实时跟踪、有效控制和全程管理。此外，还要健全企业的服务功能体系，重视客户关系管理，为客户提供有针对性的、个性化的特色服务。

**Project 3**
**学习项目 3**

# 第四方物流的兴起

第三方物流的诞生及迅猛发展，其专业化、规模化运作大大地降低了物流运作的成本，但是，由于企业对利润无止境的追求，加之经济全球化的快速发展，导致企业竞争的加剧，利润空间变小，很多企业开始寻求通过整个供应链企业间的一体化整合途径来获取利润，于是第四方物流诞生了。

## 一、第四方物流起缘

第四方物流（the Fourth Party Logistics，4PL）是 1998 年美国埃森哲（Accenture）咨询公司率先提出并注册的，是提供全面供应链解决方案的供应链集成商，专门服务于第一方、第二方和第三方，为其提供物流规划、咨询、物流信息系统、供应链管理等活动。根据埃森哲的定义，第四方是一个整合本身与其他组织的资源、能力与技术，来为其客户设计、建构供应链并提供广泛解决方案的集成商。

1998 年，美国物流经济学家约翰·伽托拿（John Gattoma）最先在其专著《战略供应链联盟》（Strategic Supply Chain Alignment）中提出："第四方物流供货商是一个供应链的集成商，它对公司内部和具有互补性的服务供货商所拥有的不同资源、能力和技术能进行整合管理，并提供一整套供应链解决方案。"他认为：如果说第三方物流已被现代商业模式所接受，那么第四方物流则是对现代供应链挑战所提出的一个全新的解决方案，它能使企业最大程度地获得多方面的利益。

第四方物流是一个供应链的集成商，是供需双方及第三方物流的领导力量；它不是物流的利益方，而是通过拥有的信息技术、整合能力及其他资源提供一套完整的供应链解决方案，以此获取一定的利润；它帮助企业实现降低成本和有效整合资源，并且依靠优秀的第三方物流供应商、技术供应商、管理咨询以及其他增值服务商，为客户提供独特的和广泛的供应链解决方案。

## 二、第四方物流的特点与运作模式

### （一）第四方物流的特点

#### 1．4PL 提供一整套完善的供应链解决方案

第四方物流有能力提供一整套完善的供应链解决方案，是集成管理咨询和第三方物流服务的集成商。第四方物流和第三方物流不同，不是简单地为企业客户的物流活动提供管理服务，

而是通过对企业客户所处供应链的整个系统或行业物流的整个系统进行详细分析后提出具有客观指导意义的解决方案。第四方物流服务供应商本身并不能单独地完成这个方案，而是要通过物流公司、技术公司等多类公司的协助才能使方案得以实施。

第三方物流服务供应商能够为企业客户提供相对于企业的全局最优，却不能提供相对于行业或供应链的全局最优，因此，第四方物流服务供应商就需要先对现有资源和物流运作流程进行整合和再造，从而达到解决方案所预期的目标。第四方物流服务供应商整个管理过程大概设计四个层次，即再造、变革、实施和执行。

### 2．通过对整个供应链产生影响增加价值

第四方物流是通过对供应链产生影响的能力来增加价值，在向客户提供持续更新和优化的技术方案的同时，满足客户特殊需求。第四方物流服务供应商可以通过物流运作的流程再造，使整个物流系统的流程更合理、效率更高，从而将产生的利益在供应链的各个环节之间进行平衡，使每个环节的企业客户都可以受益。如果第四方物流服务供应商只是提出一个解决方案，但是没有能力来控制这些物流运作环节，那么第四方物流服务供应商所能创造价值的潜力也无法被挖掘出来，因此，第四方物流服务供应商对整个供应链所具有的影响能力直接决定了其经营的好坏，也就是说第四方物流除了具有强有力的人才、资金和技术以外，还应该具有与一系列服务供应商建立合作关系的能力。

### 3．成为第四方物流企业需具备一定的条件

这些条件如能够制定供应链策略、设计业务流程再造、具备技术集成和人力资源管理的能力；如在集成供应链技术和外包能力方面处于领先地位，并具有较雄厚的专业人才；如能够管理多个不同的供应商并具有良好的管理和组织能力等。

### （二）第四方物流的运作模式

### 1．协同运作模式

在此运作模式下，第四方物流只与第三方物流有内部合作关系，即第四方物流服务供应商不直接与企业客户接触，而是通过第三方物流服务供应商将其提出的供应链解决方案、再造的物流运作流程等进行实施。这意味着，第四方物流与第三方物流共同开发市场，在开发的过程中第四方物流向第三方物流提供技术支持、供应链管理决策、市场准入能力以及项目管理能力等，它们之间的合作关系可以采用合同方式绑定或采用战略联盟方式形成。

### 2．方案集成商模式

在此运作模式下，第四方物流作为企业客户与第三方物流的纽带，将企业客户与第三方物流连接起来，这样企业客户就不需要与众多第三方物流服务供应商进行接触，而是直接通过第四方物流服务供应商来实现复杂的物流运作的管理。在这种模式下，第四方物流作为方案集成商除了提出供应链管理的可行性解决方案外，还要对第三方物流资源进行整合，统一规划为企业客户服务。

### 3．行业创新者模式

行业创新者模式与方案集成商模式有相似之处：都是作为第三方物流和客户沟通的桥梁，将物流运作的两个端点连接起来。两者的不同之处在于：行业创新者模式的客户是同一行业的多个企业，而方案集成商模式只针对一个企业客户进行物流管理。在行业创新模式下，第四方

物流提供行业整体物流的解决方案,这样可以使第四方物流运作的规模更大限度地得到扩大,使整个行业在物流运作上获得收益。

第四方物流无论采取哪一种模式,都突破了单纯发展第三方物流的局限性,能真正的低成本运作,实现最大范围的资源整合。因为第三方物流缺乏跨越整个供应链运作以及真正整合供应链流程所需的战略专业技术,第四方物流则可以不受约束地将每一个领域的最佳物流提供商组合起来,为客户提供最佳物流服务,进而形成最优物流方案或供应链管理方案。而第三方物流要么独自,要么通过与自己有密切关系的转包商来为客户提供服务,它不太可能提供技术、仓储与运输服务的最佳结合。

## 三、第四方物流与第三方物流的异同

第四方物流与第三方物流相比,其服务的内容更多,覆盖的地区更广,对从事货运物流服务的企业要求更高,要求它们必须开拓新的服务领域,提供更多的增值服务。第四方物流的优越性是它能保证产品得以更快、更好、更廉地送到需求者手中。当今经济形式下,货主/托运人越来越追求供应链的全球一体化以适应跨国经营的需要,跨国公司因集中精力于其核心业务而必须更多地依赖于物流外包。基于此理,它们不只是在操作层面上进行外协,而且在战略层面上也需要借助外界的力量,昼夜期间都能得到更快、更好、更廉的物流服务。

第三方物流独自提供服务,要么通过与自己有密切关系的转包商来为客户提供服务,它不大可能提供技术、仓储和运输服务的最佳整合,因此,第四方物流成了第三方物流的"协助提高者",也是货主的"物流方案集成商"。

第三方物流供应商为客户提供所有的或一部分供应链物流服务,以获取一定的利润。第三方物流企业提供的服务范围很广,它可以简单到只是帮助客户安排一批货物的运输,也可以复杂到设计、实施和运作一个公司的整个分销和物流系统;第三方物流有时也被称为"承包物流"、"第三方供应链管理"和其他的一些称谓;第三方物流企业和典型的运输或其他供应链服务企业的关键区别在于第三方物流的最大的附加值是基于自身特有的信息和知识,而不是靠提供最低价格的一般性的无差异的服务;第三方物流的主要利润来自效率的提高及货物流动时间的减少。

然而,在实际的运作中,由于大多数第三方物流企业缺乏对整个供应链进行运作的战略性专长和真正整合供应链流程的相关技术,于是第四方物流正日益成为一种帮助企业实现持续运作成本降低和区别于传统的外包业务的真正的资产转移。第四方物流依靠业内最优秀的第三方物流供应商、技术供应商、管理咨询顾问和其他增值服务商,为客户提供独特的和广泛的供应链解决方案。这是任何一家公司所不能单独提供的。

## 四、第四方物流产生及发展的理论基础

### 1. 供应链管理的理论

供应链管理的理念是通过供应链关系,把许多行使不同运营职能、处于不同生产环节上的不同企业会聚在一起,组成相对稳定的、利益共享、风险共担的经营网络,并在此基础上形成市场机会和利益共享的框架。这一理念强调的是综合和总体的观念,而不是某一环节或局部优化,这对与合理管理和利用外部资源,开展企业间战略合作打破传统企业的"大而全,小而全"的纵向一体化机制,实现横向一体化的扩展企业具有重要意义。物流管理是供应链管理的一部

分，供应链管理理论的发展必然带动物流管理的变革，集成化、系统化思想开始融入物流管理中，企业的自营物流开始转向供应链的一体化物流管理，在此过程中，物流服务的集成化、系统化需求也随之产生。第四方物流正是在为了满足这种需求的背景下产生的，它的经营理念中蕴涵了供应链管理的思想。因此，供应链管理理论的发展不仅推动了第四方物流的产生，而且它的集成化、系统化思想为提升第四方物流能力奠定了理论基础。

### 2．电子商务理论

电子商务是 20 世纪信息化、网络化的产物，由于其日新月异的发展，已广泛引起了人们的注意。美国政府在 1999 年《全球电子商务纲要》指出：电子商务指的是通过互联网进行的各项商务活动，包括广告、交易、支付、服务等活动。从这个定义中我们可以看出，电子商务的技术支撑是信息技术，通过信息技术改变了传统的交易方式，对整个商务活动产生了深远的影响。美国前总统克林顿当时提出，互联网的影响将和 200 年前的工业革命相提并论。电子商务理论的理念是通过信息技术实现信息的实时沟通，减少资金流、商流、物流的环节与障碍，达到综合利用社会资源的目的。虽然电子商务下物流经营方式以第三方物流为主，但客户往往需要包括电子采购、订单处理、虚拟库存管理以及其他一些必不可少的一揽子服务，而第三方物流企业往往是缺乏基于供应链管理的综合技能、集成技术、战略等，难以满足客户的需求，因此，电子商务的发展促进了物流经营方式的创新，实际上为第四方物流带来了机遇。电子商务中的一些经营理念与管理方法也为提升第四方物流能力奠定了理论基础。

### 3．动态联盟思想

动态联盟是敏捷制造模式下的企业组织形式，其显著特点是由许多子系统——虚拟项目任务工作小组组成，或由按项目任务要求成立的若干工作小组与跨部门、跨企业甚至跨国度的合作工作小组、合作公司组成。动态联盟是面向客户的组织形式，随市场机遇的产生而建立，并随市场机遇的结束而结束。动态联盟思想的提出，使关注核心业务管理哲学的第三方物流企业在激烈的竞争环境中重新定位，这必然促使新的物流运作方式和物流企业组织形式的产生，也为第四方物流的可行性奠定了理论基础。

## 五、第四方物流的主体

第四方物流提供商可以为其客户实现更大的价值，成熟的专业咨询公司有这方面的实施技术。当一个公司考虑使用新技术时，咨询公司在开始时引进时，要么提供他们自己的方案，要么整合来自另一提供商的方案进入客户的运作中。第四方物流可以不受约束地去寻找每个领域的"行业最佳"提供商，把这些不同的物流服务整合，以形成最优方案。

既然第四方物流是一个整合本身与其他组织的资源、能力与技术，来为其客户设计、建构供应链并提供广泛解决方案的集成商，那么，谁来担当这个集成商的重任呢？下面来探讨这一问题。

### （一）第四方物流主体需满足的条件

要整合社会物流资源，并非所有企业都可以作为第四方物流的主体，而必须满足以下一些条件：

### 1. 不是生产方和购货方

这一点是比较明显的，作为生产方和购货方，应该把自己从纷繁的物流中解放出来，不断增强其核心能力，在自己的领域内提高竞争力。

### 2. 有良好的信息共享平台，在物流参与者之间实现信息共享

物流的运作中会不断产生大量信息，作为第四方物流的主体，要整合社会物流资源，需要有各参与者都可以共享的信息平台，才能高效利用各参与者的物流资源。

### 3. 有足够的供应链管理能力

作为第四方物流的主体，肩负整合所有物流资源的重任，需要有足够的供应链管理能力，以整合所有物流资源，也就是要有集成供应链技术、外包能力、多供应商管理能力、多客户管理能力，且有大批供应链管理的专业人员。

### 4. 有区域化、甚至全球化的地域覆盖能力和支持能力

地域覆盖和支持能力是体现第四方物流主体核心竞争力的重要方面，物流的竞争很大程度上体现在覆盖的网点及其支持力度上。

### （二）各种作为第四方物流主体的企业

第三方物流企业、物流咨询公司、物流信息技术公司、行业协会、金融业者都可以作为第四方物流的主体，如图 11-3 所示。

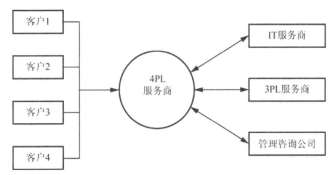

图 11-3  作为第四方物流主体的企业关系图

### 1. 第三方物流企业

作为专业化的物流企业，第三方物流的优势在于具有物流网点覆盖和支持能力、物流实际运作能力、信息技术应用能力、多客户管理能力，而在管理创新能力、组织能力方面处于劣势。

现实中，相当数量的第三方物流供应商缺乏跨越整个供应链运作以及真正地整合供应链流程所需的战略专业技术。第三方物流供应商的优势在于运输和仓储，他们的外包运作只能获益一时，而无法实现长期持续。而第三方物流要么独自，要么通过与自己有密切关系的转包商来为客户提供服务，它不太可能提供技术、仓储与运输服务的最佳结合。由此看来，作为第三方物流为主体的第四方物流必须从集中于仓储和运输的提供商（3PL 提供商）发展到提高更加集成的解决方案的供应商。除了仓储运输服务，还应该强化包括供应链管理和解决方案、管理变革能力和增值服务等，因此，以第三方物流为主体的第四方物流应将客户的供应链活动和贯穿

于这些"行业最佳"的服务商中的支持技术，以及他们自己组织的能力集成到一起。

### 2．管理咨询服务提供商

管理咨询服务提供商的优势主要在于管理理念创新、组织创新、物流管理、控制协调能力以及有大批高素质专业人才，其劣势在于缺乏实际物流运作经验和信息技术应用能力较差。

以管理咨询服务提供商为主体的第四方物流其业务范围是向第三方物流市场延伸的一个尝试。咨询公司在提高管理第三方物流关系方面表现出色，现在，他们不想作为一个短暂的顾问，而且想在第三方物流领域建立持久的业务。第四方物流存在的首要问题是成本。第三方物流的目标是把成本从供应链中剔除，而第四方物流存在下述问题：企业到底需要多少管理部门？为此支付多少费用？能否像第三方物流那样提供管理的连续性？当第三方物流公司安排一名经理负责与客户的关系时，此人可能会在相应职位上保持多年，这名经理更熟悉客户及客户的业务。而处在这一角色的较年轻的咨询雇员很少与受雇的咨询公司坚持两年以上的关系，管理的连贯性又从何谈起？第四方物流的始作俑者安达信公司承认他们的确想扩大业务，以超越典型的咨询服务模式，而不仅仅是花些时间，为客户提供一些书面报告，较理想的是，准备通过在企业中扎根，像安达信在欧洲的合资一样，来获得收入。安达信公司相信有足够能力给供应链带来价值，他们认为这种关系可以产生利润以供大家分享。货主自己又是怎样考虑的呢？戴姆勒-克莱斯勒公司的人员谈到，他们和当前的第三方物流关系非常融洽，但不会对第四方物流概念拒之门外，主要因为技术和通信在其供应链中的重要性日益增加，虽然在流程重组和新系统方面的花费不小，但仍未和下游经销商、上游供应商建立起充分的链接。

### 3．信息技术公司

作为 IT 类企业，信息技术公司在建立和应用"B2B"物流交易平台、提供及实施物流信息技术解决方案方面专业优势非常明显，但是其劣势也是显而易见的，即缺乏物流运作实战经验、物流管理和变革管理能力。

总之，第四方物流的前景非常诱人，但是进入第四方物流的门槛也非常的高。美国和欧洲的经验表明，要想进入第四方物流领域，企业必须在某一个或几个方面已经具备很强的核心能力，并且有能力通过战略合作伙伴关系很容易地进入其他领域。专家列出了一些成为第四方物流的前提条件：具有世界水平的供应链策略制定、业务流程再造、技术集成和人力资源管理能力；在集成供应链技术和外包能力方面处于领先地位；在业务流程管理和外包的实施方面有一大批富有经验的供应链管理专业人员；能够同时管理多个不同的供应商；具有良好的关系管理和组织能力；具有全球化的地域覆盖能力和支持能力；对组织变革问题具有深刻理解和管理能力。

## 六、发展第四方物流的对策

### 1．加强物流基础设施的规划和建设

政府应该统筹规划，整合物流资源，加强协调，加大物流基础设施的投资力度，并积极引导社会各方力量涉足物流业的投资建设，为物流和配送打好基础，同时在政策上应该制定规范的物流产业发展政策，在全国建立具有一定规模和区位优势的物流园区、物流基地和物流中心，要尽快实现物流产业的标准化，促进物流服务的规范化。

## 2．大力发展第三方物流

大力发展第三方物流是当前提高我国物流产业发展水平最重要的措施。在整个物流供应链中，第四方物流是第三方物流的管理和集成者，第四方物流是通过第三方物流整合社会资源的，只有大力发展第三方物流企业，第四方物流才有发展的基础。为满足现代物流业的发展需要，必须大力发展第三方物流，培育大型企业集团，提高物流业的效益。

## 3．加速物流产业信息化，建立全国物流公共信息平台

发展第四方物流是解决整个社会物流资源配置问题的最有力的手段。我国目前正在推进信息化进程，利用先进的 RFID、EDI、GPS 等信息技术把当前蓬勃发展的现代物流产业进行信息化改造，利用网络技术建立物流行业的公共信息平台，通过信息技术和网络技术整合物流资源，以使我国物流产业产生质的提高，从容应对跨国物流企业的竞争。

## 4．加快物流人才培养

人才是企业的灵魂，第四方物流企业特别需要大量的物流人才。当前的物流人才远远不能满足第四方物流发展的需要，因此我们要通过高等院校和专业物流咨询机构，在实践中培养、锻炼人才，培养一支适应现代物流产业发展的企业家队伍和物流经营骨干队伍。要大量吸收信息技术、人力资源管理、网络技术等方面的人才，激励这些人才把自己具备的知识和物流知识融合在一起，促进第四方物流的发展；大力引进和培育掌握现代知识的物流复合型人才，形成一支适应现代物流产业发展高素质人才队伍，以促进和保障未来第四方物流在我国的发展，提升我国物流产业整体水平。

实践与思考

请为学习情境 1 中上海佳都液压机械制造有限公司和 5 名自然人共同投资设立的国际货运代理公司制定基于供应链管理的发展方案、设计电子商务网站以及以其为主体开展第四方物流的措施。

要求：

1．供应链管理发展方案和第四方物流发展措施要具体、详细，可操作、易操作，并要反映国际货运代理公司的业务类型特点；

2．电子商务网站要包含交易模式、网站栏目（包括网站首页、关于我们、业务咨询、新闻中心、在线留言、联系我们等）、网站应具备的功能、网站整体设计采用的背景颜色、网络工作环境的组建、域名设计、网站名称设计、网站推广措施（包括网站发布初期的推广方法、

网站发展期的推广方式、网站稳定期的推广方法），等等，要将电子商务网站的设计方案写出来。

案例分析题

　　亚洲物流（天津）有限公司（以下简称"亚物天津"）是中国第一家网络物流服务商，在充分分析中国物流现状的基础上，创造性地以网上信息联网和网下业务联网的结合为核心，通过全国 87 个城市的分公司和加盟用户的联网运作，提供客户所需的整套物流服务，从而创立了一套卓有成效的现代网络物流方案。

　　亚物天津独特的最大核心优势是不断扩张的运营网络，通过设立在 87 个城市中的 150 家分公司及办事处，形成了基于互联网的中国覆盖面最广的省际公路物流网络，从而全面提升物流服务的竞争力。

　　亚物天津定位于第四方物流服务商，原因是公司没有自己的仓库及车队，而是通过长租或控股的运输车队拥有重型、中型、小型、货柜等车况良好的各类车辆 1 000 台来适应不同的货运要求。仓储也是通过长租或控股的方式，由于车是车主的，仓是仓主的，亚物天津可以减少不少车辆或仓库维修及保养的烦恼。亚物天津拥有的只是一张覆盖全国的物流运营网络，一个信息交流、搭配、交易的网络平台及一班有物流行业经验的专家队伍。

　　**试分析：**

1．亚物天津是否具备发展第四方物流的条件？

2．亚物天津若具备发展第四方物流的条件，应如何开展第四方物流服务？

知识巩固题

1．第三方物流供应链管理的含义是什么？有哪些特点？

2．第三方物流与供应链之间有怎样的关系？

3．第三方物流供应链管理的原则是什么？其涉及的主要业务领域有哪些？

4．第三方物流供应链管理的实现途径是什么？

5．电子商务与第三方物流的关系是什么？

6．电子商务下第三方物流的业务类型有哪些？

7．电子商务下第三方物流的发展模式有哪些？

8．电子商务下如何发展第三方物流？

9．第四方物流的含义是什么？有什么特点？

10．第四方物流与第三方物流有哪些异同点？

11．第四方物流的运作模式有哪些？

12．成为第四方物流主体应具备哪些条件？

# 参 考 文 献

[1] 郝聚民. 第三方物流[M]. 成都：四川人民出版社，2002.

[2] 李松庆. 第三方物流论理论比较与实证分析[M]. 北京：中国物资出版社，2005.

[3] 钱芝网. 供应链管理[M]. 北京：中国时代经济出版社，2006.

[4] 张海花. 第三方物流[M]. 北京：中国轻工业出版社，2005.

[5] 魏农建. 第三方物流企业营销[M]. 北京：化学工业出版社，2003.

[6] 陈子侠. 现代物流学理论与实践[M]. 浙江：浙江大学出版社，2003.

[7] 吕军伟. 国际物流业务管理模板与岗位操作流程[M]. 北京：中国经济出版社，2005.

[8] 张建伟. 物流运输业务管理模板与岗位操作流程[M]. 北京：中国经济出版社，2005.

[9] 杜荣华，刘中，湛海霞. 电子商务与物流[M]. 北京：人民交通出版社，2003.

[10] 王霄涵. 物流仓储业务管理模板与岗位操作流程[M]. 北京：中国经济出版社，2005.

[11] 吕军伟. 物流配送业务管理模板与岗位操作流程[M]. 北京：中国经济出版社，2005.

[12] 张大成. 现代物流企业经营管理[M]. 北京：中国物资出版社，2005.

[13] 施建年. 第三方物流运作实务[M]. 北京：人民交通出版社，2005.

[14] 2006～2007年中国第三方物流行业分析及投资咨询报告. 中国投资咨询网，2006.10

[15] 杜文，任民. 第三方物流[M]. 北京：机械工业出版社，2004.

[16] 贺盛瑜，胡云涛. 第三方物流理论与实务[M]. 成都：电子科技大学出版社，2005.

[17] 第三方物流发展趋势及发展攻略. 中宏网，2006.3.

[18] 周业付等. 第三方物流企业提供增值服务的若干对策[J]. 商场现代化，2006（6）

[19] 邵震，计晓平. 经济全球化背景下我国第三方物流的发展策略[J]. 工业技术经济，2006（4）

[20] 崔炳谋. 物流信息技术与应用[M]. 北京：清华大学出版社，北京交通大学出版社，2005.

[21] 李锦飞，钱芝网. 第三方物流运营实务[M]. 北京：中国时代经济出版社，2007.

[22] 林自葵. 物流信息系统[M]. 北京：清华大学出版社，北京交通大学出版社，2004.

[23] 霍红. 第三方物流企业经营与管理[M]. 北京：中国物资出版社，2003.

[24] 宋杨. 第三方物流模式与运作[M]. 北京：中国物资出版社，2006.

[25] 孙明贵. 物流管理学[M]. 北京：北京大学出版社，2002.

[26] 丁力. 第三方物流企业运作管理[M]. 长沙：湖南科学技术出版社，2002.

[27] 葛承群，韩刚，沈兴龙. 物流运作典型案例诊断[M]. 北京：中国物资出版社，2006.

[28] 张远昌. 物流运筹与流程再造[M]. 北京：中国纺织出版社，2004.

[29] 江超群，董威. 现代物流运营管理[M]. 广州：广东经济出版社，2003.

[30] 刘胜春，李严峰等. 第三方物流[M]. 大连：东北财经大学出版社，2005.

[31] 阎子刚，赵继新. 供应链管理[M]. 北京：机械工业出版社，2004.

[32] 马士华，林勇. 供应链管理（第2版）[M]. 北京：机械工业出版社，2006.

[33] 刘广第. 质量管理学（第2版）[M]. 北京：清华大学出版社，2003.

[34] 林慧丹. 第三方物流[M]. 上海：上海财经大学出版社，2005.

[35] 叶伟龙. 中国第三方物流企业的国际化战略[J]. 中国水运，2006（6）

[36] 贾晔清，唐康. 我国第三方物流企业存在问题及对策分析[J]. 现代管理科学，2007（1）

[37] 汪岚，张正亚，程楠. 我国第三方物流企业的运作模式探讨[J]. 集团经济研究，2006（8）

[38] 王俭廷，唐川．第三方物流运营实务[M]．北京：中国物资出版社，2009．

[39] 周昌林．第三方物流组织——理论与应用[M]．北京：经济管理出版社，2005．

[40] 刘伟．物流管理概论[M]．北京：电子工业出版社，2006．

[41] 周三多．管理学[M]．北京：高等教育出版社，2000．

[42] 王凤彬，李东．管理学（第二版）[M]．北京：中国人民大学出版社，2006．

[43] 中国物流与采购联合会．中国物流发展报告（2005～2006）[M]．北京：中国物资出版社，2006．

[44] 韦燕燕，邓国彬．物流企业营销策略研究[J]．改革与战略，2005（1）

[45] 唐丽敏，孙家庆，刘翠莲．第三方物流企业营销策略研究[J]．http://info.clb.org.cn/xiandaiwuliu/disanfang/2007-07-04/18815.html

[46] 何晗，李国津．第三方物流企业服务营销管理[J]．内蒙古农业大学学报（社会科学版），2005（4）

[47] 宋爱苹，李晓亮．第三方物流企业目标市场选择[J]．物流研究，2010（16）

[48] 闫华，黄咏华．物流企业目标市场的选择[J]．广东交通职业技术学院学报，2005（3）

[49] 惠玉蓉．第三方物流企业的客户关系管理策略[J]．长安大学学报（社会科学版），2006（4）

[50] 杨仲夏．第三方物流企业及其营销分析[J]．内蒙古科技与经济，2008（6）

[51] 商红岩，宁宣熙．第三方物流企业绩效评价研究[J]．中国储运，2005（4）

[52] 王静．第三方物流企业服务创新[J]．理论界，2006（9）

[53] 张育华，黄世祥．浅析第三方物流企业的客户关系管理[J]．商业时代，2007（25）

[54] 包玉梅，万君．第三方物流企业中的客户关系管理[J]．甘肃科技，2006（4）

[55] 段圣贤．第三方物流的客户关系管理研究[J]．物流科技，2006（6）

[56] 刘锋，贾湖．从第三方物流的特点谈 CRM 在其中的应用[J]．哈尔滨商业大学学报（社会科学版），2006（4）

[57] 王夏阳，陈功玉．第三方物流企业的服务创新研究[J]．现代管理科学，2007（2）

[58] 黄世祥．浅析第三方物流企业的客户关系管理[J]．商业时代，2007（25）

[59] 张文茂．第三方物流客户关系管理系统构建[J]．合作经济与科技，2010（14）

[60] 于淼．第三方物流客户关系管理研究[J]．商业时代，2007（21）

[61] 王明荣，李卉妍，王树恩．第三方物流 CRM 系统结构及管理策略[J]．工业工程，2009（6）

[62] 候发欣，张旭梅，但斌．第三方物流企业的客户关系管理[J]．工业工程与管理，2004（4）

[63] 无名氏．第三方物流企业客户关系管理的实施建议[J]．http://www.51test.net/show/1225824.html

[64] 无名氏．SPC 如何提高物流服务质量[J]．http://www.cangguan.cn/hbcms/article_html/1e/1219$2.html

[65] 周勇，郑智．我国第三方物流企业的营销创新[J]．商场现代化，2006（6）期

[66] 王桂东．电子商务环境下的物流模式分析[J]．商场现代化，2006（6）

[67] 宋华，胡左浩．现代物流与供应链管理[M]．北京：经济管理出版社，2000．

[68] 张文杰．电子商务下的物流管理[M]．北京：清华大学出版社，2003．

[69] 薛威．物流企业管理[M]．北京：机械工业出版社，2008．

[70] 杜文．第三方物流[M]．北京：机械工业出版社，2008．

[71] 尹正年．现代物流企业管理[M]．北京：中国财政经济出版社，2007．

[72] 杜荣保．电子商务环境下第三方物流企业的发展策略[J]．江苏商论，2006（6）

[73] 李荣芳．浅析电子商务时代第三方物流的发展[J]．中国水运（理论版），2006（6）

[74] 无名氏．电子商务与第三方物流的关系[J]．http://www.gzu521.com/paper/article/economy/200807/24995.htm

[75] 赵国君，李辉．电子商务对物流发展的影响[J]．北京邮电大学学报（社会科学版），2003（4）

[76] 冯德. 电子商务环境下中国物流系统研究[J]. 生产力研究，2003（4）

[77] 孙旭东. 电子商务与物流企业的发展策略[J]. 管理世界，2003（3）

[78] 李晓芬，陈峰. 论第三方物流及其在我国的发展[J]. 现代管理科学，2003（9）

[79] 程财军，夏秋亮. 基于电子商务的第三方物流发展探析[J]. 现代商贸工业，2008（6）

[80] 王槐林，杨敏才. 电子商务环境下第三方物流企业业务模式的研究[J]. http://www.zh09.com/Article/wlgl/
200512/85076_6.html

[81] 吴炎太. 作业成本法在物流企业中的应用[J]. 中国管理信息化，2008（10）

[82] 李志文. 物流实务操作与法律[M]. 大连：东北财经大学出版社，2003.

[83] 高洁，周鑫. 第三方物流项目管理[M]. 上海：上海交通大学出版社，2009.

[84] 张波谈. 作业成本法在物流企业中的应用[J]. 财会通讯，2009（5）

[85] 闵亨锋. 基于时间驱动作业成本法下的物流成本核算[J]. 物流科技，2007（6）

[86] 徐天芳，王清斌. 物流方案设计与应用[M]. 大连：东北财经大学出版社，2006

[87] 包红霞. 物流企业成本核算方法探讨[J]. 商业时代，2009（16）

[88] 田山涧. 物流企业成本核算方法的探讨[J]. 广东交通，2006（5）

[89] 邵瑞庆. 关于物流企业成本核算方法的比较与选择[J]. 经济与管理研究，2006（8）

[90] 李红英. 物流企业成本核算方法分析[J]. 会计之友，2006（04X）

[91] 方芸，杨梅. 作业成本法在物流企业中的应用[J]. 中国储运，2005（4）

[92] 苏鑫林. 作业成本法在物流企业中的应用[J]. 发展研究，2004（9）

[93] 田术国. 作业成本法在物流成本计算中的应用[J]. 财会通讯：理财版，2007（8）

[94] 廖素娟. 第三方物流管理[M]. 北京：科学出版社，2009.

[95] 吴连香. 论第三方物流的品牌化战略[J]. 物流科技，2008（9）

[96] 邬适融，钟根元. 第三方物流企业个性化发展策略[J]. 市场周刊：新物流，2008（3）

# 反侵权盗版声明

电子工业出版社依法对本作品享有专有出版权。任何未经权利人书面许可，复制、销售或通过信息网络传播本作品的行为；歪曲、篡改、剽窃本作品的行为，均违反《中华人民共和国著作权法》，其行为人应承担相应的民事责任和行政责任，构成犯罪的，将被依法追究刑事责任。

为了维护市场秩序，保护权利人的合法权益，我社将依法查处和打击侵权盗版的单位和个人。欢迎社会各界人士积极举报侵权盗版行为，本社将奖励举报有功人员，并保证举报人的信息不被泄露。

举报电话：（010）88254396；（010）88258888

传　　真：（010）88254397

E-mail:　dbqq@phei.com.cn

通信地址：北京市万寿路 173 信箱
　　　　　电子工业出版社总编办公室

邮　　编：100036